古典文獻研究輯刊

二六編

潘美月・杜潔祥 主編

第 12 冊

西藏紀行十二種

蔡 宗 虎 輯

國家圖書館出版品預行編目資料

西藏紀行十二種／蔡宗虎 輯 — 初版 — 新北市：花木蘭文化
事業有限公司，2018〔民 107〕
序 2+ 目 2+288 面；19×26 公分
（古典文獻研究輯刊 二六編；第 12 冊）
ISBN 978-986-485-356-4（精裝）
1. 遊記 2. 西藏自治區
011.08   107001767

ISBN-978-986-485-356-4

古典文獻研究輯刊
二六編　第十二冊　　　　　　　ISBN：978-986-485-356-4

西藏紀行十二種

輯　　者　蔡宗虎
主　　編　潘美月　杜潔祥
總 編 輯　杜潔祥
副總編輯　楊嘉樂
編　　輯　許郁翎、王筑　美術編輯　陳逸婷
出　　版　花木蘭文化事業有限公司
發 行 人　高小娟
聯絡地址　235　新北市中和區中安街七二號十三樓
　　　　　電話：02-2923-1455／傳眞：02-2923-1452
網　　址　http://www.huamulan.tw 信箱 hml 810518@gmail.com
印　　刷　普羅文化出版廣告事業
初　　版　2018 年 3 月
全書字數　232496 字
定　　價　二六編 25 冊（精裝）新台幣 48,000 元　　版權所有·請勿翻印

西藏紀行十二種

蔡宗虎 輯

作者簡介

蔡宗虎，甘肅省平涼市人，二〇〇〇年畢業於哈爾濱工業大學，獲工學學士學位，二〇〇五年畢業於西安交通大學，獲工學碩士學位，爲史地愛好者。

提　　要

　　有清一朝之前期，文治武功均臻極盛，統一內外蒙古絕中國數千年游牧民族之患，統一新疆復漢唐之偉業，而統一西藏更非漢唐所可比擬，大有蒙元王朝之氣象，誠爲盛業。而西藏號爲地球之第三極，亦號爲地球上最後之淨土，在現代交通發達之先，自內地入藏乃爲中國交通至爲艱難之交通線。自納入清帝國之版圖，關涉西藏交通之官私著作漸豐，清廷官纂之《欽定大清會典事例》（嘉慶）等歷朝《清會典》即備載自川，自青海入藏之驛程。其他若《西藏志》《衛藏通志》《四川通志》（乾隆，嘉慶二本），《雅州府志》均載自川自青海入藏之程途。然以上諸書所載多爲程途站點名稱而已，於沿途之風土人情記載甚少，即或有之，亦寥寥數筆而已，今日欲瞭解昔時交通民情風物多感疏陋之憾。而私人遊記則恰可補官書之不備，吾近年於西藏頗感興趣，多方蒐羅關涉西藏之遊記，得之數種，多爲刊行已久之書，或印行爲數甚少，今覓之不易，故彙爲一本，詳爲校勘，題之《西藏紀行十二種》。所輯之遊記涵蓋自四川、青海、雲南、新疆及繞越印度入藏諸路線，可爲志趣於交通，藏族諸人士之一觀。

序

　　西藏號爲地球之第三極，亦號爲地球上最後之淨土，在現代交通發達之先，自內地入藏乃爲中國交通至爲艱難之交通線。即以疆域至爲遼闊之清帝國而言，自京至新疆，程途雖遠，然無雪山之阻隔，且驛道村落不絕，行旅稱便。自京至烏里雅蘇臺，科布多，皆爲草地，無水草缺乏之虞，且無鉅川雪嶺之阻隔，其實坦途也。然入藏之程途，若自川入藏則雪嶺綿延，自青海入藏則千里渺無人煙，且有金沙之鉅川，加之果洛藏民搶掠之風甚熾，甚礙交通之順暢。自新疆入藏，更形險阻，有清一代自新疆入藏之程途實非大道。

　　中國有撰史之優良傳統，歷史著作可謂汗牛充棟，然亦有缺憾者，史著多筆王公將相之偉績而於風土民生稍缺，即以交通而言往往蒙昧不清。以西藏言之，自唐初漢藏兩民族交通之始，終唐一朝，軍事之征伐，使臣之交通，二公主入藏和親之旅人絡繹於途，僅使臣之往返不下百餘次，然於此現代稱爲唐蕃古道之交通線僅有劉元鼎之《使吐蕃經見紀略》一文傳世，攷證頗以爲難，故政府雖有組織考察團專門從事考查之舉，然結果尚難稱滿意。

　　及至清代，滿人以其漁獵民族堅執卓絕直樸之優良品行，益以中華之文化，成就中國大一統之偉業。就西藏而言，雖有額倫特，策楞全軍覆沒之敗績，然終納其於治下，可謂盛舉也。自此始，關涉西藏交通之官私著作漸豐，清廷官纂之《欽定大清會典事例》（嘉慶）等歷朝《清會典》即備載自川，自青海入藏之驛程。其他若《西藏志》《西藏志考》《衛藏圖識》《衛藏通志》《四川通志》（乾隆，嘉慶二本），《雅州府志》均載自川自青海入藏之程途。

　　然以上諸書所載多爲程途站點名稱而已，於沿途之風土人情記載甚少，即或有之，多寥寥數筆而已，今日欲瞭解昔時交通民情風物多感疏陋之憾。

　　而私人遊記則恰可補官書之不備，此所以遊記爲學人讀者所樂觀之由也。若姚瑩之《康輶紀行》，周靄聯之《西藏紀遊》皆遊記之優秀者，此二書已有影印本行世，其他之遊記吳豐培先生多已輯入其所編之《川藏遊踪彙編》一書，爲學人讀者稱便。

　　吾近年於西藏頗感興趣，多方蒐羅關涉西藏之遊記，得之數種，多爲刊行已久之書，或印行爲數甚少，今覓之不易。或今有印行者而版本不佳，校勘不精者，故彙爲一本，詳爲校勘，題之《西藏紀行十二種》，以爲讀者之便。

公元二〇一六年冬月謹識

目次

序

凡例

凡　例

　　一　是書所輯，皆爲吳豐培先生所輯《川藏遊踪彙編》所未輯入者，所輯者皆爲國人之著述且篇幅適當者，若黃慕松之《使藏紀程》甚具價值，然以篇幅鉅而未錄之，外人之遊記概未錄之。

　　一　所輯之書皆就所見者全文錄之，不作節鈔，同一史料讀者各有不同之關註點，既爲輯錄，則全文錄之。

　　一　輯入之書，概不作改動，僅就以侮辱字樣名民族名稱者以現代常用之名稱同音字易之。

　　一　所輯各篇不作詳註，僅就略寫，錯誤衍遺之字加以校正，而用字不符現代習慣，而文意可通者亦不校註，所作校註，皆於文中標註之。

　　一　原文句讀錯誤者，逕改之，不作注。

　　一　原文之輯入，僅用，。《》三種符號，文自有意，不假符號之擾攘也，吾尤惡歷史資料中之省略號，原文間有此符號者，逕改之。

　　一　所輯各篇，均注出處，以備讀者考究。

《藏紀概》西藏紀行三種

李鳳彩著　吳豐培整理

西寧至藏路程〔註1〕

　　康熙五十九年四月某日皇帝命下，擇吉於四月二十二日大〔註2〕兵出西寧得勝口，陝西督標，固原，甘州，涼州，寧夏，蘭州，興漢，西寧及山西太原護糧牽駝之各路官兵迤邐進發。

　　四十里第一墩叉庫里臺。

　　次第二墩薩喇葵田河爾兔〔註3〕。

　　次第三墩烏蘭庫爾克。

　　次第四墩哈什哈河。

　　次第五墩衣克珠爾格。

　　次第六墩坎卜寺灘，其地上界蒙古，所居屬達賴喇嘛，寺即其下院也。

　　次第七墩波羅和碩碩查哈那拉。

　　次第八墩青海之波羅托洛海，即可可腦兒，可可華言青也，水聚不流，蒙古曰腦兒即中國之湖也，青海周迴三百餘里，中有石山曰黑山，魚似鱒鰉甚多，皆無鱗甲，海神極靈異，網罟入則冰雹隨之。

　　次第九墩青海之哈馬兒嶺。次查庫兒兔，華言牛角，在青海南。

　　次第十墩哈拉蘇巴爾罕。

〔註1〕　此小標題爲輯者所加。
〔註2〕　原文誤作太，今更正。
〔註3〕　原文作兔，今更正爲兔。

次十一墩察罕厄波兔岡，次哈套阿灣。

次第十二墩衣克喀套嶺兒口。

次第十三墩衣克喀套嶺之陽坡。

次第十四墩打布素郭必之巴罕素。次巴汗郭必達布素腦。

次第十五墩達布素郭必之坤都伶末合爾河，次處里虎喇，華言沙灘。

次第十六墩末合爾河之特門胡駐岡，華言駱駝頸項也。

次第十七墩和爾兔河。

次第十八墩烏蘇翁都爾山之陽。

次第十九墩打布素郭必之翁衰。

次第二十墩木壘巴爾虎之嶺陰胡基爾兔托。

次第二十二墩木壘葵田悉利，山高積雪極冷，無草，馬多斃。

次第二十三墩木壘巴爾虎嶺陰之木壘那伶叉口。

次第二十四墩，過此大路皆爛泥山，輜重不能行，由正南小路托孫腦兒，時五月初八日。

次倚馬兔河。

次牙麻兔河。

次爍落嶺。華言珊瑚嶺，即中國長江之源，此水至巴顏哈喇七七兒阿乃東流至四川黃勝關外岷山，《禹貢》岷山導江乃其流非源也。

次巴顏哈喇。

次烏蘭叉庫爾。

次丁劉兔木，復大路。

次第三十二墩吉兒西拉河，次吉爾馬太山口迤西烏珠兒岡，四山環抱，河魚甚多，草亦豐茂。

次第三十三墩吉爾馬太山之喀立達拉嶺，次托素腦兒。

次第三十四墩托素腦兒之哈拉烏蘇岡。

次第三十五墩柴旦木所出河源之東涯，次柴旦木河〔註4〕，次賀里茶罕塞兒。

次第三十六墩楚爾登河之西涯茶罕塞兒。

次第三十七墩楚爾登灘之中央。

次第三十八墩布喀音色布勒素。

〔註4〕原文衍一河字。

次第三十九墩烏蘭波爾岡。

次第四十墩黃河源之前索羅木，即星宿海，黃河至此始成河，然深止及馬腹，水之消長不時，過此東南行，由歸德堡，積石關至蘭州。次蒙烏兒托波海岡，營後五六里有石碑，不知立自何時，上云去西藏一千九百七里，俱無醉馬草，又云去此地十五里，有白鹽可取，驗之果然。

次第四十一墩黃河源前索羅木之茶罕哈達岡，黃河伏流。

次第四十二墩黃河源前索羅木湖盪哈達岡。黃河伏流，濱海立營，水草俱便，湖名奇格腦爾，一名鄂靈腦兒，此湖乃黃河之眾水所滙，伏流至索羅木灘始成河。

次第四十三墩黃河源前索羅木湖邊。

次第四十四墩黃河源後索羅木兩湖中間之茶罕托落海岡。

次第四十五墩黃河源後索羅木之桑托洛海岡。其湖即鄂靈腦兒，星宿海水所聚，登山一望，目力所及，數百里盡皆坎窪，燦若列星，至此忽成湖，湖亦周遭二百餘里，迤南則平原豐草，兩傍則平山，踰山牧馬，西南一帶海水迴環，黃羊野馬皆不畏人，蓋此地從無部落住牧也。

次第四十六墩黃河源後索羅木湖邊之特末兒岡。

次第四十七墩黃河源後索羅木湖邊。時六月初三日，途中過噶順腦兒小海，水苦，路西大海彌連，西南一帶數百餘里，魚多草茂，風雪不時，瘴氣甚厲，海水中分，半紅半白，西望崑崙，尚三四百里，四時有雲氣罩護，不見全形。次巴罕索羅木。

次第四十八墩。

次第四十九墩黃河源後索羅木哈馬古兒岡之依哈兒泉。

次第五十墩。

次第五十一墩黃河源後索羅木灘中苦苦阿滿口厄勒索木泉。

次第五十二墩黃河源星宿海灘之中央。

次第五十三墩黃河星宿海西邊。

次第五十四墩黃河祖源阿爾坦河。

次第五十五墩黃河祖源阿爾坦河海邊弩克托落海岡。

次第五十六墩黃河祖源阿爾坦河邊喇嘛托落海岡。

次第五十七墩。

次第五十八墩。

次巴顏哈喇口子。

次巴顏哈喇。時六月十二日，有西藏番目弟巴阿里布巴率唐古特七十人來降，乃達賴喇嘛〔註5〕之父佛公〔註6〕之姻親，始知藏內策倫敦都調唐古特各部番目至哈喇烏素，欲與我兵對敵，弟巴阿里布巴〔註7〕是以稱病，率所部數十人潛逃出境，策倫敦都之兵形至此方知其虛實。

次第六十一墩巴顏哈喇嶺陰之噶布喇河口。

次第六十二墩巴罕哈爾兔河。

次第六十五墩依克圖爾哈兔河邊毛新和爾和山之陽。

次第六十六墩庫庫爾兔七又西路河口。

次第六十七墩。

次第六十八墩木魯烏素，大兵到新築城，三里許，名曰聞喜城。

即金沙江祖源，又名通天河，其水東南流入喀木地，又東南流至中甸入雲南塔城關名金沙江，至麗江府亦名麗江，東流經武定府入四川界，至潊州府合岷江〔註8〕，流經夔州府入湖廣境，由荊州至武昌與漢江合。時六月二十日，越數日各路大兵到齊，在路經行兩月，風雪瘴癘，天寒草短，馬皆疲瘠，糧運在後，住營牧馬，待至半月糧尚未到，斗米百金，人有饑色，又數日糧始陸續運到，然途次駝隻倒斃過半，糧亦僅存十之三四，較之原估藏糧尚不敷滿漢官兵裹帶，是時已七月中旬，兵勢倉皇，糧少馬缺，不能前進，平逆將軍〔註9〕領蒙古兵未到，滿議政大臣則兵部〔註10〕侍郎查諱克旦，副都統阿諱靈保等，漢議政大臣則山東總兵官李諱麟，領西寧山東兵固原提督馬諱見伯，領本標兵彩，書生從戎，以山東而外守備領標兵，隸李公，參幕中事，因為陳便宜五事，其畧曰，一渡河宜早也，王師渡河，賊黨豈無偵探，勢必分兵以徼，而川兵攻其後路者，相約八月到藏，我兵首尾聲應，遙為牽制，則彼勢絀而成功自易，今人馬數萬，渡河必致擁擠，非半月不能全渡，宜令綠旗兵各分渡口，將現在之糧裹帶兩個月，乘此暇日，先行渡河，擇草豐水便之地牧放馬匹，等候延將軍並蒙古兵馬齊集，一同前進，此樹先聲以

〔註5〕 達賴喇嘛指七世達賴喇嘛，清廷初封其為六世達賴，後默認其為七世。
〔註6〕 佛公指七世達賴喇嘛之父索諾木達爾扎。
〔註7〕 此處據上文補一巴字。
〔註8〕 原文誤為岷山，今改正。
〔註9〕 平逆將軍為延信。
〔註10〕 原文漏一部字，今補之。

分賊勢，便宜者一。一運糧之宜通也，糧爲兵之命，寧使有餘毋使不足，今各官領運進藏糧石駝隻損傷實多，當日巡撫〔註11〕料理每駝載糧一石直抵藏內，雖有牛隻幫貼，近聞牛隻損傷更甚，此時運官捐資僱覓尚可勉力前到，渡河以西之大路半凸凹坎窪，駝更難於行走，既無僱運之戶可寬駝力，以經數千里之駝仍負重載，一有損折，糧即不行，兵食何資，是宜挑存膘壯駝隻輕其載馱，如不足數，添買犏牛負運，分令押運官緊隨各營行走，則糧石自無遲滯，此更脚力以足兵食，便宜者二。一兵卒之宜挑選也，諺曰添糧不如減口，兵貴精不貴多，原派進藏兵萬一千人，今計算口糧不足支放滿漢各營，宜細加簡閱，其中有老弱疾病及器械不鮮明者不令前去，萬人之中約揀存二三千人留住木魯烏素，綠旗兵減一人省一人之糧，滿兵減一人省二人之糧，藏糧縱不全到，亦不致匱目前之需，而所揀存之人，其馬疋摘添進藏兵丁，滿兵添補滿兵，綠旗添補綠旗，馬亦足用，此減行糧以省運脚，便宜者三。一馬力之宜充裕也，出口以來，雨雪瘴癘，馬匹損傷過多，此際採買無從，調取不及，今調蒙古兵萬人進藏，人有餘馬，在我朝天威奮揚，克敵有餘，豈藉其力，不過借爲鄉導，然鄉導之兵用至五千亦不爲少，其不去之人令其各回部落，酌量官價買其餘馬，以資騎馱，彼既免此遠行，料亦樂於從事，此增馬力以壯軍威，便宜者四。一口糧之宜旁資也，糧隨營走，猶慮先後不齊，恐致臨時不敷，大兵進藏，刻期豈能久待，所當預爲籌畫，乘此時四路招集蒙古番人，採買牛羊，萬一糧有不足，按日計口以一羊充十人之糧，羊或無多，以一牛抵五羊之數，糧省馱載，兵無艱食，此購牛羊以濟軍食，便宜者〔註12〕五，李公上其事，即日如所請行，於是各路之兵不十日咸渡通天河，將軍〔註13〕總統滿漢蒙古，總〔註14〕兵李〔註15〕統山東陝西督標甘涼寧夏兵，提督馬〔註16〕統固原兵，總兵王〔註17〕統川北兵，爲十二連營。

至八月初二日次土谷兒拖落海。

軍中戒嚴，官兵俱披甲馱載輜重，各依本隊行走，每日駐紮，將軍之營

〔註11〕時甘肅巡撫爲綽奇，陝西巡撫噶什圖，時隨允禵辦理糧餉者爲噶什圖。
〔註12〕原文漏一者字。
〔註13〕將軍延指平逆將軍延信。
〔註14〕原文誤作統，今改爲總。
〔註15〕總兵李爲李麟。
〔註16〕提督馬爲馬見伯。
〔註17〕總兵王爲王嵩。

居中，次則達賴喇嘛，滿漢各營從外圍，四角安皇炮四尊，周圍安子母炮一百八十尊，四面卡子之兵皆挖小坑，點糞火預備，瞭哨之兵日則遠去，至黃昏撤回，於圍護兵之外二三里近，兩兩相接，坐聽風聲，又將通共兵丁分作三分，每夜兩分在營外圍護，每十名作一隊，皆手牽戰馬，營外支更，其餘一分營內支更，各俻一馬，其餘馬匹晝則牧放於圍護之外，夜則牧放於圍護之內。

至八月初八日次阿克達木河。

初九日駐營一日。滿漢兵丁列陳操演，軍容甚肅，本日臨晚，前鋒校阿那佈在營東南二十里外踋探遇賊二十餘人，彼此放鎗，傷一賊落馬後扶掖上馬而去，是晚老不藏丹進亦云彼在大落那莫渾五巴什山下見賊二十餘人，追趕不及。

至八月十三日大兵駐營兩那莫山間博不楚河邊，至夜分，前行之公策旺那爾布，郡王插漢丹進等報稱前行瞭望之兵至查漢哈達山口處，見三四蒙古人牧馬，趕進山溝，則有中噶兒賊四百餘人吶喊而去。

十四日整兵過查漢哈達山，山甚險峻，路狹溝多，防其埋伏，大兵行於兩旁山梁之上，駄馬輜重行於山溝正路，正行間，蒙古王老不藏報稱山谷有賊千餘人，將軍揮大兵奔賊前進，賊見我兵向後山高處敗走，我兵隨後趕殺，路徑崎嶇，泥深馬脛，賊去益遠，收兵駐營博克河邊。夜四鼓，微雪，忽西南角有賊千餘吶喊衝奔而來，周圍護兵齊放鎗炮，退去，復衝老不藏丹進營，殺退，又衝額付阿保營，賊俱敗去，驚跑前鋒營馬四十餘匹，趕去圍護之前鋒追及對敵，廂藍旗委署前鋒校劉巴什陣亡，總管前鋒章京西倫圖尾追連戰三次，殺賊二名，將馬趕回。

十六日天明查看，共殺死賊人二十人，隨發兵搜尋山谷，獲瘦乏馬匹器械鞍韂無數，而賊已遠遁矣，是日早有中噶兒之人進巴來降，云是跟隨桑吉渣卜來，現隨藍占巴推盆兒行走，對陣時伊在隊中，後逃出在山溝躲避，情願歸順朝廷，告賊虛實，隨將巴所告情節一面寫滿字唐古特字文知會定西將軍噶〔註 18〕，及藏中噶隆達什渣克巴，一面差前鋒校朝班於八月十九日自沙克河地方起程將巴進送至大將軍〔註 19〕處。

至二十日師次楚嗎喇。

〔註 18〕 定西將軍噶指噶爾弼。
〔註 19〕 大將軍指撫遠大將軍允禵。

二十二日次齊哥腦兒，賊仍前劫營，仍前殺敗，以後不見賊蹤。

九月初二日渡哈喇烏素，山險河急，一望淒涼，即故將軍額倫忒戰沒處，河之南北岸故壘猶存，白骨山積，將軍駐營，下令率兵掩埋遺骨，陰風慘澹，鬼哭神啼，見者莫不傷心。

初五日次打木其山，有浮圖八座，不知創自何代。

十二日次鐵索橋，河流激湍，橋亦險峻，始見唐古特居民村莊籬落田園房舍，與中國無異，番男番女聯袂踏歌，至營前迎達賴喇嘛。

自此地至十四日到藏，僧俗香花鼓樂，稽顙膜拜，殆無虛日，十五日達賴喇嘛升座說法，滿漢蒙古唐古特圖伯特厄魯特西洋回回合兵民不下十餘萬人，跪捧布施，同聲佛號，亦奇觀也，陝路兵駐營於藏北，川兵〔註 20〕駐營於藏東，相去十餘里，皆秋毫無犯，前此策倫敦都住藏二年有餘，誅求無厭，民不堪命，今市井居民始知有生人之樂，越數日康吉奈及後藏喇嘛班禪〔註21〕，公佈第巴等各番目相率來歸，將軍止戮偽藏王，噶隆達什等二人，留川兵二千駐藏，大兵自十月二十一等日陸續起程，由川路凱旋，其藏中風土另有圖冊，茲不贅述。

〔註20〕原文誤作民，今改為兵。
〔註21〕班禪指五世班禪。

自四川成都府城起至烏斯藏路程

成都至新津縣九十里。

新津至邛州一百二十里。

邛州至名山縣一百四十里。

名山至雅州五十里。

雅州至榮經縣一百四十里。

榮經至黎大所一百五十里。

黎大所至泥樓八十里。

泥樓至化林坪六十里。

化林坪至沈村四十里。

沈村至冷村四十里。

沈村至瀘定礄五十里。

瀘定礄至崩壩六十里。

崩壩至黃草坪五十里。

黃草坪至打箭爐九十里。

沈村過河走磨路至打箭爐四百五十里，由磨路走爐係大道，可坐轎騎馬，由化林走渣威入爐止三百里，小路崎嶇，衹可步行。

打箭爐至藏路程共計五千二百五十里。

打箭爐至折多三十里，有人戶柴草水，寬山路。

折多至瓦吉，山一架，上下九十里，有人戶柴草水。

瓦吉至五龍石，過高日寺，山一架，有人戶柴草水，七十里。

五龍石至八角樓，寬山路，六十里，有人戶柴草水。

八角樓至中渡河三十里，臨河新造城一座，查考買茶番子。

八角樓至麻蓋中，夾溝路，過鴨龍江，共九十里，有人戶柴草水。

麻蓋至峨洛，山一架，上下九十里，有人戶柴草水。

峨洛至漢人橋，山三架，共一百里，有人戶柴水，無人戶草。

漢人橋至里塘，夾溝路，山一架，共六十里，有喇嘛寺柴草水。

里塘至海子，寬路，山一架，八十里，無人戶柴草，有水，燒糞。

海子至喇嘛丫，山一架，山路八十里，無人戶草，有柴水。

喇嘛丫至立登三巴，山一架，九十里，無人戶草，有柴水。

立登三巴至大所對山根，山一架，上下七十里，無人戶柴草，有水。

大所對至大所，平路三十里，無人戶草，有柴水。

大所至小巴冲，山一架，上下九十里，有人戶柴草水。

小巴冲至巴塘，夾溝路四十里，有喇嘛寺人戶柴草水。

巴塘至竹巴籠，沿江六十里，山一架，上下四十里，共一百里，有人戶柴草水。

竹巴籠至猛里，山一架，上下六十里，又沿金沙江四十里，共一百里，有人戶，柴草水微有。

猛里至漢人寺，山二架，共七十里，有人戶，柴草水微有。

漢人寺至普拉，山二架，共九十里，有喇嘛寺人戶柴草水。

普拉至江卡，寬平路八十里，有人戶柴草水。

江卡至冲忙，山二架，共六十里，有人戶柴草水。

冲忙至黎昌，過山七十里，有人戶柴草水。

黎昌至阿布拉，灘寬，山路，六十里，有喇嘛寺人戶柴草水。

阿布至阿足，過三架山，共九十里，有人戶柴草水。

阿足至納尼擺，小山路共六十里，無人戶柴草，有水燒糞。

納尼至拉郎，過小山，共四十里，有人戶，水柴草微有。

拉郎至占兌，寬山路九十里，有喇嘛寺人戶柴草水。

占兌至納噶，過山，九十里，有人戶柴草水。

納噶至洛戎，過山，七十里，有人戶，水柴草微有。

洛戎至巴工，寬山路，共八十里，有人戶，水柴草微。

巴工至撥木兌，過三架山，共九十里，有人戶，水柴草微。

撥木至忙布，小山共五十里，有人戶，水柴草微有。

忙布至叉木多，山溝路，過小山，共六十里，有喇嘛寺柴草水。

叉木多〔註22〕至工達，寬路五十里，有人戶柴草水。

工達至喇米，過大山，上下七十里，有人戶柴草水。

喇米至粒貢業達，過山，上下七十里，有人戶柴草水。

粒貢業達〔註23〕至瓦果，過大雪山，一連五架，共一百八十里，有人戶，水柴草微有。

〔註22〕據上文補多字。

〔註23〕據上文補達字。

瓦果至嗎哩，五十里，有人戶柴草水。

嗎哩至烏龍江，過甲乙橋，六十里，有人戶，水柴草微。

烏龍江至洛龍宗，夾溝路，過大山，共六十里，有喇嘛寺人戶柴草水。

洛龍宗至東唐，山路六十里，有人戶柴草水。

東唐至卡撒，寬平路五十里，有人戶柴草水。

卡撒至說般多，山路五十里，有喇嘛寺人戶柴草水。

說般多至中夷松多，山路五十里，有人戶柴草水。

中夷至北刹戎，山路七十里，有人戶柴草水。

北刹〔註24〕至索麻拉扎，過雪山，上下七十里，無人戶草，有柴水。

索麻至拉澤，山路五十里，有喇嘛寺柴草水。

拉澤至邊巴，山路五十里，有喇嘛寺人戶柴草水。

邊巴至襟喇，山路五十里，有喇嘛寺人戶柴草水。

襟拉至覽達，山路二十里，有人戶柴草水。

覽達至沙嗜松多，過沙溪大雪山，九十里，無人戶柴草，燒糞有水。

沙嗜至郎吉工，夾溝路，五十里，有人戶柴草水。

郎吉工至祿共埻，山路六十里，有喇嘛寺柴草水。

祿共至阿蘭多，山路九十里，有人戶柴草水。

阿蘭至達界屯，山路一百里，有人戶柴草水。

達界至松初古，山路七十里，無人戶柴草，有水燒糞。

松初至牛滾拉山根，過牛滾大雪山，上下八十里，無人戶柴草，有水燒馬糞。

牛滾至拉丫舒，山路六十里，無人戶柴草，有水燒糞。

拉丫至拉哩，平路五十里，有喇嘛寺，有水，柴草微。

拉哩至阿〔註25〕咱，過大雪山，上下九十里，有人戶水，柴草微。

阿〔註26〕咱至古郎卡，山路七十里，無人戶柴草，有水。

古郎至昌多，大雪山上下八十里，無人戶草，有柴水。

昌多至撥拉工，山溝石害路，共四十里，無人戶草，有柴水。

撥拉至香阿，山溝路九十里，有人戶柴草水。

〔註24〕據上文補戎字。

〔註25〕原文作呵，今改正為阿。

〔註26〕原文作呵，今改正為阿。

香阿至工布江達，山路六十里，有人戶柴草水。

工布至撒塑巴，山路八十里，有人戶柴草水。

撒塑至先巴當，山溝路七十里，無人戶草，有柴水。

先巴至牙卜斯，山溝路七十里，有人戶柴草水。

牙卜至拉昆，山路六十里，無人戶柴草，有水燒糞。

拉昆至日出東，山路八十里，有人戶柴草水。

日出東至冷結冷，平路六十里，有人戶柴草水。

冷結冷〔註27〕至墨竹公卡，平路六十里，有喇嘛寺人戶柴草水。

墨竹至喇嘛寺，順河平路五十里，有人戶柴草水。

喇嘛寺至五顯卡，順河平路六十里，有人戶柴草水。

五顯至日照日噶，順河平路五十里，有人戶柴草水。

日照至烏斯藏，平路五十里。

〔註27〕據上文補一冷字。

自雲南省劍川州出口至烏斯藏路程

阿喜江口三十里至三家村，路平氣溫和，草少，有人家十數戶。

三家村三十里至拉襟古，路平氣溫和，草少，有人家十數戶。

拉襟古五十里至松坡，一半山路，無草人家，氣溫和。

松坡五十里至土官村，山路，十二欄杆，無草，無人家。

土官村三十里至一家村，山路，無草，氣溫和。

一家村二十里至拖木郎，路平，有草，有人家，共五六十戶，冷。

拖木郎三十里至小中甸，路平，有喇嘛寺，有人家七八十戶，草少，冷。

小中甸三十里至箐口，路平，沿途有人家，有草，冷。

箐口三十里至大中甸，路平，有大喇嘛寺，有人家百餘戶，有草，冷，五月見霜。

大中甸五十里至湯村，路平，草少，氣溫和，有人家三十餘戶。

湯村二十八哩至泥嘻，有喇嘛寺，有人家二十餘戶，草少，氣溫和。

泥嘻五十里至橋頭，山路，有人家四五戶，熱，有溫泉。

橋頭五十里至卜自立，臨江山路，微有險，人家百餘戶，有草有豆麥，熱。

卜自立四十里至杵臼，山路，有人家十餘戶，草少，冷，山上有喇嘛寺。

杵臼四十五里至怒杵臼，上雪山，有箐，無人家無草，冷。

怒杵臼四十里至木龍鋪，山路，無人家，無草，冷。

木龍鋪四十里至阿墩子，山路，有人家百餘戶，草少，有豆麥，氣溫和。

阿墩子四十五里至董木，山路，草少，有人家七八戶，有豆麥，氣溫和，有溫泉。

董木二十五里至木魯江，過溜桶江，草少，氣溫和，山路微險，有人家二十餘戶。

木魯江四十五里至梅李樹，山路微險，草少，有人家八九戶，無豆麥，冷。

梅李樹五十里至雪山箐，山路，無草，無人烟，極險。

雪山箐三十里至牛房，山路微險，無草，無人烟，冷。

牛房七十里至虎腊，山路險難，無草，無人家，冷，六月雪深數尺。

虎腊五十五哩至甲浪，山路臨江，險極，有人家五六十戶，草少，氣溫和。

甲浪六十里至抵臺，山路不險，有喇嘛寺，有人戶二三十戶，氣溫和。

抵臺四十五哩至腰臺，山路微險，氣溫和，草少，有人家十餘戶。

腰臺四十里至多臺，山路不險，有人家八九戶。

多臺七十里至坝〔註28〕臺，過小雪山，路陡難，有人家三四十戶，草少，氣溫和。

坝〔註29〕臺五十里至立彌，有大喇嘛寺，有草，食物賤，氣溫和。

立彌四十五里至扎魚滾，山路窄險，有大喇嘛寺，食物更賤，氣溫和。

扎魚滾四十里至熱水塘，路窄，草少，有人家十餘戶，無出產，有溫泉，氣溫和。

熱水塘六十五里至三巴塘，路雖平間有險處，有人家二十餘戶，草少，無出產，氣溫和。

三巴塘四十里至暮柯，山路微險，有人家十餘戶，草少，氣溫和。

暮柯五十里至必達，路雖平微險，草少〔註30〕，溫和。

必達三十里至烈達，有人家十餘戶，草少。

烈達七十里至擦凹岡，路平，地產毒草，似狗尾草，高出眾，馬食立僵，速三臺血即愈，柴少，氣溫和，有人戶百餘戶。

擦凹岡六十里至木古，平路，亦有毒草，有人家十餘戶，冷。

木古四十里至塔石，路平無人烟，有柴，間有青草，冷。

塔石七十里至崩達，路平，已出山路，有人家百餘戶，冷，稍有出產。

崩達過中坝，共計五天。

崩達行六十里，下營平川，過溪河二道，無人烟，冷極，有青草，無柴，有毒草。

又行八十里下營，過溪河三道，水急夾石，冷極，有青草，無人家，無柴，有毒草。

又行五十里下營，過溪河兩道，水深而平，冷極，稍又柴，無人家。

又行七十里至瓦河，過大水六次，水平，有人家十餘戶，接四川臺，荒草可放馬，不產糧食，冷。

〔註28〕原文作垍字，今改爲坝字。
〔註29〕原文作垍字，今改爲坝字。
〔註30〕原文作木字，今改爲少字。

瓦河四十里至麻里，山路寬平，有人家三十餘戶，草少，無出產，有蒿柴，氣溫和。

麻里四十里至橋頭，過雪山一架，雖陡而寬，兩岸有人家二十餘戶，無青草，無出產。

橋頭一百里至洛龍宗，過雪山一架，上下四十里，陡而寬，箐行五十餘里，氣溫和，有草，有出產，熱。

洛龍宗五十里至喋凹，路平，有人家十餘戶，有青草，冷。

喋凹四十里至曲齒，路平，有大喇嘛寺，沿途人家頗多，草少，有糧食而貴，冷。

曲齒四十里至說般多，路平，有大喇嘛寺，有青草而貴，有出產，冷。

說般多四十里至中彝，有青草，有人家六十餘戶，糧食貴，冷。

中彝五十里至巴里郎，山路平，有青草，有人家六十餘戶，糧食貴，冷。

巴里郎四十里至箐口，路平，半山半箐，有喇嘛寺，有人家二十餘戶，有青草，無出產。

箐口四十里至腊子，山路，有柴有草料，有人家，冷。

腊子五十里至氷壩〔註 31〕，過小坡一架，十里有餘，皆箐，路平，四山有人家百十戶，有喇嘛寺，少青草，少料，冷。

氷壩〔註 32〕四十里至甲喇，路平而崎嶇多石，沿途有人家二三十戶不等，有草料，有喇嘛寺，柴少，冷。

甲喇四十里至圖沮，路平，半箐半山，即雪麓，有人家一戶，有柴草，無出產，沿途有喇嘛寺，有人家二三十戶不等。

圖沮四十里至雪山箐，路陡，上三十里，下七八里，無人家，有柴青草，冷。

雪山箐四十里至囊吉梗，箐路崎嶇，多亂石流砂，有人家十餘戶，青草少，無出產，冷。

囊吉梗五十里至大窩，山路平，有人家三四十戶不等，有青草，有喇嘛寺，有草料，貴，柴少，氣溫和。

大窩四十里至阿蘭多，山路微險，有人家三兩戶，青草少。

阿蘭多五十里至阿喇卡，山路崎嶇微險，有人家十餘戶，有草無料，柴少，無出產，冷，過橋七道。

〔註31〕原文作坿字，今改爲壩字。
〔註32〕原文作坿字，今改爲壩字。

阿喇卡五十里至阿喇甲公，山路崎嶇，有人家四五戶，無出產，青草少，冷，有柴。

阿喇甲公五十里至拱洞，山路半險半平，無人家，有青草，柴少。

拱洞西邊六十里至雪山，滿山亂石，淤泥，難極，平上二十里，陡下四十里，有青草，柴少，無人家。

雪山六十里至拉里河，路平而崎嶇，草少，柴少，無人家。

拉里河東四十里至拉里西，路平險，過東西兩河，險，有青草，柴少，無人家。

拉里西四十五里至宗卡，過小雪山，路陡，稍平，有人家三四戶，有草無柴。

宗卡四十里至金竹松都，路平而崎嶇，有青草，柴少，無人家，過河四道，兩道深。

金竹松都六十里至綽落拉襟，山路平，有草，有柴，無人家，過河一道，有扶石。

綽落拉襟三十里至凍果，平路崎嶇，有喇嘛寺，有柴草，有出產，貴，氣溫和。

凍果九十里至江達，路平，有出產，有柴草，有人家十餘戶，氣溫和。

江達三十里至桑生，路平，有喇嘛寺，有出產，有柴草。

桑生五十里至順達，路平，有柴草，無人家。

順達五十里至路馬里，路平，有柴草，有人家十餘戶，氣溫和。

路馬里一百里至波羅蒼果，路平坡坦，有柴草，無人家，過小河四道，淺，氣溫和。

波羅蒼果八十里至烏蘇江，路平，有人家十餘戶，有草料，氣溫和。

烏蘇江四十里至人境嶺，路平，有草料，氣溫和，有人家十餘戶，沿途皆有人家。

人境嶺五十里至倫布，山路平陡各半，有人家，有草料，有柴。

倫布四十里至那英，路平，有人家，有柴，有草料。

那英四十里至江黨，路平，有人家，有柴，有草料。

江黨四十里至疊境，路平，有人家，有柴，有草料。

疊境五十里至則以，路平，有人家，有柴，有草料。

則以二十里至藏，路平，過大江一道，人用皮船渡過，馬則溜江。

跋

　　清廷與西藏之交通，當始之於蒙古，因滿人逼處蒙古，交通頻仍，故滿人雖信奉薩滿教，然出於滿蒙同盟之需要，清廷視蒙人所奉之喇嘛教慕重。滿人入關之先即已與西藏發生關係，先遣使隨蒙人入藏以悉藏情，繼之直接交通於西藏，頻遣使以邀達賴、班禪二喇嘛入覲以結蒙古之內向，終有五世達賴喇嘛順治九年入覲之盛事。

　　清廷立國之初，蒙漢二族為其勁敵，漢人雖眾而柔弱不堪，故滿人定滿蒙同盟之國策以爭天下，清廷先後納內蒙古、喀爾喀、阿拉善蒙古於其治下，然結之以親，賜之高爵厚祿以固結其心。而蒙古準噶爾部僻處新疆，終為清廷之敵，征戰頻仍。清廷頻施影響於西藏，扶持統治西藏之和碩特部拉藏汗以拒準噶爾。康熙四十四年，西藏內訌，拉藏汗殺第巴桑結加措，廢第巴桑結加措所立六世達賴倉洋加措，清廷及準噶爾遣使爭迎此被廢之達賴喇嘛，拉藏汗不允準部，倉洋加措為清廷迎至內地，中途圓寂，後世有逃遁阿拉善蒙古之說。清廷敕封拉藏汗為翊法恭順汗以褒之。拉藏汗另立一六世達賴喇嘛伊喜嘉錯，然此達賴喇嘛不為藏人及青海和碩特蒙古所信奉，青海和碩特蒙古且另擁一靈童羅桑格桑嘉措為達賴喇嘛。清廷慮拉藏與青海起釁，遷此靈童於塔爾寺以居之，遷延數年後仍冊封伊喜嘉錯為六世達賴喇嘛。此為準噶爾部臺吉策旺阿拉布坦所恨，佯許嫁女於拉藏汗長子噶爾丹丹忠，噶爾丹丹忠赴準噶爾迎親，策旺阿拉布坦禁之使不歸，暗遣策凌敦多布以軍六千入藏，言此軍護送噶爾丹丹忠入藏，且將助拉藏汗征布魯克巴（今不丹），拉藏不備，及準部兵至達木，拉藏倉促應敵，兵敗退守拉薩，為策凌敦多布擒殺，準部據有藏地。

　　西藏既為準部所據，且準部擁拉藏汗所立而為清廷冊封之達賴喇嘛伊喜嘉錯及五世班禪額爾德尼二喇嘛以號令蒙藏二族，清廷滿蒙同盟之國策將傾，故必爭之。康熙五十六年清廷命湖廣總督額倫特、侍衛色楞率軍自青海進軍西藏，至那曲，全軍敗沒。清聖祖不氣餒，遣皇十四子允禵居西寧居中調度，擬定四川、青海、雲南三路進軍之策，且遣師於外蒙古、新疆進擾準部以分其力，免其援軍西藏。清聖祖知西藏道遠且險，即進軍糧運亦難，故改其軍事征服之策，封青海和碩特蒙古所信奉之羅桑格桑嘉措為弘法覺眾第六輩達賴喇嘛（後清廷默認其為第七世達賴喇嘛），康熙五十九年四月二十二日行冊封禮，且以護送此達賴喇嘛入藏坐床為名召青海和碩特蒙古進軍西藏，青海和碩特蒙古出兵萬二千應之，皇十四子允禵護送羅桑格桑嘉措於木魯烏蘇（即金沙江）七渡口而止，以宗室延信爲平逆將軍護送七世達賴喇嘛入藏，藏人既聞七世達賴喇嘛入藏，不願爲敵清軍，第巴阿爾布巴潛赴清軍以告藏情，策淩敦多布遣軍三次夜襲清軍，均無果，知事不可爲，乃率軍遁回準部，康熙五十九年九月十五日七世達賴喇嘛於布達拉宮坐床，清廷統一西藏。

本書作者李鳳彩，據吳豐培先生攷證，彩爲江西省建昌府（今江西省南城縣）人，康熙五十九年清軍定藏，彩隨山東登州鎮總兵李麟率師自青海護送七世達賴羅桑格桑嘉措入藏，此記即詳載作者自青海行軍入藏之經歷。就目前知之，記此次青海入藏行軍之程者有三，除本書外，尚有焦應旂《藏程紀略》、吳廷偉之《定藏紀程》二書。《藏程紀略》甚畧，《定藏紀程》則甚翔實，此二書已由吳豐培先生輯入《川藏遊踪彙編》。本書與《定藏紀程》堪爲記述清軍自青海入藏此一重大軍事行動之二書也，故其史料價值頗高。

該書亦載自雲南入藏之程途，清季自雲南入藏，多道出昌都，然清軍統一西藏，雲南之軍未循此道，記載雲南入藏行軍之史料甚少，今僅見者乃杜昌丁之《藏行紀程》，此書所載，可與《藏行紀程》互核，於攷證此次雲南入藏之行軍頗具價值。

清代自川入藏乃爲入藏之驛道，官員旅人多有記載，然本書所載自川入藏之程途早於名著《西藏志》《西藏志考》。故本書所載之三程途誠爲關涉西藏紀程諸書之濫觴。

此書僅有吳豐培先生校訂之影印本行世，中國藏學出版社印行，印數甚少，鑒於史料價值甚高，故列之卷首，且多贅言之。

西元二〇一六年冬月謹識

《由京至藏路程摺》

由京至藏路程摺

由京起程四十里長辛店尖，七十里至良鄉縣宿。

由良鄉二十五里至竇店尖，六十五里至涿州宿。

由涿州四十五里至高碑店尖，七十五里至北河宿。

由北河三十里至固城鎮尖，六十里至安肅縣宿。

由安肅至保定府五十里，住宿。

由保定五十五里至方順橋尖，九十五里至望都縣宿。

由望都六十里至定州尖，一百廿里至新樂縣宿。

由新樂縣四十里至伏城驛尖，八十五里至正定府宿。

由正定府六十里至獲鹿縣宿。

由獲鹿四十里至微水鎮尖，七十里至井陘縣宿。

由井陘縣五十里至槐樹鋪尖，八十里至柏井驛宿。

由柏井驛五十里至平定州宿。

由平定州三十里至平潭鎮尖，五十里至測石驛宿。

由測石驛三十里至芹泉驛尖，五十里至壽陽縣宿。

由壽陽縣三十里至清平鎮尖，五十里至太安驛宿。

由太安驛三十五里至什貼鎮尖，七十五至王胡驛宿。

由王胡驛四十里至永康鎮尖，七十里至徐溝縣宿。

由徐溝縣六十里至祁縣尖，一百一十里至平遙縣宿。

由平遙縣三十五里至張蘭鎮尖，八十五里至介休縣宿。

由介休縣五十里至蓮竹鎮尖，八十里至靈石縣宿。

由靈石縣四十里至仁義鎮尖，一百里至霍州宿。

由霍州至趙城縣尖，八十里至洪洞縣宿。

由洪洞縣三十五里至天井鎮尖，六十里至平陽府宿。

由平陽府四十里嚴里村尖，六十里至吏村驛宿。

由吏村驛四十里至高縣鎮尖，七十里至候馬驛宿。

由候馬驛五十里至東鎮尖，八十里至聞喜縣宿。

由聞喜縣四十里至曹張鎮尖，九十里至北相鎮宿。

由北相鎮三十里至牛杜鎮尖，七十里至樊橋鎮宿。

由樊橋鎮三十里至白布頭尖，七十里寺坡底宿。

由寺坡底七十里至黃河公館宿。

由黃河公館三十五里至華嶽廟東院公館宿。

由華嶽廟三十里至敷水鎮尖，七十里至華州宿。

由華州至渭南縣五十里宿。

由渭南縣四十里至臨口尖，八十里至臨潼縣公館宿。

由臨潼縣公館三十里至灞橋尖，五十里至咸寧縣宿。

由咸寧縣二十里至三橋鎮尖，五十里至咸陽縣宿。

由咸陽縣五十里至興平縣宿。

由興平縣三十里至馬嵬坡尖，又行十五里至東扶風鎮尖，九十里至武功縣宿。

由武功縣三十里至杏林鋪尖，六十里至扶風縣宿。

由扶風縣三十里至新店縣尖，六十里至岐山縣公館宿。

由岐山縣二十七里至紅水鋪尖，五十里至鳳翔縣宿。

由鳳翔縣三十里至連里村尖，又行三十里至底店尖，九十里至寶雞縣宿。

由寶雞縣五十里至觀音堂尖，一百里至黃牛鋪宿。

由黃牛鋪五十里至三岔驛尖，八十里至南星宿。

由南星五十五里至廟臺子尖，一百里至留灞廳宿。

由留灞廳五十里至武關河尖，九十里至馬道驛宿。

由馬道驛四十里至褒姒鋪尖，九十五里至褒城縣宿。

由褒城縣四十五里至黃沙鋪尖，九十五里至沔縣宿。

由沔縣四十五里至蔡鱭尖，九十里至太安驛宿。

由太安驛六十里至滴水鋪尖，九十里至寧羌州宿。

由寧羌州三十五里迴水鋪尖，八十里至教場壩宿。

由教場壩四十里至神宣驛尖，七十里至朝天關宿。

由朝天關三十里望雲驛尖，九十里至廣元縣宿。

由廣元縣三十里至昭化縣交界處尖，五十里至昭化縣公館宿。

由昭化縣公館二十五里至天雄關尖，又行二十五里至大木樹尖，八十里至劍關驛宿。

由劍關驛六十里至劍州公館宿。

由劍州公館五十里至柳池馳尖，八十里至武連驛宿。

由武連驛四十里至上亭鋪尖，八十里至梓潼縣宿。

由梓潼縣六十里至魏城驛尖，一百二十五里至綿州公館宿。

由綿州公館六十里至金山鋪尖，九十里至羅江縣宿。

由羅江縣二十里至臨坎鎮尖，五十里至德陽縣宿。

由德陽縣三十里至小漢鎮尖，又行二十里至漢州尖，一百里至新都縣桂湖池宿。

由新都縣四十里至四川省城公館宿。

由京至川省路程，共計四千九百四十里，共行六十四站。

由成都省城四十里至雙流縣宿。

由雙流三十里至新津交界處尖，五十里至新津縣宿。

由新津三十里至斜江河尖，九十里至邛州公館宿。

由邛州四十里至大塘堡尖，八十里至百丈塘宿。

由百丈四十里至名山縣宿。

由名山二十五里至金雞關，又行十里至姚橋，五十里至雅安縣宿。

由雅安五十里至觀音鋪宿。

由觀音鋪五十里至榮經縣宿。

由榮經四十里至黃泥鋪宿。

由黃泥鋪三十里至山腰武候祠尖，七十里至清溪縣宿。

由清溪二十五里至富庄尖，八十里至宜頭驛宿。

由宜頭三十里至林口尖，八十里至化林坪宿。

由化林坪三十五里至冷蹟尖，七十里至瀘定橋宿。

由瀘定橋七十五里至二道水宿。

由二道水二十五里至柳楊尖，五十里至打箭爐宿。

由打箭爐二十里尖，四十里至折多山宿。

由折多山六十里至提茹尖，九十里至阿娘壩宿。

由阿娘壩六十里至東俄洛宿。

由東俄洛二十里至高日寺尖，八十里至臥龍石宿。

由臥龍石四十里至至八角樓尖，八十里至河口，又名中渡，宿。

由河口四十里至麻蓋宗宿。

由麻蓋宗三十里至剪子彎尖，九十里至西俄洛宿。

由西俄洛五十里至咱瑪拉東尖，一百二十里至火竹卡宿。

由火竹卡六十里至里塘宿。

由里塘六十里至頭塘宿。

由頭塘七十里至拉二塘尖，一百里至喇嘛埡宿。

由喇嘛埡六十里至二郎灣尖，一百二十里至三壩塘宿。

由三壩塘四十里至松林口尖，八十里至大鎖宿。

由大鎖七十里至崩叉木尖，一百三十里至巴塘宿。

由巴塘四十里至牛古渡尖，八十里至竹笆籠宿。

由竹笆籠四十里至工喇尖，九十里至空子頂宿。

由空子頂四十里至莽里尖，八十里至南墩宿。

由南墩四十里至古樹尖，八十里至普拉公館宿。

由普拉六十里至江卡公館宿。

由江卡六十里至山根尖，一百二十里至黎樹宿。

由黎樹六十里至拉耳塘尖，九十里至石板溝宿。

由石板溝六十里至阿足汛宿。

由阿足四十里至平溝尖，九十里至洛家宗宿。

由洛家宗三十里至俄倫多尖，六十里至至乍丫汛宿。

由乍丫二十里至雨撒坪尖，九十里至昂地汛宿。

由昂地十五里噶噶尖，七十里至王卡宿。

由王卡三十里至三道橋尖，六十里至巴貢宿。

由巴貢六十里尖，一百里至包墩宿。

由包墩六十里至猛卜尖，又行二十里山脚尖，一百三十里至察木多宿。

由察木多二十里喇嘛帳房茶尖，又行二十里至俄洛橋尖，八十里至浪蕩溝宿。

由浪蕩溝三十里至果腳塘尖，九十里至拉貢塘宿。

由拉貢塘六十里至恩達寨宿。

由恩達寨六十里至牛糞溝尖，又行七十里至瓦和山茶尖，一百八十里至瓦合寨宿。

由瓦合寨四十里至麻里山尖，九十里至嘉玉橋宿。

由嘉玉橋四十里至山凹尖，九十里至洛隆宗宿。

由洛隆宗三十里至鐵瓦塘茶尖，又行五十里至紫駝尖，一百四十里至碩板多宿。

由碩板多四十五里至中義溝尖，一百里至巴里郎宿。

由巴里郎至索馬郎五十里尖，八十里至拉孜。

由拉孜六十里至邊垻尖，一百三十里至丹達塘宿。

由丹達塘八十里至鐵門檻尖，一百二十里至郎吉〔註1〕宿。

由郎吉宗四十里至大窩尖，九十里至阿南多宿。

由阿南多三十里至阿南卡山溝尖，七十里至甲貢宿。

由甲貢四十里至大板橋尖，八十里至多洞宿。

由多洞七十里至擦竹卡尖，一百三十里至拉里宿。

由拉里三十五里至拉里山尖，六十五里至窩咱宿。

由窩咱八十里至山灣尖，一百四十里至常多宿。

由常多六十里至臨多尖，一百二十里至江達宿。

由江達六十里至順達尖，一百八十里至鹿馬嶺宿。

由鹿馬嶺六十里至山腳尖，九十里至堆達宿。

由堆達六十里至烏思江尖，一百二十里至仁進嶺宿。

由仁進嶺六十里至墨竹工尖，又行九十里至占達塘茶尖，一百八十里至德慶塘宿。

由德慶塘四十里至蔡里尖，六十里至藏。

〔註1〕 此處據下文補一宗字。

跋

　　清代自川入藏乃爲入藏之驛道，官私諸書多有記載，若《西藏見聞錄》《西藏志》《西藏志考》《衛藏圖識》《衛藏通志》《四川通志》（乾隆，嘉慶二本），《雅州府志》《西藏圖說》《西招圖畧》皆載之，遊記之屬吳豐培先生已輯入《川藏遊踪彙編》一書多篇，然諸書所載自川入藏均自成都發軔，此《由京至藏路程摺》則備載自京至藏之程途，堪與《欽定大清會典事例》（嘉慶）等歷朝《清會典》等官書所載自京至藏之程途互校。

　　此書不著撰人，既稱之摺，則應出自清廷官員之手無疑，藏於國家圖書館，刊於《古籍珍本遊記叢刊》第十四冊，線裝書局印行，今據以錄之。

　　　　　　　　　　　　　　　　　　　西元二〇一六年冬月謹識

《西寧府新志》西寧至藏路程

西寧至藏路程附

西寧府，一百五十里至河拉庫托營，過日月山，即係青海地方。

二十里至哈什哈水，有草無柴，燒糞，青海蒙古住牧，白此分南北兩路，北路走六程，南路走五程即匯合。

六十里至北路侃布灘，有草無柴，青海蒙古住牧。

七十里至阿拉烏兔，有草無柴，青海蒙古住牧。

七十里至哈套，有草無柴，青海蒙古住牧。

五十里至西哈套峽，有草無柴，青海蒙古住牧。

七十里至木戶兒，有草無柴，青海蒙古住牧。

六十里至牛哥兔，有草無柴，青海蒙古住牧。

又自哈什哈水起，五十里至南路白彥腦兒，有草無柴，青海蒙古住牧。

五十里至恰卜恰，有草無柴，青海蒙古住牧。

四十里至西泥腦兒，有草無柴，青海蒙古住牧。

六十里至公噶腦兒，有草無柴，青海蒙古住牧。

六十里至牛哥兔，與北路合為一處。

五十里至沙拉兔，有草無柴，青海蒙古住牧。

六十里至衣麻兔，有草無柴，青海蒙古住牧。

五十里至登弩兒特，有草無柴，阿力克番子住牧。

六十里至哈隆烏蘇，有草無柴，阿力克番子住牧，有瘴。

七十里至垤列腦兒，阿力克番子住牧，有瘴。

六十里至垤利卜拉，端住格隆番子住牧，有瘴。

六十里至必留兔溝，有草無柴，端住格隆百戶番子住牧。

　　六十里至阿隆阿他拉川，有藥草，水窄草微，有瘴，南各疊番子住牧，北達賴喇嘛商上人住牧。

　　七十里至肖力麻川黃河源，有草無柴，有瘴，南北達賴喇嘛商上住牧。

　　六十里至噶順阿壩兔，有草無柴，永沙豹百戶番子住牧。

　　六十里至且克腦兒，有草無柴，有瘴，蒙古爾津番子住牧。

　　五十里至哈麻胡六太，有草無柴，蒙古爾津番子住牧，有瘴。

　　五十里至哈拉河，有草無柴，南年木錯番子，北即星宿海，有瘴。

　　五十里至烏蘭伙哩，草微無柴，南別利番子住牧，北星宿海，有瘴。

　　六十里至阿拉臺奇，草微無柴，南別利番子住牧，北星宿海腦，有瘴。

　　六十里至剌麻托洛海，有草無柴，南別利番子住牧，北星宿海腦，有瘴。

　　五十里至一克白彥哈拉，有草無柴，多洛奴圖番子住牧。

　　六十里至烏河那峽，草微無柴，多洛奴圖番子住牧。

　　六十里至巴汗白彥哈拉底，有草無柴，那哈學番子住牧。

　　六十里至哈拉河洛，有草無柴，那哈學番子住牧，有瘴。

　　六十里至柯柯賽渡口，有草無柴，由受番子住牧，自此赴藏有三路，惟柯柯賽有渡河皮船，上為七叉河，再上為擺圖，水不發時，駝馬可涉，然官兵入藏，皆由柯柯賽，故紀此一路。

　　自西寧起至穆魯烏素河，計三十程，共一千七百一十里。有瘴氣地方一十三處。

　　自柯柯賽起，五十里至柯柯托爾，有草有瘴，地方狹，由受番子住牧。

　　六十里至大胡灘，有草，有瘴，南北由受百戶爾克臺奇番子住牧。

　　五十里至托火六托海，有草，有瘴，南阿爾臺奇番子住牧，北至七叉河沿。

　　五十里至插漢哈達，有草，有瘴，南阿爾臺奇番子住牧，北至穆魯烏素河沿。

　　四十里至東卜拉，有草，有瘴，南格里吉番子住牧，北至穆魯烏素河。

　　七十里至塞柯奔，有草，格里吉番子住牧。

　　六十里至胡藍你伙，有草，格里吉番子住牧。

　　六十里至多藍巴兔兒，有草，格里吉番子住牧。

　　五十里至卜漢你賽爾，有草，有瘴，格里吉番子住牧。

　　六十里至胡角爾兔，草缺，格里吉番子住牧。

　　五十里至阿河但，有草，有瘴，奔巴番了住牧。

　　四十里至因大木，有草，有瘴，奔巴番子住牧。

六十里至鐵兔托洛，有草，有瘴，奔巴番子住牧。

六十里至一克奴木汗，有草，有瘴，奔巴番子住牧。

七十里至索胡，有草，有瘴，奔巴番子住牧。

五十里至巴汗奴木汗，有草，有瘴，說立站且功番子住牧。

五十里至撥湖沙，有草，有瘴，說立站且功番子住牧。

五十里至查漢哈達坡伙，有草，有瘴，說立站且功番子住牧。

五十里至尺汗哈達，有草，有瘴，說立站且功番子住牧。

四十里至沙各，有草，有瘴，說立站且功番子住牧。

五十里至瞞扎希里，有草，有瘴，南北通擺圖西路。

五十里至卻那你伙六，有草，有瘴，哈拉烏素堪布蒙古住牧，西藏所管。

六十里至哈拉烏素，有草，哈拉烏素堪布蒙古住牧。

四十里至班的奔第，有草，有瘴，堪布蒙古住牧。

五十里至哈拉火洛，有草，西藏〔註1〕堪布蒙古住牧。

六十里至魁田希拉，有草，有瘴，堪布蒙古住牧。

六十里至巴卜隆，有草，有瘴，南有河叉巴叉番子住牧，西至天蓋腦兒。

四十里至乃滿素卜拉哈，有草，河叉巴叉番子住牧，西藏所管。

五十里至達目，有草，南河叉巴叉番子住牧，西達目番子住牧，亦西藏所管。

五十里至羊阿拉，有草，有瘴，達目番子住牧。

六十里至來頂寺，草微地狹，達目番子住牧。

四十里至鐵索橋，草微，南至大江。

五十里至恰哈拉，草微，南至兩河口。

五十里至孫多卜宗，草微。

四十里至浪唐，草微，南浪唐番子住牧，東的巴達河採番子住牧，皆西藏所管。

八十里至西藏，東至四川大路，南至洛華番子住牧處，西至後藏，北至羊巴景。

自目穆魯烏素河起，至西藏止，計三十七程，共一千九百六十里，有瘴地方二十三處，一路俱有水，故不分載，其無柴處，皆屬燒糞。

右自西寧至西藏大詔止，共計六十七程，三千六百七十里。

〔註1〕此處補一藏字。

跋

　　自青海入藏之路線，歷史甚久，著名之唐蕃古道即取道於斯，及至元朝興起，統一寰宇，蒙人於藏地設站赤以興交通，惜年代久遠，攷證綦難。明朝末年，蒙人皈依藏傳佛教，內外蒙古之朝聖拉薩，青海乃其必經，青海入藏之道已然爲蒙藏二民族交通之要道矣，若三輩達賴青海之會俺答，四世達賴之入西藏皆取道青海也。及至清興，統一西藏，入藏之驛站乃自四川而設，青海雖非常設驛站，然青海入藏之程途，雖有金沙之巨川，然其源頭可涉渡之，七渡口即行軍之渡口也，且富於水草，恰合滿蒙騎兵之需，故有清一代進軍西藏者，常取四川、青海兩路同時進軍之策也。若清聖祖康熙五十七年第一次出兵西藏而全軍敗沒者，額倫特，色楞出兵即取道青海。康熙五十九年清聖祖之統一西藏，皇十四子允禵護送七世達賴喇嘛至木魯烏蘇（金沙江上游），平逆將軍延信率軍護送七世達賴喇嘛直抵藏地即取道青海。雍正五年清廷平阿爾布巴之亂，查郎阿率軍入藏亦取道於斯。乾隆五十七年，清廷反擊廓爾喀（即今之尼泊爾）侵藏，清軍統帥福康安冬季衝雪冒寒入藏，索倫騎兵入藏亦取道青海也。即五世達賴，六世班禪入覲清帝，十三世達賴出逃喀爾喀蒙古及返藏亦取道於斯，青海入藏程道之重要，於斯可見一斑。

　　然青海之道，雖利騎兵大隊人馬之前進，然蒙藏民族皆爲游牧之民，居無定所，冬季風雪甚大，於常設驛站甚爲不利，且游牧之藏民搶掠之風甚熾，尤以果洛藏民爲甚，非大隊之人馬常爲其擾，故有清一代，青海之驛站非常設也，兵興而設，兵退而廢，故《欽定大清會典事例》（嘉慶）雖載自西寧至藏之路線，然站點皆不若其他之驛程冠以驛塘鋪之字樣者，實有其因也。且自青海入藏之路線實亦多條，即幾次之行軍路線亦微有差異，然有一道，清代稱之爲官道或大道者，常爲官方人士自青海出入西藏所取者，即本書所載之道也。細核之《欽定大清會典事例》（嘉慶）所載之程道實取材於斯書也。尤可注意者，清代青海入藏之道，地名皆得之蒙人，今蒙人勢力已於青海退卻，地名復爲藏語，故攷證此道之地名綦難，而本書所載之程道不僅爲官道，且有數處簡略之注釋，注釋雖簡，然於攷證工作頗具裨益，故日人佐藤長其於所著《西藏歷史地理研究》（青海省博物館節錄爲《清代唐代青海拉薩間的道程》一書）中，多取此書之注釋爲攷證之基。青海入藏道載於書者亦不鮮，若《西藏志》《西藏志考》《衛藏通志》《衛藏圖識》諸書，而佐氏獨重此書者，而由此可見此篇之重要矣。

　　《西寧府新志》亦爲青海地方志之傑出者，作者楊應琚亦爲清高宗倚重之臣，此書即爲其任職西寧府時所修撰者，惜乎後出任雲貴總督，應對緬甸之侵略瞞報欺飾，被勒令自盡，《清史稿》卷三二七，《清史列傳》卷二二均有其傳，茲不贅述。此次之輯錄即以臺灣文海出版社影印本卷二十一據而錄之。

西元二〇一六年冬月謹識

《青海記》丹噶爾至玉樹程途

自丹起程由海北赴玉樹之路

自丹至新寺迆西窰路哈達六十里〔群科地〕。

至查勒蓋〔貝勒地〕，三十里。

至克來牙豁，七十里〔貝勒地〕。

至哈立蓋河，九十里〔剛咱地〕。

至亂泉地，八十里〔剛咱地〕。

至乙開烏蘭大河，四十里〔剛咱地〕。

至全吉〔註1〕，百里〔剛咱地〕。

至郡河，四十里〔剛咱地〕。

至布喀河，七十里〔汪什代克地〕。路皆泥淖湖窩，馬欲陷。

至扭克圖牙豁，八十里〔汪什代克地〕。

至察漢淖爾海沿，八十里〔可可貝勒地〕。

至都蘭寺南坡，七十里〔青海郡王地〕。

至耳立待乃俄窩，四十里〔可可貝勒地〕。

過於泥河至旦木尕秀口，一路鹼灘泥淖，三十五里〔可可地〕。

〔註1〕 《青海志》作具力漫河。

至干連圖力蓋沙灘，四十里〔可可界〕。

至耳來茨，九十里，路係沙漠，水窩泥坑，可可地〔註2〕。

經沙山戈壁至耳立俟俄耳〔可可地，三十里〕。

至烏蘭波里，八十里〔五柴且地〕。

過淖泥河，柴達木界，五十里〔巴隆地〕。

至黑水灘，沙林烏泥，四十里〔巴隆地〕。蚊甚。

經枃林鹼灘至納隆溝，六十里。

至惡莫害牙豁，山高千仞，瘴氣甚厲，石路坑坎，行走頗難，五十里。

過山至阿立俄勒灘，瘴氣愈甚，陡山漫水路，不易行，百里。

至可可協里麻，瘴氣愈甚，疊山曲灣，行走亦難，九十里。

至若隆得屋，三十里。

過黃河至星宿海灘，百里，瘴氣始息。

以上皆巴隆地。

至尕力磨塘灣，七十里。

至具力磨塘，七十里。

路漸平，多湖窩。過大河，九十里至拉若尖若。

七十里至腮不且。

八十里至腮不且溝。

九十里至年錯坡科。

六十里年錯，玉樹首族。

至捻錯七十里。

至孤岔七十里，高山甚陡，遮灣河水，行走甚難。

經窩窨拉牙豁至大孤岔六十里。

青沙陡山，上下甚難，至稱多五十里。

至大稱多三十里，此族有寺一座。

過大山至拉布寺四十里。

乘筏渡通天河至札武二十里，河水黑而深，廣約五里，乘皮筏而渡，番婦搖櫓。

至通布達三十里。

〔註2〕 此處補一地字。

漫山腰路，下臨深澗至玉樹結科三十里。

遮灣石路，至德慶寺六十里。

至德麻隆二十里。

結科乃玉樹適中之地，西通西藏，東達川，北接西寧。

計自丹至都蘭寺九百餘里，自都蘭寺至五柴旦四百餘里，自柴旦至黃河五百八十里，自黃河至大稱多，至德麻隆二百餘里，共計二千九百餘里，由海南小路自玉樹至丹快馬僅十二日而至。

自丹起程由海南赴玉樹之路

自丹至大河壩六站約五百里。

過尕哈至札梭拉四十里。

至當鵝力七十里。

至若合馬洞那三十里。

至拉布其那哈勒三十里。

至年月拉不幹四十里。

至札欠六十里。

至瑪沁雪山之乙可合八十里。

過山經遮亥此至華周八十里。

至年札八十里。

至相加布勒岸百五十里。

至黃河腦八十里，以上三果洛地。

過河三站至札曲卡，又三站賽力琇官巴^{即寺}_院，玉樹適中地。

又三站至登科。

九站，共計六百餘里。

合計千八百六十餘里。

由丹至四川松潘之路

由丹至郭密二百二十里。

至河卡百二十里。

至洞香過河六十里。

至打倉六十里。

至魯倉百里。

至合力八十里。

至那木漢百里。

至達子汪即什爾根站百二十里。

至加賽合六十里。

至沙木沙百里。

至熱哈丹巴八十里。

至呵什吉八十里。

至安石六十里。

至巴壩力洞去八十里。

至初什加布臺八十里。

至黃城関六十里。

至松潘城六十里。

共計千六百六十里。

由札梭拉至柴達木之路

由札梭拉西行百三十里至斗錯。

又百三十里至拉若坑丁龍。

又五十里至江蒼。

又八十里至因打來。

又百四十里至乙虎力^{西藏商上喇嘛駐此}。

又百里至瓦郎柴旦可可貝勒界，柴旦界內西行二三十日不盡云。

由打箭爐至西藏之路

打箭爐五站至河口，三百餘里。

又八站至里塘。

又七站至巴塘。

又十四站_{實千五百里}至察木多。

又三站至恩達。

又八站至碩般多。

又五站至邊壩。

又三站至拉里。

又五站至江達。

又四站至河壩。

又三站至拉木。

又七站至德慶。

又二站至西藏拉薩。

跋

　　臺灣成文出版社影印出版之鴻篇巨帙《中國方志叢書》中青海省有《青海志》《青海記》二書，皆署名康敷鎔。細核之，實一書二名也，《青海志》稍加分卷而已。《青海志》卷三，《青海記》路程條下載有自丹噶爾至玉樹之程道，此處之丹噶爾即今之青海省湟源縣，玉樹實已爲今玉樹縣所在之結古鎮，而非清初玉樹族所在之金沙江上源也，且所載至玉樹之途因取道青海湖南北之不同而歧爲二道。此書所記赴玉樹之二途，取道海南者即周希武所著《寧海紀行》之道也，該道乃西寧辦事大臣屬南稱四十族藏民會盟之道，亦爲唐蕃古道之遺跡，惜乎史乘記載絕少，不爲人知，直至周希武之《寧海紀行》刊行，始爲人所注目，後之學人多引用以攷證唐蕃古道之所在。《青海記》成書更早，其於程道下亦簡記所屬之蒙藏旗分藏族部落之名，於考究清季青海之交通及蒙藏二民族之變遷亦具價值。且所載之自丹起程由海北赴玉樹之路實爲自柴達木至玉樹之另一途，與周希武所行之道迥異，其餘所載之路線亦清季青海交通之罕見資料也，考究清季青海交通者當可取材也，今據臺灣成文出版社影印之《青海記》錄之。

　　作者康敷鎔，字陶然，四川南屯（今四川省西昌市）人，光緒二十九年中舉，宣統元年任丹噶爾廳同知，民國鼎革，先後出任武威，安定縣知縣，亦爲甘省參議員，民國十七年携眷回川。康氏除著有《青海記》外，尚有《青海地志略》《青海調查事略》二書，亦關心地方史乘者。

西元二〇一六年冬月謹識

《西輶日記》

黃楙材〔註1〕 著

卷一　自成都至巴塘

　　光緒四年戊寅五月奉四川總督丁〔註2〕札開派委楙材遊歷三藏五印度地方，察看情形等因，經附片奏明，奉旨允准，頒發總理各國事務衙門漢英文護照，暨英國駐京公使英文護照祗領，遵於七月初七日由成都起程，同行者高安武舉章鴻鈞，長沙聶振聲，慈谿裘祖蔭，及跟隨一名，厨役一名。

　　七月初七日，出南門，行二十里，過簇橋場，二十里宿雙流縣，寒暑表九十二分^{指午正言}之，後準此。

　　初八日，行五十里，過新津縣^{近城連渡三河，砂嶼蘆洲，茫無路徑，行李至此，頗覺病涉}，又五里入邛州界，又五里宿楊場，夜中大雨。

　　初九日，行四里渡河，六十里宿邛州，自省垣至此，皆平疇沃衍，稻芒穟蔚，城內亦多田畝，遙見西南一帶群山隱約雲際。

　　初十日，立秋，仍出東門，迤南行九十里，宿百丈驛^{名山所轄}，居民二三百家，依於山麓，自入名山界，斜坡上下，卵石填路，表八十八分。

　　十一日，行四十五里，過名山縣，城甚小，東西僅半里，又十里過奠安橋，上坡五里金雞關，見道傍石碑有詩云：

　　邛筰兩關，壁峙蔡蒙，四面屏開，雲擁峨眉，月出江滾，平羌雪來。

　　又三十里渡河，水流湍急，日夕抵雅州府。

〔註1〕　作者之名有作茂材、懋材者，此處取《得一齋雜著四種》作楙材。
〔註2〕　四川總督丁指丁寶楨。

十二日，出南門，山路崎嶇，沿溪曲折行四十里，逾溪而南，宿觀音場，行李悉換背夫。

十三日，早起，上坡十里，下坡十里，至高橋，入榮經界，又十里石家橋，尖，又十里過渡，又二十里上坡，過渡，計程六十里。

十四日，行三十里入清溪界，十里黃泥鋪，入山沿溪而行，鳥道崎嶇，亂石狼藉，叢木交加，過二板橋，用鐵索牽連，十里，宿小關，近關一段尤為陡峻，斜七十餘度，關口僅容二馬，兩山壁立，茅店十數家，雖赤日亭午，尚覺陰寒迫人，夜中大雨。

十五日，行十五里大關，又二十里為三大灣，盤旋深谷之間，既繚而曲，如往而復，又五里草鞋坪，已臻極頂，居民尚服皮衣，所謂大象嶺者，自黃泥鋪起拾級而升，計程四十五里，頑石羅列於足底，危峰聳入於雲霄，凡過此之人皆屏息不敢揚聲，山頂童然不生草木，自是循山脊逶迤而下，迂迴百折，陡峻絕倫，或謂即九折坂王尊叱馭處，五里為廿四盤，又五里羊圈門，背夫在此分路，前往泥頭驛較近十五里也，下山五里，宿清溪縣，山城如斗，居民無多，四山壁立，雙溪倒懸，附郭稻田數百畝，望之如梯級然，自榮經以來，皆以稞麥為飯，其粒形較短，而兩端純圓，此外惟包穀蕎粑而已。

十六日，行七十五里，宿泥頭驛，終日上下坡谷，沿江岸而行，雖非峻嶺危峯，而崩崖陡岸，亂石堆積，澗水橫流，徑路欲絕，馬不能容蹄，轎不能倒拐，跋涉艱苦至此已極，兼之里數迂遠，薄暮始得到站，人馬疲乏，數四傾跌，每遇危險之處，則下轎步行，一路群山，悉為頑石，不能栽種，表八十八分。

十七日，行二十五里過鵲來橋，於是上山，又二十五里伏龍寺，過飛越嶺，此山之高亞於象嶺，日昳行近山頂，倏而雲霧奔騰，雷雨交作，冰雹迸飛，大若衣鈕，冷冽異常，人畜股栗，寒暑表由八十六分縮至六十四分，既陟其巔，有一小廟，供奉關神，遙望西南蠻箐，諸山聳入雲漢，古雪斑斕，下視化林坪，一如象嶺之視清溪縣，近在咫尺，而下行則有十五里程也，泰寧營都司駐防於坪，額兵五百名。

十八日，下坡三十里，宿冷磧，小市數十家，前臨大渡〔註3〕河，有長官司，姓周，常居山莊，此處但餘空署而已。

十九日，循河幹而上，折向西北行五十里，宿瀘定橋，兩岸鋪戶三百餘家，有巡檢及汛防把總，皆駐於東岸，橋建於康熙三十四年，長三十一丈一尺，廣九尺，平牽鐵絚凡九，上覆以板，兩旁各用二鐵絚為扶欄，兩端有四鐵樁，各重千八百觔，東岸有關〔註4〕聖廟，御製瀘定橋記碑亭，西岸岩間有觀音閣，按大渡〔註5〕河發源於松潘蠻箐中，匯大小金川諸水南流，經上下魚通至此，已歷二千里，又南流至沈邊，折而東下，經清溪縣南境，峨邊廳北境，至嘉定府城西，與雅河合，然後東入於岷江，昔宋太祖與土番定界，以此玉斧畫此河，曰自此以西吾不有也，是日表八十六分。

二十日，過橋轉北，循河西岸而上，七十里，宿瓦寺溝，瀘河自西來回，表八十分。

二十一日，轉西向，循瀘河南岸而行，七十里，抵打箭爐，自過橋以來，山川奇險，駭目驚心，怪石危峯，懸空欲墜，至於河流，迅急尤異尋常，水石相激，飛濤怒吼，如白龍夭矯騰空直下，幾疑身到銀河，極宇宙之奇觀矣，午正表八十五分，至爐城則氣候驟改，人思挾纊，蓋地勢欹斜，每里漸高十數丈，自瀘定橋至此，大約高逾千丈矣。

自省城至打箭爐十三站，計九百七十五里。

爐城二水夾流，三山緊抱，晨夕多風，終年積雪，盛夏猶服重裘，番夷雜處，詭形異狀，鳩面黎黑，鳥語鞠訥，被髮徒跣，身衣紅褐，梵僧喇嘛往來不絕於道，實西南之鎖鑰，藏衛之喉吭也，設分防同知一員，阜和協副將同駐焉。

明正宣慰使駐城中，所轄長官司及土千百戶四十九員，東至瀘定橋一百二十里冷邊土司界，西至中渡汛二百八十里里塘土司界，南至樂壤六百里冕寧縣界，北至章谷屯四百五十里小金川界。

打箭爐古旄牛國也，俗傳武鄉侯南征，遣郭達將軍安爐造箭，附會無稽，愚按唐宋之世，吐蕃入寇，斯為要道，或嘗造箭於此，至於丞相南征，由巂入益，程途各別，非所經行也。

八月初一日，戊寅，朔，表六十四分。

初二日晤法國畢司鐸。

初三日會廓爾喀貢使，番語稱曰噶箕，自去歲五月由該國起身，至本年六月乃抵爐城。

〔註4〕 此處補一關字。

〔註5〕 原文作度，今改為渡。

初八日由打箭爐起程，九點鐘出南門，行二十里，初試騎馬^{此處分路，向南經大雪山往晃}寧，溪水亦分二支，轉西南平坡透迤，二十里宿折多，有碉房二座，南望雪山屹如銀屏，夕照掩映〔註6〕，眞奇觀也，山凹有熱泉沸起，行人俱往浴之，寒暑表六十四分。

初九日，早起過山，山雖長不甚峻，一路行斜坡亂石中，五十里至山頂，奇峰嶙屼，瘴霧瞑矇，滿目荒涼，不見人戶，行旅至此，每有劫掠之虞，一帶山石，多係鐵礦，下山十餘里，有碉房一間，少憩打尖，從此地勢漸平，頗有居民，三十里宿阿娘壩^{一作安良壩}，計程九十里，表五十八分。

初十日，換烏拉，二十五里經小營官寨，頗扼形勝，又二十五里宿東俄洛，一路地勢平坦，岡巒秀潤，水草肥美，稞麥青〔註7〕葱，儼有富庶之象，每過蠻村，皆攜酥茶以犒烏拉，表六十四分。

十一日，換烏拉，行二十里山根早尖，騎馬過山，上下三十里，山頂有高日寺，喇嘛百餘^{由寺前經過較遠數里}，山產蟲草貝母諸藥，再穿老松林二十里，龍鱗虬幹，矗立陰森，大者數十圍，生長蠻荒，工師莫由得至，徒令枯老空山，棄置道左，晚宿臥龍石，有塘兵二名，計程七十五里，表六十四分。

十二日，辨色而起，一路平衍，地勢斜下，五十里八角樓，打尖，有塘兵出迎，又沿小河西行，或左或右，連過四橋，五十里宿中渡汛，一曰河口，即鴉龍江也，設汛防，外委一員兼管渡船，河東爲明正土司界，河西爲里塘土司界，兩岸石壁嶙峋，河流迅急，表八十分。

十三日，雨，因烏拉未備，留住一日，表六十五分。

十四日，陰雨，過河換烏拉，上坡四十里，宿麻蓋宗。

十五日，晴，早起過雪山，用牦牛拉繂，行至山頂，雪子迸飛，寒颶刺骨，表縮至四十八分，上下凡四十里，至剪子灣，有塘兵，碉房一間，汙穢特甚，因藉草而坐，少憩片時，又騎馬三十里至博浪工，四路交通，設有汛防外委，以防夾壩，再下坡二十里，宿西俄洛，有塘兵，有碉房七八座，溪水東流，地勢平坦，晚間十點鐘明月當空，因上碉樓測量勾陳大星，高弧三十度二十分，南斗第一星高弧三十度。

十六日，因烏拉未備，留住一日，午正測量太陽高弧六十四度三十分。

〔註6〕 原文作英，今改正。
〔註7〕 原文作菁，今改爲青。

十七日，陰雨，延至巳正起身，一路上下斜坡，林深谷邃，四十里宿咱馬拉洞，有塘鋪，狹隘卑濕，竈在牀前，炊煙起而目淚，衾裯貼而背冰，夜不能寐。

十八日，早，雨行二十里，過蠻卡，又騎馬過雪山，上下三十里，冷冽異常，表縮至四十分，午後晴霽，順山溝而下，二十里至火竹卡，有行臺，頗可容身，此處四路交通，夾壩出沒，設汛防把總一員，馬步兵七十名。

十九日，晴，過河，因山潦暴發，衝毀橋樑，水深三尺，騎馬而過，衣履俱濕，沿河紆折，二十里過蠻卡，又行漫坡二十里，下坡即平原曠野，二十里抵里塘。

自打箭爐至里塘十站，計六百六十五里。

是晚十一點鐘測量勾陳第一星高弧三十一度三十分，查本日太陽赤經度變爲二十二小時三十一分，於勾陳星泛高度內減目高之差四分，減蒙氣之差一分，得勾陳星實高三十一度二十五分，檢第十七表，應改之數減去歲差三分，算得里塘北極出地三十一度二十二分。

同時測量北落師門過午線高弧二十八度十五分，減目高之差四，蒙氣之差一，得炎星實高度，與象限相減，餘弧六十一度五十分，爲距天頂度，檢恆星表，北落師門南緯三十度二十二分，以減餘弧，算得本處北極出地三十一度二十八分，亦合也。

里塘氣候高寒，雪山圍繞，然地勢開洋，縱橫數十里，溪水平流，若令漢人開墾，可得萬頃良田也，惜蠻人習於畜牧之逸，不諳耕作之勞，兼之喇嘛數千，安坐而食，所由地曠人稀，較之明正所屬迥不侔矣，日昳隨喜大招寺，內喇嘛三千六百餘名，有熬茶銅鍋四具，可容數百石，有吳王殿，寺後土山左右環抱，溪水瀠洄，前面雪山如銀屏張列，正中一尖峰尤爲秀拔，寺基之下及附近諸山悉產黃金，喇嘛禁人挖掘。

里塘宣撫司稱大營官，副土司稱小營官，所轄長官司四，曰瓦述毛丫，瓦瓦述崇喜，瓦述曲登，瓦述嘓嚨，土百戶二，曰瓦述毛茂丫，瓦述麻里，其地東至河口三百二十里明正土司界，西至二郎灣河口〔註8〕二百四十里巴塘土司界，南至拉空嶺甕水關五百八十里雲南中甸廳界，北至楚穆河四百四十里瞻對土司界。

〔註8〕 此處補一口字。

二十二日，啓行，十五里至熱水塘，有胡土克圖^{賞戴桃耳帽，黃大掛，}_{梵修喇嘛稱納達結}，爲漢番所信服，頗解漢語，善占卜，贈黃丸七顆，泥佛一尊，長寸許，熱泉從石孔沸出，分引數處，鑿爲方池，可以洗浴，用寒暑表測之，熱至一百一十分，又數十里，騎馬過河，上斜坡，忽遇大雨飛電，渾身淋漓，人馬戰栗，是日宿頭塘^{即公}_撒，有塘房一間，甚卑狹，計程六十里。

二十三日，早起，過雪山，寒風凜冽，凍綻肌膚，四十里至乾海子，有蠻塘打尖，又經爛泥壩及虎皮溝，上下岡巒盤旋五次，鉅石森立，橫梗道途，滿目荒涼，絕無人戶，四十里至拉爾塘，有塘兵，下坡順溝二十五里，至喇嘛丫，計程一百五里，此地氣候和暖，河水東南流，兩岸俱種青稞，有碉房數十座，桀驁頭人亦頗恭順。

二十四日，晴，上下石岡盤折數次，過嶺則深林密箐，曲徑通幽，沿河而行，風景清麗，伶俜黃蜨，徘徊馬首，共行五十里，宿二郎灣，有塘鋪，自里塘至此俱向西南行，因大雪山橫亙於前，必迂道繞過也，聞土人另有捷徑，由公撒直向西行，不過三日可抵巴塘，但所經草地絕無宿站，故不便於行旅耳。

二十五日，晴，由山足進溝折向西北，路稍平，共行六十里宿立登三壩，蓋二郎灣正當雪山之前，而三壩即在雪山之背也，此數日雖旁雪山而行，然天氣晴和，不覺甚冷，惟山頂風勁，每致頭疼而氣喘。

二十六日，晴，向西北行，少北過巴山，上下六十里，至松林口，藉草少憩，支石煎茶，一路深林蔽日，枯樹塞途，不但人跡罕逢，即鳥雀之聲亦絕無所聞矣，再下三十里，宿大朔塘。

二十七日，秋分，進溝上雪山，三十里至巔，怪石巉巖，陡險可畏，下馬步行，此數日俱無尖站，但在草地煎茶，略噉糌粑而已，再下穿過樹林，四十里宿邦叉木，有漢蠻塘兵，頗種青稞。

二十八日，順溝而下，十里至小巴沖，有碉房打尖，又下坡四十里抵巴塘，一路懸巖峭壁，亂石參橫，溪水急湍，與瀘河無異，惟天氣和煖，表升至八十四分。

二十九日，午正測得太陽高弧五十九度稍弱^{是時太陽南}_{緯四十五分}。

自里塘至巴塘七站，計五百四十五里。

巴塘漢番三百餘戶，設糧務一員，都司一員，天氣和暖，土壤膏腴，青稞莜麥，歲有二秋，蔬菜之類亦可栽種，有丁林寺喇嘛三千餘眾，或云丁林爲古丁零羌之遺種，或云巴塘即白狼王唐菆之故地，皆無可考。

巴塘宣撫使司及副土司所轄六玉，宗俄，玻密，德隆諸桀敖俱在西南二面，另有所屬七土司，曰岡里，曰桑隆，曰郭布及上下穌阿，上下臨卡石，在西北一帶，附近金沙江兩岸，其地東至二郎灣里塘界，西至寧靜山江卡界，南至耿中橋中甸廳界，北至桑昂野番及德格土司界，廣七百餘里，袤千餘里。

九月初一日，丁未，朔。

初十夜測量危宿第一星，過午線時高弧五十九度十分，減目高蒙氣二差五分，檢恒星表，本星南緯五十三分，算得巴塘北極出地三十度二分也。

十三日己未酉正一刻，寒露。

十四夜十一點鐘測勾陳大星三十度弱。

卷二　自巴塘至騰越

十一月初一日，丙午，朔，寒暑表五十分。

近歲以來，西洋各國數次派員進藏遊歷，俱被番民阻止，改道滇南而去，桝材等行抵巴塘之時，藏內番民聞有印度之行，諸多疑慮，聚眾阻撓，難以理論，因與糧務趙牧光變會稟督憲批准，改道中甸而行，查此間有兩路，一由巴塘西行至竹巴籠，過河九程至阿敦子，又十程至維西廳，皆行金沙江之外，即去歲趙牧護送英員吉為里之路也。一由巴塘南行，經六玉，奏堆至中甸廳，俱行金沙江之內，較近數程。顧此路荒徼僻壤，人跡罕到，必須裹乾糧，負氈幕，野棲露宿，兼之野番夾壩出沒無常，是以趙牧及兩土司携帶兵役古操护送同行。

二十日，由巴塘折回小巴沖，三十里。

二十一日，辨色而起，折向正南，沿溝而上，鳥道崎嶇，枯木虬僵，亂石狼藉，兼之冰凌彌漫，滑溜南行，日出後乃捨轎乘馬，五十里林口打尖，從此盤旋上大雪山，奇峯嵽屼，頭痛目眩，氣息喘急，昏暮始抵帳房，人疲馬乏，計程約百二十里，蓋一路並無水草，無可駐足也，晚宿黑氈幕中，冷冽特甚，偎火假寐而已。

二十二日，順溝下坡，過老林密菁，轉東南過二板橋^{左一溪水自
邦叉木來會}，五十里宿東拉多，有碉房六七座。

二十三日，沿溪南下，林木交加，天氣較暖，一路間有居民，六十里至竹挖根紅教寺，特迎入寺住宿，寺內喇嘛三百餘名，執鼓鳴鐃導引上山，宰牲行炙，以犒驏從，隨喜經堂彿殿，頗覺莊嚴。

二十四日，下坡，五十里，宿六玉，此處天氣和暖，地土膏腴，與巴塘相彷彿，附近數村居民共三百餘戶，設桀敖一名，實口外第一繁庶之區也，溪水至此折向西南，入金沙江，別有小溝自南來會，左往阿墩子八站，前往德絨二站，右循小溝而南，則中甸之道也。

二十五日，歇息。

二十六日，循溝而進，一路俱有碉房，皆燃〔註9〕煙以示敬，三十里，宿仁堆。

〔註9〕　原文作然，今更正。

二十七日，折向東行，深林邃谷，冷冽異常，表內水銀亦凝結不動矣，騎馬過峽翻山，平原曠野，漸覺和暖，下坡入松林，少憩，轉東南順溝而下，宿奏堆，計程約百里，碉房散處，田疇沃衍，有居民六十餘戶。

二十八日，向南緣崖而行，路多偏仄，至喀沙少憩，乘馬出溝口，見巴隆達河自東北來會，水勢汹湧，數里過板橋，折向南下，十數里復過板橋，轉西岸，日昳宿於喀拱，有碉房數座，據高坡之上，計程約九十里。

二十九日，冬至，順河南下，陡險難行，四十里，宿邱麥。

三十日，順河南行，少西，四十里，宿邦多，有河自東北來會，即立登三壩之河也，此一帶天氣和暖，表升至五十二分。

十二月初一日，丙子，朔，順河南向，三十里至工拍喜，有碉房數座，本擬在此住宿，因天色尚早，遂催趲前進，又三十里至棋馬通下帳房，附近未有居民，皆在五十里外也，自奏堆以來，鳥道嶔巖，每捨輿而乘馬，或棄馬而徒步攀巖陟磴，無異猿猱，僻壤窮陬，絕非人境，無論漢官威儀，目所未睹，即巴塘兩土官足跡所未經也。

初二日，早起，南向少東，緣崖而下，過拉渚河，蓋里塘二郎灣諸水合而南流至此，與巴隆達河相會，過板橋危險可畏，復上陡坡，至夾渚，有蠻民數十戶，居於崖際，其麥地町畦如梯級然。

初三日，大風，順河南行，上下坡凹，過小蠻村，有碉房數座，至擦拉，遂登石崖，半係偏橋，賴兩鼓操扶掖而行，過崖見金沙江，凡山形水勢至此俱折而東向矣，江之陰維西廳境，遙望迤東一帶，雪峰高聳，是以風來甚勁也，復盤旋山脇之間，峭壁千仞，下臨金沙，驚心怵魄，不敢俛睨，抵阿鹿宮，計程約六十餘里，然人疲馬乏，從者皆有難色矣。

初四日，順金沙江東南向，山麓繚曲，下陡坡三十里至奔子瀾，有渡船，南岸碉房散佈，頗有繁盛之象，設汛防把總一員，西距阿墩子三站，東距塔城關二站，北岸僅蠻民一家，為巴塘所轄，再行二十里宿土照壁，路漸寬展矣，此處蠻民穴地取沙以淘金，所產柑梨頗佳。

初五日，順江東南行，上下斜坡，三十五里至橋頭汛^{即耿中橋}，設外委一員，為川滇分界，巴塘土司至此而返，此水從東北而來，深廣不亞於巴隆達河，其發源必遠在里塘之上，從此向正東而行，不見金沙江矣，又五里，宿農巴慶多，有居民數十戶，有二溪水，一自正東來，一自東北來相合而入於河，復南流歸於金沙江。

初六日，向正東行，上陡坡三十里，過紙坊塘，又二十里至泥溪，地勢開洋，居民二百餘戶。

初七日，夜半炊飯，坐以待旦，持火起行，二十里始天明，又二十里至昌多打尖，居民用木板蓋屋，爲人字形，頗有內地景象，從此天氣較寒，地勢平坦，四十里過一海子，寬廣數十里，水澤腹堅，光明如鏡，日昳抵中甸，此地漢番雜處，人煙稠密，民物風景大抵與巴里二塘相類也。

自巴塘至中甸行十八日，約計一千餘里。

中甸撫夷同知所轄幅員三百餘里，附郭曰中甸，境西至耿中橋巴塘界曰泥溪，境南至阿喜汛麗江界曰江邊，境東至永順土州界曰小中甸，境北至瓮水關里塘界曰格咱，境所屬土守備二員，土千總五員，土把總十六員，不世襲，夷民言語與藏地不同，所奉紅黃二教，城外有大寺，喇嘛二千餘名，留住中甸五日，夜間極冷，衾裯如冰，不能成寐，起而圍爐煨火，所帶寒暑表及玻璃之器莫不迸裂，所乘肩輿亦敝不可用，此後皆騎馬而行。

十三日，趙牧仍循故道而還巴塘，枺材等亦由中甸起身，八十里宿小中甸，一路平坦，人煙稠密，不似口外荒涼矣。

十四日，南向少東，二十五里，宿青香樹。

十五日，早起，戴月而行，三十餘里始天明，上至山頂，寒風勁起，濃霧堆匝，堅冰在地，碎雪滿身，乃偎火熬茶，手足漸蘇，下坡尤陡而險，石徑偪仄，枯木杈枒，日昳抵格六灣，臨金沙江岸，計程百里，上坡四十，下坡六十，若春夏溪潦盛漲，由小中甸分路，過吉沙至此相合，較遠三十里，稍爲寬平。

十六日，順金沙江東南而行，天氣和暖，地土沃衍，號爲江邊境，爲產米之區，九十里宿梧竹，有居民數百戶。

十七日，仍順江東南行，六十里宿冷渡，江水縈洄，岡巒秀潤，兩岸村莊瓦屋連續不斷，頗似江南風景，兼有梅花迎臘，楊柳透春，如逸士幽人隱居荒徼，良朋勝友邂逅天涯，時遇異香，曷勝狂喜。

十八日，東向少南，五十里至木筆灣，渡江，宿於阿喜汛，爲麗江縣境，設把總一員。

十九日，上下陡坡，三十里至剌是壩，有一海子，寬廣數十里，又過兩坡，凹歷一大壩，薄暮抵麗江，計程約七十里。

麗郡古麼些詔，爲六詔之一。城北有大雪山，瑩靜如銀屏，南詔蒙氏僭封為北嶽，今寺院猶存。明洪武時宣撫司副使阿得率眾歸附，賜姓木，授為土知府，子孫承襲，至雍正元年改土歸流，降為土通判。境內夷民凡有九種，曰麼夢，曰儸儸，曰保保，曰古倧，曰西番，曰巴苴，曰剌毛。又有倈夷，怒夷，居於瀾滄江外。

二十五日，由麗江府起身，折回剌是壩，沿海子而行，轉向西南，翻過山凹而下坡，甚陡，計程七十里，宿於坡腳，有土屋二間。

二十六日，南行三十里至九河街，小店數家，有釐卡，為劍麗交界，又三十里至劍川州，一路俱平疇，有溪水南流入劍海，城周三里，居民街市繁於麗郡，然貿易多係婦女，赤足草履，背負篋簍，繫索於額，與蠻中無異。

光緒五年己卯，正月初一日，乙巳，朔。

初二日，出南門，二十里過橋^{溪水西南流}，至甸尾有海子，周數十里，轉東南上斜坡，二十餘里宿野鴨塘，茅店數家而已。

初三日，下坡三十里，至觀音山，為鶴慶州境，又南行十五里牛街汛，又十里入浪穹界，又十五里宿應山鋪，一路田疇平衍，人戶稠密。

初四日，東南行，十五里過金水寺山峽，循隄岸而南，十五里至中所，過橋，二十里至劍川州，城垣頹廢，居民寥寥，又十五里宿上關，左臨洱海，右倚蒼山，城周三里，實扼形勝，設有稅局釐卡，汛防把總一員。

初五日，循山阯向南，平疇沃衍，村落聯綿，洱海平波，蒼山點雪，天氣和暖，風景娛人，七十里至大理府。

自麗江至大理十三站，八百六十里。

大理本滇南精華所萃，商賈輻湊，閭閻稠密，回逆杜文秀盤據於茲十有八載，俱遭蹂躪，同治十二年官軍克復斯城，灰燼之餘，十祇一二而已。

附郭太和縣，長百餘里，廣三四十里不等，襟山帶湖，形勢鞏固，惟上關下關二路可通，四序溫和，昕夕常有大風，衣冠文物為滇省之冠。

十四日，巳正三刻，立春。

二十二日，出南門，三十里過下關，設有稅局釐卡，較上關為繁盛，雉堞數重，尤扼喉吭，關外分三大道^{趙州境}，左三十里往趙州，為進滇省之路，九十里往蒙化，為通迤南之路，右則為達騰永之路也，洱海之水，由關口前折向西南，環繞蒼山之背，有鉅石跨河，呼為天生橋，橋下急湍倒瀉，雪浪高噴，呼為不謝梅，六十里至合江鋪，入漾濞江。

二十三日，折向西北，循江岸上下坡凹，山徑崎嶇，水流湍急，人戶稀少，無異蠻中光景，兼之風雨交作，春雷發聲，六十里宿漾濞，爲蒙化所轄，有巡檢司，隔一溪三里許爲永平所，轄有汛防千總，此地與上關東西相值，中亙蒼山，故由劍川分路行二站半至此相合。

二十四日，北行二里許，過石橋，有溪水從蒼山之麓流出，曲曲如抱弓，南入於漾濞江，爲蒙化永平分界，又經汛防，過鐵索橋，長六十步，轉西少南，踰小溪，上高坡，石徑狼藉，三十里至坡頂，有塘防，下坡三十里，宿太平鋪，一溪西南流，有汛防外委一員。

二十五日，西南行，上坡凹，四十五里過鐵索橋，長五十步，即勝備河也，發源箭杆〔註 10〕土司，南流至此，太平溪水自東來會，黃蓮溪水自西來會，曲折南下，入於漾濞江，過橋行山脇間，路繚而曲，十五里宿黃蓮鋪，有汛防把總一員。

二十六日，辨色而起，上下斜坡，日昳至永平縣，計程百一十里，附郭田疇十數里，居民數十家而已，永平古博南縣，有舊城，在銀龍江東岸，被潦水衝圮，乾隆間乃遷治於西岸之山麓，相距十五里，其民居多在舊治。

二十七日，西南行，上高坡兩次，七十里，宿杉陽，爲保山所轄，有巡檢把總各一員。

二十八日，西南行，上下陡坡，之字迂迴十數折，二十五里過霽虹橋，即瀾滄江之正幹也，兩山壁立，聳拔千仞，因石基以建，橋長七十五步，用十六鐵緪，上鋪平板，頗爲穩固，摩崖多刻窠窠大字，皆明以後款識，過橋，復上峻嶺，石磴陡滑，高入霄漢，不亞於象嶺飛越矣，山頂有水雲寺，二十里宿水寨，村落數十家，形如釜底。

二十九日，下坡，六十里至板橋，又二十里至永昌府，附郭保山縣，西有大保山，東有青華海，南北平疇，綿衍數十里，與大理相彷彿。

永昌古哀牢國，漢以來爲永昌郡，元置都元帥府於銀生嚴甸，其地在伯夷蒙樂山下，距今府治南千餘里，所謂金齒是也，旋改爲衛，移治永昌，明初爲金牙齒，永昌二千戶所，遣中官鎮守，朘削兆亂，嘉靖改元，巡撫何孟春連疏請復爲軍民府，我朝平定三藩，仍爲永昌府，轄保山，永平二縣，騰越，龍陵二廳。

二月初一日，乙亥，朔。

〔註 10〕原文作悍，今改爲杆。

初四日，南行七八里，轉西過斜坡，宿蒲縹馹，計程七十里，有汛防外委一員。

初五日，西北行，十餘里遶過山嘴，轉向東南，復折而西北，至潞江橋，計程六十里，河寬二十餘丈，中流立墩，建鐵索橋二段，前月二十三日大風吹斷三索，二十八日又斷五索，乃編竹為筏，以濟行旅，每筏僅容三四人，橋頭有小市，五日一集，茆棚攤子，太半漢人，是日因過渡，耽擱不及趕站，遂宿於此，初春天氣，已覺炎蒸，如內地仲夏矣，四月以後頗有瘴癘，漢人皆散去，凡過此者必策馬前進，不敢停留也，兩岸稻田平衍，二十餘里俱擺夷耕種，為潞江安撫司線氏轄夷，婦首纏青布，服青色，背披紅布方單，男人及和尚多服黃色，然所奉非黃教，乃緬甸之佛教，其文字言語亦別一種。

初六日，西向上坡，三十里和木柱，一路峭壁，岩間悉有人戶，因平地瘴熱，夏秋二季不可居也，再西南上坡，尤為陡峻，三十五里至山巔，逼近霄漢，踰嶺盤折而下，夾道皆細竹密箐，陰寒偪人，十五里宿太平塘，僅塘兵數戶而已，計程八十里，入夜甚冷。

初七日，下坡，三十里過龍川江鐵索橋，有汛防把總一員，又五里宿橄欖寨，有稅局釐卡。

初八日，西行，上下斜坡，六十里至騰越，此地岡巒環繞，中開平洋，廣袤二三十里，田土膏腴，附郭為十八練，人戶稠密，雞犬相聞，城周八里，依近西北山麓，所轄土司七員，地方遼闊，八關九隘俱為扼要。

自大理至騰越十三站，八百七十里。

卷三　自騰越至緬甸

十六日，由騰越起程，九點鐘出南門，迤西過平岡，三十里至小河底，沿大盈江而下，又三十里過曩宋關，有一水自西北來會，又三十里至左營，有土城，都守〔註11〕各一員駐防，又五里至南甸，宿土司衙門，一路平坦，田疇沃衍，人戶稠密，刁氏世襲宣撫司，為七司之領袖。

十七日，南甸宣撫司派土練十名，護送南向，上下斜坡，轉西沿河而行，八十里抵干崖，若由南甸過覽轉橋，行大盈江之西岸，較為便捷，然山徑崎嶇，兼有野人出沒無常也，盈江之口，水勢漫衍，彌望砂礫，茫無畔岸，析為無數小支，西流入於檳榔江，舊城在大盈之陰，設有稅局釐卡，為商旅往來之大道，新城在檳榔之東，大盈之陽，依於山麓，宣撫司亦姓刁氏，自前明洪武三年立功賜姓，迄今承襲二十三世矣。

檳榔江發源藏地，經流野番山箐，人跡不到，其里數無考，西北入古永隘，經展西練，瀠洄浩瀚，沿江設七十二練卡，南流至干崖與盈江相會，地勢開曠，水流平緩，寬至數十百丈不等，土人呼為海珀江，或作洗帕江。

十八日，干崖宣撫司換派土練五十名護送，仍涉盈江而南，循行隄岸，三十里至蠻掌街，有茅店二十餘家，又數里過渡，水淺而寬，刳木為舟，可容十許人，既濟，轉西北向，行平壩二十餘里，至盞達宣撫司，姓蘇氏，傳襲十九世，商旅往來則由干崖舊城，宿於弄章街，不必過江也，三土司之地皆平疇腴壤，頗有富饒之象，非滇省內地州縣所及也，土民俱係擺夷，容貌與漢人無异，服飾多用青布，未有絲綢之類，然數百里間未見一鶉衣百結者，夷婦青布包頭，高至尺餘，耳穿銀管，長至三寸，徑六七分，上衣短衫，下圍布裙，赤趺壯健，勤力耕作，稻有二種，曰硬米，曰軟米，每觔值十五文，炊飯晶瑩，似吾鄉觀音秈，沿途店市多係漢人。

十九日，盞達土司換派土練三十名護送南行，三十里至太平街，有漢人開店，野人亦有負薪賣菜者，男女俱被髮覆額，衣飾與擺夷無異，又二十里至江邊，轉西行，平壩二十餘里，至蠻允，為南甸土司所轄，借住於關神廟，有小市三四十家，此地為中國之邊，既無漢官，亦無土司，番夷雜處，逋逃藪澤，過此即化外野人境，非大眾結伴不敢行，因停十餘日以待之。

〔註11〕都守指都司和守備。

前明時南甸，麓川，木邦三宣慰司號為三宣之地，土沃民強，往往跋扈，緬夷亦數犯邊，吾鄉鄧子龍，劉綎二公皆入鎮此地，其後木邦淪入於緬，僅餘二宣矣。南路則析為隴川宣撫司及戶撒，臘撒，猛卯三長官司，北路則析為南甸，干崖，盞達三宣撫司，西北以戶宋河為界，西南以龍川江為界，是為騰越同知所轄七土司也。

八關九隘各設撫夷千戶，駐防土練，所以控馭緬夷，鎮撫野番也，西北曰銅壁關，鉅石關，萬仞關，為通孟拱寶井之路，正北曰神護關，猛豹隘，止那隘，古永隘，為通茶山，麻里之路，東北曰滇灘隘，明光隘，為通怒夷，俅夷之路，西南曰鐵壁關，虎踞關，天馬關，為緬甸舊時貢象之大道，正南曰漢龍關，邦掌隘，為通木邦之路，又蠻允之西十餘里曰壩竹隘，為河邊之路，近二十年因輪舶直抵新街，於是商旅往來皆取道於此，其餘二隘淹沒不可考，即天馬，漢龍兩關亦久淪於緬，蓋內地承平日久，緬積弱，邊備廢弛，亟宜規復舊制，招撫野番，上足固我藩籬，下免擾害行李，亦籌邊者之所宜留意也。

野人山有三路，上為火燄山路，中為石梯路，下為河邊路，中下二路較為近捷，然不若上路柴草方便也，三路各有包頭，每寨自為雄長，不相統屬，父之所保，子或從而劫之，所居皆係茅屋，大者可容數十家，惟門前可以出入，其後有一鬼門不可犯也，距寨里許於路口植立木椿，謂之寨門，往來之人至此必須下馬，槲材等改裝易服，與商賈為伍，兼之帶有盤費銀鞘，不得不加意謹慎，另募集鎗手二十名，桿手二十名，藉資保護，送過山寨，野番數十成群，攔路要索賞需，狀貌獰惡，危險可畏，同伴俱有戒心，每用壯言慰藉，以堅其志。

二十九日，十點鐘起身，大幫結伴，三百餘人，騾馬千匹，向西北行，上斜坡三十餘里，野宿，既無帳幕，亦無樹木，夜間寒風料峭，冷露凄楚。

三十日，辨色而起，三十里過戶宋河，又三十里宿火炎山谷口，是日過三野寨。

三月初一日，乙巳，朔，早起，過火炎山，上下陡坡約四十里，鳥道逼仄，單騎纔通，林木陰森，猿猱嘯聚，有野人寨據於山脊。

初二日，下坡，歷三野寨，三涉紅奔河，三十里至平壩，折而向南，行蘆葦中，三十餘里抵蠻慕，如脫虎口，人人額手相慶矣，蠻慕有一土酋世職，為緬甸所轄，居民數百家，編竹為樓房，離地三尺，土酋亦裸袒，但圍布一副而已，地勢砥平，田疇沃衍，二月插秧，四月收穫，米粒甚長，炊飯腴美，每觔米值銀一分,交易用銀錢,重三錢二分,上鑄鶴形,零星小物則以米易之,徧地薪柴,任人取用,皆係夏潦漲發之時從野山沖來者,河幹有漢人街二三十家,俱騰越人為寄屯貨物之所。

初三日,有緬官來見,衣裙俱備,頭紮白布,用貝葉作書,通報新街大蘊几,滇商客長亦來照料。

蠻允,蠻慕俱無溷厠,牛溲馬浡徧地污穢,每遇炎熱蒸鬱,毒氣中人輒病,此瘴癘所由來也,蠅蚋甚多而可厭,有一種蟓蟻噬人,即成黑點,奇癢難堪。

初五日,僱緬船,其船用大木刳成,兩舟相聯,而空其中,上鋪竹篾,可載棉花五十馱,水手九人,前後三槳,有茆棚,僅可睡予一人,餘俱露處,沿途派有鎗兵一二名護送,所至遞換如內地塘鋪然,午間解纜,向西南行,三十餘里停泊。

初六日,約行六十里之程,午後抵新街,寓於關帝廟,騰越鎮廳會銜字寄新街緬官公文已於十日前遞到,此次復自帶陳司馬致大蘊官一函,交許客長投之,晚間派來五人守夜。

新街當檳榔江之口,水陸交通,商貨雲集,緬國設蘊几一員為頭等大官,有屬官五人,英國設領事一員,曰亞葉板,有洋兵三十名駐防,緬人所居皆板屋,或編竹為之,結搆草草,不日可成,惟漢人街頗有瓦屋,滇人居此者四五十家,而往來商旅常有數百人,建關神廟為會館,迴廊戲臺規模宏廠。

大金沙江東北自孟拱而來,其上源即雅魯藏布江,自發源至此已歷五六千里,緬人稱曰伊拉瓦底江,檳榔,大盈諸水自東來會,地勢平陽,波濤浩瀚,寬至六七里,盛漲或十餘里,故可以駕駛輪船,英人之船每月往來瓦城二次,上水五日,下水三日,緬人之船則無定期,竊觀此江,與內地長江大概相等,其首尾俱萬餘里,長江自木魯烏蘇濫觴青海,歷三千餘里,至四川敘州府,與岷江相會,又二千里至湖北宜昌府,而後可駛輪船,此江自阿里經流前後藏地三千餘里,然後折而南下,過貉瑜野人境,又二千里至蠻慕新街,其孟拱以上石峽奔瀧,罔通舟楫,自新街至跋散海口,輪舶水程十有餘日,亦與長江自宜昌至上海之程途相仿也,西南徼外是為第一鉅流,《禹貢》黑水惟此足以當之。

緬俗男子文身,至十歲以外,腰股之間徧刺花草鳥獸之形,染以藍靛,或用紅色,頭挽髻,耳穿環,上體裸裎,下圍花布一副,男女驟難區別也,早晚必浴於河，用瓦缸汲水以歸，承之以頂，入室必脫其履，見尊長則蹲伏於地，食飯以手掘之，不用匕箸，渴飲冷水，不知煎茶，不宰生物，遇有血痕在地，必卻步遠行，父子異居，女勤而男懶，貿易經營俱歸婦女爲之，故漢人居此者多納緬婦爲室焉。

田地悉歸王家，耕者輸納租稅，民無私產，草盧竹屋，遷徙無常，入其室，空空如也，瓦缶之外，別無長物，俗最重佛，生平有所餘積，概以布施，無所吝惜，造浮屠金碧華麗，每一村一鎮，必有數十塔也，其寺曰冢，僧曰繃几，沿門托鉢，人家子弟必從僧學習經典，貝葉爲書，以鐵錐劃之，其字體望之如連圈不斷，有二十六字母。

自南甸千崖一下，漸南漸暖，至蠻慕新街則炎蒸酷暑，暮春之初，無異內地盛夏，且四月以後雨多晴少，瘴癘時發，行人絕跡，必待九月秋高氣爽而後可行，緬地惟二三四五等月最熱，六七月間天氣稍涼，因每日必有雨也，沿江兩岸平疇沃衍，有收穫者，有插秧者，蓋四季皆可布種，米糧甚賤，其耕作多婦女爲之，兩牛耕田，縛於角上，商賈亦但販運本國，鮮有出境者，土產棉花最多，每歲販入雲南者十數萬駝，其運出海口者尤數倍於此，至於玉石諸寶則產於孟拱，孟養西北一帶野人山內，而崒集於阿瓦都城，然緬地無良工，漢商購取璞石，擇其質之美者，至粵中雕琢，乃可成器，近世海道便捷，故美玉之至滇南者寥寥無幾矣。

初七晚間，於街中演劇，一女二男，迭爲踏歌，音節婉轉，略似內地鄉間花鼓採茶之戲，其樂器則有拍板，鼓吹鐺鈸之類，眾人圍坐以觀，往往齊聲喝采。

初八日，晤法國教士二人，出示地圖。

十四日，晤英國教士范施二君，范君曾在寧波紹興傳教多年，能通華文華語，施君雖未到中國，亦略解華語。

十六日，范施二君代購輪船，其船名曰大里戶，係英商旂號，船主甲必旦爲瑞國人，定議於上層尾艙賃十有五肘，上下七人，路界二百十二敦，另銀鞘三千，保險五十敦。

十七日，飯後登舟。

十八日，范施二君到船送別，並致手函於駐槃瓦城公使，八點鐘開輪，河寬水淺，往往滯礙，船身長十六丈，廣二丈四尺，汽爐兩具，左右拖帶二舟，折西轉南，四點鐘至磨太因，添買薪柴，遂泊於此。

十九日，向正南行，食時過格沙，龍川江自左來會，停午過滅切^{末微}硴，爲緬國收網^稅_也之所，西岸見有山坡綿亙數十里。

二十日，薄暮抵阿瓦都城，江水折向西流，所泊輪船甚多，見有龍舟，兩頭二尾，中建層樓，云緬王所乘也，阿瓦本舊城，距河幹五里，其東南數里曰孟得俐城，緬王所居，環以木柵，又東數里曰安拉普那城，滇人居此者三千餘家。

二十一日，送騰越廳札文於漢人街客長，並具名帖轉致緬國捫几。

二十二日，飯後僱馬車一輛，行八里，至沮湧，拜會英國公使，帶一滇人繙譯緬話，公使年四十許，頗溫雅，曾至後藏阿里，其新街亞葉板亦同在座，旋到船中回拜，緬國亦派二員來船迎栦材入城，辭以明早開船，謝之。

緬王年二十一歲，去秋九月即位，其輔臣四人稱曰捫几，今之執政者乃庚文捫几也。

新街以上入夜頗涼，新街以下逐日加熱，表升至百一十度，煩躁不堪，船內小蟻甚多，鉗刺肌膚，奇癢難耐，兼之蚊蚋叢集，遍體紅斑，扒搔達旦，不復成寐，阿瓦碼﹝註12﹞頭腥膻之氣尤爲刺鼻。

二十三日，早起，過船，形式與前舟相同，右坿一船，九點鐘開行，晚泊捫家，左旁又拖一船。

二十四日，午間擱淺，至二十五日昳始能行動。

二十六，日昳至捫納，爲緬國邊界，人戶稠密，過此則爲英國之境矣。

捫納蘊几攜帶眷口十數人由阿瓦回任，與予同舟，蘊几爲外官最大者，兼轄文武，故得用金傘，其餘文職出入僅一油紙傘而已，屬吏頭人來見，俱脫履戶外匐伏於地，其子息卑幼授受必跽，問答必跽。

二十七日，泊別牟，一日別羅模，爲英國所轄，多建洋樓，有火車鐵路，一日可達漾貢。

二十八日，十點鐘開船，二十九日泊押硴，中途有英官解緬犯十餘人上船，俱鎖繫手足。

自別牟以下，轉向東南而行，地勢砥平，略無山阜，兩岸鎮市頗多，遇有客貨上下，必停輪數刻，兼之河寬水緩，淤灘最多，往往擱淺，故不敢夜行，約計每日所行之路不過三四百里而已。

﹝註12﹞原文作馬，今改正。

閏三月初一日，甲戌，朔。

緬甸一曰披爾痲，東界暹羅、老撾，西界印度、孟加拉，南界海，北界亞山，東北界雲南騰越廳，緯線自赤道北十六度起至二十七度十分止，經線自偏西十九度十分起至二十一度二十分止，昔分三國，曰阿瓦、曰阿拉干、曰秘古，各不相統，恆相爭奪，乾隆年間秘古約荷蘭、葡萄亞兩國之兵協力攻緬，陷其都城，擒其國王，突有阿羅班部一小官，鳩眾起義，恢復舊業，自立為王，其子山巴領嗣位，復攻滅秘古，東盟越南，南服暹羅，兵強無敵，其侵犯中國，亦在此時，山巴領沒，弟皿底拉宜嗣位，乘勝併兼阿拉干、加渣爾、加包諸部，道光初年緬人覬覦印度之富，遂傾國之師以侵英之孟加拉，然緬軍紀律不嚴，進銳退速，其陸戰全恃堅銳木柵，環遶重濠，英人與之鏖戰兩年，互有勝負，但水土不服，瘴疫多疾，本欲退師，反聲言水陸並進，直搗阿瓦，緬王大懼，乃割地請和，並償兵費九百萬，自是以後日侵月削，沿海精華繁盛之區英人蠶食殆盡，夫中國自元明以來屢次用兵於緬，不能得志，而英人取之顧易如反掌，何也，中國由雲南騰越出軍，山路崎嶇，轉餉甚勞，兼之炎天暑雨，瘴惡可畏，蠻允蠻慕一帶今時猶然，每至四月以後則行旅絕跡，必待秋涼而後可行，英人印度之地與之昆連，輪舶航海，勞逸迥殊，緬之水師火器亦非其敵，既據漾貢海口，不啻扼其喉吭，內河商舶直抵新街，操其利權，公使重臣駐紮阿瓦，與聞國政，動多掣肘，而且緬與暹羅世仇，孤立無援，英人降心結好於暹，故得逞其遠交近攻之術，肆其席捲囊括之智，若阿拉干、若秘古、若麻塽、班若、梯泥、色領諸部悉歸英之版圖，西北直抵孟加拉，東南直達麻六甲，綿亙五六千里，鎮以鉅酋，戍以重兵，處處安置電線，傳遞文報，最為迅疾，故華人但知英之佔據五印度，倚為外府，財賦所出，而不知英之侵割緬地，尤為扼要，乃聲息所由通也。

緬國外官皆世職，或云有四千六百餘土司，然官富而民貧，官無俸祿，故朘削以自肥，百姓產業任意抄沒，王操全權，其姓名不可觸犯，犯即加以大辟，凡登朝籧仕者必自誓於君前，惟命是聽，大小臣工奉令承教不敢有所可否，現今新王襲位，年少氣銳，廢斥舊臣，誅鋤親戚兄弟六十餘人，悉遭屠戮，僅有兩人遁至英公使署內獲免，英人置之印度，豢而養之，奇貨可居，公使初疑緬國政事群小為奸，離間骨肉，必非緬王本意，乃因事謁見，從容諷諫，詎意緬王怒形於色，面加呵斥，對以我之家事，非外人所得干與，歸語爾女王之奴，宜速還我逋逃也，英人聞之莫不詫異，兩國嫌隙或從此啟矣後至孟加拉，予之寓所與緬王子之居室相近，一日緬王自挈其眷口來拜會，年三十許，情意殷殷，翌日予往謝，步復出侍妾子女相見，偶及家難，不勝嗚咽，自新王襲位，故舊大臣多被誅戮，其後裔逃至印度者數百人，相依王子，英國皆豢養，優給廩祿，藉以要挾緬人，嘗言欲納重耳而易置晉君焉。今春以來，英緬兩國因事齟齬，彼此新聞紙互相詬評，而且徵調水陸諸軍，防守要隘，英之公使駐紮阿瓦者，被印度大帥誚讓膽怯，憤鬱而死，予九月間
回至漾貢，關卡稽查甚嚴，凡鎗藥軍械之類禁此入口。

初二日，晚五點鐘，舟抵漾貢。

初三日，早，英國遣屬吏敦文到船相迎，飯後乘馬車行四里許至公館，一切器皿什物俱齊備精緻，並云預備火食菜米，予力辭之，三點鐘拜會英官箇溫那，如中國督撫之職，緬語稱爲蘊几，年五十許，情意頗覺殷厚，此處閩廣之人雖多，然鴃舌難通，猶幸騰越之人可以繙語。

初四日，饋箇溫那巴緞，蜀錦，湖縐，大黃等物。

初五日，往觀苑囿，其中圈豢虎豹熊羆豺狼猿狖，猙獰可畏，有猩猩似五六歲小兒，頭大而股短，其他珍禽奇獸不能悉數其名，樓上則皆已死之物，儲於玻璃盒內，然毛羽睛目與生者無異，舉凡蛇蟲鳥獸鱗介之族，海陸異產，金石草木之類，詭形殊狀，更僕難終，如讀《爾雅》《山海經》《博物志》等書，惜匆匆一覽，未暇詳究也。

初六日，箇溫那送來披辣水十二瓶，甘冷似蔗漿，可以消暑。

初七日，隨喜瑞德宮，緬人佛寺也，有大窣堵坡，高十餘丈，周圍二十由旬，嵌寶裝金，璀璨奪目，其餘佛像小塔甚夥，每早必爲浴佛，男婦頂禮膜拜者絡繹不絕，凡至寺門，必去履而後入，緬俗重佛，國家大事多取決於僧，故大僧之權不亞於西藏之大喇嘛。

漾貢一曰冷宮，或作郎昆，本昔之秘古國也，廣袤千餘里，平衍膏腴，物產殷富，居民多文萊之族，唐人所謂巫來由是已，俗奉回教，狀貌較緬人稍黑，剪髮不挽髻，不文身，裝束與緬無異，閩粵兩省商於此者不下萬人，滇人僅有十餘家，然未見中土女人，皆納緬婦爲室也。

漾貢北極出地十六度二十分，偏西二十度十五分，終歲常熱，入夏多雨，西爲跋散，東爲摸兒面，皆通商碼〔註13〕頭，商貨輻湊，所產木材，堪以造船，每歲運出者價值二十萬，此外米糧棉花亦爲大宗，其伊拉瓦底江自別牟以下，分爲無數支派，左支經流漾貢，南行五十餘里而入海，正幹則西南經跋散，故又稱跋散江云，其摸兒面則潞江入海之口也。

阿拉幹部在跋散之西北，袤長二千餘里，廣二三百里，其地重岡疊巘，

〔註13〕原文作馬，今改正。

陸路罕通，山內爲緬境，山外爲英屬居民，多文萊族，南方海口曰唉家，北方海口曰徹地缸，有陸路可通孟加拉，二埠俱有華人在此貿易，二十年來英人廣爲招徠，建造洋樓，漸見繁盛。

麻塌班部東連暹羅，西枕海灣，南接業地，北界秘古國，境內岡巒絡繹，田土膴厚，本爲緬國屬部，今割隸於英，其海口通商之地曰摸爾緬，亦繁庶之區，多閩廣人居此，昔時暹緬兩國搆兵，久爲戰場，地多荒蕪，近二十年，英人極力經營，廣招鄰國之民墾闢栽種，煙戶漸增，聞數年前英人特至雲南徼外，多募擺夷及野人之類，給以川資，俾往耕作，五年之後乃令納賦，又英國特設領事官於蠻慕新街，每遇野人出外者，必厚加賞賜，以結其歡心，並有教士數人或能通華文華語，或兼諳野人之話，往往單騎往來於群山萬壑之中，其用意可想矣。

達威部東接暹羅，西枕海灣，南界巴展河，北界麻塌班，袤一千二百里，廣二百里至數十里不等，分爲三部，一曰業，一曰達威，一曰梯泥色嶺，海旁有群島，居民多文萊族，華人亦不少，沿海之山產燕窩海參及木材，會城曰墨尼，英國駐防之兵 一千五百名，水師船三隻，皆統於漾貢之簡溫那。

漾貢物產殷阜，賦稅所入除本處支銷外，每年可餘四十萬，枡材嘗觀其庫，所積甚富，英人極意經營，數十年後其富庶不讓於印度矣。

緬甸幅員三千里，亦海濱大國也，元明以來數四犯邊，中國用兵數次，皆因路徑不熟，炎天瘴疫，未能得志，迄今緬人積弱不振，暹羅割其東，英吉利據其西，苟安旦夕，其勢岌岌，英人視之不啻囊中物耳，英人嘗言欲從緬甸修建鐵路，駛行火車，直達雲南，爲陸路通商之捷徑，蓋此路一開，則英人獨擅其利，他國莫敢過問，非若東南各海口萬國商舶雲集也，業已刱造，鐵路由漾貢至別牟，千有餘里，再由別牟溯伊拉瓦底江而上，經阿瓦都城至蠻慕新街，不過二千餘里，如此則印度至雲南邊境水陸程途不逾一旬之外，較之迂道南洋至粵東者，僅三分之一而已，顧此路不獨英人之利，亦華人之利也，華人商販，緬地實繁有徒，迤北陸路則滇人居多，迤南海濱則閩粵尤眾，似宜添設領事，駐紮阿瓦，外以保護商旅，內以聯絡藩衛，或疑商路既開，恐兆邊釁，不知商貨之流通，足以裕國，邊防之愼重豈在閉關，向使琉球孤島，中朝預遣一介之使，坐鎮其地，彼敵國蠶食之謀必有所顧忌矣，區區緬甸，境域日蹙，強鄰逼處，日眈其旁，故昔則惡其橫強而抑之，今則憐其孱弱而扶之，《易》曰履霜堅冰，至將藩籬之謂，何一任羝羊之觸，可乎。

卷四　印度及歸途

閏三月二十一日，由漾貢坿美里亞輪船，其上等客艙華麗整潔，房壁皆樺木，其紋理似大理之楚石，淺深波皺，天然山水畫圖，內河之船皆明輪，海船則盡暗輪也。

二十二日，早六點，開輪，向南行，五十餘里出海口，乃轉西南，風和浪靜，至午後漸覺播盪。

二十三日，凌晨，海中見有窣渚坡，於是折向西北而行，兼順風張帆，船行甚速，然顛簸特甚，人盡嘔吐。

二十五日，薄暮抵東印度海口，待潮。

二十六日，進厓枝黎江口，向東北行，曲折百餘里，二點鐘到卡里格達^{一作甲兒古他，一作卡剌吉打}，即東印度孟加拉之會城也。

二十七日，早，上岸，借寓永豐洋行，飯後拜會英官加美審那^{名必角，總管錢糧者}，夕格里得拉^{名几實，如香港之輔政司}，波利司加美審那^{如香港之總巡}。

二十九日，几實遣屬官來寓，代賃公館一所，每月租銀路界三百敦，馬車一輛，每月租銀路界一百二十敦，並派來聽差四名。

四月初一日，甲辰，朔，以住公館，所有房租馬車及燈燭之費由公班衙支應，固辭不獲，至半月以後概行自認。

六月初五日，由斐利打催火車一輪，下午一點鐘開行，五點鐘至個南達岔路，右往姑司替，左往旦慕得河干^{自會城至此計程一百一十五邁又四分之三，每一邁合中華三里}，六點鐘坐火車過渡，即恆河也，洪波浩淼，寬十餘里，行三刻許登岸，至沙達，換車，九點鐘開輪，翌晨九點鐘到夕力格里^{自沙達至此計程一百九十六邁}，初七日催馬車行八十餘里，至獨吉嶺，停住三日，仍坐火車而返，沿途平坦，多係水田，湖澤之中塡築成路，蓋取其徑直，非舊由之途，現在日加修治，不久即可直抵獨吉嶺矣，道旁所見皆茆屋，上覆半圓形似篷，新秧初插，恍惚江南風景，所過小河甚多，俱架鐵橋。

昔疑火車鐵路工費浩繁，乃今觀之殊易為也，其軌道約寬六尺，用兩鐵條，徑寸餘，相距二尺許則釘之木板，壓以土石，俾兩鐵條平行無參差廣狹之弊，軌道與輪周雌雄相配，一車四輪，車凡三等，上車鋪陳華麗，衣褥咸備，其價五倍，中車半之，下車較寬，可容百人，汽機之車導於前，貨車客車數十輛銜尾相接，追風逐電，神速無倫，苟充其量每一點鐘駛行二百華里，夫船行水中必生阻力，故輪船汽機之鉅多至二千馬力，乃若輪車地勢平坦，鐵路光滑，一切面阻力消盡無餘，不過三十馬力可拉六十輛車，機栝一動，絕跡飛行，以重生速，以速生力，力速相因，遂有不可遏之勢，人坐其中，不失常度，無顛簸之苦，無炸裂之危，平時則商販易於流通，有事則徵調不致延緩，邇來太西諸國莫不日新月盛，以此爲急務，且有兩個交戰，携帶鐵路，臨時安設，以便轉餉，較之人馬輓運，其勞逸豈不逕庭哉。

二十四日，僱火車至姑斯替，再坿輪船至亞山，往返二十日，每次出遊，先期告知輔政司几實，畁以手函，一面由電報傳知該處，枺材但携一二人及通事隨行，其他附近之地若達喀，若麻力普爾，若因黎，則與閩粵諸友同往遊玩，或一日二日而返。

八月初六日，乘火車遊歷中印度，沿恆河而上，至阿拉哈，巴亞加拉，得希，孟買等處，所至流連數日，或寓公館，或住客店，以禮相待，雅意拳拳，但語音各別，所僱通事遄地弗良，斯爲出遊一大憾事耳。

自到孟加拉，留住日久，遊歷西北諸部，凡閱六月，俱詳《印度札記》，茲不贅述。

九月十三日，由孟加拉乘坐輪船航海而返，三日至唉家嶼，爲阿拉干海口，有華人在此貿易，又三日到漾貢，寓勝茂店五日，旋上本號之輪船，名碧芭得力，惟舵工管機用五洋人，其餘司事悉係華人，一切飲食言語較之洋船爲便多矣，出海口向正南行，所稱印度洋是也，浪最猛，人盡嘔吐，終歲皆然，三日以後漸覺習慣，稍進飲食，遙望東南一帶，山島斷續，隱約浮青，歷五晝夜抵檳榔嶼，寓永裕店，主人姓顏，亦閩人，此嶼幅員五六十里，本巫來由族^{一名}_{麻拉}，爲暹羅所屬，今隸於英國，山林秀雅，水泉甘美，四序溫和，故漾貢，孟加拉等埠鉅商多置家於此，亦海外樂土也，廣潮二郡之人多在山谷耕種，土產椰子，檳榔，荳蔻，全島華人共有十數萬眾，市面風景人物裝飾與內地無異，適值里社賽會^{土地神稱}_{曰太伯公}，扮演抬閣故事，魚龍燈綵，備極華麗，有戲園一所，男女合串粵東班也。

十月初一日，搭英人輪船，日昳開輪，向南而行，駕駛從容，風柔浪靜，距岸不遠，常見右旁麻六甲諸山，初三日見蘇門塔拉山島橫亘於前，於是折向東行，薄暮停輪，翌早九點鐘至星加坡，登岸寓恆廣和客棧。

星加坡一名啥叻坡，本舊柔佛國，亦巫來由族，道光末爲英人所據，日增繁盛，爲海道咽喉，商舶往來所必經，四方電線文報悉萃於此，屹然爲南洋重鎮，英國設個溫那一員，統轄星加坡，麻六甲，檳榔嶼三埠，中國新設領事一員胡璇澤，廣州人，英國贈以寶星，兼充俄國領事，是時個溫那他適，棨材偕胡領事拜會輔政司暨法國領事。

十五日，搭涉珍麻輪船，向西北而行，風和浪穩，五日至安南西貢登岸，寓宏泰昌號，主人張沛霖，象山縣人，為商總，因偕往拜會法國大酋。

西貢^{即柴棍}古曰南郡，一名占城，即安南嘉定省，三面濱海，北界順化^{即廣南}，眞臘^{即柬〔註14〕埔寨，又名甘孛智}，廣袤六七百里，所轄六郡，今割隸於法國，瀾滄江分析多派，從此入海，天氣酷熱，三冬無異盛夏，土產五穀木棉，境內華人共有三十餘萬，每年一人納身稅銀五元，又有進口出口之稅，可不謂之苛政乎。距西貢十餘里曰隄岸^{又名
帶歆}，華人市肆所萃，貿易繁盛，有二戲館，內河小船惟至柬〔註15〕浦寨通商，其安南，暹羅二國俱有山嶺之隔，至於外洋水道，則東北有廣南灣之險，淺沙膠舟，西南有暹羅灣之阻，污泥梗塞，尤不便駛行輪船，故往暹羅賓角者必遠道星加坡，往安南東京者必遠道儋崖也，西南數十里海中有小島曰崑崙山，為西貢罪犯監繫之所，今歲有貧民三百餘名，欠納身稅，例應入獄，經商總張霈霖贖之，資遣回籍。

十一月初二日，搭極力輪〔註16〕船，薄暮出海口，向東北而行，所稱七洲洋是也，夜半陡起颶風，船甚顛簸，水從窗隙而入，渾身淋漓，易衣十數次，翌日北風愈勁，鉅浪排山，壁立百仞，行李衣物罔不浸濕，滿船之人號呼不絕，棨材等僵臥五晝夜，昏迷不醒，飲食未嘗沾唇，其後風勢稍弱，漸覺饑腹難忍，則船中米糧將罄，每日僅給粥少許而已，兼之煤炭不敷，將木器等物焚燬殆盡，繼以棉花代薪，幸而風息，早起忽覩燕子於飛，知其距岸不遠，午後望見山色，人人額手相慶，始有更生之樂矣，晚九點鐘抵香港，平時輪船往來不過四五日之程，此次遭遇非常，延至十有二日，不意航海之苦至於此極，而且艙面諸客求入艙中避浪者，洋人百計勒索，必飽其欲而後已，是以海外旅人聞我招商局輪船將有出洋之信，莫不延頸企踵而望之焉，棨材等遊歷兩載，同行六人偕往偕返，仰蒙國家威福，幸獲無恙，仍坿輪船至廣東省垣，僱內河小舟經韶州，南雄，大庾嶺至江西南安，買舟順流而下至吉安，棨材因稟請給假，便道回籍省親，光緒六年正月初十日抵家，適值祖母無疾而終，享壽九十有二，棨材辦理喪葬事畢，三月初五日自家起程，由楚入蜀，六月初四日到川銷差。

〔註14〕原文作柬，今改為柬。

〔註15〕原文作柬，今改為柬。

〔註16〕原文作倫，今改為輪。

跋

　　滿人入關既久，沾染漢人懦弱浮華之習氣日深，以天朝自居而昧於無知，保守自大而賤視外人，康熙時尚有圖理琛萬里之行。及至乾隆，雖號盛世，然滿人之銳氣漸失，除早年乘亂統一新疆成就清高宗不世之功外。於外洋情形愈加隔膜，用兵安南無功而返，用兵緬甸喪師失地，用兵廓爾喀（今尼泊爾）功敗垂成，皆帝國暮氣日深之兆也。昏昏然間西方工業革命起，日進千里，而中國尚處中古之時代，及至列強干戈日尋，藩籬盡失，噬已及牀，割地賠款，國將不國而尚不自奮，誠中國文化保守懦弱之習所致也。

　　就西藏言之，英已囊括印度，俄已滅中亞諸國，英俄交伺，西藏已成累卵之勢。窺伺西藏者尤以英寇為甚，英既據有印度，則窺伺藏屬部落不已，乾隆年間即已與藏屬布魯克巴（今不丹）發生衝突，收布魯克巴之屬部庫奇比哈爾而去，且強占布屬通印度之山口，布魯克巴之險盡失。六世班禪修書息戰，英人更緣此而遣博格爾（Bogle），特納（Turner）出使班禪，謀與西藏之交通，然藏人稔知英寇滅印度各國及侵布魯克巴之詭謀，堅拒之。嘉慶道光咸豐年間英人疊次侵略藏屬布魯克巴，哲孟雄（今印占錫金），拉達克諸部與清之藩屬廓爾喀，布屬噶倫堡為英所佔，哲屬大吉嶺為英所據，拉達克更自錫克人之手而奪之，諸部之求援日至。光緒初年更欲於布境強修道路以達西藏本部，光緒二年《芝罘條約》更獲西藏遊歷之特權，洋人進藏窺探情形者日夥，俄人普熱瓦爾斯基（Przewalski）更槍殺攔阻之藏人多名，藏人感唇亡之寒，堅拒洋人之入藏。更甚者，後印人達斯（Sarat Chandra Das）入藏，噶廈政府更溺斃接待其之四世生欽活佛洛桑班丹群培，其堅拒洋人之心由此可見一斑。

　　強鄰逼處，英寇侵已及身而駐藏大臣之流類皆顢頇，於英印之情形從未見一紙之諜報，時督川者晚清之重臣丁寶楨也，慮英人謀自藏而蜀，則西南盡入英之股掌，鑒於中朝於印度情形之無知，乃有遣江西貢生黃楙材赴印查看情形之奏議，《總署議覆丁寶楨委派黃茂財赴印度遊歷片》（見《清季外交史料》之《清光緒朝外交史料》卷十三）言之甚晰。

　　再據丁寶楨片稱，本年二月英員貝德祿由重慶前赴嘉定各處，飭令派員護送，執意推辭，該英員沿途行踪甚秘，所到之處詳繪地圖，竊維英人蓄意開通西路由來已久，查西路至藏全係陸地，由藏至五印度相距不過千數百里，近聞英人於東印度孟加拉之東開拓新境名曰阿塞密，距西藏邊界不過數百里，似不可布先事豫防，臣現擬遴訪精習輿圖，熟諳算學儀器一二人，由前後藏過廓爾喀折至中印度，遍歷東西南北各印度，復折回中印度，循恒河而東至孟加拉東之阿塞密東北境，再溯藏江而返，歷布魯克巴及貉瑜野人之地，以達於南敦，將各處山川形勢徑途道里以及民人性情繪圖帖說，俾全蜀西南形勢，可以周知，庶遇事較有定見，所派之員已選得江西貢生黃茂材，頗為可靠。光緒四年五月初七日。

丁寶楨之初衷甚良，然藏人聞黃楙材入藏赴印之消息，深疑黃之入印或洋人潛與同行或交通印度，深疑忌之，故黃行至巴塘而為藏人阻止之，不得以繞道緬甸暹羅而至印度，黃遊歷印度畢泛海而返。其中巴塘至中甸一段之道程，實為滇康交通之要道，記載絕少，不為人知者久矣，黃氏之行，始為人知也。

黃氏此行，始於光緒四年七月，六年七月回川銷差，歷時二年之久，成果亦豐，據《得一齋雜著四種》卷首所載總理事務衙門片，黃氏此行恭呈御覽者計有《五印度全圖》一冊，《西域回部圖》一冊，《四川至西藏程途》一冊，《雲南至緬甸程途》一冊，《遊歷芻言》一卷，《西域水道》（疑即《西徼水道》）一卷，皆為有用之書，惜流傳不廣。今常見到者為《得一齋雜著四種》，收黃氏之日記及《西徼水道》等作，其之《西徼水道》參稽西人現代之地圖，核之黃之親歷，於藏地諸水所論多有确見，亦關心地理者可取材也。本書所輯之《西輶日記》即錄自是書。

西元二〇一六年冬月謹識

《西藏歸程記》

心禪著

　　余於前清光緒季年入藏，初爲駐藏大臣〔註1〕記室，嗣棄而爲商，居拉薩，
恒轉運川藏商貨，以逐什一之利，因與藏人習，且習爲藏言，蓋於今六年矣。
民國成立，藏人屢抗中央，余因悉售所積之貨，將東歸於成都，時川藏之風
雲甚惡，余友謂必取道亞東，附英人印度鐵道，轉而航海至滬，循江西歸。
余自念以中國之人行中國之地，顧以道路艱阻，欲轉而假道於外人，吾人之
奇耻大辱也，不之許，且恃能藏言，因決由拉薩東歸，途中所歷，拉雜書之，
歸程六千里，聊誌時日而已。

　　民國二年二月一日，由拉薩行，至蔡里尖，德慶宿。

　　拉薩爲前藏首城，四山環峙，碧水交流，道途平衍，阡陌腴沃，古稱靈
秀極樂之區，卽唐時吐蕃所都之邏娑城。有大詔寺，番名老木郎，唐時所建，
周圍起樓閣及殿宇，欄杆屋瓦，皆銅質而鍍以金，中塑佛曰釋迦牟尼，自唐
初隨文成公主來藏，年甫十二成佛，或云鑄自中國，左廊又有唐文成公主暨
吐蕃贊普並巴布國王女像，其他神佛萬計。拉薩北五里，平地特起一石峯，
週五里有奇，名布達拉，因山築樓十三層，金碧輝煌，爲達賴喇嘛坐床之所，
寺內僧徒約二萬人，布達拉西南，又有招拉筆洞，亦平地起之石峯，峯頂有
寺，漢人呼爲磨盤山。其南崖爲藏江寺，寺內喇嘛皆醫，余是日由拉薩行十
五里，至米底克藏川，卽《唐書》之邏娑川，西南入雅魯藏布江，源流千里，
一名藏河，俗所謂水向西流者也，有皮船以濟行人，其制用兩牛皮聯縫，四
邊陡起如墻，止載一人，一水手梘漿渡之，飄飄乎一葉之舟也，旣渡河，五

〔註1〕據文尾作者六年之字樣，此駐藏大臣當爲末任駐藏大臣聯豫。

里至蔡里，一作采里，俗傳卽《西遊眞詮》所記之高老莊，又四十里而至德慶，碉房碉樓，高敞聳峙，風景清勝，氣候熙和，爲西藏首衝之所。所謂碉房者，屋壁皆砌以石，屋頂扁平，覆以土石，二層三層至六七層不等，人居其上，牛豕在其下，碉樓則疊石如浮屠，以梯上下，其堅足禦礮彈，自拉薩東至打箭鑪，沿道皆有之。

二日，由德慶至拉木尖，墨竹工卡宿。

是日曉行，山路多寒，三十里至占達塘，又二十里至拉木，一名納木，又名南摩，人稠地廣，頗稱肥沃，有大喇嘛廟，極壯麗，所奉佛像皆狀貌猙獰，屋內排列弓矢刀矛等兵器，云係舊時藏王之物，又有吹仲廟，中所居者曰吹仲，如內地師巫，藏人奉若神，凶吉皆取決焉，又五十里至墨竹工卡，陵谷開敞，兩山列峙，蠻寨蠻寺，若繪若畫，河流清淺，中有遊魚，田疇繡錯，一如內地，河上有水驛，置皮船以渡行人焉。

三日，由墨竹工卡至仁進里尖，烏蘇江宿。

未明即發，七十里至仁進里，有鉅大之喇嘛廟，有塘鋪，行人僕馬告瘁，恒憩息於此，又循河東行六十里至烏蘇江，道途平坦，烏蘇江卽藏河上游也，是日途中見有懸屍於壁者，藏人謂之曰風葬。藏人喪葬，分爲四種，一曰天葬，凡人氣絕，卽請解剖屍體者，縛屍於柱，剖碎其肉，擲於空中，使鳶烏食之，肉盡，復粉碎其骨，與炒麵調和，再使鳶烏食之，骨肉俱盡，則以爲死者陞於天庭矣。一曰地葬，剖割屍肉，使犬食之，繼亦粉碎其骨，再飼於犬，所殊於天葬者，則飼鳶與飼犬之別耳。一曰水葬，人死則棄屍體於河，葬之魚腹也。一曰風葬，掛屍體於牆壁，待其風乾也。天葬地葬必多延喇嘛誦經，延長時間，耗費甚多。風葬則誦經時間甚短。水葬則不用喇嘛誦經。藏人之富者，群以天葬地葬爲身後幸福。貧者則多用水葬風葬。然貧富無一定之標準，凡遇人死，必取決於喇嘛，由喇嘛察其資產之有無定之，喇嘛惟利是視，誦經愈久則所獲之金錢愈多，故不獨富者必令用天葬地葬，即家僅中人者，亦必強其不用水葬風葬，故藏人因喪葬而趨於貧困者比比也。至解剖屍體者，名曰刮人，爲藏人之最下級者，其人素無生業，彼中社會所不齒也。

四日，由烏蘇江至堆達尖，鹿馬嶺宿。

循河而上，路尙平坦，六十里至堆達，一名普魯倉，有塘鋪，數椽敗屋，風景荒涼，幸人有裹糧，馬有野草，藉以果腹焉。午上鹿馬嶺，嶺綿長平坦，為西藏要隘，風寒而勁，侵人肌膚，微有瘴癘，大雪層積，溫度極低，雖在春日不啻隆冬也。下至半山，氣候稍暖，凡百二十里而至鹿馬嶺塘宿。是日路甚遠，抵站時已三更矣。嶺東崖下湯泉出平地石罅中，氣蒸而沸，色如琉磺，近旁瀦為一池，清潔可浴。

五日，由鹿馬嶺至順達尖，江達宿。

黎明起行，沿溝而進，河道分流，林木翳鬱，山高無險，風景頗佳。五十里至三巴，又五十里至順達，有塘鋪。又六十里而至江達，依谷憑山，形勢險要，氣候溫暖，物產饒裕，民國設太昭府於此，尋改縣，藏東要衝也，前清規畫川邊，以此為極西之境。

六日，由江達至拉松多尖，寧多宿。

晨發江達，四十里至拉松多，山迴溪繞，水聲如雷，拉松多之西有橋，橫溪水之上，為往來通道。又四十里至寧多，氣候水土與江達相似。是日在拉松多，見有病者暴於日中，蓋藏人習慣也。藏人有疾，輕則徧體塗酥油暴於日中，遇雨天則以絨覆病者，燒柏葉煙薰之。人之皮膚為身體排洩之作用，若塗之以酥油，則皮脂腺塞，不惟無益而又害之。藏人不知，反以此治病，然亦偶有效，怪也。其患重病者，始延醫診視，醫者雙脈竝診，所用之藥僅丸散而已。

七日，由寧多至常多尖，山灣宿。

黎明起行，六十里至常多，四山壁立，風景荒寒，絕無棲止之所。居民數家，以樹皮為屋，破爛欹斜，不足蔽風雨也。氣候常如冬令，山多不毛，地極貧瘠。又東行登卓喇山，亂石嶙峋，形若瓦礫，故又名瓦子山，峰高徑陡，冰雪載道，寒風砭骨，手足為僵，凡六十里而至山灣，人煙極稀，僅有塘鋪而已。

八日，由山灣至阿咱尖，拉里宿。

黎明起行，五十餘里至喜竹，道旁有海子，兩崖夾澗，水冰凝不動，中露一洞，孔黑而深，相傳有獨角獸為怪。循海東北四十里至阿咱，登拉林山，道尚寬平，至峰頂則危峰聳峭，四時積雪，轉而東下，路險徑仄，委曲盤旋，凡五十里而至拉里，地居峻崖，局以棘門，屹然如城堛，昌都與拉薩中通之咽喉也，西通哈喇烏蘇，南據達克桑楚河上游，下達緬甸，憑河守險，形勝天然，惟氣候苦寒，五穀不生，僅以牲畜孳生牛羊為食，故居民寥落，如晨星之可數為，民國設嘉黎府於此，尋改縣。

　　九日，由拉里至擦竹卡尖，多洞塘宿。

　　天明東發，六十里至擦竹卡，途中有熱水塘，山凹有小湖，寬〔註2〕約七八里，長十餘里，冬春之間，凍如平地，行人履之而過如通衢焉。自擦竹卡東行四十里，過魯貢拉山，勢極險峻，為西藏有名雪山，路徑綿長，砂石縱橫，與瓦子山相等。至半山則峰陡雪滑，鉅石巉巖，人馬均不能插足，將及頂，雪益滑，峰頂極狹仄，僅容五六人。循山東下，路不及尺，左倚山根，巉削壁立，右臨雪窖，深可十尋，盲人瞎馬，夜半深池，其險殆不是過也。越兩峰始至平地，又二十里至多洞塘，敝屋數間，柴草俱無，欲再前進而天已將暮，因止宿焉。晚來風雨交作，兀坐半宵而已，是日在擦竹卡見一藏人，兄弟五人合娶一妻，而室家雍睦，無詬誶聲，所生子女兄弟分養之，毫不為怪，蓋藏中下流社會一妻多夫已成習慣，貧而無力者，往往如此也，藏中又有並非兄弟而合有一婦者，其法不用媒妁，由男子請求於女之父母，得允許即坐臥女家，為其家族之一人，如有他男子欲同得此女，但能得女父母之允許，則同列於女之家族，名曰副夫，三四皆如此，諸男子皆競為生業，以搏女之歡心，若女意有所專注，則禮而遣去其他各夫焉。至上流社會，則仍用媒妁，其禮制與下流社會異。

　　十日，由多洞至大板橋尖，甲貢宿。

　　黎明起行，途間山色絕佳，蒼翠相接，路亦稍平，四十里至大板橋，東過小坡，循山而下，路徑崎嶇，又四十里而至甲貢。

　　十一日，由甲貢至破寨子尖，阿蘭多宿。

　　天明東發，過鸚哥嘴，有鉅石橫據道旁，尖矗於外，故名。四十里至破寨子，又名阿蘭卡，又三十里至阿蘭多。途中峻石巉巖，棧道偪仄，雖旁設危欄，而行人懍然如墜。古所謂車不容方軌，馬不容旋轡者，蓋有甚焉。兩峰山勢雄奇，古柏森列，曲折紆迴，如行深巷，奔流急湍，聲若驚雷，瀑布自絕壁懸流而下，匹練千尋，噴薄如雨，歷危橋七道，始抵阿蘭多。其地水草豐美，牛羊繁衍，為黑帳房游牧之地，貨酥酪者徧於道路，殆杳無蠻寨居室焉。所謂黑帳房者，皆蒙古種人，以氄〔註3〕牛毛織成魚網形，障蔽天日，群居其中，為黑天幕，故名。

　　十二日，由阿蘭多至大窩尖，郎吉宗宿。

〔註2〕　寬字據文意補之。
〔註3〕　原文作犂，今改為氄。

天明起行，五十五里至大窩，路尚坦易。又前行路窄而險，或由河壩石徑，或由山半羊腸，渡谿河四道而至郎吉宗，一名浪金溝，曠野平坦，有碉房柴草，因止宿焉。

十三日，由郎吉宗至察羅松多尖，丹達宿。

未明即發，路皆砂石，五十里至察羅松多，皆行溝中，又五里，登沙貢拉山，上坡行，遙望丹達，雪峰竝峙，中開一線，即往來之道也。盤旋而上，陡險異常，自山頂下望，絕壁萬丈，跬步皆危，山之東有所謂閻王碥者，尤為陡惡，藏境第一險阻也。山中積雪如城，壁立數仞，設遇風狂雪化，則人馬皆被傾壓矣。山麓有丹達廟，相傳雲南某參軍解餉過此，墮雪窖中，迨春夏雪消，猶然僵立於鞘上，土人驚異，因奉其屍而崇祀之，頗著靈應，往來者爭禱焉，循山上下，凡四十五里而至丹達。

十四日，由丹達至冰壩尖，拉子宿。

黎明起行，道途不坦，六十里至冰壩，一名達隆宗，蠻寺佛殿開敞巍峨，二山橫跨，四水環襟，西藏遼闊之區也，又四十里至必達喇山，袤延不過十里，雪深亦僅尺許，然冰堅道滑，必策杖乃能舉步，下山至拉子宿。

十五日，由拉子至索馬郎尖，巴里郎宿。

天明起行，四十五里至索馬郎，皆循溝而行，地多溜沙，足卻不前者屢，又二十五里至朔馬喇山，橫寬十五里，雪深尺許，沿山入溝行，三十里至巴里郎，有碉房塘鋪，柴草亦備，惟風景荒寂，居民極寥落焉。

十六日，由巴里郎至忠義溝尖，碩般多宿。

曉發巴里郎，五十里至忠義溝，東過巴喇山，勢不甚峻，凡五十里而至碩般多。地當衝要，洞門高敞，碉樓峻聳，環以長垣，兀然雄鎮，居民稠密，物產亦饒，民國設碩督府於此，尋改縣。其地有大喇嘛寺，築土壘石為城，枕山臨河，內供佛像。是日投宿甚早，因往遊焉，寺中喇嘛贈余以哈達，余亦以哈達報之，哈達者，藏人交際上必需之品，猶中國古時用束帛之禮也，其制為長方形，四周褶襞，如破綻之手巾，白色最多，青色次之，淡青色者又次之，其質為一種絹布，輕薄如紗，藏中朋友之贈答及聘禮慶祝弔唁皆用之，有時又用為協議事件之憑證或信件之包封，喇嘛死葬並用以為拖柩之品，其用途不同，表示之意亦不一也。

十七日，由碩般多至曲齒尖，洛龍宗宿。

天明東發,四十里至曲齒,又名紫〔註4〕駝,一路高陵深谷,非盡平壤,然坎坷無多,猶稱坦途也。曲齒有大喇嘛廟,殿宇閎深,可容萬人^{自碩般多至曲齒,別有一水路,春夏可行。}又東二十里,大山壁立,形勢奇險,順溝而行,過鐵凹塘,又東循坡上下,路頗陡,七十里而至洛隆宗,地尚蕃庶,產陶器,行銷頗遠。

十八日,由洛隆宗至得貢喇山根尖,嘉峪橋宿。

由洛隆宗行數里,即入谷口,萬山夾峙,中隔一線河流,山光水色,蒼翠欲滴,沿山曲折行,路轉峰迴,恍若別有天地,所過第一佳處也。宛轉六十里至得貢喇山之麓^{此山又名碧貝山,又別瑋山},尖畢登山,懸崖峭壁,仄徑蜿蜒,拄杖徒步而上,至山腰,回首下視,昏黑無底,一落不止千丈強也,凡三十里而至山巔,下坡亦陡峻百折,蹬曲崗旋,又三十里而至嘉裕橋,橋頗壯闊,番名三壩橋,近旁水土肥美,雨陽時若,藏中宜於耕植之地也。

十九日,由嘉峪橋至麻利尖,瓦合寨宿。

曉發嘉峪橋,循河東行,過絕險之偏橋數處,十里至麻利山之麓。所謂偏橋者,以木石累成,時覺動搖偏側之謂也。單獨過之,尚可無慮,若重載駝馬,則危險萬狀,甚有墮入河中者,藏中路政不修,而橋樑尤為最惡。蓋藏官利其毀而復修,可以聚斂民財,故架設不令堅固也。登麻利山,山頗陡險,二十里而至其顛。下山亦二十里而至麻利。麻利平壩也。又東穿杉林,踰小嶺,三十里至瓦合寨。

二十日,由瓦合寨至牛糞溝尖,恩達寨宿。

夜半起行,二十里至瓦合塘。登瓦合山,山高而不陡,五峰縣互,道路極長,煙霧迷離,寒威凍冽,兼有瘴氣,過此者必口含檳榔或粉草或陽起石以避之。有望竿植立於土臺之上,大雪封山時,以此為標記。道旁有乾海子一片,深廣莫測,經其旁銜枚而過,戒勿發聲,相傳違者,即冰雹驟至。前清時有某總兵駐此,大雪連宵,某總兵及所轄之兵五百餘人皆為雪所壓斃。山中四時積雪,盛暑不消,鳥獸不至,草木不生,百里內無炊煙,窮邊荒絕之區也。由瓦合寨凡百里而至牛糞溝,尖畢即行,二十里過喇貢山,二十里至恩達塘,又二十里至恩達寨,時已曛黑矣。手足蜷縮,饑腸雷鳴,飽餐後環行室中至三千步而外,軀體始漸融和,如黍穀之春回焉。恩達寨,前清設廳治於此,民國改縣。

〔註4〕原文作柴,今改為紫。

二十一日，由恩達寨至拉貢尖，浪蕩溝宿。

凌晨東發，山行四十里至松羅橋，道旁皆良田，無隙地，老柏成林，尤為勝景。又二十里至拉貢，有碉房塘鋪。又東登裹角山，冰雪載途，兼有瘴氣。行溝中，渡偏橋，山水頗奇險，然以視魯貢拉及丹達，則此為坦途矣。凡八十里至裹角塘，又二十里至浪蕩溝，有碉房，可棲宿焉。

二十二日，由浪蕩溝至俄洛橋尖，察木多宿。

曉發浪蕩溝，三十五里至俄洛橋，路尚平易。又四十里至察木多，路偪仄，多偏橋，行者戒焉。察木多舊名喀木，為三藏之頭藏，據瀾滄江上源薩楚河，鄂穆楚河會流之地，當打箭鑪至前藏之中央，滇蜀羌隴之孔道，藏東第一要隘也。番人所居，背倚南山，碉房深邃，洞宇縈迴，坡下建營壘，築市肆，商業殷盛，居然都會。有二橋，跨南河路通雲南者為雲南橋。跨北河路通四川者為四川橋，往來通道也，民國設昌都府於此，後改縣，並定為邊西道駐所。其地有江巴林寺，一名戎空寺，內有金頂一座，殿宇壯麗，前藏勝區，有呼圖克圖居之。呼圖克圖者喇嘛之掌教者也。察木多及其南之乍丫，部落毗連，地方千有餘里，清時以其地給兩處之呼圖克圖管理，自徵糧賦，並不納於國家，但三年一朝貢而已。其呼圖克圖圓寂，眾喇嘛卜於神，考其降生何方，前往查訪，或三四年或五六年後得其靈異幼子，即以生前所用器皿十餘事，參以同樣者試之，能辨故物即認為轉世，而稱為呼圖克圖，呈由駐藏大臣入奏，轉世仍管地方。蓋乍察兩處之呼圖克圖，猶兩處之土司也。清季改流，以其每年徵入之款半作行政官經費，半給呼圖克圖，仍准轉世而免其朝貢焉。

二十三日，在察木多住，未行。

是日，以由藏至此，經歷奇險，人既疲困，馬復病足，因在此小住，以資休養。午前往遊江巴林寺，寺中喇嘛飲余以茶，味苦澀而帶鹹，非久在藏者不能飲也。藏人最嗜茶，飲時置茶葉於釜中，以水熬之，俟其變為紅色，投以黃油及鹽，混攪而飲之，故其味如此。午後遊於市中，見四川銀圓甚多，其制每重三錢二分，陽面鑄清帝像，川中特製，以行於西藏，抵制印度盧比者也。西藏幣制向不完備，達賴所鑄銀圓曰藏圓，重一錢，銀六銅四，形圓而薄，名曰唐加，向無輔幣，市中貿易非剪破不可，一唐加可以剪之為二為三為四為五為六，名曰卡扛，藏印通商後，印度盧比通行藏中，原值銀三錢二分，當未暢行時，僅作二錢數分，後因商旅之往來印藏者非用盧比不可，遂增漲至四錢左右，每歲漏卮不可勝計。清季四川造幣廠爲抵制盧比計，特仿其制，鑄三錢二分之銀圓，行銷邊藏，並有重一錢六分及八分者爲之輔助，藏人始頗爭用。其地土貨少而外貨多，以川圓購外貨，外人不用。即用矣，亦必故抑其價，作二錢八分或三錢不等，印度盧比則仍作四錢，於是販售川茶之商多用川圓，販售印貨之商仍用印度盧比，故察木多一帶川圓多而印度盧比少，拉薩一帶仍印度盧比多而川圓少，銅圓則清季由川運往，迫令通用，恩達以東亦暢行矣。

二十四日，由察木多至猛卜尖，包墩宿。

清晨東發，過四川橋，橋橫鄂穆楚河之上，瀾滄江上游也，入山澗，逾小岭，六十里至小恩達橋，路險窄，至不容騎，復過大山，路頗峻，又二十里至猛卜，有碉房柴草，又東過小山二，大山一，崎嶇難行，六十里至包墩。

二十五日，由包墩至窟窿山尖，巴貢宿。

黎明起行，登窟窿山，盤折而上，山麓有鉅石橫披，勢極奇峭，中有石孔，透石穿雲，旁有石門，通風度水，其餘亦多小洞，山名窟窿以此也，此山上下凡四十里，又東山勢重疊，羣峯巉巖，升降盤紆，六十里而至巴貢，有塘鋪柴草。

二十六日，由巴貢至三道橋尖，王卡宿。

天明東發，循山上下，曲折攲斜，直同鳥道，三十里至三道橋，又三十里至王卡，路尚平易，由王卡南至江卡，山僻荒涼，有惡八站之名。

二十七日，由王卡至噶噶尖，昂地宿。

黎明起行，登王卡山，迂折行六十里至噶噶，又東行三十里至昂地。

二十八日，由昂地至雨撒尖，乍丫宿。

黎明起行，過大雪山，高不過里許，而險峻殊甚，由西而上，道多坎，屢陷馬足，蹶不能行，循山而東，下臨無地，又上則雪路褊窄，寬僅尺許，烟嵐之氣，輒中人作惡，峯頂以東，山腰委折，亦不易行，凡六十里至雨撒，又東徑極狹，多支溝，夾壩嘯聚，道多梗塞。夾壩者，藏中土語，謂盜之名詞，猶東三省謂盜爲紅鬍子也，三十里至乍丫，有碉房塘鋪，柴草亦備，居民百餘戶，尚稱繁盛，其地有喇嘛寺，甚壯麗，坐西北，向東南，土城約百餘丈，舊時地方各事，由該寺喇嘛管理，即所謂呼圖克圖也，清季改流，民國置察雅縣於此，寺前有轉經閣，男女婚姻，均於此唱歌，兩情相悅，男以糌粑結女之髮間，婚姻遂定，所謂糌粑者，用青稞磨末，黃油及茶調和者也，內地人民初至藏者，疑不敢食，藏人則視若肥甘，爲主要之食品，牛羊等肉及奶子奶渣，不遇爲協助之品而已。乍丫番民，剽悍善戰，清光緒三十一年頃，達賴〔註5〕聽俄人唆使，曾集其兵與英人開戰，以漫無紀律，且未經訓練，遂潰敗退走，西藏人民性質慈善，言行信實，思想亦高尚，喜音樂，好跳舞，爲地球上最善良之人民，惜無進取精神，而又迷信佛教，喇嘛所言，不問是非，奉之若法律，信之若神明，遂至積弱不振，其東近川邊者，雖崇奉喇嘛，習尚相同，而性質不無少異，乍丫則尤爲獷悍云。

三月一日，由乍丫至俄倫多尖，洛加宗宿。

曉發入溝行，順溪河，履草地，曲折迴旋，寬平無阻，四十里至俄偷多，又東過木橋，傍山行，路雖紆曲偪仄，多偏橋，然尚平易，四十里至洛加宗。

二日，由洛家宗至歌二塘尖，阿足塘宿。

黎明起行，經山路三十里，平原二十里，至歌二塘，又東過阿足河，水勢洶涌，經漫坡二，凡五十里至阿足塘，有塘鋪，番人頗狡猾，殆亦習俗使然也。

三日，由阿足塘至石板溝尖，阿拉塘宿。

阿足塘東北行登大雪山，積雪如銀，寒輝射目，幸旭日麗空，冷度稍減，徑陡冰滑，上下無可駐足，行人必裹糧以度，山頂爲夾壩出沒之所，心尤惴惴，八十里至石板溝，時尚早，復前行，過小雪山，嶺路迢遞，盡山腰偏徑，十里至阿拉塘，有人戶柴草，是日行道稍多，抵站已初更矣，此處番族刁悍不馴，數爲邊患，漢兵駐此者，常遭其襲擊。

四日，由阿拉塘至黎樹尖，江卡宿。

未明即發，五十里至黎樹，途中樹木環映，坡路尚平，又東蹦小山，登大雪山，雖不甚險峻，而雪深尺許，冰滑難行，天色陰霾，寒風砭骨，聞雖盛夏亦如隆冬焉，一路荒山草徑，風景荒寒，下山至大壩，凡七十里，在此小憩，本擬投宿，以同行者多，其地僅破屋數椽，不能容，復東行十里，過淥河，循溝行四十里至江卡，有碉房柴草塘鋪，居民數十戶，相將止宿。已秉燭行二十里矣，民國置寧靜縣治此。自乍丫至江卡一帶番蠻悍野，以剽竊爲事，阿足塘以東，尤爲夾壩出沒之所，行旅之往來，恒以遲行早宿爲戒焉，阿足塘至江卡，按站本作三日程，余以急欲東歸，兼程前進，兩日而達，抵站時，均已深夜，同行者深懷疑懼，屢有怨言，幸途中未遇夾壩，尚可自慰，設有意外，余之肉其足食耶。

四日〔註6〕，由江卡至普拉尖，古樹宿。

天明起行，過漫坡六十里至普拉，有人戶平房柴草。其地多黑帳房，番民放夾壩者多此類。又東過漫山，道路崎嶇，雲霧四塞，間有瘴癘，然一路村煙歷落，衡宇相望，多可耕之地，凡四十里而至古樹，有人戶柴草塘鋪。其地有老樹數株，枝幹盤結，數百年物也。

五日，由古樹至南墩尖，莽里宿。

黎明東行，十五里至滿多，相傳爲番王避暑處。又二十五里至南墩，路通滇省，市多普洱茶，有漢人寺，清時平定巴塘後所建也。每年七月，察布多巴塘兩處客民皆集此貿易，如內地廟會焉。又北行過大山五十里至邦木，有碉房柴草，爲川藏分界處，其分界碉石在寧靜山，有分界碑，上鐫西藏雲南巴塘分界八字，已模糊。舊時自此以東屬之四川，自此以西屬於西藏，清季趙爾豐爲邊務大臣，規畫川邊，以江達爲極西之界，於是四川境域逐越寧靜山而西。由邦木復北行，踰龍新山，雖不甚險峻而積雪甚深，凡三十里至莽里，一名莽嶺，又名巴木塘，有人戶柴草。余自拉薩至此，途中所見之耕地墾治者不及半數，已墾而又荒廢者觸目皆是，推其原因，則以藏民日形減少故也。至減少之原因，則以皈依黃教，絕滅本性爲最大之弊害。今觀其境內，寺宇棋布，密於民居，僧數幾埒於民數。美衣甘食誘導俊秀子弟遁入空門，以求來生幸福，可爲浩歎。其列於齊民者，又蹈一妻多夫之惡習，夭閼生機，兼之衛生無術，夭折〔註7〕傷殘比比皆是。懶惰成性，迫於飢寒而死者，又復纍纍，欲人口不趨凋敝不能也。據西人調查西藏人口，視五十年前其數已大減，嗚呼，是亦劣敗之徵兆也。

六日，由莽里至公拉尖，竹巴籠宿。

黎明起行，四十里至空子頂。極險峻，頂以西尙平坦，頂以東石徑迴旋，僅容一騎，俯視浮雲，神魂俱喪。夾壩恒出沒於此，凡五十里至公拉，有碉房柴草。又二十里至金沙江之濱。此江自青海巴顏喀喇山發源，東南行於橫斷山脈之縱谷中，水色渾黃，由高而下，經川邊，屈曲入雲南，東折入四川，即揚子江之上游也。江口有官渡，過江十里至竹巴籠，天氣溫暖，有碉房柴草塘鋪，居民約四五十戶。

〔註6〕原文四日重複。
〔註7〕原文作扎，今改爲折。

七日，由竹巴籠至牛古尖，巴塘宿。

黎明東發，山行五十里至牛古，有河一，可通舟楫，途中風物清勝。由牛古過渡，上坡行，經茶樹頂，山行四十里而至巴塘，投宿旅店。自此以東，緣道皆有旅店，清季邊務大臣所建也。巴塘古之白狼國，四面崇山峻嶺，交通不便，然地勢平曠，大金沙江縱貫其西，陸路雖形阻閡，而氣候宜人，水草豐美，東接里塘，西通西藏，實川藏中扼要之區也。舊有正副兩土司，一宣慰一宣撫，世襲其官，分管其地。清時屢次用兵西藏，於此設糧員，三年更替，爲轉運糧餉之樞紐。其土司所轄地方，自徵糧賦，雖亦納賦於國家，而所納之數甚微，且由川給與土餉，除以賦銀相抵外，尚年給千餘金，故漢番相安無事。光緒三十年駐藏幫辦大臣鳳全由川赴藏，道經巴塘，見地土膏腴，招漢人開墾，番人迷信，以爲神山不可動，出而阻止，鳳全不聽，仍事開墾，番人群起圍而攻之，殺鳳全，川邊釁端由此啓矣。其時里塘正土司又復於鄉城，稻壩，貢噶嶺等處相繼爲亂，川督錫良派兵攻克之。三十二年因設川滇邊務大臣，以趙爾豐充之，漸次改土歸流，仿內地治理，於巴塘設巴安縣^{後升府，今仍爲縣}，兼置其他各縣。宣統元年藏中地方不靖，川兵入藏彈壓，類伍齊，碩板多，洛隆宗，冰壩四部落番人抗阻，趙爾豐派邊軍由大道轉戰前進，番人敗潰，因奏請與藏人於江達畫界，三年復戡定負固不服各部落，改土歸流之事至此乃大定。自巴塘軍興，至此蓋七年矣。民國初番人以有釁可乘，里塘以西群起反抗，政府乃設川邊鎮撫使，開府於打箭鑪，移師西指，漸以光復邊境，土司先後效順。然達賴喇嘛〔註8〕自大吉嶺回藏之後^{達賴於前清光緒三十年以英兵入藏潛行逃避，清廷革其封號。三十四年入覲，復循舊制封爲西天大善自在佛，令回藏。次年川兵入藏，達賴謂此舉欲殄滅黃教，煽惑藏人，思圖抗拒，迨兵抵拉薩，又復私逃，復由清廷革其封號。民國元年十月，達賴在大吉嶺請輸誠內附，政府復其封號，仍歸藏}，頗欲效庫倫活佛所爲，煽惑川邊番人暴動，濟其糧械，復派兵內犯察木多，江卡等處，經軍隊剿撫兼施，稍就鎮定。然番人剽悍，時僕時起，後患猶未已也。余此次歸途屢遇番人，行李亦迭受檢查，幸能藏言，且自承爲商，卒無恙，然亦險矣^{按藏事後經達賴喇嘛飭令番人不得反抗政府，亦飭軍隊勿過江達以西，嚴守清末舊界，事稍定，然番人實未馴服，英人復欲改定印藏條約，以西藏爲自治區域，結果未知若何也}。

八日，在巴塘住，未行。

昨投宿後，忽有同行數馬委頓不食，詢之番人，謂恐係途中誤食醉馬草，經番人施以針治即愈。是日因人頗困，留住巴塘。其地有大喇嘛寺，因往遊

〔註8〕此處達賴喇嘛指十三世達賴喇嘛。

焉，中有堪布一名，鐵棒一名，爲僧官，三年更換。堪布一職，以留學西藏通佛經，曾爲藏中達賴喇嘛考驗取爲進士喇嘛者，回籍之後遇有寺中堪布缺出，由眾喇嘛公舉，請糧員轉報川督委任之。鐵棒一職，係眾喇嘛擇其平素公正者推充之。堪布掌理教務經典，鐵棒管理僧人條規。番人犯罪舊有土司治之，今歸流官治理。喇嘛犯罪則由鐵棒治之，漢官不干涉也。其地又有製革廠印刷廠，皆清季趙爾豐所創，出品不多，製造品有陶器及紙，惜皆粗劣。今有改良陶器並添設造紙廠之計劃，果能實行，亦大有利於川邊也。午後策馬遊巴塘，附近荒地尚多，墾植之利猶未盡闢。清季趙爾豐任邊務時，曾招川省農民來此開墾，公家貸以籽種耕牛等物，原議每人日給工食銀一錢五分，出關後僅月給青稞二斗，值銀一兩二錢二分有奇，仰此生活者多係窮民，服物鹽茶，無由自給，耕牛籽種，更無力償還。不及一年，逃者過半。加之墾戶逃後，責定地方官賠償其費，地方官亦視招墾爲畏途，故墾務至今久無起色，人事不臧，言之可歎。論者謂關外土地大都沙質，不宜稻，霜降過早，種茶亦不滋長。然細察氣候土質與稻似尚相宜。光緒三十二年巴塘墾地所植稻梁極佳，是其明證。果能講求蓄水之法，改良土質，施以適當之肥料，並以軍法部勒屯卒，實行屯軍實邊之策，則沃野千里，邊儲有恃，固防固川藏之良策也。

九日，仍在巴塘住。

是日因天雨未行。午間參觀巴塘學校，中多番人子弟，頗聰穎。其教授之法類如清季所設之簡易識字學塾，以但求識字便於日用爲主，皆趙爾豐所創辦也。川藏邊境與吾國內地文字不同，語言亦異，文告宣佈，語言諮詢必藉舌人傳達，行政上隔閡甚多。趙爾豐以改土歸流必先謀語言文字之統一，光緒三十三年奏設學堂於巴塘，里塘，河口，鹽井，定鄉，貢噶嶺，復推廣至江卡，乍丫，察木多，德格，白玉，貢覺，三巖，甘孜等地。今巴塘之男女學生已能作漢文淺近文字，民國復力謀進行邊境與內地語言文字統一之效果，當不遠也。川藏大道由察木多折而東南，過乍丫至寧靜山，折而東北渡金沙江，經牛古以達巴塘，道途紆曲，宣統三年自牛古另闢小路，過貢覺以至乍丫，路較近，茲附記其里程於下。由牛古上山三十里至喜松多，八十里至熱喜松多，七十里至雍西，五十里至支巴，六十里平行至孔衢達，六十里平行至孔撒，三十里至貢覺，民國置爲縣，七十里至菊麥，八十里至乍丫。

十日，由巴塘至小巴沖尖，崩察木宿。

　　天明東發，入溝行，登小坡，林木茂密，升降五十里至小巴沖，有旅店碉房柴草。又東山行四十里至崩察木，有塘鋪，居民僅六七戶。擬再前進，然前站必至大朔塘方可投宿，計程尚九十里，時晏恐不得達，因宿於此。

　　十一日，由崩察木至大朔塘宿。

　　天明起行，五十里至大松林野尖，過雪山，峻險非常，冰雪交結，滑不留足，險境也。由山頂西望，層層下坡，如遊釜底。東望則積雪瑩潔，亂石縱橫，下山凡三十里至大朔塘，有旅店碉房柴草，居民僅七八戶。

　　十二日，由大朔塘至松林口尖，三壩塘宿。

　　黎明起行，東過巴郎河，一曲流湔，清淺可愛。又東則兩山夾峙，峰嵐峻鬱，青杉翠柏，倚壁參天，盤紆五十里而至松林口。由此而東，有一山橫亙，長坂積雪，峻嶺巉巖，旋風滾滾如萬馬奔馳者，大朔山也。由山麓登山凡二十里，樹禿雲寒，禽鳥絕跡，荒涼之狀不堪寓目。下坡亂石載道，青松蔽日，三十里至三壩塘，一作立登三壩，舊為巴里二塘分界處。三壩者番言橋也。清末置三壩廳於此，民國改為義敦縣，地勢平衍，宜於稼穡，若能實力屯墾，以裕軍儲，亦武侯隴上之良策也。

　　十三日，由三壩塘至二郎灣尖，喇嘛丫宿。

　　晨發三壩塘，五十五里至二郎灣。又東水草徧地，有山障之，山形峭削，色雜青黃，壁立如屏，松杉萬株，層層疊翠，於諸山另具一格。逾嶺而東，石山積雪，樹木不生，歷嶺四盤入溝，凡五十五里而至喇嘛丫，有人戶旅店，可供投宿，柴草亦備。

　　十四日，由喇嘛丫至乾海子尖，頭塘宿。

　　由喇嘛丫行，寨落毗連，內有八角戰碉一座，山行二十五里至拉爾塘。又東登山越嶺，盤旋五次，大石塞途，夾壩群集，行者有戒心焉。經虎皮溝及濫泥壩，凡四十里至乾海子，一水冰凝，寬可四百餘尺，長里許，淳瀦不動。過者禁槍鑼，忌高聲。相傳違則雨雹驟至云。又三十里至黃土岡，地頗平曠，各山如碎磚爛石堆積而成，又十里至頭塘，又名公撒塘，番名額凹奔松，柴草人戶俱無，舊時僅有塘鋪，行者至此，須裹糧自給。如欲止宿者，必自攜帳房以從。今已有旅店，過此者可免露宿矣。途中寒氣凜冽，不啻玄冰胡地。至頭塘時尚早，復東行二十里，登阿喇伯桑山，過大木橋，有小河長里許，寬四百餘尺，停瀦不動。又二十里至里塘，有旅店及塘鋪，居民二百餘戶，番漢雜處，互為貿易。其地當打箭鑪，巴塘之間，金沙江支流札穆楚河，里楚河縱貫其東西，山原平曠，地居要衝，重要視巴塘一轍，惟氣候寒冷，五穀不生，夏日常有雪炮冰彈，地產之饒遠不及巴塘也。舊有正副兩土司，一宣慰一宣撫，治理其地，清於此設糧員，以轉輸糧械。光緒季年巴塘之亂，川兵過境，副土司令頭人不支烏拉^{烏拉番人支差之名，人曰烏拉娃，馬曰烏拉馬，牛則專名曰烏拉，}正土司逃往稻壩，貢噶嶺，嘯聚為亂。以兵力平之，因改流，官置理化廳，民國升理化府，尋改縣。

十五日，由里塘至火竹卡尖，千把頂宿。

黎明起行，平原開曠，三十里至火燒坡，又名腰卡子，舊時過此者，均尖於野，今已有旅店。又登小山，紆折東下，沿河過小橋，三十里至火竹卡，有旅店。又登大山，三十里至千把頂，有旅店，因止宿焉。

十六日，由千把頂至咱馬拉洞尖，西俄洛宿。

黎明東發，順山溝而上，下小岡，過亂石窖，復踰小山，三十里至咱馬拉洞，林谷深邃，夾壩出沒之區也，有旅店塘鋪。又東上坡，過大雪山，林木深茂，亂石危崖，道甚險峻，下山順溝行，復越小山，五十里而至西俄洛，有旅店，居民十餘戶。是日登降頻繁，困頓殊甚。舊時官站以里塘至火竹卡為一站，火竹卡至西俄洛為一站。火竹卡以東艱險難行，且由火竹卡至咱馬拉洞其中並無宿站，故東行者必宿於火竹卡。余此次第一日宿於千把頂者，因有新設之旅店也。

十七日，由西俄洛至窮子灣尖，河口宿。

是日因程途較遠，未明即發，迎面巖崖高聳，有如拱背。道左一碉樓，高峙如岑，頗為壯觀。十里登山，二十里至博浪工，夾壩甚多。山頂平闊，林木深邃，四時皆積雪，惟舊曆之五六月或得見土，而多蟲夏草出焉。下山十里至窮子灣，有旅店塘鋪。又東登大雪山，萬山重疊，雪壓其巔，恍如群玉，天風浪浪，砭人肌骨。循山而下，林木叢茂，徑曲而長，四十五里而至麻格仲，有旅店，居民五六戶。麻格者番人老嫗之稱也，仲者村隘也，或作縱，義同。四十里至雅礱江，此江源出青海，經崇山峻嶺之間，由高而下，水勢湍悍，江面不寬，而險溜萬狀。舊時差使過境有官渡以濟，民人則往來皆用皮船。其制以堅樹枝作骨，蒙以牛革，狀如吾鄉小兒所坐之搖籃，與拉薩南藏河之皮船相似，飄飄一葉，行驚濤駭浪中，雖險而無覆舟之懼。鎮撫府近於此添製渡船二十隻，以利行人，以今視昔，利便已多。江上正在建設鋼橋，尚未工竣，前清邊務大臣所始創，民國所繼續修建者也。此橋告成，則行人可免風濤之險矣。渡江至河口，一名中渡，清季設河口縣於此，民國改為雅江縣，居民百餘家，有塘鋪旅店，抵店時已曛黑。自西俄洛至此，險遠難行，且多夾壩，行人東還者恒宿於麻格仲，以均途程。余是日以起行過早，至麻格仲時，日甫西斜，計程可及，故仍至河口宿焉。

十八日，由河口至八角樓尖，臥龍石宿。

曉發河口，五十里至八角樓，有旅店，居民三四戶。是日路較平坦，一路林樹蔥鬱可觀，氣候亦稍溫和矣。又東地頗荒漠，五十里至臥龍石，有旅店，居民三十餘戶。有大石，高丈餘，蒼翠欲滴，即所謂臥龍石也。昔武侯南征屯宿於此，故名。

十九日，由臥龍石至山根子尖，營官寨宿。

破曉行，登大雪山，積雪澄瑩，林幽壑邃。山上岡路寬平，松杉夾道，槎枒奇崛，皆鉅大之美材，惜番人不知所用，惟伐以作薪而已。此境若移於吳越間，則春秋佳日，笠屐探幽，當不減山陰道上。今於蠻荒冰雪中見之，殊令人感慨不置。六十里至山根子，有乘輿登山者，番人十餘，以縛更替曳之而上，蓋山甚險，輿夫力不勝，必以縛為其助力也。四川及雲貴間之乘輿過山者皆如之。在山根子旅店尖畢，東行二十里至東俄洛，有塘鋪，居民二十餘戶。又三十里至營官寨，有旅店，尚清潔，居民僅七八戶。途中或兩山夾澗，或草地平衍，皆甚平坦，土地亦肥饒，間有富庶之村落，如長江南北者。

二十日，由營官寨至安娘壩尖，折多塘宿。

曉發，沙路平坦，三十里至安娘壩，民國設安良縣治此。番寨疊石三層，入門拾級而上，四周約數十間，中一樓最高，有金頂，為供佛之堂，廊下環小牛皮箈十數，中貫以柱，男婦拽而轉之，箈內皆皮紙寫各部佛經，番人聰俊者，誦經於佛堂，不能則日夕轉此經箈，以當課誦，其迷信殊可哂也，其地土產肥饒，人民有富庶之象。今有建設墾植公所，購辦墾荒農器，儲備雜糧，移民開墾之計劃，並將附設便利場，以便番漢之交易，果能實力進行，其繁盛可計日待也。又東路亦平曠，十里登山，二十里至提茄，有旅店塘鋪。又東登折多山，石徑蜿蜒，雖長不甚險峻，產大黃，俗呼藥山，人畜至此，皆氣喘不堪捷步，須口含陽起石，粉草或廣檳榔以解之。山中四時皆雪，彌望如玉。十五里至山頂，循山而下，二十里至山腰，有旅店一家，碉樓三四，皆壞無人居，故又名破碉，行漫坡亂石中，三十里至折多塘，有旅店依山，因宿焉。番人謂鬼爲折，相傳此山多鬼，故以爲名。由折多山頂小路可西至察木多，附記於此。自山頂西行三百六十里至道塢，有居民二百餘戶，本孔撒，麻書，明正，單東四土司交界之地，民國設道孚縣於此。又二百里至章谷，一名鑪霍屯，清光緒三十年，以土司無人承襲，設委員於此，民國置爲鑪霍縣。又二百里至甘孜，有居民百餘戶，本麻書孔撒兩土司地，民國置爲甘孜縣。又四百八十里至德格，其地本最大之土司，屬地數千里，番人以其地大，有天德格，地德格之稱，清季置德化州，民國改爲德格縣，其他之登科，白玉，石渠，同普等縣皆其地也。由折多山頂至德格，名爲北路官道，概屬平坦，惟其中由甘孜所屬之玉龍至科龍洞二百五十里間，純係荒山，絕無居民，即黑帳房亦不多見，凡有差使往來，由兩處地方官飭頭人於雀拉山下支帳篷以爲宿所。其山高約六七里，懸崖壁立，過者必下馬扶石而行，由山麓望山巔，則帽爲之落，幸止數里，且臥石甚多，不然人跡必不能到也。下山勢較平，然亦有陡絕者三處，皆須下馬扶石始能過之，川邊大山高於雀拉者何止千萬，然奇險之途除丹達山外，無其匹焉，由德格西行又六百七十里至察木多。

二十一日，由折多塘至打箭鑪宿。

黎明東發，荒山漫坡，路尚平坦，四圍雪峰千疊，與日光相映照，景色晶瑩，頗稱奇觀，五十里至打箭鑪。相傳武侯南征遣將郭達安鑪造箭於此，故以爲名。其地爲古之旄牛國，清時爲明正土司地，後設打箭鑪直隸廳。宣統三年改康定府，以自此以西皆舊時康地也。民國改縣，川邊鎮撫使開府於此，^{按鎮撫使今已裁撤，有鎮守使駐之。}地勢據大雪山之最高處，介雅礱江與大渡河支流瀘河之間，爲川西之鎖鑰，其對於西藏，猶西寧之對於青海，實控制要地也，有小河，水勢泗湧，商賈傍河兩岸，結爲市廛，貿易頗盛，舊設稅關，故向此西行者曰出關，東行者則曰入關，入口貨以羊毛爲大宗，出口貨以茶爲大宗，然近則年不如年矣。舊時羊毛之由四川東運者，歲約七八十萬馱，馱約重七十斤，值銀八兩乃至四兩，番漢各商均於此交易。後因每十馱徵抽一馱，番商售與漢商又徵出入口稅一次，番商避重就輕，多繞道青海或印度，而鑪城之銷數大減，加以張家口東三省等處羊毛運往上海，道近費省，售價較廉，洋商樂於就此，而鑪城之羊毛秋初起運，冬間始達，必待北方冰海，洋商不能停機以待，始克藉此出售，亦滯銷之一大原因也。茶則爲藏人必需之品，四川之雅安天全邛峽榮經名山等縣皆盛產茶，恒取其極粗者搗而碎之，製成長一尺寬七寸厚二寸之磚形，運銷西藏，每年約八九十萬金。趙爾豐任邊務大臣時，由官飭商招股創立公司，而股本爲某票號占其大半，原有茶商百餘家附股無從，相率停閉，公司壟斷其利，高價出售，加以番人來此運茶向係先交貨值之半，信用素孚，已成習慣，而公司必欲現銀購貨，番商因以裹足，而印度茶之自亞東入藏者，廉價發售，藏人爭購，川茶益形滯銷，而鑪城茶務遂一蹶不振。吾國論者恒謂吾國商戰實力不如外人，故無往而不失敗，然所以致此失敗，其因自我造之，外人遂乘間以入，而權力因以挫失，觀於印茶入藏，可恍然矣。

二十二日，在打鑪鑪住，未行。

是日在鑪城休養一日，稍息征塵之苦。聞北門外二道橋有溫泉，因往浴焉，泉分甲乙二池，甲池水色深墨，池底純係灰層，乙池水清而鹵氣撲鼻，與自流井將出火之地味相埒，若鑿至數十丈，必有藍水烈火噴騰而出也。鑪城對山有海子，甚廣闊。清季籌邊處測繪員鍾鏡湖奉令探測，攜儀器領二護兵沿山深入，初至一喇嘛寺前，見大池，有土人汲水，詢之，云去此約三十餘里，越第四重山乃得見海，惜無路，人跡罕到，曾有西洋人探險至其地，野宿遇風雹，傷斃二人，後遂無往遊者。由海再出南方即鑪定橋也，鍾離寺登山，越第二重嶺，坦坡之間亂石草封，莫辨路徑，前進約數小時，有峭壁橫障，攀援以上，一再休息，乃至其巔，因望遠鏡測試第四重山嶺，突兀千尋，高不可仰，煙草迷離，道路阻絕，卒未見海子而還。

二十三日，由打箭鑪至柳楊尖，瓦斯溝宿。

晨餐後起行，十五里過沈坑，二十里至柳楊〔註9〕，又二十五里至日地塘，一路深溝，柳蔭夾道，五里頭道水，此水源出打箭鑪北，南流折東流，注於大渡河，水聲砰〔註10〕訇，有若雷霆，巖後有瀑布，懸流有聲，頗爲壯觀，居民皆在山麓，臨流結舍，倚山聽瀑，風景頗勝，又十里宿於瓦斯溝。自打箭鑪至此七十餘里，兩面石山，不能種植，惟兩道水西^{在頭道水之西}有石梁一，內含丹砂最富，遙見對山，石成三角形，色如粉白，日光斜照，美麗可愛，亦一奇觀也。

二十四日，由瓦斯溝至大烹壩尖，瀘定橋宿。

天明起行，循溝曲折登小坡，過冷竹關，復下坡，凡三十五里至大烹壩。

〔註9〕 原文作揚，據上文改爲楊。
〔註10〕 原文作坪，據稿本改爲砰。

又東歷小烹壩，黃草坪，咱哩，大岡塘至瀘定橋，橋之下為大渡河，源出松潘廳西瑪穆巴彥哈拉山，南流為大金川，會小金川，又南流至越嶲，折東流以注於岷江。《四川通志》以為即《水經注》之渽水，又有瀘水之名，故橋以瀘定名焉。其地古無橋，行人援索懸渡，至為危險。清康熙四十年平打箭鑪，建鐵索橋，覆板其上，以通行旅，欄柱皆熔鐵為之，其後屢經修建，今橋長三百十一尺，寬九尺，以鐵索三十餘條^{舊本}繫於兩岸石壁，每索三千餘環，環徑三寸，架木其上，左右又用大鐵索兩條為欄，以防行人覆溺，人馬往來頗稱穩適。然人多勢重，則鐵索搖曳如晾帛，橋下怒濤澎湃，偶一俯視則心驚足弱，進退失據，能放開眼界，直視對岸則履險如夷，瞬息可達矣。鎮撫府以鐵索為橋易致杇斷，因有改建鋼橋之計劃，今尚未施工也。踰橋有旅店居民，民國設鑪定縣於此。是日所宿之旅店主為成都人，客舍相逢，故鄉情重，談至三更始就寢。由瓦斯溝東至瀘定橋，縱橫數十里，小峰隱現出沒如島嶼，山中林木亦盛，已墾之地不過三分之一弱，氣候溫和，視成都不相上下，土質為灰白大土，內含沙粒石子亦多，桑棉均產，亟宜開墾，提倡樹植之利，惟山勢較陡，若樹青檬以養山蠶，尤為因地制宜也。

二十五日，由瀘定橋至冷磧尖，化林坪宿。

曉發，十五里安樂村，十里瓦角，二十里冷磧。沿河兩岸，大山縱橫五六十里，一望無際，地勢除峻，氣候尚溫，已墾之地不過十分之一二，土質為灰白及黃色兩種，內含砂質，頗能耐旱，若開墾以種玉麥菽糧，竊恐地勢太險，一遇風雨不免推砂走泥於河之慮，若易以青檬，飼養山蠶或多樹茶株，均可獲大利也。由冷磧東行，過小河，經沈村，龍壩鋪，峻嶺臨江，鳥道屈曲，山行三十五里至化林坪，民國設化林縣於此。離化林十餘里有地名大小溝。溝左有絕大之坪，周圍約三千畝，一片荒涼，前清光緒初，鑪定把總曾招墾戶六十餘家在此墾荒，所收菽麥青稞馬鈴薯最旺。至光緒十一二年，洋芋糜爛，墾夫失其大宗入款，悉行移居，卒致已成熟地又復變為荒瘠，殊可惜也，該處土質係黃色大土，陰氣太重，雨水亦多，土人播種不知築堤鑿池以防水患，洋芋糜爛皆由於此，倘能多鑿溝池，俾水有所歸，則開墾之利可預決也。

二十六日，由化林坪至林口尖，泥頭宿。

天明起行，登飛越嶺，山勢陡峭，怪石縱橫，十五里至山頂，積雪彌漫，兩峰對峙如雙闕，銳立若削成，氣候嚴寒，冬夏無異。由山頂俯視諸峰，盡出其下，人馬如豆，則置身之高可知。下山陂陀旋折，雖險陡不若西坡，而紆曲倍之。唐置飛越縣於嶺下，未幾即廢，至今猶以名嶺。嶺產藥材，如羌活獨活升麻泡參吉梗花椒之類，四季雖有人開採，然究居最少數。該地農人性懶且拙，但能日得數十文資其一飽，則其他皆所不計。若能由政府提倡開辦，則此項藥材亦收入大宗也。由飛越嶺十里至伏龍寺，至山麓，復上坡，十五里至林口，又二十里下三角坪，過高橋，由老君劍走山溝中，十五里至泥頭。

二十七日，由泥頭至富莊尖，清溪縣宿。

曉發，十五里山溪口，十里斑鳩巖，十里一碗水，十里富莊，俗名蠻莊，又五里四堅口，十五里冷飯溝。下山過溝，復上坡入清溪縣西門 ^{按清溪縣今改爲漢源縣}，縣即古沈黎郡也。是日所行多係山溝，細石凌亂，滑不留蹄，極狹處僅容一騎，縐幽鑿險，令人歎蜀道之難，然以視丹達，魯貢拉，尚爲此善於彼也。一路萬山陡峭，壁立千仞，似無路可通，而山上居民棲止，種植成疇，大有雞犬雲中之概。余此次自拉薩東歸，冰天蠻寨，舉目蒼涼，草地荒寒，木容黯淡，山非積雪則爲濯濯之砂邱，川非濁流即爲盈盈之黑潦，異鄉風景益令愴懷，至巴塘則氣候中和，大似中原，迤東旅店各主，類多川陜產，遇鄉人東還者，意頗勤懇，舍宇亦漸明潔。至里塘則風俗習尚，漸與內地相近，過打箭鑪，則水光山色，似覺有情，旅客羈愁爲之稍滌。東至清溪，則居然內地矣。

二十八日，由清溪縣至小關山尖，榮經縣宿。

黎明東發，過大相嶺，峻險聳峭，歷二十四盤始達其頂，即邛峽九折阪，漢王尊叱馭之地也。相傳諸葛武侯南征屯兵於此，故名大相嶺，上有丞相祠，以清溪之南別有小相嶺，故此稱大以別之。曾有高僧居此，後並塑像於祠中，故又名長老坪。自清溪至此凡二十五里，沿溝而下，鬱盤旋抑，如螺旋，如蟻曲，碎石歷亂，極不易行。十五里過板房，五里登大關山，下坡十五里，登小關山，下山十里至黃泥鋪，又二十里過大通橋，順溝而東至箐口，又十里過磨刀溪，十里至榮經縣，縣北有銅山，漢文帝賜鄧通鑄錢處也。

二十九日，由榮經縣至觀音鋪尖，雅安縣宿。

曉發榮經，十里過七縱河，武侯初擒孟獲處也。十里過麻柳灣，十五里登山過飛龍關，下山十里至觀音鋪，崖谷峻險，坡道崎嶇，由川入藏者第一度難行之險也。又東過嚴道山，凡四十里至雅安縣，故雅州府治，古嚴道縣也。秦始皇滅楚，徙嚴王之族以實此地，漢置縣於此，有蠻夷曰道，文帝六年詔徙淮南王於嚴道邛郵即此，城據青衣江之上流，左岷江而右大渡，扼西川之咽喉，當番漢之界線，亦川西要地也。其地水利頗饒，鄉民多以養魚為業。春夏之交，魚販紛至，購運各地，銷售甚暢。城外有漁業研究所，係漁戶某所創設，每逢場期，午後漁家群集該所，研究蓄養之法，以期進步，故近來該處漁家獲利甚厚，漁業亦日益發達云。

三十日，由雅安至名山縣尖，百丈驛宿。

晨發雅安，十里渡青衣江，此江源出天全縣及蘆山縣，東過雅安，南注岷江，又名平羌江，以武侯平羌得名。登山十五里至金雞關，即唐時之雞棟關。下山十五里至名山縣，漢青衣縣也。縣北有蒙山，即《禹貢》蔡蒙旅平之蒙，延袤於雅安蘆山名山三縣之界。後漢時有僧，俗姓吳名理眞者，自西域來，攜茶七株，插於蒙山蓮花峰之石坪，高僅數尺，千餘年不生不滅。前清時每歲仲夏，邑令及各官登祭其峰，採取作貢，名曰仙茶，即所謂蒙頂茶也。其他各嶺亦產佳茗，名曰蒙茶，得露氣較厚，且受陽氣獨全，飲之能清心明目，消積解穢。近有攜種進省，在商品陳列所陳列者，省中極其珍視之，其售於名山市中者，皆中下之品，佳者殊不易得也。由名山而東十里和尚腦，十里白土坎，十里洗馬池，相傳為趙順平侯洗馬處，又十五里百丈驛，唐百丈縣故址也，俗訛為白站。

三十一日，由百丈驛至大唐鋪尖，邛峽縣宿。

天明起行，七里何家坪，八里墨竹關。五里弔枋鋪，二十里萬工坡，明藍玉鑿石通路，攻收雲南處，峻坡斜閣。由成都西行者此為第一險隘。又十里大塘鋪，十里乾溪鋪，十里臥龍場。十里過十里橋。又十里渡邛水，即古僕千水，亦名文井江，今曰南河，李冰通筏道文井江即此，源出蒙山，東流合大邑新津雙流諸水，南入岷江。過邛水即邛峽縣，舊邛州治，民國改今名，城郭壯麗，市街繁盛，城南大石橋尤為雄闊，民殷地阜，饒富之區也。其地即古臨邛，秦破趙，遷卓氏於此，即鐵山鼓鑄，因為縣富豪，縣治南有卓王孫宅故址，縣東有文君井，相傳即文君當鑪處，縣西南有火井，左思《蜀都賦》火井沈熒於泉指此。舊傳取井火還煮井水，一斛水可得五斗鹽，他火煮之則無幾也。縣西有白鶴山，魏了翁讀書於此，故世稱了翁曰鶴山先生。城內舊有書院，曰鶴山書院，今已改為學校矣，縣境之周家場產鹽最富，前清道咸時代曾開井出鹽，嗣因川北竈戶恐其奪彼利益，運動滿清政府用壓力強行封禁，以致利棄於地，殊為可惜。現該處商民復經棻明政府，集資開辦，已穿新井數口，並將舊井一律掘開，聞鹽水較川北尤旺，若逐漸推廣，川西鹽利將不減川北也。縣西南有邛崍山，縣以此名，然《漢志》嚴道之邛崍則在榮經縣，非此山也。

三十一日〔註11〕，由邛崍縣至斜江河尖，新津縣宿。

曉發邛崍，沃野平疇，村樹不斷，於蠻煙瘴癘雨中經行兩月之久，至此心目為之一爽。六十里至斜江河，源出大邑縣鶴鳴山東，委曲斜流，南入邛水，又東二十里，過鐵溪橋，橋下為鐵溪。相傳武侯烹鐵於此，溪源出百丈嶺，南入邛水。《唐志》臨溪縣有鐵官，蓋溪旁山中舊產鐵也。二十里至新津縣，漢武陽縣地也。

四月一日，由新津至雙流縣尖，午後至成都。

曉發新津，道途平坦，田疇開闢，村落廬舍，彌望皆是。十里花橋子。十五里串頭鋪。十里過黃水河，河水自溫江南流，過縣東南入岷江。又十五里至雙流縣，為漢廣都縣地。《蜀都賦》云帶二江之雙流，縣名以此。按《蜀都賦》之所謂二江，蓋言岷沱二江。岷江經縣之東境，沱江則在灌縣分流，過成都之北至新都縣，折而南，為中江，距雙流甚遠。姚石甫因以岷江與溫水夾縣南流謂之雙流，然《蜀都賦》之雙流係就成都而言，隋時以雙流名縣，不過遙取其字，若必欲以岷江溫水當之，則未免拘滯矣。由雙流而東，十里金花橋。十里簇橋。十五里至萬里橋，橋跨江上，蜀使費禕聘吳，諸葛武侯俎之日，萬里之行，始於此橋，因以為名。余遠客頻年，間關東返，行將稍息勞肩，以敘家庭之樂，則萬里之行其將止於此橋乎，過橋五里，入成都南門，街衢之清潔，市肆之繁盛，視余西行時相去何止十倍，亦近年之進步也。抵家日已將暮，老母倚閭，稚子候門，見余歸，皆喜躍不置，萬斛征塵一朝洗淨，鞍鞭拋卻，樂敘天倫，其愉快之情蓋六年來所未有也。

〔註11〕此處三十一日重複。

跋

　　清之統一西藏，乃以宗教爲上，軍事輔之，鑒於蒙古於藏傳佛教之篤信，故清廷於西藏之統治，與軍事征服之中原地區迥異，藏人實享有相當之地方權力，清廷之施政西藏，常揆情度勢，不以專制爲其惟一手段，且與清帝國之國勢相耦合。雍正年間阿爾布巴之亂後頗羅鼐獨大，清廷則委藏地之權於其手，遷七世達賴喇嘛於康地，且禁達賴親屬之干政以消亂萌。頗羅鼐爵至郡王，尊崇已極，雖無藏王之名，實有藏王之權，然清廷借機常設駐藏大臣以監其權。及至乾隆十四年頗羅鼐次子朱爾墨特那木扎勒爲亂，駐藏大臣傅清，拉布敦誅之，而其餘當則焚二藏臣，藏中亂發，此時清軍尚未至，多仁班智達護達賴，捕亂黨，及亂平，甚望藏王之位，清高宗鑒一人擅權難制之，故於多仁班智達恩威竝施，廢一人主藏政之制，設四噶布倫以均其權。乾隆五十七年，清廷擊廓爾喀（今尼泊爾）之侵藏，廓爾喀幾爲福康安滅之，清高宗審時度勢，厲行改革，藏地之權實握於駐藏大臣之手，清廷於藏地之威權至於極致。此後清之國勢漸衰，清廷於藏地之威權亦隨之減低也。若道光年間森巴（今印度境內錫克人）之侵吞藏屬拉達克，咸豐年間廓爾喀之侵藏，清廷因中原多故，雖藏臣多方調度，內地調餉以濟軍需，然內地未曾出兵，藏軍實爲主力，清廷於藏人與森巴，廓爾喀之停戰協議默認之，清廷於藏地之威權已漸低也。

　　光緒朝，清廷內外交困，於西人之侵略，屈辱以苟安，其於英印之侵西藏，亦不例外。光緒十四年英印侵吞藏屬哲孟雄（今印占錫金），進占春丕谷地，藏人拒敵之意甚堅，集兵萬餘欲與之戰，清廷撤支持藏人之駐藏大臣文碩，升泰代之，升泰忠實行清廷投降之政策，輕諾藏人停戰議和可保哲孟雄仍舊，及至議和成，簽《清英藏印條約》，哲孟雄割隸英印，且喪失權利甚鉅，藏人大嘩，堅不認此約，藏人於清廷倚恃之心幾喪失殆盡。及至光緒二十九年英印再次侵藏，直搗拉薩，十三世達賴外逃喀爾喀蒙古，清廷褫奪達賴之封號。藏臣有泰之行徑，幾與英寇無異，藏人於清廷之信心不復存矣。而清廷施行於西藏內政者，亦頗失策，趙爾豐川邊之武力改土歸流，實多侵及藏地，逐藏官，欲劃西藏川邊之界於江達，侵及達賴之權力甚鉅。且改流之時於黃教之勢力壓制甚厲，西藏頗疑清廷於黃教之政策及謀奪達賴之權力。自十三世達賴自京返藏，藏臣聯豫以行新政之名陰奪十三世達賴喇嘛之權，達

賴與聯豫之關係漸惡至冰火之不容，聯豫更奏調川兵入藏以懾服之，清廷昏
瞶竟許之，十三世達賴疑懼川兵入藏危及己身，幫辦大臣溫宗堯與十三世達
賴擬約和平辦理藏事並川軍赴邊佈防，爲聯豫拒絕之，改和平辦理四字爲持
平辦理，並拒簽署。宣統二年鍾穎率川軍至藏，聯豫之衛隊跋扈橫行，槍擊
布達拉宮，殺斃僧官，拘捕臺吉一名，達賴驚懼而逃往哲孟雄，聯豫奏請清
廷褫奪其之名號，西藏與清廷至此反目矣。十三世達賴爲英人居奇利誘之以
與中朝爲敵，達賴即漸昵英印矣。英印侵西藏屠藏民迫達賴出亡而能使之昵
己，中朝不能利英印之侵而堅其內向，反迫其逃敵而與己反目，施政若斯，
可謂愚至極矣。及至辛亥革命發，駐藏清軍譁變爲亂，十三世達賴召藏軍民
逐清軍，清軍繳械徑印度返內地，民國元年十三世達賴自印度返西藏，西藏
於旅藏之內地商民頗肆苛扰，商民生計日艱，紛紛內遷，此文之作者即一例
也。

　　川藏之道本清季常設之驛站，官員之瓜代，駐軍之往返，記載亦夥，《川
藏遊蹤彙編》即輯入多篇。本文作者署名心禪，據其自述，曾爲藏臣之記室，
嗣棄而爲商，久居西藏，嫻藏語，其之日記於藏人之習俗及沿途之物產多有
記載，亦中藏關係惡劣時期之少見之文也。本文刊於中華書局印行之《新遊
記匯刊》冊七卷四十三，近來其之稿本刊於線裝書局印行之《古籍珍本遊記
叢刊》第十一冊，簡體字版刊於《西藏民族學院學報》（哲學社會科學版），
今據《新遊記匯刊》錄之。

　　　　　　　　　　　　　　　　　　　西元二〇一六年冬月謹識

《寧海紀行》

周希武著

寧海紀行序 〔註1〕

　　湟中，青海，鄙在西陲，不當孔道，通人紀載，自昔罕聞。民國三年，隴蜀共爭玉樹，周務學奉檄查勘，余橐筆從行，邀牛載坤任測繪之事，沿途見聞，載坤綴之圖，余記以筆，朝夕切磋，互相發也。到玉後，乃變日記體裁，分類調查，別爲書二卷，此稿遂棄置篋底，不視久矣。今夏無事，發篋閱之，不忍竟廢，輒要刪付印，顏曰《寧海紀行》，用備輶軒之採云爾。

民國八年秋，天水周希武

　　民國三年十月八日，即舊曆甲寅八月十九日。由蘭起程。是早一點鐘，特派員周務學^{字本齋，下稱本齋}，己從數騎，戴星而行，余與牛載坤等遲至十二點鐘始行。由皋蘭縣治西行里許過阿干河^{河出南山，北流注於黃河}。阿干河口兩山對峙，東曰龍尾山，西曰華林山，皆南山支麓，迤至河壖而突然者也。龍尾山俯瞰省治，全城在目，最爲形勝之地，上有四墩，自東南而西北，相距各二百餘步，墩高六丈許，作立方形，皆甃以磚，中空而四面有竅，可容百人，乃前清乾隆時阿桂所築。華林山上有城，周圍約三里許，前清時駐一游擊。山東麓阿干河西岸，樹林陰翳，土人所謂西園也，產梨極佳。金天寺在西園中，琳宮梵宇，隱現林表，致爲可觀^{由阿干河南行，踰山一百二十餘里，可至狄道}，河上有躍橋，西行里許，過西津

水，有橋，水西有村曰梁家莊。村東北有堡。三里許過七里河。河西有村，村西北有堡。三里許過一小水，水西二里許，有村曰雙營子。二里許過一水，有橋，水西有村曰土門洞。西稍偏北行五里至崔家崖莊，又西五里，連過二水至崔家崖〔自省洽至此皆土路，甚平，崖者，南山之麓，迤至道左，大阜特峙，層樓傑閣，負崖矗立，自巔下屬於地，頗壯麗可觀，唯無樹木。每歲四月八日，士女遊覽者頗眾。黃河自西北而東南，與崖相觸。〕自此南緣崖，北併河〔河中洲渚甚多，以崔家大灘為最大，東西長約三里許，灘上樹木頗密。〕沙路崎嶇，約七八里，上下一坡至牲口堡〔自崔家崖捨車路，取小徑，至此復與車路相會。〕川開路平，三里許至城關營。三里許至西古城〔據《蘭州府志》即漢金城縣故治。〕古城附近多棗樹〔由古城蹋河而北，即舊沙井驛，驛西有水，出北山，南注於河，名米家沙溝，上通哈家嘴，蘆井子。〕古城附近溪水既小，河岸又高，故多旱田。清末蘭州道彭某，鑿渠引河，靡費鉅萬，功迄不成。自古城西行，過一小水，南北山勢漸合，五里至柳溝莊，入硤，五里許過孫家溝，里許至白家閘門，折西北行三里許，過一小水，有橋，水西北有莊曰梁家灣，三里折西行，上下一土坡，出峽，川開路平，五里至坡底下莊，黃菸甚多。西行過一水，約三里至墩下灣莊，莊中有店戶多家，附近多棗樹。自古城至此，濱河一帶，時有邊牆遺址。西稍北行，五里許至新城堡宿。北城有石刻，云明成化丁未巡撫賈，兵備副使邊，以套虜時窺蘭州衛，由此踏冰渡河，乃相地衛西七十里之積灘，築城以扼虜衝，名曰新城。到時午後五時，時本齋已至新城數時矣。按省治高出海面一千六百米達，新城一千六百八十五米達〔自省治至此，凡過十一水，均出南山，北流注於黃河，其間以阿干河，崔家崖水，柳溝為較大，附近居民釃渠灌田外，尚有餘水以達河，餘則不敷灌溉，河牀多涸。居民多以木機大輪吸黃河水灌田。〕新城內有商鋪數家，店戶均在西門外。由新城蹋河而北，稍東有水，出北山，南注於河，曰柴家川。

十月九日即舊曆八月二十日，早五點鐘自新城起程。西行，南北山勢復合〔自新城蹋河而北，稍西有水出北山，南注於河，名瓦渣溝，路通秦王川。〕緣左山麓行。三里，山勢復開，曰青石川。二里過一水〔水出南山，北注河。〕里許至青石川莊〔莊北隔河稍西即莊浪河入黃河之口。口東有莊曰苦水驛村，樹茂密，居民有三百餘家。口西有堡，據山巔，曰河口城，頗完整。〕由青石川莊西行二里許，折西南行，里許至青石關，有莊，關在莊西百餘步，南負巖，北臨河，形勢頗險，《水經》河水會湟之後，又東經石城南者，即此地也，酈駰謂之石城津。關東西均有渡。冬則出關西，硤行十里許，踏冰北渡，冰解後，由關東船渡，余等行當仲秋，故未得出關也。渡口有官船四隻，每船水手十二人，前後各六人，共握一槳，無舵，上船後約十分鐘到彼岸。沿北岸西行半里許，過一小溪〔溪水出北山，南注河，水味咸，旁有澄鹽之池，每歲產額無多。〕上坡，磴道紆回，俗名八盤山，其巔乃平原也，名張家屋子，東西斜長，北屬之山，其南盡處，崩崖壁立高二十五丈，黃河薄流其下。由原上西南行八里許至八盤臺舊堡子，下峻坂，又過一鹽莊溪〔水出北山，南流注河〕，里許至達家莊，莊北倚大阜，阜上有達家堡。南行里許至達家川村，樹頗密。村西南里許即湟水入黃河之交也〔余按大通河較湟水源遠流盛，湟水入大通河而後入河，則入黃河者，當稱爲大通河，其名乃正，然自《班志》《酈注》皆以湟水受浩亹水即大通河，而入黃河，蓋中國古人敍述水道，往往誤枝爲幹，不止此水爲然，今姑仍之〕。又按《水經注》逆水〔即莊浪河〕入湟後，湟乃入黃。陶拙存《辛卯待行紀》已覺其誤，然謂逆水古有入湟之道，年久漸湮，此則臆度之言。不知莊浪河入河之口，距湟水入河之口幾二十里，中隔一高原，間以兩鹽溝，原頭斷岸百尺，俯瞰河流，二水絕無相通之理，然後知地學非親歷不能確也。由達家川捨黃河，循湟水，西北行十里過一水〔水出北山，西南流注湟〕至張家河灣，有莊。三里許過一水〔水出北山，南注湟〕至贛子莊。西行五里許過一水〔水出北山，南注湟，名大溝，路通苦水驛〕，又二里許，連過二水〔均出北山，南注湟〕至張家寺莊。二里許至賽排川莊，莊東路北有皋蘭，平番分界碑，碑東爲皋蘭縣地，碑西爲平番魯土司地。由賽排川西行里許，過一水〔水出北山，南注湟〕，上坡行原上，里許過一溝〔水出北山，南注湟〕，五里下坡至馬回子莊，自八盤臺下坡至此，路多碎石紅砂。莊西湟水北觸山麓，緣崖而行，路甚險，六里至鹽莊子。莊西過一水〔水出北山，南注湟〕七里至楊家砲臺〔路平〕，二里至下花莊子，二里至上花莊子，三里至黑嘴子宿。有堡，商民百餘家，到時三點十五分，所過田土，均係旱地，間有鋪沙者。是日共行七十里。

十月十日，即舊曆八月二十一日，早五時由黑嘴子起程，西北行三里許至飛石崖，湟水曲流其下，如半規形，崩崖嵯岈，羊腸迂迴，俯瞰奔湍，側足屛息，崖高處距水十九丈弱，二里下坡至青土坡莊〔由莊踰湟水而南稍西，有水出南山，北注於湟，俗名羊腸溝，溝口兩峰對峙，勢頗高峻〕。由青土坡莊西行，五里至王家窟陀，五里至新莊子。莊西有紅古坡，形勢如飛石崖，而峭拔過之。又飛石崖係紅土，此則青崖嵯峨，懸垂欲墮，坡高處距水十二丈強。五里〔註2〕，下坡至紅古城，有商民百餘家。市西南有古城廢址數十丈，莫知其始，余疑即漢允街縣治故蹟。按《水經》湟水東合浩亹河後，又東經允吾縣北，又東逕允街縣故城南。此處西距大通入湟之處六十里，西北距窯街五十里，陶拙存謂窯即允之訛傳，允街疑在窯街迤東。按之形勢，此地爲合。

又由紅古城踰湟而南〔有渡口，疑即鄭伯津也〕，有水出南山，北注於湟，土名曖冶川。川口村樹稠密，爲碾伯菁華所在，地名下川口。迤東至河湟之交，皆河州地。《辛

卯侍行記》考證漢金城郡允吾縣治，謂在湟水南黃河北，與允街隔水相直，當今平番碾伯河州臯蘭接壤，湟黃二流之交焦家河張黨堡等地。其說已較諸家爲近。按小晉興城在上川口左右（其說在下），闞駰謂允吾西四十里有小晉興城，今上川口東距下川口約五十餘里。又《馬援傳》允吾谷西通唐翼谷，陶拙存以唐述山東麓爲唐翼谷。唐述山在今碾伯縣東南境，濱黃河之趙木川地方，今由下川口循暖治溝西南行百餘里，踰分水嶺，正至唐述山左右。又胡腓明謂蘭州西一百二十里有允吾故城，其說當有所本（行篋書少，卒未查山）。所謂蘭州者，疑根據漢金城縣治言之。漢金城縣即今西古城，由西古城至下川口，恰一百二十里。又《水經》允街在湟水北，允吾在湟水南。今紅古城與下川口實隔水相望，以此可證允吾縣治在今下川口左右無疑。若焦家河等處尚在下川口東六七十里之外，與諸說皆不符。《西寧府舊志》亦謂在下川口，惜無證據也。城南湟水濱有用土法淘金者，緣大通河濱到處產金，此處雖名湟水，其實大通河之下流也，故砂中時有麩金及豆瓣金，上下川口等莊均駐有收買生金之商。

　　由紅古城西行十里至水車莊，十里至王家口子，路均平坦（由王家口子踰湟水而南稍西，有水出南山，北注湟，名鹹水溝，溝口左右均有莊）。由王家口子緣右山麓西行，路皆沙磧。十里，至李家鑽子莊。西爲虎頭崖，形勢比飛石崖，紅古坡尤險惡，鳥道一線，劣能容足。下坡行河灘中，十里至海石灣莊，莊西南三里許即大通河與湟水合流之處也。由海石灣折西北行，五里許下一高坡，即大通河出峽之口也。按大通河即《漢書》所謂浩亹水，《水經》所謂閤門河，顏師古曰浩水名也，亹者水流夾山，岸深若門也。《詩·大雅》鳧鷖在亹，亦其義也。今按大通河出峽之口，大山對峙，岸高於水約十丈，相距約六丈，上有橋跨之，河水爲石峽所束，波平聲寂，其深莫測，然後知古人命名之碻也（由橋東緣橋北行，羊腸一線，三十里可至窯街。窯街富於礦產，而銅尤多，清末蘭州道彭英甲購機鼓鑄，其間旋以折閱停辦。大通河上流多森林，販木者入山伐木，亂投於水，至峽口始截流編筏，下之蘭州一帶）。過橋折南行五里，至享堂宿。到時午後三時。享堂係平番李土司屬地，居民約百餘家，店戶頗多。是日共行七十里。

　　十月十一日，即舊曆八月二十二日，五點鐘自享堂起程，西北行五里，上一高坡，坡高十丈強，湟水曲流其下（隔湟有水出南山，北流來注，名巴州溝，溝口村樹稠密，即上川口也。《水經》湟水東逕破羌縣故城南，今老鴉城，又東逕小晉興城北，又東與浩亹河合。《西寧府志》謂小晉興城在古鄯驛。按古鄯在下川口西南六十里，去湟水頗遠，何以言東逕城北，又在浩亹河既入湟之後，與《水經》顯背。余疑小晉興城當在上川口左右）。

下坡，過一水[水出北山，南注湟]，五里至史納莊。南北山勢至此漸合，是爲老鴉硤。硤口有廢堡遺址當道，其勢甚險。緣右山麓行里許，隔湟有水出南山，北流來注，曰米拉溝，溝口東莊曰梨掌，西莊曰鍾家[按米拉，巴州，曖治等溝，土人謂之米拉三溝，中多莠民。光緒乙未回變起事處也]。五里許，隔湟有水出南山，北流來注，曰松樹溝，路通巴彥戎。溝口東有莊。三里許至楊家店子。峽愈隘，兩崖皆青紅石。曲折西行十里，至蓮花臺，岩石駢植若蓮花之瓣，故名。折北行，或緣山麓，或傍水濱，十二里至鸚歌嘴石，石徑崎嶇，殊不易行，石崖上有刻文，係鑿路時所鐫，漫漶難識。

三里許始出峽。按《漢書·趙充國傳》，充國至金城，渡河[充國所渡之河，當即石城津]，[自黃河以西至享堂，湟水無陝]遣騎候四望陝中亡虜。夜引兵上至落都[顏注山名]，曰使虜發數千[註3]人守杜陝中，兵豈得入哉。落都即《水經》所謂洛都城，今碾伯縣治是也。充國出險而至洛都，故有喜幸之辭，則四望陝在洛都之東可斷言也。今老鴉峽正在碾伯東五十里之地，峽長四十里，屈曲深邃，到處可以伏兵，其爲四望陝無疑。土人讀鴉污瓜切，疑即望之轉音。而《西寧府志》謂四望陝在西寧縣治西，謬甚。或以大峽小峽當之，均在碾伯西，亦非是。

五里許至老鴉城，城內居民百餘家，住兵十餘名。城東有水出北山，南注湟，名冰溝。由此東北通平番，有車路。西寧電線由此接於平邑。按《水經》湟水東逕破羌縣故城南，六穀水自南，破羌川自北，左右翼注之。《府志》謂破羌縣故城即今老鴉城，形勢頗合，當從之。冰溝當即破羌川水也，六穀水疑指米拉，松樹，虎狼[昆下]等溝，南者，湟南，未必即指城南也。

由老鴉城西行四里至趙家莊。一里至馬家莊。二里至白崖子。三里過水磨溝[水出北山南注湟，疑即《水經》所謂細穀水也]，至蒲家口子。二里許，過一小水，至長里店子下莊，二里許，又過一小水，至長里店子上莊。里許，過沙溝[水出北山，南注湟，疑即《水經》所謂流溪水也]。路北里許有莊曰柳灣。西行三里許至高廟子，宿。有堡，居民百餘家。到時午後四點。高廟子隔湟稍東有水出南山，北流注於湟，俗名虎狼溝，溝後有山，高插雲表，巔有積雪，腰有橫雲，乃黃湟二流之分水嶺，巴碾二邑之界山也。是日共行七十里。

十月十二日，即舊曆八月二十三日，自高廟子起程西行，三里許，有水

〔註3〕原文作十，今改爲千。

自南山出，北注於湟，曰雙塔溝。附近居民引溝水以灌田，其利甚廣。疑即《水經》所謂乞斤水也。三里許至斷堡子，有上下兩莊。過三里許至石嘴子，有上下二莊。莊西里許有水出北山，南注於湟，名羊官溝。疑即《水經》所謂陽非水也。五里至水磨營，凡三莊。有水自北山出，穿莊南注於湟，曰勝番溝，水清而大，其流頗長，疑即《水經》所謂長門川也。按湟水先會長門川而後經樂都城南，是長門川應在今縣之西，而勝番溝從縣東入湟，疑非一水。然今勝番溝東水門營地方有古城廢址，或即樂都舊治，亦未可定也（隔湟有水自南山出，北流注湟，曰崗子溝，疑即《水經》所謂來谷也）。西行三里許，過一水（即勝番溝水分出之渠），有橋，至碾伯，縣治南瀕湟水，城垣爲水沖刷，多就圮。東南譙樓全毀，城內商廛民屋多湫隘傾欹。街北有廟，門懸匾額曰講約所，蓋從前講習呂氏鄉約之遺跡，今則廢，不復講，而鄉職但供差役矣。

　　出碾伯縣南門，折西行二里至小古城。一里至大古城。兩城如連環，相距三里許，未知建置所始。三里過一小水（水出北山，南注湟），水東西有莊，名達子灣。二里，過一溝（名努木溝，水出北山，南注湟，疑即《水經》所謂吐那孤川也。努木即吐那孤之急音。隔湟有水出南山來注之，土名峰堆溝），至兩潤堡，又名猴兒口子。三里，至羊圈臺。四里，至漢莊子（莊南隔湟水有水自南山出，北流注湟，曰深溝，一曰馬哈拉溝。此水與上峰堆溝疑即《水經》期頓，雞谷二水也）。五里，南北山勢復合，即大峽也。里許出峽（隔湟有水出南山，名高店子溝，北流來注。迤西五里，又有一水出南山，北流來注，名巴掌溝。疑即《水經》達扶東西二水也）。五里至河灘寨，一名峽口堡。二里過水磨溝（水出北山，南注湟，疑即《水經》所謂承流穀水也），溝西有莊。三里至張家寨，宿。有堡，莊中樹木成行，泉水交流，民約二百餘家。到時午後三時。是日共行六十里。

　　十月十三日，即舊曆八月二十四日，由張家寨起程西行，五里許，隔湟水爲平戎驛城（即漢安夷縣故址。明初置驛，驛西有沙溝水出南山，北流注湟。疑即《水經》安夷川水也）。十里至白馬寺莊，居民二十餘戶，皆平番也。北山迤至道右，有連阜蹲峙，若剖葫蘆而側臥其半者，嵌崖爲閣，中有鉅佛像。阜西有紅岩溝（水出北山，南注湟，疑即《水經》甘夷川水也），水頗大。踰水，十里至曹家堡。十里，過一小水，至高寨，寨西有水（出北山，南注湟），名他拉池溝。自白馬寺至此三十里中，荒地彌望，唯白馬寺，曹家堡附近略有墾地，而湟水以南，此三十里中，烟樹村落，絡繹不絕，不知隔一衣帶水而土質腴瘠相懸若此，何也，土人云前雖開渠以灌荒地，其功未竟，今就湮矣。惜哉。此守土者之責也。

　　自高寨迤西五里中，田疇盡闢，樹木頗盛（隔湟爲三十里鋪，鋪西有水，出南山，北流注湟，疑即《水經》所謂漆谷也）。

南北水勢至此復合，是爲小峽《水經》湟水徑東亭北，東出漆峽。當即小峽也。湟水爲硤石束，僅寬六丈許，有木橋跨其上。過橋有市民數家。中頓後，緣左山麓西行，路左有石谷，頗深邃，僅寬一丈，無水。

二里出峽，峽口夾水，兩岸有關，北完南圮。路左有《創修南北二關碑記》，左文襄撰，言河西有事，守者得此，兵以一當百。攻者踰此而入，則西寧不復能守。同治回變，官軍西討，賊軛硤口，苦戰屢月，迨硤口既破，賊遂棄西寧，不日就捦。光緒三年，青海副都統豫師始扼河築關，南曰武定，志兵威也。北曰德安，飭吏治也。今德安猶存，而武定半圮，豈乙未再變時所毀耶。又謂出西寧城東望，兩岸石山，壁立對峙，馬不能竝轡，車不能方軌，如是者六十里云云，並非實際。殆類文人誇張之習矣。

平行十里至羅家灣，莊民十餘家，疑古東亭在此地。北有山水南注於湟，曰沙棠川，水源頗遠，上通威遠堡。同治回變，賊扼小峽，劉錦棠力攻不下，乃分兵由北山間道山沙棠川，繞至硤後夾攻，破之。按《水經》湟水逕西平城後又東，右合蔥穀水，又東逕東亭北，東出漆硤。余謂右合蔥谷之右字，當是左字之訛。蓋自小硤西至西寧城，南山無北流入湟之大水，而沙棠川乃湟北最大之水，不應遺之。蔥谷當即指沙棠川也。二十里平行至西寧縣城，穿城而過，出西門，過通濟橋，橋跨南川河。三里至大營盤堡，宿。是日共行七十里大營盤堡乃同治初湘軍所築，方二里，止有東門。

自十月十四日至二十五日，駐寧摒擋出塞裝具。暇時偕牛載坤攜望遠鏡登營壘四望。湟水自西來，左會北川河水出大通縣北達坂山，東西二源，於縣東南合流，又南入湟水，即《水經》所謂長寧川也，右會南川河水出西寧縣南之牛心山，北流注湟，即《水經》之牛心川也。西寧縣城在湟水南，牛心川東，城東南西三面皆作直線，唯北面則屈曲繚繞，蓋避湟水之衝刷耳。湟水北，長寧川東，有土樓山，山足爲湟水所刷，崩崖壁立百仞，岩石積層，凹凸青紅，遠望如樓閣，所以名土樓也。土人就崖上凹處架木施檻，中供佛像。崖下有寺曰北禪寺，闞駰謂西平亭北有土樓神祠者，當在此地。今寺乃新建也。

城南百餘步，南山麓上，有古城遺趾，自城西而東與南城等長，城內亦有舊城。東北隅遺址據《府志》謂即宋元西寧州故城，今城乃明初耿秉文建基，割舊城之半，圍九里許。距城三里，牛心川西，湟水南有土臺一，以氣壓表測之，約高十丈《志》稱九丈八尺，略符，趾方，各三十二丈，頂圓，徑八丈許。蓋原形若覆斗，然年久頹圮，棱角利弊，故址猶微方而頂則圓矣。《府志》謂之虎臺，南涼禿髮氏所築也（俗謂之將臺）。臺之東有高墩四，四隅角立，相距各一百二十丈，高各七八丈，疑皆禿髮氏所築。此亦當時偉大之建築，而夷酋之不惜民力，於此亦可見矣。

湟中秦以前爲羌無弋爰劍裔所居，漢爲金城郡之破羌，安夷，臨羌等縣地，魏置西平郡，晉因之。五胡〔註 4〕之亂，西平迭爲前涼，後涼，南涼，北涼，西秦，吐谷渾所據。魏一北方，置鄯州。隋因之。唐初屬隴右道，爲隴右節度治所。寶應後沒於吐蕃，互數百年，閱唐五代以迄於宋，中間雖經唐宣宗，宋神宗一再克復，然未幾即淪爲異域。元爲西寧州，明改州爲衛，清升爲府，轄西寧，碾伯，大通，循化四縣，貴德，巴彥戎，丹噶爾三廳。西寧設道一，鎮一，以轄文武。設青海辦事長官一，以理蒙番事務（清制，長官稱欽差，節制鎮道，其秩頗崇）。民國元年廢府，升貴德，巴彥〔註 5〕戎爲縣，丹噶爾廳爲湟源縣，設蒙番宣慰使，以西寧鎮兼之，會同青海長官辦事。

董祐誠據《元和郡縣志》，謂西平故郡在唐湟水縣西一百三十二里。據《西寧府志》湟水即今碾伯縣治，距西寧縣城一百一十里，是西平故郡在今西寧縣附近矣。余考洪〔註 6〕《補三國疆域志》，西平郡，漢末分金城郡置，魏晉因之，領縣四，曰西都，臨羌，長寧，安夷。西都首列，當爲郡治。洪於西都下注曰，魏分破羌立云云。《晉書·地理志》西平郡縣皆與魏同，均無破羌縣，是西都爲破羌所改無疑。《樂都志》後涼呂氏始置樂都郡，西涼有西都郡而無樂都郡，南涼北涼有樂都而無西都，是樂都爲西都所改，又可知也。《水經》湟水東逕樂都縣城南，又東逕破羌縣故城南。《府志》樂都即今碾伯縣治，破羌即今碾伯東四十里之老鴉城。是蓋西都轄境即漢破羌縣故地，而縣治則自老鴉城而移於碾伯耳。《元和志》又云湟水縣本漢破羌縣地，然則魏晉西平郡治之西都，與唐鄯州治之湟水，同在漢之破羌縣地，今之碾伯縣治，可斷言矣。而《元和志》乃謂西平故郡在湟水縣西一百三十二里，誤矣。攷其致誤之由，實始於酈道元。按《水經注》湟水又東逕西平城北。其小注云，東城即故亭也（中略），魏黃初中立西平郡，憑倚故亭，增築南西北三城，以爲郡治。余按此西平城即今西寧縣治，乃後涼呂氏之西平郡治，非漢

〔註 4〕 原文作湖，今改正。
〔註 5〕 此處據上文補一彥字。
〔註 6〕 洪指洪亮吉。

魏之西平郡城也。漢魏以來之西平郡治西都縣實今碾伯。而今西寧縣地，當時爲臨羌，安夷之地。呂氏既以西都爲樂都郡〔《疆域志》樂都郡領縣一，曰茗蘦。當即改西都爲之〕，同時又建西平郡。意此時始移郡治於漢之西平故亭，郡城亦當是此時所築，而附郭之縣，仍以西郡名之〔《府志》西寧，碾伯皆有西都之名，因此〕。南涼北涼均因之未改。魏一北方，於此置鄯州郡，當屬州〔今本《魏書·地形志》鄯州，下闕〕。道元據當時所見，而未考其因革遷徙之故，遂以爲魏晉以來之故郡即在於此。《元和志》又踵其謬耳。闞駰《十三州志》臨羌新縣在郡西百八十里。駰，敦煌人，仕於北涼，其述河西地理，皆得之親歷，其所謂郡，必指晉之故郡。今按《水經》湟水東逕戎峽口，又東逕臨羌縣故城北，又東徑臨羌新縣故城南。戎峽即今湟源縣東，西寧縣西之西石峽，峽東十里即鎮海堡，臨羌縣故城當在鎮海堡稍西，新縣故城當在鎮海堡東。湟水北由鎮海堡東至西寧縣五十里，又東至碾伯一百一十里，凡百六十里，與闞駰在郡西百八十里之說相符〔古今里至容有盈朒〕。自後人誤謂今之西寧縣城爲即西平故郡，於是臨羌新舊縣等古蹟皆不得其所在，反求之邊外數百里之遙，而湟水左右翼帶之諸小水皆迷亂不可求矣。

　　青海版圖坿於甘肅一省，而土曠人稀，貨棄於地，是天留一未闢之洪荒以爲西陲殖民銷兵之尾閭，而湟中實爲之門戶。北蒙南番，絡繹於道，皮毛魚鹽藥材森林礦產之利均委輸焉，亦河西一大都會也。其地橫跨黃湟大通三流域〔就西寧道區言之〕，南部由黃河以達蘭省，中部由湟入黃河以達省，北部由大通會湟入黃河以達省，均不過二三日之程。物力雄厚，交通便利，倘建爲特別區域，亟力經營，將來發達未可量也。

　　湟中北面以祁連山脈爲屏障，深谷間道，處處與河西四郡相通。漢代先零因小月氏以通匈奴，明季套虜出黃城灘以擾青海，而光緒乙未湟中回變，其餘孽即由野馬川，滔賴河以出玉門，皆祁連山之間道也。大通衛，察漢鄂博，永安城等處，清季尚有綠營，扼要分防。自綠營既裁，險皆虛設，於是庫倫與青海蒙古之往來，皆視爲無足重輕之事矣。噫。

　　湟中燃料用石炭煤末兩種，皆出大通，礦苗頗旺，唯開採之術未精，又煤車進城往往爲官吏兵隊所抑買，以故煤販裹足，價值昂貴，每屬陰雨連綿，市民則有不火食之虞。西寧距蘭州四百四十里，而地面高出蘭州六百餘丈，計每里差一丈五尺左右，故水源甚高而流甚駛。土性雖多鬆沙，而無瀉漏之患。瀕湟諸溪，到處可以引渠灌田，故無凶年之憂。唯氣候甚寒，春已暮而草始青，秋未高而雪已降，歲祗一收。然湟中人民稀少，一歲之入，足以供一歲之食而有餘，故商販常漕穀東下，以濟蘭州之窮。

十月二十六日，即舊曆九月初八日，由西寧大營盤起程，文武員弁共六十餘人，馬九十餘匹，外雇駱駝七十餘頭，以載輜重。向例委員入番，先傳諭沿途番目供給烏拉。烏拉者，支差之犛牛也。沿途番族插帳之所，不必適當大道。即當道番族亦聞內地委員入境，皆拔帳遠徙。烏拉交遞〔註7〕之間，往往迂道以就之。又犛牛且行且牧，旁行就草，日行止三四十里，行役延緩，職此之由。又往年委員視下番為利藪，攜帶貨物，包庇奸商，濫索烏拉，所過騷然。此次本齋為省擾累求迅速起見，遂力排眾議，另雇駱駝，又恐議者以破例為難，乃曉諭番目，以此次不支烏拉之故，在求迅速，並非免差，使後來無所藉口。持己以嚴，處人以寬，兩得之矣。

沿湟水南岸西行，經劉家寨，彭〔註8〕家寨，張家灣，至陰山塘距縣治二十五里，馬宣慰使閣臣以羊酒祖餞於此。又西經小寨，韋家堡，過乾河溝，前後凡過五水，皆出南山，北流注於湟，當即《水經》龍駒，溜溪，伏溜，石杜蠡等川水也。又西經康成寨，過一水，水西南出魯沙爾，上通塔兒寺塔兒寺為西寧最大之寺院，僧徒至三千餘人。黃教初祖宗喀巴實產生於此，故西番佛教徒皆重視之。歲時蒙古青海西藏人來膜拜者，絡繹於道。僧僚千餘間，中有絕大佛堂，其瓦皆鎏以黃金，疑即《水經》所謂盧溪水也。又西至鎮海堡，宿。是日行五十里。

鎮海堡城內居民數十家，地扼西石硤之東，為西寧湟源之咽喉，前清常駐重兵於此。漢臨羌縣故城當在堡左右。由堡北踰湟水而東，約十里，有西納川水自西北來注於湟水，當即《水經》所謂臨羌溪水者也。臨羌新縣故城當在西納川入湟之交多巴莊附近。由西納川西北行，經上五莊至水硤，有直接通青海之路，海北蒙古出入內地，皆取道於此。

十月二十七日，即舊曆九月初九日，早四點〔註9〕鐘，自鎮海堡起程，沿南山麓西行，過一小水，未幾過橋，沿湟水北岸行，十里至扎馬隆村，天始明。入湟硤，土人謂之西石硤，疑即《水經》所謂戎硤也。路頗崎嶇。十里至駱駝脖項。過黑溝水水出北山，南注湟，五里至響河爾塘，有響河爾水出北山，南注湟。響河爾莊東南有水出南山，北流注於湟，土人謂之磨溝，水流頗盛。五

〔註7〕原文作通，據吳均整理本改遞。
〔註8〕原文作起，據吳均整理本改彭。
〔註9〕此處補一鐘字。

里至石崖莊，有藍占巴水出北山，南注湟。南北山勢至此漸開。西行越一土坡，土人謂之二中梁。夾湟水南北，各有古城遺址。十里至湟源縣城。時早九點半鐘也。擬在此間購辦入番用具，故行四十里而止焉。

縣本前清丹葛爾廳，民國元年始陞縣，改名湟源。城據北山之麓，頗狹小。居民七百餘戶，皆土屋無瓦。闔邑共三千餘戶。縣西南有東科寺，丹噶爾即東科之緩音。宋時吐蕃有宗哥城，疑即東科之音轉也。

湟水源出縣城西北一百五十餘里之撥洛充克克地方^{在青海東北}，眾泉交湧，匯爲一水，東流六十里，至楊家塔兒地方，有一水西北出巴罕烏蘭地方，東南流來會^{水東有古城址，《湟源縣志》謂爲臨羌故城，非也（辯見上）。余按《通鑑》天寶元年，隴右節度使治鄯州，統臨洮等軍。胡注云臨洮軍在鄯州城內（唐鄯州治湟水。今碾伯縣治是），河源軍在鄯州西百三十里（當在今西寧縣附近，古里數小），白水軍在鄯州西北二百三十里（當在今湟源縣附近），振威軍在鄯州軍西三百里（當即今湟源縣西北四十里之三角古城。《縣志》以爲綏戎城，非是），威戎軍在鄯州西北三百五十里。今楊家塔兒古城，東距三角城四十餘里，距碾伯縣三百餘里，當即威戎軍古壘也。唐代軍城距離鄯州之裏數，皆從湟水起算，後來志乘誤以今之西寧縣治爲即唐之鄯州，是以推算軍城皆遠求之塞外也}。湟水又東，左會胡丹度，申中二水，右會莫爾吉，納隆口，阿加兔，拉拉口等四水^{《水經》湟水東流，經湟中城（當在扎藏寺湟水，莫爾吉水之交）北，又東，右控四水，導源四溪，東北流注於湟。當即莫爾吉以下四水也}。又東，遶轉嘴子北^{即《水經》所謂赤城者也。按之形勢頗合。當從其說。《縣志》云此處地名山城，有古城遺址，土色帶紅，當名下納隆口}。又東，遶湟源縣城南，右納一小水^{詳見二十八日記中}。又東，藥水自西南來入之，《縣志》謂爲湟水之南源，其流頗長。《水經》羌水出西南山下，遶護羌城東^{護羌城當在今藥水西岸察罕素莊附近}，又東北徑臨羌城^{余疑縣城東南湟水南岸之南古城址，當即臨羌城也，與臨羌縣故城，臨羌新縣故城當作三地爲是}，東北流注於湟。當即藥水也。

湟源縣當青海蒙番出入之大道，故雖小縣而商務頗盛。今據《縣志》所載並參以訪聞，列進口貨表如左，亦可見青海出產之大概焉。

青海蒙番每歲進口貨物數目價值一覽表

貨　目	進口總數	價　值	總　計
番馬	五百匹	每匹十兩	五千兩
蒙番牛	六百頭	每頭十兩	六千兩
羊	二萬頭	每頭二兩	四萬兩
青海魚	二十萬尾	每尾四分	八千兩
羊毛	二百二十萬斤	每斤二錢	四十四萬兩
羔皮	十六萬張	每張八錢	十二萬八千兩
大羊皮	一萬五千張	每張三錢	四千五百兩

牛皮	一萬五千張	每張二兩	三萬兩
野牲皮	五千張	每張平均二兩	一萬兩
馬皮	五千張	每張一兩	五千兩
野馬皮	五千張	每張二兩	一萬兩
野牛皮	五千張	每張三兩	一萬五千兩
駱駝毛	二萬斤	每斤三錢	六千兩
鹿茸	四百架	平均每架五十兩	二萬兩
鹿角	二萬斤	每斤一錢五分	三千兩
麝香	三百兩	每兩二十兩	六千兩
大黃	十萬斤	每斤一錢	一萬兩
蘑菇	三千斤	每斤三錢	九百兩
金	五百兩	每兩三十換	一萬五千兩
硼砂	二萬斤	每斤二錢	四千商
火硝硫磺	二千斤	每斤二錢	四百兩
鉛	二千斤	每斤二錢	四百兩
皂磯	一萬斤	每斤五分	五百兩
青鹽	三百萬斤	每斤一分	三萬兩

統計七十九萬七千七百兩。

　　按湟源縣商業，以前清嘉道之際爲最盛時代，伊時海藏之貨，雲集輻輳，每年進口貨價值至一百二十萬兩，咸同兵燹以後，番貨滯積，商業遂衰。近年以販皮毛者漸多，商務稍有起色，然每年進口之貨，推其極數不過七十餘萬，較之以前，尚差四五十萬之多。且貨價視昔增倍，即羊毛一項，比諸光緒初年增至七八倍之譜。比較貨價之增益，知貨額之損^{以鹿茸一項而論，昔年至一千七百餘架之多，今則二三百架而已。其}他皆類是。細究其故，則由昔年蒙番西藏之貨，大都以湟源爲銷場，近則藏貨西泄於印度，玉樹之貨南泄於川邊，蒙古之貨北匯泄於甘涼，瓜沙貿易之途日多，是以湟源之商務日衰也。

　　藏貨，每年由西藏商上差噶爾瑝運至湟源，約共千餘包，其中氆氇居十之五^{佳者一疋值銀五十兩}，藏香居其二^{有一束值銀數兩者}，藏經居其一^{以金寫者價值最昂，每卷經有售銀五六百兩至千餘兩者}，其餘如藏棗，藏桃，藏紅花，雪蓮等藥材居其二。每包價值平均以百金計，共值銀十萬兩左右。銷丹地者不及十之一，餘由藏番自運，近赴塔爾寺，遠赴北京，庫倫銷售。藏番往返運貨，例不徵稅，故任行內地，漫無限制，甚至包庇奸商，攜帶禁物，紊劃一之規，漏唯正之供。雖曰優待遠人，然稍傷偏枯矣。且英人窺藏，已非一日，印度鐵軌已越喜馬拉雅山而過，將來或呈無厭。援今日藏商之例，以橫行腹地，將何詞以拒之，曲突徙薪，不可不早籌限制之策已。

玉樹番貨，每年自運皮毛藥材等類至湟源銷售，道光時每年售銀至六七萬兩，近年二三萬兩而已。

青海出產羊毛甚多，其進口亦不止湟源一處。今據調查所得，除湟源進口每歲二百二十萬斤外，循化，拉卜楞，隆武寺三處歲進口一百三十萬。魯沙爾，上五莊二處一百五六十萬，俄博，大通，永安等處一百萬，貴德一百萬，永昌黃城灘五十萬，肅州敦〔註10〕煌一百萬，玉樹羊毛南出川邊打箭爐者亦有一百五十萬斤，總計一千萬斤有餘。近年天津山陝商人販至京津張家口一帶，轉售洋商，多獲重利，皆購有海關子票，內地稅局不能過問，但驗票而已。甘肅司計者爲挽回利權起見，就羊毛進口之處設立皮毛公買所，每百斤抽銀二兩，計西寧一道每歲抽銀十萬元之譜。

羊毛進口之處均有歇家。歇家者其初不過通番語之牙儈而已，自近年洋商以重金購毛，而不能直接與番人交易，又番人之所信者亦唯歇家，於是歇家得以居間爲利，變牙儈而爲棧商，買賤賣貴，不名一錢而起家致富，往往擁貲鉅萬，交通官府，與縉紳齒矣。於是官廳思分其利，遂有所謂歇家領照稅者，蓋專業許免稅之類也。計湟中十三口歇家，歲出領照費約三萬元。

湟中食鹽皆仰給於青海。青海鹽池頗多，以達布遜淖爾爲最大，東西二百七十餘里，南北六十餘里，在青海西南，爲和碩特蒙古南左翼次旗札薩克所管，距湟源縣三百五十里。舊例唯准蒙民之窮者由該管王公領照馱運至湟源，與漢番人民換易布匹口糧等物，_{蒙民納薄禮於郡王，便可裝載六七馱，約六日可至湟源。}亦有運往貴德，大通，魯沙爾，上五莊等處銷售者，其價因蒙古去來之多寡爲漲落，賤時每鹽一升易青稞一升，遇貴即須升半二升，_{青稞一升，價最貴時約值銀一錢五分，每升鹽重二十五斤，是每斤至貴值銀一分而已。}計青海進口之鹽，每歲約三百餘萬斤，由湟源榷運局每百斤徵稅洋二圓，歲共六萬餘圓。西寧七縣專賣稅亦歲額六萬圓左右。民間食鹽每斤值制錢六十餘文。余按青鹽係天然產成，其淖泊之廣輪大於河東鹽池數倍，又自達布遜池迤西至柴達木小池甚多，實有取之無盡，用之不竭之勢。然河東鹽池運銷數省，而青鹽止行銷於湟中者，以交通不便，

〔註10〕原文作燉，今改正。

轉運艱阻故也。蓋蒙番進口貿易者，有餘牛始運青鹽，而及其運至湟源，每馱不過值銀一兩甚或不及。夫涉三四百里之遙而所得僅此，宜蒙番之不視爲生業，而鹽之進口者少也。而內地商人亦以道阻價廉，無利可圖，莫前往者。官廳雖以賤價收鹽，然來源不旺，所得無幾。而每斤官價六十餘文，在生活較低之地，民間已有淡食之慮。夫坐棄自然之利，而公私交受其病，天下可嘖之事，孰過於此。倘亟經營青海附近，開闢道路，使數百里中屯牧相望，寄宿有所，則收青鹽爲國有，自運自銷，每歲出鹽，當增至二十倍以上。銷場日益推廣，鹽價亦可稍平，國課日增，而一切拓殖之大業皆有所挹注以經始矣。將來經略青海，此爲第一要著，而振興皮毛公司抑其次也。

青海產金亦多。北部則大通河流域及甘州之野馬川，肅州之滔賴河上流^{皆在青海境內}，歲產金約一千五百兩。中部則貢爾勒蓋，黃河，道佛山溝，瑪沁雪山等處，歲產金約五百兩。南部則玉樹，娘磋，稱多等處，歲產金約三百兩。此皆用土法開採，每歲所得如此。他如隆沖河^{在海南}之銀，木勒哈拉^{在海北}之紅銅，柴達木之鉛，或已經開採，或旋開即廢者頗夥，唯以上礦產多在寒苦無人之地，承包商人募丁往探，每歲興工止宜夏秋兩季，道路鄙遠，糧運艱阻，毗連野番，時遭搶劫，故礦苗雖旺，而棄地者尙多也。

十月二十八日，即舊曆九月初十日，自湟源縣起程，過湟水，沿藥水西南行，四里至董家莊，里許過橋至蒙古道莊。七里復過橋，緣右山麓行三里，過一小水，至察罕素莊^{距縣治十五里}。五里至大高陵莊，莊南有水自西來，東注於藥水。五里至小高陵莊，莊南亦有水，出西山，東注於藥水。折西南行入峽，道旁崖石有刻文，曰關山通道，其旁小字漫漶剝落，不可復識矣。十里至藥水塘^{北距察罕素莊二十里，南至窩藥塘二十三里，哈拉營三十五里}，十里至兔爾干莊，莊南有水自西來，東注於藥水。東科寺在水上流北山根。折西南行二十三里至窩藥口，有水自西來，入於藥水。十二里至哈拉庫圖城，藥水東西二源於城北交會。城據西南山麓，形勢頗險。西距日月山二十里，扼蒙番進口之大道，前清常住守備一員，兵額二百四十名。城東南山阜上有古營盤遺址，隔水東北山上亦有古時牧營馬處。附近崇椒有料〔註11〕瓣臺。余考《通鑑》，開元十七年朔方節度使信安王禕攻吐蕃石堡城，拔之，更名振武軍。胡注，自鄯州鄯城縣^{即今西寧縣治}河源軍西行

〔註11〕原文作科，據後文改爲料。

百二十里至白水軍_{當在今湟源縣治附近}。又西南六十里至定戎城，又南，隔磧七里，至石堡城，本吐蕃鐵仞城也。宋白曰石堡城在龍支縣西，四面懸崖數千仞，石路盤曲，長三四里，而至赤嶺三十里_武。疑哈拉庫圖城東南山阜上之古營盤當即石堡城遺址。東北隔水山坡上之料瓣臺，當即定戎城遺址。此處西距日月山二十里，山皆赤色，當即所謂赤嶺。唯龍支在今碾伯縣南，距離稍遠，又形勢之險不如宋白所言之甚，抑古來文人鋪張形勝，武將侈陳戰績，往往有失實之處，正不必泥其辭耳。

是日本齋用嚮導之言，取窩藥口捷徑以向日月山，余等緩行在後，至口，為山麓所蔽，遂遵大道前至哈城，旋知其誤，西北卻行，截數山麓至窩藥口，西上坡上，與本齋會時，本齋憩息已數時矣。凡枉道幾三十里，然得備歷藥水上源之曲折，及見哈城之古蹟，亦無憾也。是日共行八十五里。到則披草而臥，縱馬於野，黃昏輜重始至，就地紮帳，炊時燒牛糞為薪，鼓鞴吹火，用石支鍋，以囊盛豆，繫於馬口，氈裹其背，繩絆其足，居然塞外游牧之景況矣。宿處為日月山之東麓，附近無居民。

十月二十九日，即舊曆九月十一日，早八點十分，自上窩藥起程，西南緣山坡行。山麓岐出，如水禽之蹼然。約十餘里至日月山，山高出海面米達三七五八，峰頂堆石為卡，甘青於此分界。山頂皆沙質，紅色，所謂赤嶺者也。按《通鑑》開元二十一年丁酉，金城公主_{時嫁吐蕃}請立碑於赤嶺，以分唐與吐蕃之境。雖未久即僕，然亦可見日月山之為漢番交界，其來久矣。自山以東為耕稼社會，村樹絡繹不絕於道，自山以西則為游牧社會，荒草極目，時見牛羊，天地之氣，劃然為之一變。西南行十餘里，下山至黑城子，土垣一周，無民居。阿什漢水城在其東南，城稍大，亦無居民。有水出日月山西麓，三源並發，合流西注於青海，土人謂之倒淌河。蓋內地之民東流見慣，甫過山卡，乍覩西流，遂目為倒淌河耳。循倒淌河北西行約三十里至察罕城南，十里許倒淌河濱，插帳而宿。是日行五十餘里。宿處水草豐美，牛糞亦多。察罕城在北山根_{即日月山分支，所謂察罕托洛海者也。察罕譯言白也，托洛海言頂也，以山頂常有積雪故云}，東北距丹城一百二十里，東距哈拉庫圖爾七十里，東南距阿什漢水城二十里。前清雍正元年洛卜藏丹津誘諸部盟於察罕托洛海，即此。陝甘總督那彥成築城設防，以控制野番，咸豐六年撤防，城遂廢，今止有土垣一匝，內有分廒數椽，無民居。每歲青海長官祭海時，會盟蒙旂王公於此。倒淌河一帶本蒙古綽羅斯南右翼頭旗原牧，現爲貴德南番千卜泉族所據。其說見後。

　　自察罕城西行十餘里爲將軍臺，稍西爲會亭，皆土垣一匝，無居民。又三十里可至青海濱，是爲赴海北之路。是行迫於程期，未得前往遊覽，亦憾事也。張石洲《蒙古游牧記》於青海歷史頗詳，今節錄如下。

　　青海在西寧西五百里，古名西海，亦曰鮮水海，亦曰仙海。古音讀西如鮮如仙，故先零亦謂之西零也。《漢書・地理志》金城郡臨羌縣西北至塞外有仙海，鹽池。《趙充國傳》酒泉太守辛武賢奏言，可分兵出張掖，酒泉，合擊䍐罕在鮮水上者，又上以書，敕讓充國曰，鮮水北去酒泉八百里。又充國上屯田奏曰，修隍陜以西道橋七十餘所，令可至鮮水。又《王莽傳》中郎將平憲等奏言，羌豪良願等願爲內臣，獻鮮水海，允谷，鹽池，平地美草皆予漢民。北魏始名曰青海，亦謂之卑禾羌海^{按《辛卯侍行記》卑禾羌海即今青海東北之巴哈泊是也}。《水經注》湟水東逕鹽池北，又東南逕龍夷城，又東逕卑禾羌海北，有鹽池。闞駰曰，臨羌縣西有卑〔註12〕禾羌海，世謂之青海。東去西平二百五十里是也。

　　海周回七百五十餘里，中有二山，一曰魁孫陀羅海，峰巒純白，上有小廟，廟內番僧於冰合時出，取一年之糧入居焉。一曰察罕哈達，近西岸，其峰卑小，多土少石，二山東西對峙。水色青綠，中流高起，冬夏不枯不溢。《魏書・吐谷渾傳》青海周圍千餘里，海內有小山。《舊唐書・吐谷渾傳》青海周圍八百餘里。《明一統志》青海方數百里，有魚無鱗，背負黑點。西遊荄〔註13〕七十二道水匯爲西海，冬夏不溢不乾。自日月山望之，如黑雲冉冉而來。以今證古，載記略同也。惟海中古出名馬，今則未聞。《魏書・吐谷渾傳》海內小山，每冬冰合時，以良牝馬置此山，至來春收之，馬皆有孕，所生得駒，號爲龍種，必多駿異。吐谷渾嘗得波斯草馬，放入海，因生驄駒，能日行千里，世傳青海驄者是也。《隋書・煬帝紀》大業五年，置馬牧於青海渚，以求龍種，無效而止。然則天馬來西，信屬太乙奇況矣。

　　青海番名庫庫諾爾，舊圖作呼呼腦兒。《元史・憲宗紀》四年甲寅，會諸王於顆顆腦兒之西，乃祭天於日月山。顆顆今亦譯改爲庫庫，蓋已確知其爲青海矣。而並改金山以北之稱海爲青海，斯大謬耳。本朝雍正二年，大軍征賊黨阿喇布坦溫布等，進至諾爾北岸伊克哈爾吉河時，人馬渴甚，求水不得，忽有泉從營前湧出成溪，士馬就食，得不困，眾歡呼奮勇，遂獲賊首。

〔註12〕原文作鮮，據上文改卑。
〔註13〕西遊荄此三字疑爲衍字。

督臣〔註14〕以青海效靈奏聞，詔封青海之神，立碑致祭。《湟源縣志》海周七百餘里，爲眾水會歸之所。東西長而南北狹，海岸四面皆有水泉。厥草豐美，宜畜牧，號樂土。近經地學家攷究，古時海水極廣，西與柴達木低地鹽〔註15〕湖通連。北魏時周千餘里，唐時尚八百餘里，今祗五百五十里，共占一萬八千五百方里。又曰海中偏東一山特起，名曰奎遜托羅海，峰巒純白，上有石洞，番僧於冰合時攜一歲之糧入居焉。稍西又出一峰，曰察罕哈達。遠望萬頃波濤中若翠蓋湧出，所謂水晶盤裏擁青螺者，猶未足彷彿其景也。又按《西寧府志》云，青海在縣西二百七十餘里，夏秋遠望，碧波拍岸，勢欲傾瀉。南岸一土股，闊僅百步，北伸入海數十里而沒，名爲海帶。又唐天寶七年，哥舒翰築神威城於青海上，吐蕃攻破之。又築於海中龍駒島，有白龍見，更名曰應龍城，旋陷於吐蕃。今按濱海周圍故城址甚多，哥舒翰先築之神威城難究確指所在。至海中小島，山勢孤峭，地甚逼窄，惟有石洞茅舍，其上僅容羊四十頭，供三四人終歲之食而已，恐無築城置戍之地也。

倒淌河流域東西長約百里，南北十餘里，寬處或二三十里。河流甚緩，水味亦甘，氣候平和，草亦豐美，將來振興墾務，此處最易下手。蓋近河平地，既可鑿渠引水，沿山坡地亦可掘坎取水 <small>山草甚茂，斜坡在十五度以下，土質泥沙相雜，易含水分，倘掘地成渠，互相溝通，水雖小，可以漸匯爲鉅流，新疆南路纏回多用此法。</small>且距內地最近，招徠亦易也。

十月三十日，即舊曆九月十二日，早七點十分由倒淌河濱起程，西南行約數里，渡河，循南山麓西行，七八里折南入一土溝，上山，番名瓦爾袞山，《胡文忠圖》作和岳爾托羅海，《法圖》作倭育爾托羅海，皆一音之轉也。余等登峰，以望青海，此處西北距海尚五六十里，遠鏡窺之，一片藍色，海心山若覆碗然，因名其山〔註16〕曰望海峰。北望倒淌河北，察罕城將軍臺甚顯，臺東坡下有番族黑帳。瓦爾袞山高出海面米達三六八〇。下山，循一石溝，番名色娘阿曲，折西南行。溝中無水，有大青破石，行頗艱。溝長約十五六里。出溝，得一大原，一望平衍，細草芊綿，絕好牧場也。溝口之東南有一泊，即巴彥淖爾也。東西長約六里，南北闊二里餘 <small>《蒙古游牧記》謂巴彥淖爾週四十餘里，已非其實。又謂水西北流出，屈曲數十里，入和爾必拉，尤謬。余按和爾必拉當指和岳爾托羅海山（番人謂山曰拉，托羅海者謂山頂也）</small> 所謂西北屈曲流出之水，當指色娘阿溝，蓋溝中有水時則東南注於淖爾。石洲所據之圖原不錯，特不識山水公例，誤倒其首尾耳。青海淖泊甚多，除扎陵，鄂陵二海外，餘皆低窪之地，四山溪水匯瀦而成，有入路而無出路。舊日圖志多認淖泊爲湧出之水，旁溢四達，甚至有繪爲互相灌注之勢者。譬有兩水，其源〔註17〕甚近，而東西背馳，各赴一泊，其間必有分水之高地，繪圖者未曾親歷，妄綴爲一，於是東西兩泊遂若互通。謬種流傳，誤人不淺。今附辯於此，後不多贅）。水甘可食，番人環淖紮帳，皆千卜彔族也。此地本蒙古輝特南旗原牧，後爲番族所據，說見下^{淖爾東南有山}口，路通貴德。

西南平行三十里，原竟，下一陡坡，至多巴莊。其居民約數十戶，多自巴彥戎遷來者，稍有田疇室廬。千卜彔，卡卜恰，郭密三族於此分界。此莊屬卡卜恰，莊南屬郭密，莊東屬千卜彔^{按千卜彔有千戶一員，現千戶名遜諾好喜，屬民八}^{百餘戶，其牧地東至日月山，北至察罕托羅海，}^{西北至海濱，南跨瓦爾衮山，佔有巴彥淖爾及淖爾西南之大原。南原盡處以郭}^{密爲界，西原盡處與卡卜恰爲界。千卜彔帳居游牧，卡卜恰，郭密皆耕牧相雜。}西行偏南，連過多數小山麓如手指之疏布者，其間有數小溪，皆南流與卡卜恰河會。自多巴迤西南，凡經世阿加惹，貢馬，猗階，勒梭兒，加沙爾加等番莊五^{皆卡卜}^{恰屬}，而至卡卜恰。其首莊曰加拉，宿。是日共行八十里。

加拉莊即卡卜恰頭人所住也。此外尚有梭忌，郝雞〔註18〕，洞托海，哈寺兒，二十臺，郭密，香喀等番莊，皆歸卡卜恰頭人所管。卡卜恰乃地名，本蒙古喀爾喀南右翼旗原牧，番名爾客貝勒。現居番族則自稱龍娃，言從貴德龍陽硤遷來之人也。約共五百餘戶，無千戶，其頭人由各莊輪流公推強有力者爲之。

卡卜恰有水出北山^{即瓦爾衮山脈}^{在青海南岸者}南流，經卡卜恰莊，又南至郭密香喀，右受二小水，折東南流，多巴，世阿加惹，貢馬諸溪水自東北來注之，又東南至郭密入黃河^{此水《法圖》名查布扎河。余按即《游牧記》所謂烏蘭布拉克河也。《記》云河源}〔註19〕^{在青海東南百里，有泉百餘泓，望之亦如星宿海，會爲一水，南流三十餘里，有二水自北}^{合而來會，又東南七十里入黃河。今按之親}^{歷，形勢皆合。各圖皆以倒淌河當之，誤也。}

烏蘭布拉克河之兩岸，舊河崖各高三十餘丈，東西相距六七里，其中拓爲平地，南北屈曲斜長，自卡卜恰以至郭密三十里中，田疇錯列，渠水交流，氣候溫煖，菜蔬亦有數種，稱爲塞外沃土。其種田之民，漢人居半，乃近年青海墾牧局所招徠者。然皆貧弱無資本，官廳又不能保護^{卡卜恰現歸}^{湟源縣管理}，皆役屬於

〔註17〕原文作原，今改正。
〔註18〕原文作難，今改爲雞。
〔註19〕原文誤作湟，今改正。

番目，是以發達頗形遲滯。河崖以上則皆高原，風勁水少，農事未興，祇宜畜牧耳。

郭密在卡卜恰東南三十里，地瀕黃河，爲西寧縣直接管理之貢馬番族，現分龍奔，簪木站二族，各據一莊，共三百餘戶，西北以郭密香喀與卡卜恰分界^{郭密香喀之民分屬焉}。是日以人馬猥多，就加拉莊東南野地紮帳而宿。野草不敷秣馬，乃購乾芻以足之，燒糞亦從莊中購得。卡卜恰高出海面米達三二九〇。

十月三十一日，即舊曆九月十三日，早六點〔註20〕鐘自卡卜恰起程西行，過二溝，皆無水。連上高原數層，北近山，南望無際，原上無水，多芨芨草，不甚豐。約三十里至馬鬣灘^{番語阿渾馬淌}，有切雜雜族番帳，屬千卜彔千戶，有百戶一名。灘北山根有莊，曰二十臺，屬卡卜恰。莊東有千卜彔寺。北山有谷，循谷行約一日程可至海濱。又西行稍偏南，崗陵起伏，草漸豐。沙中草叢累累，然草多刺，不適牧馬。過黃沙壘，卜坡，有一水自北而南注西泥河。初擬宿此，因水凍涸，遂仍西南行。遠望南山根有水，乃前。至水濱，即西泥河也，下流渚爲西泥淖爾。得一番民插帳舊址，地名窩遜，乾糞甚多，宿焉。時十二點五十分，共行六十里。是處東距西泥淖爾約十里，西泥河於是處分流，復合成一環形，其間草頗豐，縱馬牧焉。是處本和碩特南右翼末旗原牧，現爲貴德南番都受族所據。

十一月一日，即舊曆九月十四日，早六點四十五分自窩遜起程，先渡西泥淖爾河支流，行灘中，水草沮洳〔註21〕，小泊甚多。西南行數里，過西泥淖爾河正流，水及馬腹，約寬四丈。渡後行二里許，上黃沙崗，坡陀起伏，榛莽塞路，沙細軟難行，曲折約二十里崗竟，至一草灘^{番語行唵阿哈，譯言乾草灘}，灘南北均有高崗，相距近十里，崗上均係平原。又數里至貢尕〔註22〕淖爾東，沿淖南岸行，地多沮洳〔註23〕，有鹹質。淖東西斜長約六里，南北寬二里許，水色極青，味微鹹，可食。水面有小鴨甚多，飛泳其間。至淖西濱宿。淖爾左右仍都受番族游牧，乾糞甚多，草僅芨芨一種，質韌不適牧，而附近又無豐草^{番子已經牧過故也}，乃驅馬就草數里外，黃昏始歸。是處雖在水濱，而取水甚難，因瀕淖泥寬數丈，人馬不能前進。覓得番族所掘之泉，始得水。是日共行四十五

〔註20〕此處補一點字。
〔註21〕原文作如，今改正。
〔註22〕原文作朵，今改正。
〔註23〕原文作如，今改正。

里。

十一月二日，即舊曆九月十五日，早七點自貢尕〔註24〕淖爾起程，西行過沙草灘里許，路北有數小泊，或斷或續。又數里過小山麓，地勢起伏，草漸豐。約十里至一草灣，牧馬約二時許，遇番族驅牛羊十數群絡繹而來。每群牛羊約數百頭，中有番騎三十餘，均負槍_{土槍數種}有毛瑟，來福，，上有機子，怒馬飛至，狀頗兇悍。令通事詢悉，係汪什臺克族。所驅牛近萬頭，多馱羊毛，間有馱酥油者。因購羊五隻，每隻價銀二兩，就地宰剝，馱載而行。過此則平原彌望，草亦豐，乃切吉灘也。約行三十餘里原竟，至一山口，切吉河所出也，地名切吉河口。宿。時午後二點。是日共行五十里。是處水草均有，唯糞稍艱。切吉河導源南山，出口後北流注於西泥河。夏日有都受，阿粗呼等番來牧於此，冬則徙去。聞距切吉河口北約十里有番莊，皆木屋，龍哇人也。過日月山後至此未見一木，木屋之說，未知確否，惜未能目驗之也。是日在途，大風甚烈，因原高無蔽故也。至山口，風稍息。

十一月三日，即舊曆九月十六日，早七點半起程，南行二里許進山口，兩崖鉅石夾峙，緣左山麓行數里，下坡，過水，山勢漸開，中抱一灘，縱橫各十餘里。灘中草不甚豐。路左水濱有大石磊一，係班禪喇嘛〔註25〕過此時紮帳處也。由灘中西南行十餘里，抵右山麓_{由此東行約三十餘里可至河卡，由河卡東北行三十里，出一山口曰小塔拉，又經一大原曰大塔拉，凡一百六十里至郭密。此路無水。由郭密東北行三十餘里，至巴彥淖爾。}上下山麓，南行數里，山勢漸合。入溝行十餘里，宿。地名切吉河腦，當即《法圖》所謂和屯布拉克者是也。是處水草糞均有。到時午後一點。是日共行四十里。

十一月四日，即舊曆九月十七日。早六點十分自切吉河腦起程，南行數里，過山，上下山皆青沙石。是山乃西泥河與大河壩之分水嶺也。下山，緣右山麓行，過數小溪_{數小溪合流，東南入大河壩河}。山麓迤東均係平原，有小山孤峙其中，大河壩水流其南，其北有路通河卡。又緣右山麓折西，行數里，渡大河壩水，深不及二尺，而冰石槎枒，馬易顛躓，過者惴息。河水兩岸皆危崖壁立，高三十餘丈。渡口左右，石坡甚陡。上〔註26〕坡，西南行高原中，十餘里入一溝，溝竟過山，山名道拉結，路多大石。循一溝下山，數里過恒藹河，當即《胡圖》袞額爾奇河也。河東流，北會大河壩水，而深廣倍之。下流即《胡

〔註24〕原文作朵，今改正。
〔註25〕班禪喇嘛指第六世班禪。
〔註26〕原文作山，今改爲上。

圖》之呼呼烏蘇河也，河之上流有歇加族番帳。東南上一小山，下山里許，得一大灘，宿焉。灘四面山勢環抱，中平如砥石，名班禪玉池（班禪喇嘛過此紮帳處也），當即《法圖》所謂沙拉兔者是也，《平番奏議》又名助勒蓋。扎梭拉山水出西南山，東北流，至灘東入恒藹河。到時午後一點十分。是日共行七十里。是處草糞均有，汲水雜梭拉河，距離雖近而河岸甚陡，上下頗不易。

十一月五日，即舊曆九月十八日，信宿班禪玉池，以息馬力。按呼呼烏蘇河流域土質膏腴，水草豐美，迤東濱黃河一帶至於郭密，地勢較低，森林礦產，所在多有，氣候溫煖，開墾尤易，唯毗連野番，時有搶掠，移民則無以自衛，駐兵則轉餉艱難。前清道光之初，陝甘總督那彥成擬乘勘定野番之威，在助勒蓋一帶設防興屯，卒以經費無著，不果施行。考東漢時隃糜相曹鳳上言，西番為寇，居大小榆谷（《辛卯侍行記》謂大小榆谷在貴德西南一百三十里之烏蘭河左右，余疑今碩爾郭爾河等水即大小榆谷，實與呼呼烏蘇河入黃河之口相近），地方肥美，有西海魚鹽之饒，阻河為固，故常雄大，宜規固二榆，廣治屯田，植谷富邊，省委輸之役（蓋當時西番以二榆為根據地，又跨河西北，有西海魚鹽之饒，鳳意欲扼黃河津渡，斷其北侵，且制其利源也）。唐史言河西九曲，水甘草良，宜於耕牧（按黃河自積石山西北，折而北流，左納胡魯烏蘇結博河，巴克戈爾什河，又北稍東，呼呼烏蘇河，碩爾郭爾河左右翼注之，又折而東流，查卜恰河自北，烏蘭河自南來注之。唐人所謂河西九曲者，當指此言之。故為蒙古六旗牧地（見下），現為剛咱等八族所據）。金城公主下嫁吐蕃，遂以其地界之為公主湯沐邑，吐蕃因就畜牧，自是屢犯邊境。高宗時黑齒常之敗吐蕃贊普於大非川（今柴達木河），以河源（當指隋河源郡。在今青海東南郭密地方，尚有古城遺址）衝要，置烽戍七十餘所，開屯田五千餘頃。是河曲左右，在漢唐之世已經開墾，著有成效。乃今日猶榛狉未開，寶藏封棄者，蓋吾國人素乏殖民之能力，故旋作旋輟，卒不能立富強遠大之基也。夫開闢荒土，兵屯不如民屯，民屯不如商屯。是何也，耕戰兼營，勢必兩誤，名美而實不可行。移民實邊，則富者不願應募，而應募者必貧窮無依之人，牛種農器，室廬資遣之費，皆須仰給於官，公款有幾，推廣實難。經營伊始，唯有獎勵鉅商先從事於森林畜牧礦產諸業，俟有所獲，則指撥荒地，令其招佃承墾，其始在以兵保商，以商興屯，其終在以屯積穀，以穀養兵，供饋不煩內地，則兵可久駐。兵可久駐，則野番之侵盜自絕，而投資興業者將絡繹而至，地闢民聚之效固可操券以俟已。

十一月六日，即舊曆九月十九日，早六點鐘自班禪玉池起程，緣西山麓，循札梭拉水（當即《法圖》所謂伊克戈爾什河也）南行，連過九溪（溪水均出西山，東注札梭拉水。內有一溫泉，水頗盛），於西山見野馬二群，群各數十，有黃黑二種，項下腹腿皆白色，長頸修耳，顧視軒昂，見人則佇立觀望，近之始逸去。行三十里，有水自東南來（當即《游牧記》所謂依麻圖河，《法圖》作依麻兔，入於扎梭拉水（汪什臺克番族游牧是水上源。現其千戶名柴架，其番帳距此約三日程）。西南入扎梭拉溝，十里宿。到時十點五十分。是日共行四十里。是處草糞均少，鑿冰取水。

十一月七日，即舊曆九月二十日，早六點自扎梭棱拉溝起程，西行偏南三十里，過扎梭拉山，即朔羅山，路多青紅石（高出海面一千四百五十丈）。下坡，緣左山麓行，積雪甚厚，深處及馬腹，寒甚。坡竟，得一大灘，雪漸稀薄，無草。西山一支麓迤出灘中，東西橫亙，長約十里。南北二水（南水即羊腸溝水，北水其名未審）夾流至麓竟處相會，又東入於黃河，即《法圖》之巴克戈爾什河也。過水（凍涸），上下山麓，數里至羊腸溝水濱（凍幾涸），沿水西行，入羊腸溝，十里宿。到時十二點半。是日共行六十里。宿處草糞均少，人食消雪，鑿冰飲馬。以上二站取水既艱，糞草又少，旅行極苦，是以不敢多行，遇便即止。凡行番地，見水草豐美處，即宜止宿，否則佳處錯過，趕站不及，人馬均困，旅行者所宜知也。每日止時，先縱馬食草，弛裝於野，席地聊憩已，乃各棚四出採拾牛糞，俟輜重至，則就地插帳，安鍋造飯。邊地苦寒，飲食以熟爛為貴，最忌生冷。插帳宜近水濱，否則汲取不易，人馬均困。

自卡卜恰至此，並無人煙，終日不見行人，欲問地名，亦苦無從，真所謂窮荒絕塞也。

此地旅行，以八九月為最宜，蓋多則大雪封山，水凍草枯，春則寒風凜烈，凍猶未解，入夏以後，青草雖生而泥潦縱橫，沮洳艱行。唯深秋則邊草尚黃，路途較乾，其冷亦不過比內地大寒之時而已。常行是地者有韻語曰，正二三，雪封山，四五六，雨淋頭，七八九，正好走，十一臘，肉開花。其言雖俚，卻真況也。又此行同事中，有以清泉細草乾牛糞七字令余屬對者，余對以快槍健馬老羊裘。皆出塞旅行早晚所必需者也。

十一月八日，即舊曆九月二十一日，早六點自羊腸溝起程，西行七八里，折西南行二十餘里，至山梁（即江拉山，高出海面四八三〇），見野牛百數十頭截梁而過，同行放數彈，未獲。下溝得一大灘，細水皆東南流，凍涸。疑即希拉哈布河之上源也。緣西山麓行，至欽科奢馬（譯言泉多之意）宿。時午後二點。是日共行六十里。此地溫泉數眼，水頗旺，積流成河，東入白爾東海（即都勒泊，在瑪沁雪山之北）。本日沿途雪厚無好草，宿地草亦不佳，唯糞多水近。宿地在西山坡，坡前大灘廣十餘里，遙見野馬數匹，載坤與同行數人往獵，以距離太遠，放射〔註27〕無煙槍數彈，中二彈，終未倒而遠颺。甚矣野馬之健也。是晚，後行者在途擊野牛，連斃二頭，其大者以路遠難致，棄之。僅宰其小者，以皮及四腿馱來，每腿重約三十斤，各棚分食，其味頗美。數日沿途野牛骨角甚多，蓋來往番民所獵獲者。以上數日，早晚天氣較寒，白晝和平，均晴。

十一月九日，即舊曆九月二十二日，早六點自欽科奢馬起程，過小山麓，經一大灘，無草無水，為雪所蓋，長寬各十餘里。西南至一壑，草始豐，牧馬少時。過壑至一大灘，此地番名色馬朵娘阿，譯言沙灘，以此灘中有沙土也。灘中有河床，無水，草不甚豐，其水道似皆東北流，注於都勒泊。由此南行，仍復過小山梁，即阿拉克沙〔註28〕爾山脈也，高出海面四六三〇。梁以南之水皆西流入東科海，即扎遜池也，譯言黑海。

由山梁，余等與本齋分路，本齋西行至東科海濱拍照，余等西南行，山坡起伏，無常水，僅細流，多凍涸。乾草不豐。至咱給奢山山與木齋會，入山口行約十里，渡水，至一石崖下草灘，宿。地名咱給奢有，譯言二牛鼻相對，蓋以水東西二石山如二牛對臥，以鼻相向也。咱給奢有即瑪沁雪山之北口，有二水自南來，至此合一，過山口折而西流，入東科海。到時午後三點。是日共行七十五里。草豐水近糞多，好站也。本日天氣和平，過夜雨雪約半寸，天明復晴。

按自倒淌河以南，瑪沁雪山口以北，河曲迤西，凡烏蘭布拉克，呼呼烏蘇，巴克戈爾什，希拉哈布等河流域，本綽羅斯南右翼頭旗，輝特南旗，和碩特南右翼末旗，土爾扈特南中旗，南後旗，西旗等六旗原牧，水草豐美，土地膏腴。自前清嘉道以後，循貴南番剛咱，汪什臺〔註29〕克，都受，千卜彔等族踰河而西，搶掠蒙古。時蒙古孱弱，不能自振，於是六旗移牧西寧沿邊一帶，依卡倫以自保。嗣經陝甘總督長齡帶兵驅逐野番渡河，而六旗札薩克因助勒蓋等處密邇番地，僅隔一水，不敢各歸原牧，呈請繳還游牧之地入官。經長齡奏明將助勒蓋一帶指給察漢諾門罕住牧，即令防河。克克烏蘇一帶，飭同阿里克大百戶住牧。嗣因白佛勾結野番，分贓引路，經那彥成將白佛並野番驅回貴德原牧，擬遷河南四旗蒙古於河北，以實空地，事未果行。及撤防以後，南番仍抵冒渡河，不可究詰，以至於今。所謂剛咱八族者是也。

〔註28〕原文作抄，今改為沙。
〔註29〕原文作殆，據後文改臺。

八族即千卜汆族^{駐牧倒淌河流域及巴顏淖爾附近}，都受族^{駐牧馬鬐灘及貢尕〔註30〕淖爾一帶}，阿粗呼族^{駐牧呼呼烏蘇北岸}，俺加族^{駐牧扎梭拉河東}，恒藹河南，歇加族^{駐牧大河壩及恒藹河上源}，汪什臺克〔註31〕族^{駐牧扎梭拉水東源上流}，達烏默藏族^{駐牧巴克戈爾什河流域及東科海一帶}，龍哇族^{駐牧呼呼烏蘇南岸及卡卜恰一帶}。白佛本二十九蒙旗之一，原牧在循化邊外，後於嘉慶二年經策巴克奏准，移居黃河之南，窩贓引路，番案逐多，後又潛住河北，今住貴德東南鐵瓦寺。

大地之上有一土，必有與其土生存最宜之人種，謂之土種。土種者，歌於斯，哭於斯，聚國族於斯。雖有他族侵入，至於衰弱分散而不能驟絕其種，而侵入之族不久必被其同化而為所役屬，或為所驅逐以去。此在殖民主義未發達以前，大概之公例然也。青海二千年來迭為羌渾吐蕃蒙古所據，然余求其有土種之資格者，唯其羌乎。吐蕃者羌之別種，後出益勁，所謂附庸蔚成大國者也。考羌為三苗之後^{《後漢書‧西羌傳》云西羌之本，出自三苗，其國近南嶽，及舜流四凶，徙之三危。河關（漢金城郡屬縣，在今貴德）之西南，羌地是也。}，其佔地甚廣^{秦屬公時有無弋元劍者，始強大，《西羌傳》云濱於賜支（即《禹貢》析支，在黃河之曲）至於河首（即河源），綿地千里，皆羌地。南接蜀漢徼外（今川西川北及甘肅洮岷諸土司），西北接鄯善車師（車師今新疆迪化吐魯番等處，鄯善今羅布淖爾以南地）。又云發羌唐旄等絕遠，未嘗往來。旄牛，白馬羌在蜀漢。（發羌唐旄當即今衛藏地，旄牛即川西土司白馬武都氏也，今階州地。）統觀諸羌之地，佔有今西藏青海全部及川西甘南之地，}其種別甚繁^{《西羌傳》自爰劍後，子孫支分，凡百五十種，其九種在析支河首以西，及在蜀漢徼北，其五十二種衰少不能自立，其八十九種惟鍾最強云云，}青海不過其西北部而已。秦漢以來，其迭為雄長於其間者，曰先零，曰罕，曰开，曰燒當，曰党項，曰白蘭，其名目繁多，要皆不出無弋爰劍之後，其間雖經張奐，段熲諸將窮追極討，草薙禽獮，然其餘孽旋撲旋熾，卒不能使其無遺種於茲土也。

自魏晉之際，遼東鮮卑，吐谷渾率其部眾渡隴而西，據今青海東南部之地，此為異種入侵之始。當吐谷渾盛時，臨羌^{在西寧縣西}以西，且末^{新疆東南境}以東，祁連以南，雪山^{巴顏哈拉山}以北，東西二千里，南北二千里之地，皆為所有，治伏俟城^{俟音其，城在青海西十五里}，號為可汗。凡傳十六世三百五十年。至隋唐之際而鮮卑勢衰，吐蕃強盛，諾曷鉢以唐高宗咸亨三年，率其種落數千帳徙處內地，以避吐蕃〔註32〕之逼^{初徙鄯州，後徙靈州}。從此青海境內遂無吐谷渾之跡矣。此羌人復興，逐出異種之證也。

吐蕃之盛也，奄有西藏青海河湟松維之地^{安西，北庭亦為所陷，旋即克復}。蓋舉其同種所在

〔註30〕原文作朵，今改正。
〔註31〕原文作海，據上文改為克。
〔註32〕原文作土番，今改為吐蕃。

之地而統一之，實爲羌人最盛時代。唐末其勢始衰，部落分析，唯唃斯羅一族著於有宋之世，宋人常利用之以制西夏，然其勢視唐時遠矣。金元繼起，夷爲藩屬，初未嘗殖其民於青海也。自明正德以後，套虜亦不剌及俺[註33]答等瞰[註34]青海饒富，相繼竄入，據爲牧地。此爲異族侵入青海之再見。然或不久引去，其留者旋即衰弱。

至清初，顧實汗自新疆侵有其地，而蒙古在青海之勢力始定，即今和碩特等二十九旗是也。當蒙古之初入也，番人皆遠徙，其留者反爲所役屬，故明末清初蒙強番弱，馭夷者皆以抑蒙撫番爲策。自嘉道以後，番人之勢轉盛，河南番族往往渡河搶掠蒙古牲畜，蒙旗勢分力弱，不能抵抗，皆率眾內徙，依官兵以自衛。迨至那彥成進兵剿番，絕其糧茶，驅令渡河，而後蒙古得返故牧。自此以後，籌邊者又變其方針，以扶蒙抑番爲策矣。然蒙古衰弱，已成強弩之末，是以官兵一去，悍番仍抵冒渡河，侵佔水草肥美之地，以爲牧場。故西寧進口羊毛，以出於番族者爲最多且佳。近年以來，番人以羊毛致富，每族皆畜有快槍數十百桿，蒙人弗及也。自今以往，苟無外界之侵逼，一聽蒙番之自競，則天演淘汰之結果，蒙人必爲番族所役屬，以至於澌滅，是何也。蓋二千年經過之歷史，土人之生存視客族而較適也，雖然自西人殖民主義發達以後，克滅土族之新法日出益工，屢奏奇效，彼青海毗連之西藏爲羌人之宗國者，已入英人勢力範圍之內矣，吾又安能以歷史之舊例，斷青海蒙番之將來哉，噫_{此舊作《青海種族消長論》，今附載於此，以備參考}。

十一月十日，即舊曆九月二十三日，早六點半自咱給奢有起程，西南行，過一大水草灘，長十里，闊六七里，草甚豐，多凹坑，馬行常躓跌。入溝，行二十餘里，過大山_{即瑪沁雪山，高出海面四八五〇，山上全爲雪蓋}。西南下坡_{稍有青片砂}，約七八里，得一大草灘，宿_{灘長寬三四里，番名禱高拉力色薄，譯言荒草灘之意也}。到時十一點半。草豐糞多，鑿冰取水，是日共行四十里。東西山有兩水會於此灘，折南流入溝。

十一月十一日，即舊曆九月二十四日，早六點半自禱高拉力色簿起程，南行入溝，左右皆小沙山，無草。數里出溝，得一大沙灘，番名阿澤陡同，迤東南名都雲，水皆東南流，凍涸，蓋入黃河之水也。復西南行，經數小水，多凍涸，惟溫泉一處，水雖小而潔。灘竟，踰大小四嶺，以次而高，山陰三

[註33] 原文作俺，今改正。
[註34] 原文作嗷，今改正。

水皆西北流，蓋入拜河之水也。下山，循一溝南行，至馬拉有，宿。馬拉有，譯言即四小壑也。草豐水便，唯糞少。到時午後三點。是日共行八十里。

十一月十二日，即舊曆九月二十五日，早由馬拉有起程，南行二十里，東西山勢漸開，大水前橫，即黃河也。此處西距鄂陵海尚有二百餘里。是行，意所過黃河距源甚近，其勢必小，且天氣寒冷，冰橋必合，以故毫無預備。及至渡口，則水勢浩大，冰澌蔽流而下，附近無人，無從覓筏。余輩擬繞越河源而行，且窺星宿海之眞象。本齋以會勘期迫，恐迂道需日，則乘馬率數人在上下流探河深淺，皆不可涉，乃決計徑渡。令橐駝馱載人與行裝先渡，次驅馬浮流而過。臨時，遣帳下健兒王長才入水探河，時寒風凜烈，王即倮體就水，游泳而至彼岸已，復折回此岸。水深處及肩，當其在中流時，幾被洪濤捲去，賴岸上人呼噪助勢，始努力自拔而出。出水後面無人色，身爲冰鋒所犁，鮮血濡縷，觀者爲之泣下，乃急以薑酒灌之，被以重裘，兩人持之狂奔數十回，始復常。又令壯士持斧倮體入水，將兩岸冰崖鑿平，以便駝馬上下。本齋乃乘健駝先過，水沒駝腹。已，令健駝回載余等而過。余上駝後，惟以左右手握定前後兩峰之毛，屏氣凝神，目不敢他視。渡至深處，駝輒前卻不進，牽者力掣其鼻，始遲回前進，余時視彼岸如地行者，及登岸後始慶更生。同人已過者見輒相賀，乃立岸上觀餘人渡河之狀。有健士不乘駝，策馬徑渡者甚多。見駝在中流不行，復勒馬下水，牽之上岸，如此者數四。水沒馬脊，僅露其首，乘馬者兩腿皆在水中，不脫褲靴者出水則冰結於膚，狂走始能去體。脫褲靴者出水則足破指裂，鮮血淋漓，爲之傷心慘目。有駝疙，濟濡其尾，體重不能自拔者，則命壯士數人倮體下水，扶之登岸。本齋自朝至暮坐立於河濱監渡，杖策指揮，口不絕聲，未親湯水。而帳下士卒一聞命令，冒險不避，其平日收羅之廣，號令之嚴，於此亦可見一斑也。最可奇者，甫渡畢時，有數劣駝畏河不渡，入水輒卻回，數人鞭策無效，時日已向暮，急切無法，本齋乃率眾拜於河濱，頃刻畢渡。斯則泉湧疏勒，風返中牟，有不可以常理論者矣。是日，即宿於河濱，共行二十里。宿處高出海面四五二〇。

十一月十三日，即舊曆九月二十六日，信宿黃河南岸。距宿處東三里許，南山支麓向北迤出，既伏而復起，蹲峙河濱。過麓，稍南，山灣中有一淖爾，周圍約三里許，與黃河不相通。古人述出塞之苦，《李陵答蘇武書》及《弔古戰場文》約略盡之，而此次行役之苦，則較古人所言爲尤甚者。膻肉酪漿以充饑渴，此猶就有肉酪者言之也，茲則行十餘日不見人煙，求肉酪亦不可得矣。韋韝毳幕以御風雨，此猶爲溫煖也，茲則行軍所用布帳薄幕不能禦寒，視毳幕如華屋矣，而早晚繫帳拔帳，其苦爲尤甚也。沙草晨牧〔註35〕，猶有草也，茲則大雪封山，無草可牧矣。河冰夜渡猶有冰也，茲則將合未合，其困難爲猶甚也。而空氣稀薄，舉動輒氣喘不止，則古人所未言也。

十一月十四日，即舊曆九月二十七日，早六點半自黃河南岸起程，天陰微雪，須臾晴，大風。西南行，過一山麓，麓西有一淖爾，長圓形，周圍約四里。併淖爾南行，折西，又過一山麓，麓西有又一淖爾，名望鄉海。併淖爾南行，有果洛番迎於道左，往就其帳，帳在山麓之坳。入帳，番酋進牛乳及茶，並獻哈達數方。詢知果洛番向係一族，現在共分三族，一仁清顯木族，其頭目名伊爾澤著馬，女也，爲循化南番拉卜楞寺加木樣喇嘛甥女。一康革馬族，其頭目名訥知拉，一汪干多壩族，其頭目未詳。此處番帳乃康革馬屬合苛馬小族也，屬番百餘戶，其頭目係一老嫗，名莊拉，其子名惹力訥，贅在火爾小族爲頭目，亦屬番百餘戶。果洛番每年運牛羊酥油羊毛羔皮牛皮等物，前往卡卜恰，郭密，丹噶爾，塔兒寺等處貿易，回運青稞，布疋等物。據稱貿易往來，沿途多被唵加，些加族欺陵，到貿易地又被歇家勒掯，不與附近之番同視，懇請發一護照，以免欺陵。隨即諭以爾等以後宜安分駐牧，國家自有相當保護之法，並許是日來我軍宿處領取護照，及紮帳後，該番竟未來。按果洛一作俄洛，其大部份駐牧川邊大小金川上流及三都崑崙河一帶。以其恃遠不馴，屢煩官兵誅討，其逋逃者，遂先後竄入青海，樓息黃河左右。現在瑪沁雪山以南，巴顏哈拉山以北，河〔註36〕源迤東，皆其牧地。雖暫就西寧羈絡，而鴞音總未能革〔註37〕，每伺行旅孤弱，則肆掠奪，並竊掠附近各族牛羊，兵來則投誠，去則盜劫如故。以故不敢近內地貿易，入口則被人苛待，亦有自取之道。然吾欲收撫果洛，正須一視同仁，如綏之而不知恩，然後斷其貿易，示之以威，未爲晚也。

拉卜楞寺有羅州者，嘗遊歷果洛各族，此次爲繙譯生，余詢以果洛族分牧地，頗能言其大概，今錄其說如左，以資參考。

果洛番大頭目名昆干〔註38〕，有子三人，長名挪鳥拉西，次名得外雀吉，

〔註35〕原文作暮，今改爲牧。
〔註36〕此處補一河字。
〔註37〕原文作草，今改爲革。
〔註38〕原文作平，今改爲干。

爲果洛得外寺^{寺在河曲}喇嘛，次名梭挪。大頭目駐昆干地方，在黃河南岸，東距買曲河有二日程^{買曲河發源川邊買火地方，北流注於黃河。疑即三都崑崙河之一}，屬番數萬人，均帳居游牧。其頭目如下。

娃西色多族，住色多合地方，與川連界，現頭人名朵落，屬番甚多。阿群日摸族，住黃河北岸，距昆干一日程，現頭人名尕〔註39〕馬投妥，屬番一千餘戶。阿窮工馬村族，住黃河北岸阿群日摸族西，現頭人係拉卜楞加木樣喇嘛之外甥女，名兒計卓馬，屬番七百餘戶。汪干得巴族，住達科曲河^{北流入黃河}，東距昆干約二日程，現頭人名汪乾多地，屬番五六百戶。河可馬族，住江雲^{即野馬灘水，東北流入黃河}一帶，現頭人名蕊落，屬番五百戶。以上皆大族。

又有小族，各有屬番。冷可馬族住阿雄公朵，在黃河南三海子地方，現女頭人名卓拉，屬番百餘戶。打朵族住江雲西，黃河南岸轄科溝，現頭人名朵娃，屬番一百餘戶。保吾族住地與戳尼牙哈族毗連，現頭人名多吉，屬番二百餘家。戳尼牙哈族住地在黃河南，現頭人名州妥，屬番一百五十戶。完達族牧地未詳，現頭人名斑歹，屬番百餘戶。節冷族牧地未詳，現頭人名梭善，屬番一百二十餘戶。喀囊族牧地未詳，現頭人名中干，屬番三百餘戶。得浪族牧地未詳，現頭人名才旺，屬番五十餘戶。巴扎族牧地未詳，現頭人名日乃，屬番八十餘戶。以上各小族均在黃河南岸。

宗可得馬族住得雲^{得雲水南流入黃河，源出馬拉有地方}，現頭人名宗巴勾窮，喇嘛也，屬番二百餘戶。宗可麥馬族住科雲水^{南流入黃河}，現頭人名梭拉，屬番百餘戶。則娃族住葉雲地方，在黃河北，得雲東，現頭人名訥落，屬番一百餘戶。乾蔥族住扎木烏林科^{水入科云}，距拉卜楞寺十站，南距黃河半日程，現頭人名蔥囊，屬番三百戶。剛車族，住科雲，現頭人名剛囊，屬番二百餘戶。昆灑族，住黃河北，屬番三百四十餘戶。娃當族，住近昆灑，屬番六十餘戶。喀昂族，住東則拉地方，在黃河西流之南岸，現頭人名阿窮，喇嘛也，屬番三十餘戶。以上各小族均在黃河北岸。

果洛採糧於丹噶爾，拉卜楞寺及川邊唵娃地方。

南行數里，上下山麓，得一鉅灘，大小湖泊，縱橫徧地，均凍涸。西望有一大淖，北與望鄉海相通，蓋即望鄉海之上流也。共計南北長二十餘里，

〔註39〕原文作朵，據吳均整理本改尕。

東西寬狹不等，水面冰結，覆以積雪，一望皓白而已_{按《法圖》有厄得靈池，下流爲庫蘭河。按之形勢，此淖當即厄得}靈池，唯下流連瀦爲數海，距黃河甚近而不相通。此余等所目覩者。由湖泊間曲折南行，上下一黃沙崗，勁風挾沙，射面如刺。沙崗南又有一小泊，橢圓形，沿泊西南行，緣一支麓登山，積雪尺許，行至山脊，寒風凜烈，目不能視。下山行數里，宿。地名江雲，譯言野馬灘也。到時午後二點半，是日共行五十里。是處水草糞皆有。宿處皆沙草，冰堆凹凸不平，斧其凸，填其凹，始得就寢。

十一月十五日，即舊曆九月二十八日，早七點自江雲起程，西南行數里，山開川平_{即野馬灘}，而路卻難行，緣草隙沙土被風刮去，其草根盤結處，沙土歸然獨存，徧地壘壘。夏日山雪消融則水草沮洳，冬則凹處冰結，凸處霜草蒙茸，馬蹄滑澾，顛躓時虞。巴顏山南北低溫之地均類此。數里過江雲灘水_{水東流與朵雲水會}，又南行約十里，經一沙灘，又南十餘里，過一小山，山南仍一大灘，與野馬灘類，名朵雲灘。數里過朵雲水_{水東流與野牛溝水會}，又南稍偏東，行十餘里，過一山坡，入野牛溝，旁水南行數里至一石山根，宿。地名準哥隆巴_{隆巴譯言溝也。準，野牛也。溝水東北流，與朵雲水會。又東北與姜雲}水會，又東北入於黃河，即《法圖》之鄂羅巴河也。宿處多糞，故番族插帳處也，水草均便。到時午後一點。是日共行七十里。

十一月十六日，即舊曆九月二十九日，早六點半自野牛溝起程。過水，緣左山麓行，下坡，南稍偏西行，川勢漸開，十餘里，山勢又合。過水，緣右山麓行十餘里，過一小溪_{溪水出西山，東注野牛溝水}，仍緣右山麓行十餘里，山勢稍開，又南約十里，上下山坡者凡四，約十餘里，乃登一山，即巴顏哈拉山東北之支麓也。山頂則一大原，積雪厚二尺許，寒甚。原東西時有小峰錯峙。約行六七里，下坡，路左見同行軍士所斃之野牛橫臥雪中，大常牛兩倍，蓋中十餘彈而後倒，猶據地怒目以視人。坡竟，得一平地，宿。地名哇雲灘，到時午後三點。是日共行八十里。宿處草糞均有，消冰以飲。同行以數馬往馱牛肉，共重三百餘斤。各棚分食之，肉質粗而味尚佳。

十一月十七日，即舊曆十月初一日，早七點自哇雲起程，西南行一大灘中，四山之水合流東注，即哇雲水也。下流入於黃河_{疑即《胡圖》之沙克河，《法圖》作所克河}。截數水源，循西南一溝入，緣右山麓行，路多青石碎片。數里上峻坂，至山巔，番名插拉山，即巴顏哈拉山脊也。自過黃河以後，地日以高，蓋以漸登巴顏哈拉山麓，及至山脊，故亦不見其高，按之氣壓表，高出海面一千五百六十丈。

雪深風勁，人馬氣喘不止，攝氏寒暑表零下二十二度，時才舊曆秋末冬初也。山西南水名奢雲，即雜楚河之東源，鴉礱江之上流也。山東北水即哇雲水，黃河之支流也。山北乃果洛地，山南始入玉樹二十五族地界。西南下坡，約行十里，即宿插拉山根，到時十二點半。是日共行五十里。宿處草糞多，消冰而飲。

十一月十八日，即舊曆十月初二日，早七點，自插拉山根起程，西南循奢雲水北岸行。過三小溪，內有一溫泉。又西偏南行，經一沙灘，西行上右山麓，玉樹休馬百長來迎，遂與偕行。下一陡坡，過奢雲水，至該番插帳之所宿。到時十二點。是日共行六十里。是晚草糞均該番供給，又每棚各派番民若干，職爨汲水。

休馬族歸竹節寺管，現百戶名多果，年四十九歲，生三子。自其父時已駐牧此地，今已八十餘年矣。其第三子頗慧，已有儲貳之勢。其牧地沿奢雲水一帶東西約二日程，南北約二十里，通名奢雲。東北以奢拉山與果洛為界，南為咱曲喀娃之鴉雲^{此地向屬休馬，現為川番巴柔族所據}，西與娘磋族以薩格拉吉山為界，屬番有一百餘戶。據稱永沙百戶所管喀耐百長嘗有恃強逼處之意，該族久欲他徙，以望西寧來，故未果。

休馬百戶就奢雲水濱紮帳，其附近南北山一帶，牛羊帳房彌望皆是。自百戶以下，多戴豐狐之冠，腰折花之劍^{此劍出自西藏，值銀半百}，懷中出葡萄根碗，皆以銀飾之。帳中有無煙快槍數枝，均英製，由藏來者，似亦非貧弱者。而問其屬戶，則曰百餘，問其牛羊，則曰數十頭，問屬戶對於百長歲納賦役若干，則曰無之。蓋番酋多詐，惟恐底裏盡露，將加重負擔，不知吾輩但欲調查其真象，初不利其有也。

十一月十九日，即舊曆十月初三日，早七點半自休馬番帳起程，向西偏南沿奢雲水南岸行，沿河兩岸，南北山麓，牛羊番帳甚多，行三十里不絕。又折南稍偏西行，過一大水^{水出東南山，西注奢云水}，南北山勢至此漸合。又南過一溫泉，緣左山麓上一高坡，下坡至一灣，地名韶他，係蒙古爾津百戶屬地，有番帳數座。因該族過坡來迎，遂就宿其帳旁。灣水西北流，注於奢雲水。兩水之交，地勢平曠，有番帳。上坡時望見之，以不當道，未往。到時午後二點。是日共行七十里。糞水番支，草不豐。

是晚，蒙古爾津百戶勿健布來謁，因其患病，未與詳談。時永沙百戶戈木敲柴誕因往群扎寺喀耐百長管供支川軍，便道來謁。該百戶現年二十五歲，頗精敏。該族駐牧車扎東群，即東群河流域。河〔註40〕出西北遠山，東南流至諂他，西與奢雲水合，是爲咱曲河。夏日與蒙古爾津，白力登馬，休馬等族同牧一地，冬則異處。

十一月二十日，即舊曆十月初四日，早七點，自諂他起程，南行上一小山，下山過一水（水西流，注於咱曲河），未幾又上一山，下山循一水西南行（水西南注於咱曲河），未幾，捨水南行，得一大灘，名巢隴峒，寬約二十里。由灘中南行，連過二水（均西南注於咱曲河），上下一山麓，至咱曲河濱。沿河北岸東南行，連過三水，一名列且公瑪，一名列且班馬，一名列且朵馬。三水均出北山，南注於雜楚河。三水上流皆有番帳，詢係蒙古爾津，白力登馬，休馬三族屬戶也。未幾過雜楚河。緣右山麓行，始有大道，寬三四丈，平坦易行，道左有石磊，皆刻番文。下坡過一小水，前至咱曲水濱，宿。到時午後二點。是日共行七十里。水糞均便，草小。

十一月二十一日，即舊曆十月初五日，早七點半自咱曲河濱起程，東南行過一水（水自南山出，北流注於咱曲河），有竹節寺番民三十餘人，均騎馬荷槍，自北谷出，前至水濱，下馬釋槍來謁。詢係前往阿迷六瓦族追捕盜賊竊去之牛隻。問追獲否，言該族已認賠補損失矣。言已，各上馬荷槍徑去，其馳如飛。番馬皆不甚大，而果腹彭亨，食草無料故也。又緣右山麓南行數里，上坡，危崖崝崒，俯瞰奔流，羊腸一線，劣一能容足。皆青沙，間以碎石，皆下馬步行。數里下坡，行一灣中，連過二水（水出西南山，東北流注於咱曲河），數里復上坡，形勢如前，而危險較遜。約十里下坡，有水自西南來，東北注於咱曲河。水北山麓有僧寺，屋皆方形，壁用石㼚，上塗以堊，遠望如洋式房。此爲見僧寺之始。隔咱曲河與僧寺相對，山半有寺一所，係番族家廟，所以養孤老者。又緣右山麓南行三里許，折西則竹節寺也。有僧數十人迎於道左，遂就寺旁插帳宿。到時十二點。是日共行四十里。糞由番支，水由番女執役者汲取，無草。

竹節寺據北山麓，面南。寺院頗壯闊，周圍約三里，中有經堂，高五丈許，深廣如之。紅牆金頂包簷，壁額四周有緣，寬五六尺，皆係束木橫截而露其端於外者，棕色，頗雅觀。經堂南有空地頗平〔註41〕，東北西三面繚以

〔註40〕此處補一河字。
〔註41〕此處補一平字。

小屋，參差錯落，壁皆白色。余等先至其喇嘛臥室，層樓複室，閣道〔註42〕
縈回，千門萬戶，無導輒迷。其室內皆木壁，繪以五彩，窗櫺間亦施玻璃，
有喇嘛坐床如几，飾以五色，上鋪繡花毺。僧請本齋坐其上，旁有木欄，欄
內席地鋪花毯，揖余等坐其中。須臾兩僧舁大銅盆置牀前，中盛熾糞，以紅
銅壺盛茶，煨其旁。有木匣一，長方形，中施木格，一區盛青稞炒麵，一區
盛酥油，置木欄上，唯不置椀。蓋番例人各自備一椀，食時則出諸懷中，故
待客亦不置椀也。余等乃呼僕從行裝中取椀，以茶和酥油炒麵食之。番僧導
余等至佛龕前拈香膜拜。龕中列坐金木土佛像，大小以百數。龕前雜陳鐘鼓
鐙爐幡幢之屬。壁旁閣庋經卷極多，番僧導本齋遍拜諸佛，曲折出入，踰時
未休。余等不勝其煩，乃潛出遊觀。復至一佛龕，陳設類前，而楣間並懸弓
矢刀劍之屬，有老僧數人趺坐誦經。出乃至經堂，有僧徒數十列坐誦經。梵
唄雲潮，經皆唐古忒文卷，每頁長尺許，寬五寸，以極粗麻紙為之，有印寫
二種。有老僧擁高座主講授，一中年僧在門前，亦坐高座，貌頗嚴，蓋主糾
儀者。內有四五歲兒童，亦儼然雜坐眾中，喃喃學誦。僧皆衣紅，有氆氌，
毛褐二種。

　　竹節族百戶由竹節寺大喇嘛兼理，前喇嘛官巧格乃去歲圓寂，現由阿卓
品戎布代理。阿亦不在寺，問其所往，則云前赴西藏，以前喇嘛圓寂，例應
轉生，故往謁達賴喇嘛，布施且問轉生所在。

　　竹節寺東南有地名聶打喀木多，在咱曲河濱。達鼐收撫西番時曾駐此
地。其東則川邊石渠縣地，其西則喀耐百長牧地也。竹節寺迤東，沿東模雲
水踰咱冷木拉山，東北至義赫曲，熱雲水上流為阿迷六瓦族牧地，該族本玉
樹各族之莠民糾合而成，其初有酋長名阿迷，悍甚，與娘磋為世仇，後阿迷
為娘磋遣人暗殺，其部民乃漸馴，因以其名為族名。

　　十一月二十二日，即舊曆十月初六日，早七點自竹節寺起程，東南行過
一水〔水出竹節寺西南，東北流注咱曲河，循水西南行，上一大山，四十里可至稱多〕。緣右山麓行，約十里，又過一水〔水出西南山，均東注咱曲河。〕，
數里又過一水〔水出西南山，東注咱曲河〕，東南行二十餘里，連過三小水〔河東有喀耐番帳〕，又東南
上一山麓〔咱曲河自此東入峽，經喀耐百長牧地，出青海界入川邊石渠縣地〕，下麓過一小水，又上下一山麓，至喀耐寺
宿。寺倚西山麓，寺前有水自南來，北流與前小水會，折東北流注於咱曲河。
到時十二點。是日共行五十里，糞水番支，草尚可〔喀耐百長名小蕎那木，年四十四歲，其族向歸永沙百戶管理，現在仝〕

遵其約束。牧地名咱雲色乃來，譯言咱曲河灘，東南以聶達喀木多與川番色莠族武朵魚為界，東至阿多本達（譯言石壘山之意，距喀耐寺一日程），亦與色莠族為界。南至拉米山，與竹節百戶所管歇武百長地為界，西與稱多拉布寺為界。

十一月二十三日，即舊曆十月初七日，早七點自喀耐寺起程，沿水南行十餘里至水腦，向西南登山，山高四八三〇。下山南行，過一水，名毛瓦雲水^{自南來，折西北流至竹節寺，}東南二十里，折東南流入咱曲。西南行數里，登山，名加浪拉山，乃〔註43〕咱曲河與通天河之分水嶺也，高四九二〇。西南下山，則峻坂陡落，山高水深，乃歇武雲可^{譯言歇武溝}之水腦也。下山至溝底^{泉水隨地湧出}，左右山勢迴環拱抱。曲折循水西南行，路頗崎嶇，數里有水自西來入之。數里有水自東來入之，名樓池溝，內有番帳，係娘磋鳩美且加屬民^{循溝過山，即川邊色莠族武朵地。}又西南近十里，有水自西來入之，名朵拉溝^{循溝西行，過一山，四十里可至拉布寺}。又西南行數里，有水自東來入之，山上始有木本植物，內地俗名油點兒，土人謂之邊馬，雖濕亦燃。數里過一小水。數里至歇武寺。到時午後一點。是日共行六十里。草須購買，糞由番支，水便。

寺負山矗立，壁塗丹青如蜂房然。下有土木民房，此為見房屋之始，其木料來自鄧科，其建築皆川人為之。寺東有溝，名野火溝。東至色莠約一百二十里，歇武百長亦喇嘛兼之，現年八十，不能行動。其甥名雲代加錯，年二十八歲，現充百長，亦寺僧也。該族向屬竹節百戶，現脫離關係，屬民百餘家，寺僧百餘人，無他族。歇武地當通衢，亦貿易場也，民房中屯貨頗多，來貨係茶葉青稞，出貨係羊毛。歇武牧地，北界喀耐，西南以通天河為界，東界川邊色秀族武朵地方。

十一月二十四日，即舊曆十月初八日。早八點自歇武寺起程，西南行，過一水^{水出西山，東注歇武水}，右山麓有一寺〔註44〕。傍水曲折西南行，過一水，約十里，右山麓又有一寺，寺南有水自西來，東注歇武水。又南數里，右山麓有民莊二，南北相距三四里，兩莊之南各有一水自西來，東注歇武水。未幾，過歇武水。有徒槓。緣左山麓南行，路左右崖上刻番文大字甚多。連過兩水^{均出東山，西注歇武水}。路旁大石錯出，間有荊棘，時拂人衣。路右有水碓一，立輪。碓旁有楊樹一株，此行所僅見也。數里復過歇武水。上一坡，前行即直不達莊也，莊

〔註43〕此處衍一人字。
〔註44〕原文作水，據吳均整理本改寺。

歸歊武族管。莊民扶老攜幼，迎謁馬首，泣訴某某苛索之狀，據稱所有軍械馬匹被某某搶去，本管百長亦不之理。現連乞丐共六十餘戶，有干布^{譯言小頭目}四人。其困苦巓連之狀，深可憫惻。本齋撫慰再四，並賞賚〔註45〕炒麵及他物數事，並拍照而行。修武水於莊東南人通天河，沿修武水左右始有田疇，然皆坡地，墝确已甚，田邊均砌石爲畔。

南行百餘步即到通天河濱，即金沙江之上流也。蒼崖夾峙，碧水中流，清可見底，深約一丈。沿岸西行，有番族迎謁道旁。里許至渡口，則冰橋已結。距橋上下各百餘步，均流澌未結。適至渡口，則層冰峨峨，蓋遮冰所爲也。渡口寬約二十三丈，人馬過時如履坦途，頃刻畢渡。渡口南岸有番帳一，乃司渡者。詢之，係直布達人。帳旁積牛皮貨包甚多，詢係打箭爐運來之茶，每包三十餘斤。本應由大路運至結古，日避川邊某處統捐，遂繞道至此。

緣南岸山麓西行，崩崖壁立，洪流繞足，目眩魂搖。未幾經一灣，欲宿，則無糞無草。復前，緣崖行，下坡，行河灘。路左山麓有民莊三，係扎武族管。莊民迎謁道旁。河北山巓有寺一，曰芒勃寺。旁有民莊一，曰芒勃莊依罷，均跌打族管。又西，則南山一支麓迤至河濱，名岡梭山。河濱無路，須截麓而過。峻坂壁立，坡度在四十五以上。皆下馬步行，流汗喘息，數步一休。及至山巓，寬不及丈，高二十二丈。路右稍寬處有寺院廢址。旋下坡，路較平。過一水^{水自西南來，北注通天河}，至瓜拉小洲^{譯言瓜拉等六莊聚處之意。屬扎武百戶，有百長一名}宿。到時午後二點半。是日共行六十里。

自過奢拉山以後，地勢漸底，天氣漸和〔註46〕。及至通天河濱，更覺溫煖。草糞番支。是日駱駝行路既多，而弛裝之時，忽峻坂當前，遂疲不能上。日就宿岡梭山東。是夜以番馬卸駝所載，牽輕駝過山。達旦過者僅數駝而已。

十一月二十五日，即舊曆十月初九日，是日日駝未盡過山，遂決計信宿，擬竭日力以驅駝過山。一駝數人扶之，午後始畢過。

十一月二十六日，即舊曆十月初十日，早七點自瓜拉小洲起程，循水西南上山，坡度在四十以上，沙石屼嶸，頗不易登，約十五里始至山巓，名惹拉山，高出海面四七三〇。旋下山，峻坂陡落，坡度在四十五以上，下馬步行，鳥道一線，僅能容足，履革緣沙，縮縮幾不自禁，屛氣側足，約行十餘里，始至溝底。休憩移時，氣始平復。乃上馬整隊，由溝中西南行，未幾，

〔註45〕原文作賮，今改正。
〔註46〕原文作合，今改正。

扎武各族百戶及結古寺僧百餘人，均騎馬衣紅迦裟，迎於道旁，頗整齊，余等答禮畢，勒馬前行。該僧等均怒馬出我軍前徑去。未幾齣溝，有水亦名扎曲，實結古水也</sup>自西南來會溝水，東北入峽，下流入通天河。折西行前至一莊，名新塞，莊民擁道旁而觀，番酋就莊旁張幕迎余等，至其中，席地而坐。中置一長桌，一頭嵌銅盆熾火，一頭陳茶杯數事，頗整潔。已，扎武百戶進謁本齋，已，坐余等之末。時觀者四面擁塞，男女雜沓，女子均被髮垢面，擁敝裘長至足，男子則蓬首，衣稍短。茶畢仍上馬行。新塞莊約八十餘戶。莊西路右有摩尼，堆石片為之，周圍七百二十步，石上皆鐫番文六字箴言。番俗，人死則捐銀刻摩尼以為功德，出銀自一秤至十數秤不等。莊有工頭承包刻石，居民多以鐫摩尼為業，每日人得工銀半元至一元_{藏洋一元值內地銀三錢二分}。石磊中間有木屋，屋中列大小轉筒，筒以木為之，大者圍數抱，中貫以軸，上端屬之屋脊，下端屬地，數人推之乃轉，亦謂之摩尼。亦有手中可持之摩尼，以銅為之，兩旁有耳，執其柄而握之，老人多執之，云以修死路，且行且搖且誦。吉日則男婦老幼繞行石磊摩尼者甚多。莊西北山坡上亦有民房。

西行過兩灣，約五里許過一小水_{水出北山，南注扎曲水}，至結古_{即蓋古多}。到時午十二點四十分。是日共行四十里。番族預備公寓數所，我軍上下分駐焉，草糞燈燭之類，由附近各族輪流支給，每室並派番女執役。向例供給委員皆如此。本齋以體恤番民，力矯舊弊為宗旨，概發相當之價，番民慶更生焉。

扎武有三族，曰扎武，曰惹達，曰布群，各有百戶。扎武百戶駐結古，惹達，布群駐牧地在結古東南。扎武百戶名丹增尖錯，年三十歲，兼充結古寺喇嘛，寺僧四百餘名，多係扎武人。惹達，布群，迭達族各有數人。寺在結古市東北山巔。結古市據北山之麓，東西約一里，北高南下，寬處不過百步，市民約二百餘戶。扎曲至結古市南，右會一水。結古四山壁立如攢鏔鋣，中間平地無多，南北約二里，東西約六七里。結古無鋪面，多就家中貿易。所居皆土屋，甚湫隘。

玉樹二十五族，各有百戶_{詳見《玉樹調查記》}，而囊謙千戶為最大，其駐牧地在結古西南四百六十五里，以鄙遠不適中，故向例委員蒞盟皆在結古，以各族千百戶赴會道里均也。余等此次勘界，前後駐結古凡九月，各族除格吉，中壩，娘磋等百戶未來外，其餘百戶均陸續至結，隨時接見，即遣之歸，唯囊謙千戶以踰年三月始來結古，其儀從甚都。界務既藏事，乃召集附近結古之千百戶，行會盟儀式於結古忠武橋南。番僧大設齋醮，番民雜陳百戲，頗極一時之盛。羅君鳳林均攝影以作紀念，今並附插卷首，以助閱者之興焉。

自西寧至結古共一千六百二十里，自蘭州至結古共一千零六十里。

沿途地面高低比較表

地　　名	高出海面（米達）	附　記
蘭州省城	一六〇〇	
新城堡	一六八五	
黑嘴子	一七八〇	
享堂	一九一八	
高廟子	二〇六〇	
張家堡	二二六〇	
西寧縣	二四二〇	
鎮海堡	二六〇〇	
湟源縣	二八七〇	
上窩藥	三四〇〇	
日月山頂	三七五八	
倒淌河濱	三五〇〇	
瓦爾衰山	三六八〇	
卡卜恰	三二九〇	
窩遜	三一七〇	
貢尒淖爾	三〇八〇	
切吉河口	三四二〇	
切吉河腦	三九〇〇	
分水嶺	四一五〇	乃西泥河與呼呼烏蘇河之分水嶺也
班禪玉池	四〇三〇	
道拉節山	四五五〇	
扎梭拉溝	四三八〇	
扎梭拉山	四八三〇	
羊腸溝	四六四八	
江拉山梁	四八三〇	
欽科車馬	四五〇〇	一名亂泉
咱格車有	四五七〇	即石嘴子
馬沁雪山	四八五〇	

多高拉力色薄	四七六〇	
馬拉有	四七七〇	即四道嶺
黃河南岸	四五二〇	西距鄂陵海尚二百餘里
野馬灘	四六〇〇	
野牛溝	四七一〇	
哇雲灘	五〇〇〇	哇雲灘一名插拉坪
巴顏哈拉山	五二〇〇	
巴顏哈拉山根	五〇五〇	
車雲	四九一〇	
韶他	四八八〇	
咱曲河濱	四六〇〇	
竹節寺	四六六〇	
喀耐寺	四六九〇	
加浪拉山	四九二〇	
歇武寺	四二六〇	
通大河渡口	三九二〇	即金沙江上流
崗梭山	四〇六〇	
瓜拉小洲	四〇四〇	
惹拉山	四七三〇	
結古	四〇八〇	即《法圖》之蓋古多

跋

　　敂清季自青海入藏，實有數道，西路有自新疆越噶斯口入青海柴達木而直線南行入藏者，亦有自甘肅敦煌越阿爾金山入青海與前路合而入藏者，此兩路皆不過西寧。東路自京師或外蒙古皆須至西寧，然後至塔爾寺或丹噶爾（即今青海省湟源縣）而入藏，是爲青海東路入藏者。然東路入藏之路線亦分數途，有大道稱之爲官道者，即官道中間亦歧爲二途者。亦有自今青海玉樹縣入藏者，此入藏之程道，在清季雖非入藏之官道，清廷數次出兵西藏均非取道於此，然此道實爲唐蕃古道之遺跡，實爲青海入藏之要道之一，康熙五十九年清廷統一西藏，亦間有提及此道者，亦爲清季西寧辦事大臣治下南稱（今稱囊謙）四十族會盟之道，惜非官道，行涉其間者多販夫走卒，文獻記載殊少，使此一要道淹沒無聞。

　　民國初年，軍閥爲亂，各謀佔地爲王，四川指甘屬玉樹四十族爲甌脫之地而出兵據之，引川甘兩省之興訟，甘督張廣建特派邊關道忠武軍統領周務學爲查勘界務大員赴玉樹調查，周希武爲周務學之隨員，洮陽牛載坤君專業測繪，亦與之偕行。周希武就調查所得著《玉樹調查記》一書刊行，爲自清初招撫四十族以來關涉此地地方志之首創也，頗爲史家所矚目，後稍加改易以《玉樹縣志稿》之名行世。周希武參核牛君載坤之所測，著《寧海紀行》一文，周氏淹雅博學，攜有法國之地圖，於沿途山川地名上考《山海經》，兩《唐書》，下引《大清一統志》《蒙古調查記》諸書以考清代青海入藏之驛站，多發前人所未備，兼之牛君載坤具現代地理測繪之知識，使此書詳實可據，誠爲名著，爲後之學人多所引用。嚴耕望先生積四十餘年之功撰其名著《唐代交通圖考》，其於河湟交通路線既已撰就，十餘年後及見此書，亟取之以修其完稿，且節錄之附於篇末，以《唐代交通圖考》敂證之精詳，而推崇此書之備至，於此可見其學術價值之一斑。日人佐藤長嫻於藏文，於西藏之史地多所著述，爲國際藏學界之名學者，中國大陸學界亦多崇之。其於所著《西藏歷史地理研究》一書中，亦頗多引用是書以敂證唐清二代青海西藏間之交通，因《寧海紀行》所紀之程途於黃河前與唐清二代之驛程一致故也。

　　須注意者乃玉樹二字，亦有作優秀、餘樹、由受者，皆譯字之不同也。此二字自清廷統一西藏起，漸入史籍，然古今所指頗多變遷，頗易引致研究青海交通史民族史學人之混亂，此處試淺析之。清雍正年間，清廷漸次招撫西藏青海間廣大牧區之藏民，稱為南稱（今囊謙即為南稱之變音）巴彥七十九族，所以稱南稱者，以南稱族為千戶，其餘均為百戶百長，南稱官秩最崇故也。以三十九族隸之駐藏大臣，以四十族隸之西寧辦事大臣，玉樹族即為四十族之一，載之《西藏志》《西藏志考》，此為玉樹二字見之史冊之始，《西藏志》《西藏志考》所載自藏出防玉樹卡倫路程所指之玉樹即此族住牧之木魯烏蘇（即金沙江）源頭所在也。此族住牧之木魯烏蘇（即金沙江）源頭當青海入藏官道之衝途，故為青海地方史稱之常載。此四十族兼併無常，及至清末納賦稅於西寧辦事大臣者已為二十五族，青海地方史乘已多稱玉樹二十五族而非南稱四十族者，其實以專名代替公名也。及至民國六年設玉樹理事，民國十八年設玉樹縣，中共建政後設玉樹藏族自治州，均駐結古，仍以玉樹名之，實將錯就錯而為之矣。後人皆以今之玉樹縣目為玉樹，今之玉樹縣所駐之結古鎮實為四十族之一之扎武百戶之駐地，與玉樹族無涉也，欲攷究清初玉樹族及清季青海入藏之官道，若以今之玉樹縣所在地攷之，實謬以千里矣，讀者當悉之。

　　附有《寧海紀行》之《玉樹調查記》民國八年商務印書館刊印之，臺灣成文出版社民國五十七年影印民國鈔本《玉樹調查記》及《玉樹縣志稿》二書，實為一書二名而已，且影印之《玉樹調查記》刪去附錄之《寧海紀行》。中國大陸青海人民出版社一九八六年刊印吳均據民國八年本整理校釋《玉樹調查記》，書後附《寧海紀行》一文，並於史實地名多所攷證，於讀者實多裨益，此書今已覓之不易。甘肅人民出版社二千○二年亦刊印王晶波點校之民國八年本之《寧海紀行》，收入該社印行之《西北行記叢萃》叢書，惜點校注釋文字錯誤時出。今據臺灣成文出版社民國五十七年影印民國鈔本《玉樹縣志稿》一書參核吳均校釋本整理之。

　　作者周希武，字子揚，甘肅天水人，生於清光緒十一年，光緒三十二年入甘肅武備學堂，後就讀於甘肅書院，民國初任甘肅都督張廣建之文案，民國三年隨周務學赴玉樹調查勘界，著成《玉樹調查記》，為隴上之名士。民國十七年，在由西寧至蘭州途中為亂軍所殺，時年四十有四。

西元二○一六年冬月謹識

《海藏紀行》

朱繡著

　　《海藏紀行》爲先叔錦屏公於民八年負使西藏時所記日記，歸後加以刪改，成《海藏紀行》一書，先叔關於邊事的著述尚多，不幸於民十七年被難，正在著述中之《青海》，未能蔵事，殊爲憾恨。十八年家鄉復遭土匪及駐軍之焚毀擄掠，遺著均皆散失，於後各方搜集，僅獲□種，此後旅京諸同志，創辦《新青海》，奮勉不遺餘力，用特將此篇刊出，以饗讀者諸君。朱慶附誌。

自湟源至結古

　　中華民國八年閏七月廿九日。

　　民國成立，藏番違命，漢官被逐，〔註1〕達賴愈驕，彭日升^{邊軍統領，}_{勳五位}降藏，川邊淪陷，喪師誤國，聞者寒心，兼之歐戰告終，外交愈形棘手，西藏萬一有變，則川滇青新將無安枕之日，而我甘肅，近火先焦，豈得安然無事耶。己未之秋，余奉甘督張勳帥之命，出使西藏，遂於陰曆閏七月廿九日由湟源啓行，取道海南小路，藉便調查山川道路物產風俗焉。同行者督軍公署諮議李亞青君。

　　二十九日，晴。早八時，由湟源起程，陳縣長及紳學各界祖餞於湟水橋畔。向南行，由蒙古道循湟水，入藥水峽^{即湟水}_{南源}，十五里過茶漢素卡，三十里至藥水塘，四十里遇雨，至克素爾。牛益三與唐棘享張幕備飯，李獻臣諸公廿餘人於此送別，別酒一巵，共道幾聲珍重，前程萬里，惟祝兩字平安，海藏路杳，良友情多，余於此行，殊不能無所戀戀也，旋繞東科爾寺，山巓積

<hr>

〔註1〕達賴指十三世達賴。

雪甚多，六十五里宿窩藥腦，此處本沮洳之地，萬山重疊，風甚寒，華氏寒暑表降至三十二度，夢丹峽之水，由南山順流而下，繞哈喇庫圖城，西向東流，與東科爾各水相合，謂之湟水南源。是晚大雨。

　　三十日，陰。早六時。由窩藥腦起程，十五里過水溝至甘青分界處^{有碑，上鑴丹噶爾西南界，乾隆五十一年立}，逾日月山，路坦坡平，山有上下二路，上為赴茶漢城之道，下即赴海南之路也。五十里雷聲大作，風雪交加，遂宿於倒淌河爾濱^{即烏蘭布拉〔註2〕河，發源於騧山及日月山之西麓，向西流入青海}，察漢城在北山之麓，昔為鎮海營副將駐防之地，與鎮海營副將用一關防，今則並無居民，祇一海神廟耳^{每年寧海鎮守使祭海時，與蒙番各頭目會盟於此}。此處一片曠野，千布魯番帳羅列於山坳之間，遙望青海，水天一色，碧波萬頃，亦大觀也。

　　按青海番名錯文保，蒙名庫庫淖爾，《漢書·地理志》曰仙海，《水經注》曰卑禾羌海，即鮮水也。四周為和碩特等二十九旗蒙古游牧之所，其地高出海面九千八百五十尺，水色澄碧而味鹹，瀦而不流，產湟魚最繁，色黃無鱗，味如松江之鱸，輸入西寧蘭州武威一帶。中有二島，一曰魁孫陀羅亥^{譯言形如人頭}，一曰察漢哈達^{譯言白峰也}，東西並峙，番僧靜修者居焉，不通舟楫，每〔註3〕歲終冰，始能運糧。上古海水極廣，北魏時周千餘里，唐時尚八百餘里，今已漸涸，然周圍尚有五百餘里，環流朝宗之水甚多，不能枚舉，其最大而著名者布哈河，會牙子跨里麻及阿什加提並瓦里合諸水，由東北來注之，哈力蓋河，乙開烏蘭河，哈達河由北來注之，烏蘭布拉克河^{俗名倒淌河}，自東南來注之，載沙河由西來注之。四周湖泊最多，當以達布遜淖爾為最^{蒙人呼鹽為達布遜，即鹽池}，鹽粒晶瑩，色青味濃，天然美產，取之不竭，即《山海經》所謂之鹽澤是也。

　　八月初一日，陰。昨日晚偶失防範，失去黑騸馬一匹，令人遍尋於倒淌河之四周，杳無蹤跡，不得已與千布魯百戶送點心哈達，託彼代尋，該百戶欣然應允，即派人在察漢陀羅亥尋獲。百戶名次亨加，年三十餘歲，其父名鎮南巷秀，善應對，能服其眾，於民國六年逝世，其子有遺風焉。

　　初二日，晴，早六時由倒淌河起程，蔚亭胞兄送別，不禁黯〔註4〕然魂消，向南行，入哈麻河拉。二十里至巴彥淖爾，碧波一片，鳧遊其中，周約三里許，西北妖魔山巍然聶立，積雪頗厚^{在青海之南，番名阿米晒石慶}，東南孤山聳峙者瓦里

〔註2〕　原文作他，今改拉。
〔註3〕　原文作海，今改正。
〔註4〕　原文作點，今改正。

混山，亦名妖魔山也。經大灘五十里至東壩，有古城遺址。下坡，七十里宿於恰布恰之過米新卡，鎮守使之臺站居焉。氣候溫和，最宜稼穡，恰布恰河由北而下，灌注其中（發源於阿米晒石慶山，東南流，經郭米入黃河），現有附近番民墾居者約四百餘戶，村莊甚多，雞犬相聞，然所墾甚微，遺壞不少，所貴者，與內地接近，入手墾殖，可作根據地也。

按東壩與恰布恰，郭米一帶，即古之大小榆谷之地，漢和帝永元十四年，復置西海郡，以曹鳳言燒當〔註5〕種居大小榆谷之地，土地肥美，有西海魚鹽之利，又近塞內諸種，移於西海郡，規固二榆，廣設屯田。今之恰布恰，郭蜜，介於青海鹽池之間，去內地不過二百餘里，又有古城遺址，可斷言也。

初三日，陰。昨晚細雨達旦，今朝始止。早五時由恰布恰起程，向西行，上坡至札同灘，茫茫曠野，一望無涯，其灘之大，較陝西之長武各原，殆有過之無不及也。四十里至西尼淖爾，周約六里許，山峰從西北插入湖內，水作倒人字形，淖爾一帶地皆沙漠，山路崎〔註6〕嶇，最不易行，道旁荊棘甚多，可作燃料。六十里至窩爾雲（又名窩遜）。七十五里宿於柴吉河畔（俗名陷泥河）。

初四日，陰。昨夜雷電大作，驟雨兩小時之久始止，今朝濃霧密佈。早五時起程，渡柴吉河，河寬二丈餘，有淤泥。向西行，過沙漠，三十五里至貢尕淖爾，東西長而南北狹，面積與西尼淖爾彷彿，北逾山梁，則因迭力淖爾在焉。向西行，一片沮洳之地，時有陷溺之憂。上坡後崗陵起伏，形如蟲叢，迭經阪陀，始達平原，一百里宿切吉河卡。

初五日，晴。此處水草美優，余之騾馬，均現疲乏之狀，遂休息一日。

初六日，晴。早五時二十分，由切吉河卡起程，寒風撲面，狀如嚴冬。向西南行，三十里過山坡，山間積雪甚厚。復經大灘三處（番名切吉南果），遍地皆砂，草不及寸。旋過青砂牙壑（番名尖木壑），坡陡而長，至大河壩（番名唵更通，一名班禪玉池）之北灘，一望無垠，周約二十餘里，均可墾之地也。自此繞營盤出溝，羊腸鳥道，甚覺危險。八十五里渡貢厄爾格河（有二源，一源發於札梭拉之東麓，一源發於群嘎哈山中，兩水相合，東流會呢麻隆水，貢爾蓋水及若漫諸水入黃河），宿於南岸。此處南北兩山對峙，中間河流洶涌（寬約三丈，深三尺餘），翠柏滿山，頗覺幽雅〔註7〕，晚間驟雨如注，河聲淊淊，挑燈作書，以慰慈母懸念之心。

〔註5〕原文作何，今改當。
〔註6〕原文作峙，今改正。
〔註7〕原文作雄，今改正。

　　初七日,陰。早六時由大河壩之南岸起程,由東南入山谷,懸崖絕壁,鉅石崚嶒,樹木叢雜,鳥語啁啾,白雪紅葉,掩映於石峰之間,亦雅觀也。谷長二里許,迴環曲拆,始登平原。向西行,山疊灣曲,雲霧彌漫,十步外不能認人。三十里過黃群山,山勢陡峻,瘴氣尤烈,巨石滿途,馬難舉蹄。下山又逾牙壑二道,出溝向南行,渡札梭拉河,清流急湍,寬約丈餘。六十里宿於札梭拉溝^{札梭拉即地圖內之朔羅山},牛糞水草俱備,甚覺暢快,此處為果洛野番當衝之境,旅行者至此往往被果洛搶劫,余今茇〔註8〕止,不禁有戒心焉。

　　初八日,晴,早五時四十分,由札梭拉溝起程,向西行,約十里,登札梭拉山,高出海面一千二百二十八丈,為海南最高之點,積雪盈尺,石路坎坷,瘴氣填胸,難於登天。下山經大灘,純沙無草,旋渡小河四道一〔註9〕^{發於札梭拉西麓,三發於麻沁雪山,均向東南流入黃河。}五十里至羊腸溝^{番名麻莫嚨壤},溝中曲水瀠洄,尤多沮洳之地,七十里宿溝中,午後風雪不止,天氣甚寒,晚間戒嚴巡更,此處為果洛出沒之境,防意外也。

　　初九日,陰,早五時,由羊腸溝中起程,向西行,過大牙壑,風雪驟至,寒若嚴冬,忽槍聲隆,果洛番廿餘人由山谷馳馬而來,直行擄掠,衛兵即開槍擊之,賊見人眾,未敢向前,旋被衛兵射擊,始敗退於山巔,自此向西南行,入山谷,山灣曲折,陡坡頻經,四十里至亂泉灘^{番名青科車麻},一片沙漠之地,不生寸草,前途四十里內無水,惟此灘有泉數處,旅行者為飲料,正在前進之際,風雪愈大,雲霧迷人,遙望前途,隱隱然有物成群,其狀如牛,同行者目為野牛,欲以槍擊之,余恐為家牛,又疑為大股果洛在當道搶劫也,禁勿擊,遂令哨長馬炳臣等十餘人往探之,知為由玉返湟之商人,眾心始安,由此冒雪行,過色麻尔牙灘,無草無水,衹有野蔥可食,八十里住於棉草灣,此處並無河流,低窪之地,尚有積水可飲,山麓有柴,可作燃料,今日沿途瘴氣甚厲,余亦觸瘴,是晚風雪不止,寒氣襲人。

　　初十日,晴。早六時由棉草灣起程,昨夜大雪,今朝乍晴,風甚冷,華氏表降至零度。逾山口,向西南行,遙見東山之麓,陶素淖爾^{番名貝力東措},水作碧波。二十里至長石頭^{一名石嘴子},番名東作更納,譯言山如牛角環抱也,東西石峰對峙,中間河流縱橫,水勢洶湧,由西北亂山而下^{向東南流入陶素淖爾}。此間四面環山,

〔註8〕原文作戾,今改正。
〔註9〕一據上下文補之。

皆果洛出入之要道，若於石嘴子駐兵一營，則可扼果洛之咽喉，所患者燃料缺乏，地多沮洳耳。聞當道業有此議，因年來〔註10〕中原多故，尚未能實行也。自此向西行，雪深六七寸，冰厚三寸許，遍地沮洳，尤多湖泊。七十里，歇於那隆色博之山灣。此地水草糞俱備，雪亦薄，午後無風，華氏表升至廿八度，沿途有瘴。

十一日，晴。早六時卅分由那隆色博起程，向西行，十里餘至豆雲（俗稱淨皮眼灘），茫茫大灘，毒草頗多，馬誤食之即病，故番人呼為豆云者，言為毒草灘也，縱橫百餘里，尤多湖泊。四十里至馬拉易（譯言山四道），過牙礐，四處多屬沮洳之地。七十里，宿於滿隆車瓦（譯言藥溝），已晚三時矣。今日無風，氣候頗暖，惟近來沿途瘴癘甚大，故人馬受瘴者頗多，亦旅行中之困難問題也。

十二日，大雪。早六時，由滿隆車瓦冒雪起程，向西行，至瑪雲（譯言黃河灘也），路東鄂陵海作青黑色，不數里至黃河北岸，其渡口在鄂陵海之西，距札陵海尚有百里之遙，河寬十三四丈，深及馬腹，此為水量最小之際，若至夏日水漲，則不易涉。昔唐文成公主下嫁西藏時，吐蕃贊普親迎於河源，即此地也。過黃河，入玉樹娘磋境，地形稍低，氣候較河北溫暖，經小灘登阿意得意山（蒙名黑悅爾達板）至阿雲（俗名星宿海灘），湖泊羅列如星，遍地沙土尺餘，其湖泊之鉅者，當以阿雲噶瑪錯為最（番人呼海為錯），周約十餘里，中有青峰突出，狀如島嶼，水天一色，可為奇觀。六十里，住於海濱，草最肥，牛糞亦多，惟水鹹耳。晚間狂風大作，帳棚欲拔，今日騾子又乏二頭，若不休息，恐難到玉樹矣。

按黃河番名瑪曲，蒙名爾溫烏蘇，源出巴彥哈拉山之北麓，向東流，由柴達木之南入娘磋界，與星宿海會，湖泊如鱗，燦若列星，《元史》所謂火敦淖爾者是也。又東南流，瀦為札陵，鄂陵二海，出娘磋境，入果洛番地，曲折東流窓滂馬山與雪山之間，至大積石，即禹導河處，由此繞山折北，名二道黃河，為黃河九曲之一。黃河迤南為河南親王駐牧地（俗稱一字親王），水沃草肥，可事墾殖。再北流，至礬羊峽，折東入甘肅境，經貴德循化導河各地，由蘭州向東北流，繞靖遠中衛寧夏，出長城，循賀蘭山之東麓（俗名阿拉善），陰山南麓，經五原包頭至綏遠之托克托縣，西折而南，成一大曲，是為河套，水性平穩，可通舟楫，饒灌溉之利，故有黃河百害，惟富一套之言。南流入長城，經壺

〔註10〕此處補一來字。

口龍門諸山，爲山西陝西之界。至潼關折東流，始由高地流行平地，故河南以下，常有水患。又折東北流，經河南之孟津，入直隸山東至利津縣，奪大清河故道入海。各處入河之水最多，不遑枚舉，其著者，如甘肅之洮水湟水（內有浩亹水），山西之汾〔註11〕水，陝西之渭水，河南之洛水汴水，長九千餘里，爲中國第二大川也。

十三日，微雪，風甚寒，華氏表降至零下六度。六時四十分由阿雲起程，向南行，逾沙梁至窩雲（俗呼大野馬灘），湖泊遍地，燦若列星，亦星宿海屬也，沿途非淖即沙漠，馬蹄顚躓，時有傾陷之患。逾窩雲工麻，三十五里至江雲（俗名小野馬灘），渡江羊曲（發源於大小野馬灘之亂泉，向西南流，至麻石強喀木多入黃河），水深三尺餘，寬約五六丈，河底淤泥，若不知渡口，則必陷溺矣。江羊曲之東岸，有入柴達木赴藏之大道，亦果洛番往尙里得取鹽之路。自此向西行，經小水二道，至卓果昂（俗名野牛溝），山巓積雪甚厚，溝中卓曲奔騰（發源車拉之陰，水量頗鉅，出溝向西南流入黃河），七十里，歇於溝內。今日野馬成群，馳逐於山麓之間，熊甚多，三五相聚而行，兼之雁鳴湖畔，狐伏草際，亦大觀也。

十四日，晴。早六時，由卓果昂起程，向南行，至烏拉河，遍地沮洳，積雪尺餘，越山梁向西行，湖泊鱗次櫛比，幾無一步可行之路，冰雪滑澾，頻遭傾陷。五十里，至一山巓，雪愈厚，導者告余曰，路行錯矣。不得已仍循來路而回，至車拉坪歇焉。是夜宿雪窖之中，寒不可當，馬噉雪，人消冰，足征路之難，甚可歎也。今日約行三十里。

按娘磋族一名年磋族，即《藏志》所謂尼牙木磋是也，其駐牧地橫跨巴顏哈拉山（番名車拉），北瀕星宿及札陵，鄂陵三海，南至通天河濱，與固察，安沖各族接壤，東與果洛及加迭喀孫〔註12〕爲界，西與玉樹四族毗連，面積遼闊，幾占玉樹全境八分之一。舊有百戶名布磋者，故後其子濟美秋加，有同母異父兄曰山珍汪加（一作桑主完加），甚強悍，兄弟不睦，遂分爲上下兩族，各屬民一百餘戶，純牧無耕。民國五年，寧海軍某營長以山珍汪加種種不法，帶番漢兵數百人往擊之。山珍汪加懼，乃率民數十戶逃於西藏，而濟美秋加〔註13〕於民國七年死於湟源，於是上下兩族之民星散，投於加迭喀孫各族者頗多，以故

〔註11〕原文作分，今改正。
〔註12〕原文作係，今改爲孫。
〔註13〕加字據上文補。

河源之南，車拉之北，無人插帳，等諸甌〔註14〕脫，年來果洛夥科麻族畜牧於此，似有侵略之意也。

十五日，晴，大風，早六時二十分由車拉坪起程，昨夜大雪，今朝愈寒。向西南行，逾車拉，山峰重疊，曲折灣坳，積雪盈尺，湖泊尤多，旅行者稍不注意，必錯路徑，若遇昏霧迷漫時，方向難辨，更難舉步矣，五十里，宿於車拉溝口，牛羊滿山，果洛夥科麻族插帳而居，午後，天氣和暖，水草優美，亦旅行中之樂也。

十六日，晴。近日騾馬疲乏之不堪，將有倒斃之勢，故於今日休息。

按車拉即崑崙中幹，橫枕玉樹，娘磋及加迭喀孫之北，為黃河金沙江之分水嶺，高出海面一千六百二十五丈，蒙古名巴顏哈拉山，東迤入內地，為岷山西傾鳥鼠秦嶺伏牛大別諸山脈。

十七日，陰。昨夜狂風怒吼，所居帳棚幾欲隨之而飄搖以去，兼之狼號狐鳴，景況倍覺淒涼。今晨六時三十分，由車拉溝口起程，向西南行，入車拉，積雪甚厚，尤多沮洳之地，寒風撲面，雪花亂飄。出溝至車雲^{一名休馬灘，因係休馬百戶駐牧之地}，向南行，五十里，歇於章應工麻。天氣雖寒，而水草糞皆美，清泉細草乾牛糞，可謂三者皆備矣。此處為加迭喀孫之地，休馬百戶屬焉。

十八日，晴。早六時，由章應工麻起程，茫茫大灘，遍地沮洳，番帳羅列，形如覆斗，羊牛滿山，幾無隙地。向南行，車雲曲自西北來^{發源於車拉之南麓，向西南流，合錯童諸水〔註15〕，入咱曲}，錯童曲自東來，與車雲曲相會，水量頗鉅，余兩渡之，由此上坡，渡意形工麻曲水^{頗小，向西流入咱曲}。七十里，宿於欠工牙哈之山灣，途次過小渠，有魚，長七八寸，跳躍於馬蹄之旁，余令僕從以石擊之，得廿餘尾，蓋番人不食魚，並無漁者，故魚見人不避，最易得也，惟此處番帳甚多，草牧竭矣。

十九日，陰，早七時，由欠工牙哈起程，向南行，過坡渡章童曲^{發源於東山之麓，合本灘之亂泉，向西南流入咱曲}，至沙乃麻大灘，入永夏境，遍地沮洳，瀦為湖泊，泥淖載道，幾無可行之地，廿里，入蒙古爾津界，渡咱曲^{即雅礱江之上流}，水清石底，寬約八丈，深三尺餘。經曨浪差力喀，向西南行，六十里，入峽，由山腹而行，石路犬〔註16〕牙，鳥道曲折，旋至平灘〔註17〕，經摺曲，八十里住於咱曲河西之山

〔註14〕原文作歐，今改正。
〔註15〕原文作小，今改為水。
〔註16〕原文作權，今改正。
〔註17〕原文作坦，今改正。

灣。征裝甫卸，大雪忽來，雲霧滿山谷，舉首難辨其人，天乎，天乎，何待余等之薄也。

按雅礱江即《漢書·地理志》所謂若水也，番名咱曲，^{地圖多作瑪曲，誤黃河之番名名}，源出加迷喀孫之北境，巴顏哈拉山之南麓，東南流經蒙古爾津各族，出玉樹境，經川邊石渠，甘孜二縣之東，向南流，出占對土司之地^{即懷柔縣}，經河口下流為打冲河，亦名瀘水，至川南會理縣之西，入金沙江。

廿日，陰。昨晚運糧之騾乏於半途，令人往尋，今朝始歸，故於早九時起程，循咱曲之濱，依山腹而行，石路坎坷，十里餘至竹節寺。寺建於雅礱江之西岸，背負山麓，宛若屏障，紅牆繚繞，梵宇參差，寺周以石砌〔註18〕為短垣，高僅及丈，闢西南二門，狀若堡寨。門前插黑帳房十餘頂，蓋本寺之他瓦^{他瓦者代寺僧殺牛羊，作賣買之人也}。余將經其門，該寺僧官率十餘人前來迎接，余下馬以良言謝之。由此向南行，逾達隆拉，山不高而坡平，積雪雖厚，天氣和暖，華氏表已達廿六度。旋過山梁四重，山麓中泉水亂發，細流甚多，均向南流注於咱曲。此處正西有大道，可通稱多，由此向南行，至增寧昂，五十里，歇於溝中。水草俱美，無糞。

今日沿途積雪頗厚，番童牧羊者赤身跣足，跳笑於冰雪之中，不覺其寒，足徵耐苦矣。又有番婦牧牛者，蹲於石崖之上，蓬頭垢面，披髮跣足，其形如鬼，殆蒲留仙所謂之母夜叉歟。

由竹節寺東南行五十里喀耐寺。西南行六十里歇武寺，四十里直布達，過通天河，五十里經新寨至結古。

按加迷喀孫者，譯言三族合駐之意也，其地東南與川邊為鄰〔註19〕，西北與娘錯比鄰，東鄰固察，稱多，拉布，南與札武毗連。清雍正初收撫時，祇有永希葉布與蒙古爾津二族，《藏志》所謂永希葉布者，即今之永〔註20〕夏族是也，屬民四百餘戶，居咱曲河之東，氣候甚寒，純牧無耕，現百戶名更賴，為人平善，毫無權力，舊轄百長一員，駐喀耐寺，現百長名森巴將再，屬民二百餘戶，已與永夏脫離關係矣。

蒙古爾津族百戶，舊有兄弟二人，兄充百戶，毫無能力，弟為竹節寺之喇嘛，有權術，為番眾信仰，遂自名為竹節百戶，迨後勢力日雄，曾統屬加

〔註18〕原文作砒，今改正。
〔註19〕原文作略，今改正。
〔註20〕此處補充一永字。

迭喀孫全部，今則勢衰力弱，屬民祇有一百餘戶，現百戶名文卜，一無智識之老僧。原轄百長一員，駐歇武，周統領勘界時尚在，後被其甥所殺，至今無襲職者，現分爲上下兩歇武，人民共有百餘戶，派兩干布管事，已墾下籽地各二五十筒^{每筒合西寧市
升二升二合}，民最刁頑。蒙古爾津前百戶死時，其子勿健諾布尚幼，其妹白利代理百戶事務，白利生子曰官曲乎南加，後遂襲其舅職，稱爲白利多馬百戶^{番語多馬
者上也}，屬民三百餘戶，勿健諾布既長，乃招集其父故部，自爲一族，名曰白利陵馬百戶^{番語陵馬
者下也}，屬民三百餘戶，於是蒙古爾津之名稱無形消滅矣，原轄百長一名，駐休馬，早已自立，周統領勘界時，以轉運功升爲百戶，屬民二百餘戶，現百戶名東尒，頗有權力。

竹節族舊有老干布名阿密拉里者^{阿密譯
言老漢}，有能力，自立一幟，名曰阿密陸瓦多，各族亡命之徒，群聚搶掠，大有果洛之風，雖受竹節百戶節制，直言之，實各族盜匪之逋逃藪耳。

廿一日，晴，早七時廿分，由增寧昂向西行，逾干宗拉，陡峻異常，瘴殊尤烈。下山出南溝，向西行，番民結廬而居，阡陌交通，大有土著之風焉。過嘛呢塔，循拉布曲之南岸，三十里，住於拉布寺之河濱，與[註21]拉布，古朗兩喇嘛相會，握手話別，欣慰之至，知古朗抵此已四日矣，蓋古朗自入青海境後，繞道往各番族之帳房，與西寧大佛寺捐款，所獲牛羊銀物甚多，過車拉後，又令加迭喀孫之各番族供給烏拉，以故沿途逗留，計行五十餘日，始至拉布，較余行甚緩也。

按拉布寺，即《藏志》所謂喇嘛拉布庫克族也，原司通天河濟渡，免其馬貢，後因該寺距渡口頗遠，司渡之事遂由札武藍達百長管理之，其地四山環抱，氣候溫和，耕牧相雜，亦多經商者。寺建於絕巘之麓，佛殿淩雲，經堂參差，規模雄壯，爲二十五族諸寺之冠，寺僧三百餘人，屬民一百五十餘戶，無糧無差，若公家到寺時，略爲支應而已，寺有轉生喇嘛三人，以拉布爲首，其前輩呼畢勒罕^{轉生
之義}，頗具法力，廿五族最爲信仰，清光緒初年，圓寂於京師，現在喇嘛名拉布尖貢，因娶妻之故，大失番民之信仰，頗招物議云。

余自過巴顏哈拉山之後，沿途無草，騾馬倒斃者頗多，抵拉布後，愈形疲乏，若使渡通天河，則有沉溺之憂矣，不得已於拉布溝中放牧，暫爲休息

〔註21〕原文作即，今改爲與。

數日，適逢結古番商罷市出境，大起風潮，馬副司令苟理事員專差來請，謂從速來結，維持此事云云，余等以事關重要，萬難袖手，遂定於三十日自拉布起程，故先覆一函以安慰之。

廿九日，拉布尖貢請於該寺飲宴，並招番童男女各八人，衣錦衣執羽箭，攜哈達而歌舞，聲調悠揚，步法中節，余雖不諳其詞，而其音亦可聽也，厥後有番民五十餘人老幼相雜，魚貫登場，有衣蟒衣者，有持弓矢者，有戴面具者，作跳舞之戲，歌聲洪亮，可入雲霄，所歌者皆頌禱之詞，以祝前途之幸福，劇終余贈以哈達銀元而去。

九月初一日，早十時，由拉布寺起程，該寺丹角喇嘛率番酋及僧眾等數十人歡送五里，過車索莊，至一草灘，各番酋及僧眾等下馬捧哈達餞別，沿途各村男女燃香於道，合掌歡迎，甚有歌者，二十里，入藍達境，至通天河之東岸^{長江之上流}，藍達百長插帳相迎，捧哈達奉酥茶〔註 22〕，余以良言慰之，旋於河畔乘牛皮船，船最小，可容三人，番婦搖槳破浪而過，河寬廿餘丈，深約丈餘，碧浪奔流，能睹石底，騾馬浮水而過，祇見兩耳及口，危乎險哉，疲乏者至此，難免隨波而下矣。過河，沿河濱向南行，山路崎嶇，鉅石塞途，五十五里至摺西科，七十里宿於通布達莊，此地爲迭達族所屬，番民二十餘家，均廬居耕田，是日結古馬司令派哨官一員，騎兵二十名，前來遠迎，甚可感也。

按迭達族《藏志》所謂之隆布族是也，現百長名成列，係閤族共舉者，最有信用，權力與札武相垺，轄百長三員，屬民六百餘戶，已墾之地，下籽一千六百餘筒，牧多耕少，兼有業商者。

按通天河即金沙江之上流，蒙名烏魯木蘇，番名周曲，下流爲長江，亦名揚子江^{唐代於楊子津渡江至京口，後置揚子縣，因稱此處有江曰揚子江，即今江都丹徒間之大江也，西人通稱長江爲揚子，實誤矣}，有南北二源。北源出青海之西境勒科爾烏蘭達布遜山，東南流至玉樹總舉百戶牧地，與南源會，南源出青海西南當拉嶺之北麓，番名當木雲曲，控引眾水，向東北流，與北源會。東南流，繞巴顏哈拉山之南，經固察，安沖，札武，迭達各族，出青海境，至川邊鄧柯縣之西時，東折經白玉，巴塘，南流至德榮縣，入雲南西北境，經麗江縣之北，曰麗江，俗稱金沙江，東迤至四川，由雷波迤而東北，名馬湖江。又東北經屏山至宜賓縣，岷江自北來會，經重慶，由瞿塘峽，巫

〔註 22〕此處補充一茶字。

山峽至湖北宜昌縣西之西陵峽，即古稱三峽是也，峽中灘多水急，至西陵峽以下，始漫爲平流。東經江西安徽江蘇，至吳淞口入海。凡南嶺以北，北嶺以南諸水，無不會此，其著者，如四川之雅礱江岷江嘉陵江，湖北之漢水，湖南之洞庭，江西之鄱陽是也，長約萬里有奇，爲亞洲之第一大川。

《禹貢》有岷山導江之文，而後之論水者，遂以岷山爲江源，《桑經酈注》皆主其說，殊不知《禹貢》岷山導江，乃引其流，而江源尚在河源之南，與岷山相距數千里也。徐洪祖《溯江紀源》曰《禹貢》岷山導江乃汎濫中國之始，非發源也。中國入河之水爲省五，入江之水爲省十一，計其吐納，江倍於河，搜其發源，河自崑崙之北，江自崑崙之南，非江源短而河源長也，斯言實爲有據。

初二，晴。早七時，由通布達起程，向南行入溝，層巒疊嶂，石路坎坷。旋上結古拉，陡峻異常，下山尤峻，馬難舉蹄，余卜騎步行，至山麓，五十里，至結古，馬司令率軍隊及番酋寺僧等百餘人郊迎，番民觀者如堵。

結古見聞〔註23〕

余於古曆九月初二日由拉布寺抵結古（名蓋古多《法圖》）適值霍巴番商（川邊霍耳綽倭，章谷，白利各族居甘孜，鄧柯一帶，領寺院資本，貿易西藏）罷市出境，貧民生計斷絕之際，市面蕭條，人心恐惶。當此經營青海之秋，豈可生此風潮，即派人往喀沙（喀沙爲鄧柯屬，距結古一百二十餘里），以便和平辦理。

初七日，霍巴單騎至結古者四十餘人，未帶貨物。

初八日，余與亞青及古郎，拉布二佛，傳集霍巴諸商，詢問一切。霍巴呈遞番稟一件，歷敘各種苦況，及不得已而出境之情形，要求減輕稅率，維持番商，援川邊甘鄧〔註24〕二縣之例，凡爐茶入境，每八牛馱徵盧比一元（四川鑄，重三錢兩分）。並請嗣後對於廿五族出產品（蟲草麝香羊毛各種皮張之類）祇徵賣主，勿庸雙方皆徵等語。番民言語最繁，每一人發言時，約三十分鐘尚不能盡其辭，令以簡單之言答覆，最不易得。旋與稅官屢經磋商（副司令兼充稅官），不但不能就緒，反形決裂，霍巴聞此消息，復將出境。

結古居民三百餘戶，其中霍巴九十餘家，陝西商人三十餘家，洮岷商人廿餘家，餘一半多屬窮民，常作傭於霍巴。所出各種毛織物，亦由霍巴運於爐城。日用品如牛羊肉酥油柴草牛糞之類，多爲霍巴所需用，如使霍巴出境，不但國稅停滯，則窮民生計亦將斷絕矣。於是一面與稅官婉言磋商，一面傳霍巴頭目班馬得清等多方勸導，費半月之力，始克就緒。擬定爐茶入境時，每百牛馱內減徵十五馱，以作該商飲料，並不准於廿五族出產品兩方皆徵，風潮始息。從此霍巴仍舊貿易，而貧民免困苦之患，故結古男婦老幼，無不合掌誦佛，感激委員之德者。

余此次運糧之騾，因天氣嚴寒，草被雪壓，除沿途倒斃疲乏外，至結古尚存二十六頭，瘦弱不堪，勢難遠行，不得已而賤價出售（每頭賣銀三十二兩），虧本八百餘金，天下不如意事，十常八九，嗟呼，天何厄我之甚耶。

玉樹處青海之西南，爲古雍州蠻荒之地，自秦漢以至唐宋，爲西羌，吐谷渾，白蘭，党項，吐蕃所據，今廿五族駐牧之地，在河源之南，居雅礱金沙瀾滄江之上流，東連川邊，南接昌都，北隣柴達木，西南與前藏納克書三十九族毗連，東西約一千二百里，南北七百餘里，其語言狀貌宗教風俗靡不

〔註23〕原標題作由結古至拉薩，據吳均整理本改今標題。
〔註24〕甘鄧二縣指甘孜，鄧柯二縣。

與西藏相同，蓋吐蕃之支裔也。元明以來，為蒙古征服，降為奴隸，清雍正初年，削平羅卜藏丹津之後，漸次招撫，始脫奴籍，載在番族貢馬之列，歸西寧夷情衙門管轄，二百七十年來，專以羈縻為政策，會盟徵求之外，聽其自生自滅，至於部落之分合，番酋之嗣襲，檔冊略而不詳，以致三十九族減為廿五族之緣由，無從考查，詢之該管衙門亦無知者。

民國二年周本齋道尹奉命勘界，其隨員周君子揚，牛君厚澤〔註25〕，費數月之心血，始得查明真象，並測繪地圖，以作經營青海者之參攷，玉樹之有調查地圖，自周牛兩君始，熱心邊事，欽佩莫名。

結古處札武三族之中，為廿五族商業薈萃之地，自前清以來，川甘委員會盟辦事均在此處。民國二年，川邊尹經略使〔註26〕，以玉樹廿五族為化外之民，脅令投誠，已得命於中央。番民久隸西寧，不願屬川，隴蜀共爭一地，踰年未決，中央乃飭兩省派員會勘。甘肅勘界大員周務學道廿抵玉後，查明情形，由張督軍〔註27〕轉達中央。民國四年夏，奉大總統〔註28〕令玉樹廿五族仍歸甘肅西寧管理，川邊不得干涉。嗣後川兵退出境外，而玉樹無騷擾之患矣。

玉樹毗連川藏，為青海之西南門戶，故寧海鎮守使派巡防馬隊分紮扼要地點，以資鎮攝_{統計各處駐防軍隊不過一百八十名}。民國七年冬，設玉樹理事員於結古，管理廿五族民刑事宜，現任理事苟君筱齋，寬厚仁慈，具邊事知識，頗得民心，獨惜事權不專，不能大展其才，良可慨矣。理事員公署，新建於結古河之北岸_{結古河發源于果且拉山之麓，會扎西科之水，向東流，繞結古，入通天河}，形如堡寨，頗覺壯觀。八年夏動工，牆垣周圍八十丈，高一丈三尺，門樓高聳，雉堞巍然，惟結構甚陋，屋宇狹隘，因本地既乏良工，又無大木，勢使之然耳。

玉樹男子怠惰，女子強健，風俗與西藏同，凡普通男子應操之業，如耕田採樵建築貿易等事，皆為婦女之職務，男子則為輔助之人，余見建築理事公署時，凡砌墻塗壁之人，無一非婦女者，每日工價盧比一元_{重三餞}，以故作工者甚多。廿五族之千百戶，甚願理事建築公署保護番民，故於未動工之先，共承認二千五百金，以作建築之資。然以余觀之，似不能費如此之多耳。本

〔註25〕《寧海紀行》作載坤。
〔註26〕指尹昌衡。
〔註27〕指張廣建。
〔註28〕指袁世凱。

年張勳帥〔註 29〕以邊疆多事之故，委馬勳臣統領為駐玉支隊總司令，以巡防七營營長馬玉山為副司令。總司令以拉卜楞寺善後事未竣，尚未抵玉。當此川藏多事之秋，余甚願總司令從速駐玉，遠可以樹援川之聲望，近可以安番族之民心，否則前途茫茫，恐廿五族之前途，別生枝節矣。

結古於民國六年設百貨稅〔註 30〕徵收總局，並設分卡四處歇武，巴唐，昂欠，蘇莽，竹節寺尚有分卡一處，逐番帳而徵收，以防偷漏云。據總局人云，每年百貨稅約收銀七千餘兩，廿五族之家畜稅不過八千金云廿五族之家畜牛三頭每年徵藏幣一元，騾馬同，羊十隻徵藏幣一元。蘇莽設鹽局一處，每四牛馱徵盧比一元。

結古商賈輻輳，畜騾馬者甚繁，耕稼甚少，草價尤昂，秋時川盧比一元，可買青稞草十餘斤或廿斤。若至春日草缺之時，則藏幣一元可買十斤。駐玉騎兵所需之草，皆由番民支應，困苦甚矣。軍隊無營盤，皆租民房而居，每年房金，由廿五族擔負。現駐結古騎兵之馬，不過四十匹，每年至四月草青時放牧，九月頭回營，廿五族每日輪支盧比三十五元以充房租馬草之費。若馬已放牧，則五六七八等月每日支房租金八元。其駐紮於昂欠等處者亦然。

結古諸物價昂，若米麵之屬較內地可貴十倍，惟洋貨頗賤，足見英人通商勢力矣。

某百戶對余云，渠轄民約二百戶，年納家畜稅盧比五百七十四元，供給七營馬隊即副司令部草銀及房銀盧比一百七十二元，又與理事衙門支房銀及草銀四十五元，建築衙署銀在外，言次含淚欲落，詳陳不能支持情形。似此景況則廿五族之差徭可知矣。

入玉樹廿五族之境，每於山巔路口之處，番人疊石為長方形，狀如短垣，上鐫六字真言唵嘛呢叭莫混，施以五色，為嘛呢塔。富者以出資鐫嘛呢石為功德，貧者以轉嘛呢為功德，每逢朔望令節，則相率繞行，絡繹不絕，口誦唵嘛呢叭莫混嘛呢六字，甚有且拜且轉者。結古新寨地方嘛呢塔，狀如城郭，周約二百餘丈，每年冬日遠近番民轉嘛呢者，雜沓而來，其婦女不憚數百里之遙，出資鐫石以作功德，富戶嘗有出資數千金者。據番人云，新寨之大嘛呢塔，其鐫字石資，約值廿餘萬金云。相轉唐代文成公主入藏時，每置石於關津以作紀念，今之嘛呢塔，即文成公主所遺云。

〔註 29〕指張廣建。
〔註 30〕此處補一稅字。

廿五族之民，游牧者十之六，盧居者十之四，游牧者逐水草而居，遷移無定，盧居者依山麓而築屋，墙壁皆用天然石板毿砌，結構惡劣。樓居尤夥，甚有建三層者，形勢似川邊番民之碉房，可禦槍炮之射擊，簪頂樹〔註31〕木杆，懸五色嘛呢達雀^{布絹上印番經}，隨風飄揚，形如旗幟，以爲不啻親口誦經，可獲平安云。

番民迷信最深，病不服藥，惟請喇嘛念經，死則以皮繩縛其四肢，膝接於口，裹以死者之舊衣，或覆以布單，延僧誦經，並輸死者之財物於寺院，以作齋醮，乃負死屍於山巔，投鷹鳥攢食之，如骨肉俱被食盡，以謂生前行善所致，食或不盡，則爲不祥，仍誦經以刀碎裂〔註32〕其屍，或和以炒麵，必使群鳥食〔註33〕盡而止，此爲天葬。亦有以乾柴焚之，澆以酥油者，爲之火葬。嗚呼，野蠻之慘無人道，可謂達於極點矣。番俗野蠻毫無人倫，男女相悅，即爲夫婦，一經反目，則琵琶別抱，即脫離關係矣。兄弟三四人，同娶一妻，女子能調和眾男，不生嫌隙者，則親族皆稱其賢，甚可怪也。

廿五族之民，與西藏同種，其信教亦如之，故家有二男，則一男爲僧，或生男女各一。則男子爲僧，女子繼產。計廿五族男女，約有四萬餘口，壯丁不及一半，而僧徒已達萬人，蓋爲僧則坐享布施，爲民則終歲勞苦，生齒日減，職此之故也。玉樹男女皆披髮於肩，有辮者頗少。不喜沐浴，亦不櫛髮，女子以麵粉塗海兒茶及糞灰，蓬首垢面，望之令人卻步。如有面目稍潔，首梳細辮者，皆與內地商人或軍隊有關係之婦也。番俗男女皆不著褲，但服圓領皮袄，腰束皮帶而垂其背以承各物，男子腰橫長二尺餘之刀^{刀鞘鑲珊瑚松石之類}，有價值百餘_{金者}，帶攜小刀火鐮之屬爲美觀，女子多戴珊瑚及蠟珀者，不論僧俗男女，胸前皆佩銀製佛閣，內裝護身佛，以爲蒙其呵護云。

玉樹地多沙礫，墾熟之田頗少，青稞價昂，富者尚可常啖，貧民多食生牛肉及曲拉_{酥油之渣}，即炒麵亦不易得也。或掘蕨蕨食之，亦有種蔓菁及洋芋者。現任苟理事員設農事試驗場於公署之西，本年所種之蘿蔔〔註34〕白荣蔥蒜各蔬頗佳，從此或能推廣。

札武，拉達，布慶同駐牧於通天河之南，謂之札武三族，即《藏志》所

〔註31〕原文作登，今改正。
〔註32〕原文作裝，今改正。
〔註33〕原文作風，今改正。
〔註34〕原文作葡，今改正。

謂札武族，上札武族，下札武族，札武班右四族是也，迨後班右族附於札武，今為札武三族焉。現任札武百戶名就邁，駐結古，所屬百長六員，轄民約四百餘戶，已墾下籽之地一千筒^{每筒約西寧
升二升二合}。拉達百戶名索吉，屬百長一員，已墾下籽地五百五十筒。布慶百戶名才尕，屬百長五員，已墾下籽地五百筒。三族之民多廬居而耕田，民智稍為開通，業商者亦多。

結古寺建於東北山麓，有紅教喇嘛三人，僧徒約有五百。結古南溝有禪古寺一所，建於苟曲之濱^{苟曲發源于果拉山，向南流與
熊曲會，注入結古曲，注通天河}，有白教喇嘛四人，僧徒三百餘，每年五月間大會，商賈雲集，番民來者甚眾云。廿五族寺院林立，約有一百二十餘所，教派分紅黃白三種，而白教已居十分之六。按白教本紅教之支派，名尕具巴，番人呼白色為尕包，因字音誤訛，遂稱白教，其實紅教也。

結古本海南精華薈萃之地，為滇蜀隴藏通商之地，人民耕牧相雜，廬居者大有土著之風，統觀各族程度，已由游牧時代進為耕稼時代矣。若使經營得人，則十年之內，畜牧工商成效必著，獨惜當局者眼光如豆，猶施驅魚政策，殊不知玉樹與西藏毗連，而又同種同教哉。

近來噶布倫尕隆喇嘛帶兵出藏，已抵昌都，於是藏大路川邊一帶，謠傳叢生，或謂甘肅派紅教喇嘛古郎倉率兵攻藏者，或謂西藏派兵防堵，不准特派員入藏者，以致昂欠一帶，民心驚惶，大有拔帳避兵之勢。余等遂與達賴喇嘛及駐昌都之噶布倫尕隆喇嘛分別致函，詳言余等來藏情形，以免誤會。

余抵結古以來，光陰荏苒，瞬經二旬，當此天寒日短之秋，何可再為稽延。拉布尖貢於陰曆九月廿一日回寺，摒擋行李，余與古郎，亞青二公，定於廿二日由結古催烏拉出發。

自結古至青藏邊境〔註35〕

廿二日，晴。早八時，運糧之牛業經渡河，余正在出發之際，而古郎倉之僕從與馬司令之通丁名白利者，互相鬥毆，大起風潮，以致司令部派人在南山口將牛擋回，不支烏拉。古郎倉遂以己之毛牛馱運起程，尚有未馱之行李，均棄於河畔，後經札武百戶經收之，余與亞青既無馱載之牛，不得已而仍居於結古。平地風波，變生意外，誠所謂天道難知，人事難料也，嗚呼。以目前之現象而論，前途茫茫，豈僅冰天雪窖而已哉。

廿六日，張子申由稱多來，言果洛番換科麻族與西寧商人迭次來函言，本年貨物過境時，決不放行等語。因而各商停頓，不敢越雷池一步，而拉布尖貢八十牛馱之行李，至麻拉易後，又被果洛擄掠盡淨矣。嗟嗟。誰生厲堦，至今爲梗，哀我旅行，其何以堪。

適於苟筱齋處見甘孜縣知事史三長來函云，陽曆十月廿八日，英領事慶路易由甘孜赴昌都，與噶布倫交涉，議〔註36〕石鄧〔註37〕路事及展期停戰之議。該領事係由印度森母拉轉滇川而來，其中詭譎，匪可言宣。頃奉中央電令，由川邊派員赴會，議邊藏劃界事宜^{始議劃}_{至德格}，已派財政廳長陳東府^{名啓}_圖及李陶臣赴京，計已抵漢云云。

廿七日，晴。早九時。由結古催牛起程，馬司令與苟理事員送別，時雖菊月將盡，而立冬已半月矣，霜露既降，草木零落，朔風乍起，胡雪時飛，於是向拉薩而就道，出結古以長征。向西行，路甚平坦。入娘錯界二十里，至貢尕拉山，山勢雄陡，亂石縱橫。下山向西南行，入郭曲峽^{郭曲發源於郭且拉，}_{向東北流，入結古曲}，兩山仄逼，鉅石塞途，河畔堅冰數尺，中間急流奔騰，五十五里抵扎西松多，遍地亂石，無處插帳，不得已而寄〔註38〕宿於番民黑帳房中，糞灰滿地，穢不堪言。今日起程甚遲，牛行於後，行李到時，已晚十時矣。

按迭達族即《藏志》所謂隆布二族是也，舊有一百長，名迭達者甚強，殺隆布百戶而奪其職，以迭達名其族焉。轄百長三員，屬民六百餘戶，耕少牧多，已墾之地下籽不過一千六百三十餘筒。番民有業商者，現任百戶名陳

〔註35〕此標題據吳均整理本加。
〔註36〕原文作讓，今改議。
〔註37〕石鄧指石渠縣，鄧柯縣。
〔註38〕原文作奇，今改正。

賴，係闔族〔註39〕公舉，最有信用，其權力與扎武相埒。

廿八日，晴。早八時三十分，由扎西松多起程，向西行十里，過郭且拉山，山高坡長，瘴氣最勝。下山至一大灘，細草如茵，道路坦平，四十里抵角納雲，附近皆湖泊之地，故番名納者水灘也。此處本迭達所屬，亦有扎武之民僑居者。

昨晚十時，玉樹司令部專差送來番漢信二件。余不諳番文，先閱漢信。馬玉山言噶布倫由昌都來信，言余等赴藏，伊甚喜，聽候請示達賴，再行入境云云。今日在角納請一老僧，讀噶布倫之番信，詞亦如之。然余既起程，斷無候信之理，祇得冒險前行，再看機會何如耳。

廿九日，陰。早九時，由角納雲起程，向西行十五里，過加卻拉山，入拉休界。又向西南行，三十里至呢嘛壠夏，今日路平，惟無草耳。

按拉休即《藏志》所謂上下阿拉克碩二族是也，今併爲一，名曰拉休。現任百戶名托到，轄百長十一員，屬民約二千戶，純牧無耕，其牧地之良，財產之富，勢力之雄，牛羊之多，爲廿五族之冠。

十月初一日，晴。余此行所雇之牛，援商人運茶之例，逐數另催，至多不過四日，每雇牛必擔延一二日，亦可藉以休息也。今晨古郎倉由都藍麻果寄來一函，令番僧讀之，未知原因，委亞青與張子申親赴都藍麻果，催古郎倉從速起程。

初二日，晴，午後亞青由都藍麻果回，始知古郎倉業經起程，住於南山之灣。

初三日，晴。余由呢嘛壠夏催毛牛二十七頭，騎馬五匹，甫起程，古郎倉策馬而來，遂同行焉。冷風撲面，寒氣襲人。向西行三里許，過日達拉，路甚平坦，一大坡耳。旋至達木雲，草灘遼闊，形勢與青海附近彷彿，爲玉樹境內罕見者。廿五里，至豆苟札哈，依南山之麓，插帳以居，溝水凍涸，消冰煮茶，景況淒涼，較居黑幕之番民，尚不如也。是夜寒風怒吼，狼嘯之聲，近於帳側。

初四日，晴。早七時三十分，由豆苟札哈起程，向西行，逾山梁二，平坡逶迤，路坦無草。廿里過單哥拉山之北麓，泉源甚多，匯一鉅川，水聲汨汨，流出西南山口，與子曲河會。自此經北山之腹，頑石塞途，最不易行。四十里住於簡倉曲河濱。簡倉曲發源於色吾稱忌拉山之麓，介於拉秀，格吉

〔註39〕此處補一族字。

二族之間，向南流出溝，與子曲河會。

子曲發源於格吉子口勒麻爾尕〔註40〕拉山之麓，向東南流，經拉休，蘇莽二族，至川邊，入同普縣界，與襟曲會流於昌都之南，合鄂穆曲河，爲瀾滄江之上流。

自呢麻曨夏西行以來，南北各山多奇峰，形如剝刀，積雪不消，峻嶺穿雲，寸木不發，草僅及寸，山谷中泉水潺潺，高低皆有，故沿途支流，不遑枚舉，而遍地有瘴，步行氣喘，道路頗平，蓋瀾滄江發源之地耳。

初五日，陰。昨晚狂風大作，幾欲吹倒帳篷而攫之以去，今朝落雪數寸，寒徹於骨。因古郎倉牛馬疲乏，休息一日。古郎倉擬親赴昌都，與噶布倫磋商一切，業經摒擋行李，定於明日起程。余深以爲不然，緣余等此次入藏，當以聯絡感情爲宗旨，況值川邊多事，英領事慶路易已抵昌都，我若前往，則難免另生枝節，余故立闢其非，遂致中止。

初六日，陰。昨晚大雪，今朝甚寒。早八時，由簡倉曲起程，過河向西行，入格吉界。依北山之麓，沿子曲河之北岸，石路坎坷，冰雪滑澾。二十里過子雲，向西南行，渡子曲河，寬二丈餘，入床郎拉溝，亂石縱橫，雪峰矗立。旋登床郎拉之巔，山路崎嶇，雪深六七寸，瘴氣尤烈，人馬氣喘，因山巔向西行，沿山腹而下，入昂欠界。羊腸鳥道，曲折灣坳。三十四里至惹知加果，插帳於積雪之中，征〔註41〕裝甫卸，風雪驟至，僕從於雪中檢牛糞消冰煮茶。此地草已牧竭，馬無草囓，遂往來悲鳴於風雪之中。

昂欠一作囊謙，川人名隆慶，《藏志》則謂巴彥南稱族。按南稱，隆慶，皆昂欠之轉者也。設千戶一員，爲廿五族之領袖。原有百戶四員，百長二十六名，新添百戶二員，屬民兩千餘戶，風俗敦厚，人多通曉番文者，已墾之地下籽四千八百餘筒，耕牧相雜，經商者頗少，年納家畜稅藏市二千七百四十元，近有增加之說。現任昂欠千戶名拉加，好誦經作禪，昔於廿五族最有信用，年來香錯專權_{名巴昂典已切借}，千戶幾成虛設。清博，東巴，阿夏，加茶四百戶，常於千戶處輪流辦公，有代理千戶事務之全權，四百戶中尤以清博，加茶爲千戶所倚信。清博百戶精明幹練，熟諳番文，各族多信仰之，今年已六十三歲矣，惜余未能會面也。

今日途次，聞得青海右翼盟長，霍碩特旗可爾路古貝子那木登吹固於後

〔註40〕此處據吳均整理本補一尕字。
〔註41〕原文作徵，今改征。

藏途次病故，噩耗傳來，驚心動魄，實耶。虛耶。抑傳聞之訛耶。盟長居樂達木之北，其財產之富，人民之眾，為蒙古二十九旗之冠。為人精明慈善，人望咸孚，充盟長之職，執青海王公之牛耳者數載矣，於西藏最有信用，本年夏間入藏朝佛，余起程時，承馬閣臣節使及巴寶貝勒各贈介紹書一紙，以資接洽，今不幸淹然物化，則青海少一重要之人，余此次入藏少一關照之友也，悲夫。

初七日，陰。昨夜狂風達旦，華氏寒暖計降至零下廿度。早八時，由惹知加果起程，向西南行，石崖壁立，中通一線，遠觀之形如石門，番人謂惹知加果者，命門之意也。入溝向西行，南北兩山夾峙，滿溝皆冰，行人取道於南北山腹之上，冰雪彌漫，時作人顛馬僕之戲。登奢乃拉山，積雪盈尺，寒風刺骨，瘴氣尤烈，經亂石峻嶒之道，余下馬扶杖而行。廿八里，入格吉界，至沙慶麻住焉。此地草既牧竭，又被雪壓，馬未食草者已二日矣。

旅行本屬苦事，而草地尤苦。日行於無人之境，犯瘴癘而逐水草，寒風如刀，刺面有血，侵骨欲殭，飛下如掌之雪，兼之氈寒帳冷，人滑欲倒，馬蹶不前，其苦況為何如也。余以謂吾人既到此地，腦筋中當抱一種樂觀，所經名山大川，皆可以供地理之研究，拓探險之雄心，否則遊興減殺，心理上發生種種苦況，觸處皆成悲觀，接於眼簾者，無非寒風冷霧，雪窖冰天，日行於愁城之中，歎息不絕，同行某君正患此病耳。

初八日，晴。早八時十五分，由沙慶麻起程，向西行，逾木苟拉山，路徑曲折，頗覺易行。依木苟拉山之腹，透迤盤旋，始達索勤拉山之巔，山勢嶙峋，異常峻險，西風刺面，手足欲僵，餘步行三里許，瘴氣滿胸，下山向西北行，入招達，危崖對峙，一溝曲通，鉅石塞途，寬約二丈，結魯曲自東而來，河流縱橫，冰塊滿川，廿里住於巴米爾寺^{一作巴}_{年寺}，寺建於北山之麓，形甚狹隘，居僧三十餘人，地為格吉麥馬所屬，寺則班馬百戶所建也。

《藏志》所謂登坡格爾吉族，下格爾吉族，格爾吉族，即今之格吉麥瑪，得馬，班瑪三族也。^{得馬一作多馬，番}_{以上中下為麥多班。}而多馬族，近又分為二〔註42〕族，曰咱梭百戶，曰那錯百戶，現任麥馬百戶名求加札巴，屬百長二員，轄民四百餘戶，昆仲三人，其二弟皆強悍，好侵略，又時包藏賊盜，人皆恨之。班馬百戶名噉波，為人平善，頗有權力，無百長，屬民一百八十餘戶，與扎梭，那錯兩百戶同駐牧於雜曲及子曲河之上流，純牧無耕。

───────────

〔註42〕原文作三，據後文改為二。

班馬，那錯兩族之間，有尕清地方，產冬蟲草知母貝母甚繁，子云又有白鹽一池，面積不大，兩族人食之，班馬族扎西拉貨寺之西有白鹽一池，面積甚大，周約廿餘里，番名阿雲察哈，仲壩，格吉及前藏納克書三十九族之人皆取之。

初九日，晴。在巴米寺僱牛，遂休息一日。遇霍巴番商自藏來者，言索得麻一帶，頗有謠傳，古郎〔註43〕倉派人二名，往昌都見噶布倫噶〔註44〕隆喇嘛云。

初十日，晴。早十時廿分，由巴米寺起程，向西行，沿結魯曲之濱，鉅石滿道。八里許，向西北入呢魯雲石峽，兩峰壁立，澗深數丈，冰被風揭，狀若山谷，短柏生於層巒之間，勢甚曲折，羊腸鳥道，馬難並轡，誠所謂一夫當關，萬夫趑趄之地，過呢魯雲曲，依山腹而行，經加桑旁牙麻山，山甚高峻，遍坡有柴。又逾貢賴拉山，峻險異常。廿五里，住於岡錯賴之灣。今日無風，天氣甚暖，午間華氏表已升至廿四度。

十一日，晴。早七時三十分，由岡錯賴起程，向西北行，色希當拉山橫障於西，鳥道壁立，難於登天，不得已而入石峽，取道於色希當拉之陰，山甚〔註45〕陡峻，萬石偃仰，若熊踞虎蹲，上至山巔而止，瘴氣最烈，人馬氣喘，余觀此山之峻險，當在寧爾，結古二山之上也。下山廿里至牙治松多。牙治松多東西皆有要隘，石峽絕壁，驚濤澎湃，堅冰滿道，馬蹄躑躅。廿五里至牙弱松多住焉。東西兩水相合，名白欠木曲，向西南流，出峽注於雜曲河中。牙弱松多爲格吉多馬那錯族所屬之地，百戶名達結，人慈善，無權力，各事悉由其弟哆爾理之，屬民七十餘戶，年納家畜稅五百元，與司令部支差五日每日藏幣三十五元。

十二日，晴。早八時，由牙弱松多起程，向西北行，登泗欠拉山，其陡峻雖不及色希當拉山，高則相等。山嶺有一深谷，人行其上，路不及尺，溜沙滑澾，危險莫名。自此折而南行，入山灣，十里餘出溝，翠柏滿山，奇峰夾道，雜曲河自西北奔流而下，兩岸結冰丈餘，中間碧波萬頃。河寬五丈餘，深約一丈，且幸冰橋已結，余等得安然而渡，此如天之福也，否則馬涉河，人與行李由繩橋懸渡矣。十五里，住於泗欠惹瓜。

〔註43〕原文作即，今改正。
〔註44〕原文作爾，今改爲噶。
〔註45〕原文作堪，今改正。

雜曲河發源於格吉西北境之果瓦拉沙拉山之麓，《藏志》謂發源於喀木之格爾吉雜噶爾山。《水經》又謂源出吐蕃嵯和歌甸，豈轉音之誤歟。抑古人未嘗躬歷其境，而傳聞之或訛也。有南北二源，南源曰雜那雲，北源曰雜噶〔註46〕爾雲。二水合流於扎西拉霍寺之西，繞格吉南境入昂欠之北。經覺拉寺，復出昂欠之南。至川邊與子曲河會。至昌都之南與鄂穆曲河會，為瀾滄江，入雲南，南流至車裏宣撫之境為九龍江，流過緬國入南海。雜曲河在格吉境內，水深浪急，人不能涉，故於麥馬，多馬，班馬三族之地，各設繩橋一條，以濟行人，其狀於河之兩岸栽一鉅木，上繃皮繩，繩上繫一鐵環或木圈，又繫短繩於環上，渡者乘於短繩之上，兩手挽鐵環，得懸渡焉。

雜曲河濱多石，皆帶綠色，瘦秀凹凸，可作陳列之品，又有色如翠玉者，其質甚細，可作雕刻之用。余又採得礦苗數種，形似鉛屬，惜余不諳礦學，俟請高明者研究之。

十三日，晴。復於此處僱牛，早九時，始由泗欠惹瓜起程，沿雜曲河之南岸向西北行，過安毛拉山，路頗平坦，下山渡切曲，又登香光拉山，沿山腹而行，頑石最多，遙望河北山谷之中，泛〔註47〕白屋宇參差者，作勒寺也。寺有喇嘛三人，僧徒七十餘數名，在作慶寺之西，當雜曲河之北岸，名望亞於作慶寺，權力如之。下山渡加雲曲，復登拉已拉山，下坡逾拉當木雲曲，經結乃通大灘，渡結乃雲曲，向西南入瓦勒昂。四十里，住於溝中，溝有瓦勒雲曲，向北流，注於雜曲河中_{切曲，加云曲，結乃云曲三水，皆發源於本山，向北流入雜曲河。}

雜曲河兩岸，地勢平坦，土皆膏腴，自遠觀之，隱隱然有阡陌之形，殆古時已墾之地歟_{扎武玉樹各處亦多}。倘經農學家研究，想不至終此曠廢，是在得人耳。雜曲河當安毛拉之附近兩岸，石崖甚高，河寬不過二丈，若建木橋一座，則繩橋無用，旅客可免危險之患，未識有地方之責者，亦曾念及此否。雜曲河西為格吉咱梭族所屬之地，百戶名才旺拉加，其子彭措代理其事，屬民七十餘戶，無百長，人多貧弱，年納家畜稅藏幣五百元於副司令，支差五日。格吉一帶為瀾滄江發源之地，千巖萬壑，複水重山，形勢險要，馬難竝轡，不但無平原大灘，即崗陵陂陀之地，亦屬罕見，誠絕地也。

十四日，陰，早八時廿分，由瓦勒昂起程，向西南行五里許，山麓有暖泉出焉，熱氣蒸騰，綠草浮於水面，亦奇觀也。出溝登瓦勒拉山，亂石縱橫，

〔註46〕 此處補一噶字。
〔註47〕 原文作孔，今改為泛。

陡而又險，寒風刺骨，重裘如紗，余下馬步行三里許，自覺瘴氣滿胸，氣喘不已。瓦勒拉山之巔，為格吉與仲壩分界處。下山入沙丁牙科，遍地皆冰，行人數過其上，滑澾之至。出溝至麻得通，遠望如灘，其實皆丘陵也。三十五里，於格那寺住焉。

麻得通多湖泊，眾水匯成一河，名曰牙布得雲曲，向東南流，繞達那得馬^{紅沙崖}之意，經格那寺之東北，與若結那毛切之亂泉相合，出南山口，注解曲河中。解曲河水勢與雜曲彷彿，發源於當拉之之東北山麓，有東西二源，東曰穆雲，西曰桑雲。向東北流，入仲壩班馬之南境，至穆桑吾松多相合。又東北流，經格那寺之南，繞蘇魯克族之北境，與桑木曲會^{桑木曲水甚大，發源於瓊卜色爾扎族境}，自此又名鄂木曲河。入昂欠之西南境，至川邊類烏齊巴屑族地，又東南流，至昌都與雜曲會，為瀾滄江。

自逾瓦勒拉後，山川皆紅砂之地，童山濯濯，小木不生。故木料最艱，非由昂欠輸入，不易得也，故建築房屋，衹覆以椽，不豎柱焉。

格那寺建於小丘之上，名曰占色力麻，寺極小又陋，腐敗之至。寺僧約五十餘名，半屬游牧，住寺者不過廿餘人。舊有喇嘛格那卓果者，與麥馬族不睦，後被麥馬仲壩百戶抉其雙眸，逃於德格未歸，寺僧遂鳥獸散，至今寺側多斷壁頹垣。職此之故，本年由德格巴力班寺〔註 48〕派來一喇嘛名鎖南彭措者，管理寺事，復招集已散之僧，嗣後或能恢復原狀也。

仲壩班馬，麥馬二族，即《藏志》所謂上下隆壩二族是也。現多馬族百戶名才瞻，本班馬族之百長，清德宗時才瞻勢利澎漲，與班馬百戶不睦，遂率其民三百餘戶，獨立一族，名曰多馬族，班馬百戶典〔註 49〕金札巴憤甚，即率兵攻擊，殺其黨羽二人，並擒其一，適有西藏尕時巴活佛道經其地，從中和平解決，此距今二十年前事也。

格那寺東北五里許，有郭尕地方，當赴藏之通衢，為霍巴卸茶換腳之所，班多二族，因利權關係，故連年爭執，常〔註 50〕有衝突之事云。仲壩班馬百戶典金札巴無子，死後仲壩麥馬百戶以其子繼嗣，欲併吞其土地也，格那寺喇嘛名格那卓果者不願，以致屢起衝突，旋麥馬百戶之家屬相繼死者八人，繼嗣班馬之子亦亡，人皆以為格那卓果所咒也。麥馬百戶訴於昂欠千戶，因

〔註 48〕今多作巴邦寺。
〔註 49〕原文作與，今改典。
〔註 50〕原文作嘗，今改常。

咒無實據，未便查究，兼以班馬族民不願屬麥馬，昂欠千戶乃委洞巴百戶代理之。由是麥馬百戶積恨愈深，俟格那卓果赴昂欠時，命次子鎮南完札伏於路側，抉甚雙眸子焉，此宣統三年事也。

十五日，陰，此處為偏牛換腳之地，故休息一日，晨餐將罷，狂風忽來，如海潮驟至，如萬馬奔騰，余處於斗大暗室之中，四面無牖，屋頂有漏，以出其煙，時有狂風自天窗而下，砂土俱至，糞煙蒸薰，晚間風愈烈，室中不能燃燭。安得猛士兮守四方，吾恨封姨無情矣。

十六日，陰。牛未偏齊，狂風依然，於是又休息一日。晚間有班馬族之干布名曬若唐克者來見，年約三十餘歲，甚精明，熟諳番文，對於族中各事，侃侃而談。言渠家充干布已世襲三世矣，略有封土，頗具勢力，且要求賞給管民字據。余以大義開導，始吐舌唯唯而退。目下洞巴百戶雖有代理之名，而久處昂欠，鞭長莫及，吾恐他日稱雄於班馬族者豈此人乎。

瓦勒拉山之西有捷徑，過新林卓拉，可通哥爾公之大道，惟山勢峻險，不易行耳。

十七日，晴。早十時，由格那寺起程，日暖風和，不覺其寒。向西北行，過夏朵拉山，路坦坡平〔註51〕。下坡約十里，至茶曲河^{發源於夏朵拉山之東北山麓，向西南流注解曲河}，過冰橋沿山腹而行，登多拉拉切拉山，頑石塞途，馬行維艱。下坡過豆溝曲，水甚小，旋登果格拉山，入中壩多馬境。下山湖泊遍地，亂泉合流，名曰果格雲曲^{向北流，入雜曲}。三十五里，于果日麻歇焉，有糞無草。

十八日，早八時廿分，由果日麻起程，向西北行，渡郎欠吉曲，河流頗大，滿渠皆水^{源於郎欠漫保拉之東麓，向西北流，入格吉境，注雜曲}。旋沿山腹而行，三十里，至桑貝坎多。此處一片沮洳之地，湖泊如鱗，眾水匯為可爾公雲曲，水勢甚大，蜿蜒於東西兩山之麓，山谷中細流甚多，皆匯於可爾公雲，向北流入雜曲。沿途西風撲面，寒不可當，兼之大雪亂飄，幸而即止。四十里，住於可爾公，無草。

十九日，晴。昨夜狂風達旦，黎明微雪，今朝寒甚，華氏表降至零下廿四度矣。早八時三十分，由可爾公起程，向西行，依高崗沙拉山之麓，過冰灘，逾可爾公色拉，山小坡平。下山入深溝，紅沙遍地，深陷〔註52〕馬蹄，中間積水成冰，滑澾之極。旋過色拉坎木多，登喇嘛拉山，峰高而圓，形如

〔註51〕原文作年，今更正。
〔註52〕原文作限，今更正。

僧頭，故名之也。下山至阿雲，渡那哈曲，河水量頗大，寬約丈餘^{發源於那哈拉}之麓，與阿

云曲會，向東北流入格吉境，至阿雜松多入雜曲。向西行，至巴布灘。三十八里，至朵拉雲曲歇焉。草糞俱缺。

今日西風撲面，狀如刀刺，手足欲裂，不能乘馬。插帳後，爲風所拔，遂以糧包鉅石壓於帳周，幸得免焉。

廿日，陰。早九時，由朵拉雲曲起程，向西行，過阿那且馬，入山口，經阿角那坎果雲曲，自北來，水量頗大，會於阿雲曲中^{發源於坎}果張得拉。自此至昂布得大灘，亂泉甚多，地勢卑濕，阿雲曲之支流也。三十五里，住於惹麻曨秋之山灣。阿雲河濱，多鐵礦，惜土人不知開採也。

廿一日，晴。早八時廿分，由惹麻曨秋起程，向西南行，沿阿雲曲之濱，至公茂日，公茂日本一小山，孤立於大灘之中，旁無聯屬，附近皆湖泊之地，其狀與星宿海彷彿，本阿雲曲發源之地也。向南行十八里，至當木曲之南岸，於當木曲之招火麻歇焉。

當木雲曲，爲通天河之南源，發源於加色，拉色兩山之間^{二山在當沙買拉之}東，穆桑巴吾之西，合沙東，車東各水，向西北流千餘里，至玉樹總舉百戶牧地，與通天河北源會。

仲壩境內川開山平，無格吉之峻險，惟湖泊遍地，幾成陸海，旅行者冬日尚可勉強，夏日則不易耳。仲壩三族之中，當以多馬族首屈一指，面積遼闊，屬民五百餘戶，其民分爲三部，名曰麥拉馬，阿達麻，當木他麻，無百長，設世襲干布廿五名以理三部之事。干布內有文卜才把札喜者，年六十餘歲，家道富豪，勇而善辯，最有名譽，常代行百戶之職務焉。

廿二日，晴。僱牛休息一日，午間風狂如虎，所住帳篷隨風搖蕩傾側，不可支持。

廿三日，晴。牛未僱齊，大風不休。午間古朗倉放牧之馬，失去十二匹，殊堪驚訝。

廿四日，晴，大風。古朗所失之馬，遍尋未獲，偵其踪跡，似有人盜去者，復休息一日，以俟回信。

廿五日，陰。早十時，由當木雲起程，向西南行，湖泊如櫛，幾無舉步之地。逾小坡十五里，渡沙東曲之冰橋^{沙東曲發源於當沙買拉之東南山麓，向}西北流，至當木沙松多，與當木曲會，前途無水，不得已而歇於河畔。午間大雪，寒甚。

廿六日，晴。早八時，由沙東起程，向西行，逾桑群坡，湖泊比鱗，距

離僅及數寸，馬難舉蹄，時有傾陷之患。向西南行，入桑欠溝。出溝過呼魯東曲，三十里，住於河濱。今日大風，午後雪，雪止，狂風愈烈〔呼魯東曲發源於大雪山之麓，番名惹呼當俄廮力廮，向西北流，與〔註53〕車東曲會，至車當木松多，注於當木曲中〕。

　　廿七日，雪。早八時廿分，由呼魯東起程，風雪交加，寒不可當。向南行，過洛得藏欠坡，渡恰布喀力曲之冰橋〔發源恰卜喀力溝腦，向西北流，入車東曲〕，復過一小坡，至那毛溝，渡那曲〔發源於那毛力拉之南麓，在當拉嶺之東南，向西北流，至那車松多與車典曲會〕，南行，過那群坡，廿五里，住於車東錯之濱。車東錯周約四十餘丈，夏日水聲如鼓，番人又名車東錯那東。

　　今日納〔註54〕克書三十九族之堪群章那〔唐古特四品官，總理三十九族事務〕派來一番目名卻結者，前來迎接，聲稱渠等前奉達賴喇嘛之命，言甘肅派來委員四員，隨帶跟人五十餘名，至三十九族境時，沿途供給烏拉，妥為護送等語。余自入格吉族之後，天氣嚴寒，沿途無草，以致馬〔註55〕瘦如柴，將有倒斃之勢，正處於困難之境，忽蒙達賴優待，不獨為余之幸，亦國家之光也。

　　廿八日，晴。早九時由車東錯起程。昨夜狂風達旦，今朝愈甚，適值大雪之後，寒氣尤烈，華氏寒暑表已降至零下三十二度矣。向南行，渡車典曲〔發源於當沙買拉東南谷中，向西北流，與那曲會，入當木曲〕之冰橋，過沙你俄什力廮，水已凍乾。自此入山溝，依山腹而上，溝中湖泊星羅，水昧皆鹹。時寒風如刀，刺面欲血，眼睫生冰，氣不能出，服重裘如衣葛，乘馬則四肢欲僵，步行則瘴瘻填胸，行路難之歎，當於斯為極也。十里餘，始達當沙買拉之巔。下山沿山腹而行，石路崚嶒，冰雪滑達，雪峰迭嶂，寒輝射人，山谷之陽，亂泉匯成一河，水量頗大，即當沙你廮曲之源也。出山峽，至札車火廮，木勒昂曲自東來，喀木洛曲自西來，注於當沙你廮曲，名曰查你俄治松多，三十五里，住於年木達，糞缺無草。自公茂日附近至當拉嶺一帶，茫茫大灘，一望無極，周四百餘里，皆為泥淖沮洳之地，不易行也。

　　當拉嶺〔番名當沙買拉〕之西，有大山蜿蜒，屏障於玉樹西南境者，番名奢午拉，地圖所謂唐古拉大山是也。本崑崙之南幹，與哈喇崐崙並行，為後藏新疆之界線，東迤入前藏，與青海分界，橫貫於仲壩，格吉，拉休，迭達諸族之間，崇山峻嶺，千巖萬壑。入川邊，東南迤於金沙江之西，瀾滄江之東，至雲南

〔註53〕原文作舉，今改正。
〔註54〕原文作約，今改正。
〔註55〕原文無馬字，據上下文之意添之。

境，為雲嶺山脈，即金沙江與瀾滄江之分水嶺也，地學家又有橫斷山脈之稱。
蓋亞東山脈皆自西而東，獨此自北而南，為無數之縱谷，故以橫斷稱之。

　　奢午拉自當拉嶺又分出二支，一支東迆入仲壩，格吉之南，至昂欠之西
境，為雜曲與鄂木曲之分水嶺，一支東南迆入藏邊納克書三十九族，複嶺沓
嶂，為納克書與玉樹之界線，即瀾滄江與潞江之分水嶺也。

自青藏邊境至拉薩〔註56〕

廿九日，晴。早八點廿分，由年木達起程，向南行，出峽口，至包隆雲西山之麓，你曲之濱，暖泉出焉，番名包隆查念，深約三尺，狀如鼎沸，熱氣蒸騰，水草作嫩綠色，其水流入河內，附近二里許無冰。余欲躍入泉中，以濯數月之塵垢，復以氣候過寒而止。此處南山橫障，東西成川，拉曲河自東來^{發源於俄布得溝}，至拉才松多，與你曲會，名曰拉曲。自此渡河，向西行，南山之麓，盡屬高崗，路甚平坦，寸草不生。端木得曲與先作曲自南來^{二曲皆發源於南山谷中}，注入拉曲^{拉曲自此向西流，經光云西入連曲}，旋至連雲，渡連曲之冰橋，向西行，雜雲曲自南來，注於連曲，三十八里，宿於光雲。

光雲為納克書夥爾，即抗錯亥族^{番名夥兒吉卡族，吉卡者三十九族之總名也}，所屬居民八十餘戶，分為四小部落，散處於山谷之間，如遇差徭，則互相推諉，既不屬藏，又不歸甘，蓋廿五族與三十九族之逋逃藪也。

三十日，雪。早十一時，由光雲冒雪起程，沿連曲之南岸，向西行，渡隆群曲之冰橋^{發源南山之谷，向北流，注連曲}。十五里過曲仲溝口，清流激湍，兩岸無冰，蓋暖泉也，向北渡連曲，寬三丈餘，深及馬腹，由北岸登高崗。廿里至連曲之濱，於札索瓦力當歇焉。

是晚宿連曲之濱，長夜漫漫，水聲滔滔，憂心忡忡〔註57〕，寒風習習，輾轉不寐，愁緒縈懷，孤燈如豆，三星在天，余自出塞以來，野棲露宿，蟾圓已三度矣，道路梗塞，魚雁鮮通，未知青島問題轉機與否。南北和議，解決與否。當此國勢危如纍卵之秋，朝夕變幻，神鬼難測。此三月以來之景況，尚不知現狀何如也。余年來視家庭如客店，以逆旅作故鄉，未效負米之子路，常學絕裾之溫嶠，今者游子遠征，慈母情牽，值此氣候嚴寒之際，不免依閭而望，其苦況為何如也。

冬月初一日，晴。早八時，由札索瓦力當起程，下崗渡連曲，沿南山之麓，向西行，過山溝，復渡連曲，向北行入溝，光群曲自東北來，光寧曲自西北來，出溝注連曲，自此逾大坡，至一平灘，山〔註58〕巖之下，工倉喇嘛

〔註56〕此標題據吳均整理本添。
〔註57〕原文作悄悄，今改正。
〔註58〕山字據上下文添加之。

之淨房在焉。逾小山，向西行三十五里，宿於巴欠。

巴欠本宜他族所屬^{即《藏志》}_{之寧他克族}，當青藏之要衝，爲夥爾吉卡總管〔註59〕駐
衙之所^{夥爾吉卡者，三}_{十九族之總名}，原有廬居者四十餘戶，商牧相兼，亦三十九族之繁盛
地也，民國五年，西藏聞甘肅有進兵之說，遂勒令拆盡民房，督催三十九族
之民夫，自備食用，星夜建築營寨，以作駐兵防甘之計，周約二百餘丈，高
一丈二尺，四周建碉樓四，闢東南二門，是役也，百姓死者甚重，大有秦皇
築長城之風焉。經此變更，以致廬居之民，無處棲止，不得已遂散處於山谷
之間。

營寨之西北隅，有哈卡力寺，爲最古之禪院也，形勢頗狹，居喇嘛一，
僧徒五十餘名。北山溝中有羅福寺，寺僧百餘名，喇嘛已故，哈卡力寺之西，
有最大之黑氆幕一座，長七丈餘，寬約四丈，爲諸僧誦經之地，每年陰曆十
月廿五日，值宗喀巴佛誕之辰，哈卡及羅福二寺之僧，齊集黑幕中，諷經五
日，遠近番民禮拜者甚眾，商賈亦咸集焉。

三十九族本土番之支裔，與玉樹廿五族同種，居黑水之上游，西至沙克
河爲界，東北與當沙買拉毗連。昔爲青海蒙古降服，自清初削平羅卜藏丹津
之後，漸次招撫，雍正九年，暫歸駐藏大臣管轄，載在貢馬之列，後由理藩
院奏派夷情部郎〔註60〕管理，徵收民刑事宜，辛亥之變，駐藏大臣聯豫組織
勤王軍於拉薩，迨後陸軍譁潰，大起戰端，藏人乘機欲離中國，驅逐華官出
境，故三十九族之夷情部郎，亦隨驚濤駭浪而俱逝矣。

民國三年，西藏派堪群章那一員^{唐古特}_{四品官}總理三十九族事務，並派營官二員，
以資彈壓，將百戶百長等一律改爲丁琫。

三十九族出產品，以羊毛爲大宗，每年販運於拉薩及昌都一帶。堪群章
那每牛馱徵銀六錢。鹽每馱徵銀□錢五分。各種皮張，稅率無定額，惟〔註
61〕任性磋索而已。此外又徵家畜稅，馬一匹年徵銀一錢五分。牛六頭年徵
銀一錢五分。羊三十頭年徵銀一錢五分。

民國六年，川藏開戰，堪群章那奉令，每族派出馬兵一百名，以作後援，
番民不願，復令每名折繳銀九兩。八年夏又令各族仍派馬兵百名，嚴令自備
槍馬，候赴昌都。番民援六年之例繳銀，藏官未准，且宣示抗違者殺勿赦，

〔註59〕原文作總理，改爲總管。
〔註60〕郎字爲輯者補之。
〔註61〕原文誤爲情，今改正。

年來橫征暴斂，每戶年徵貢馬銀四十兩以上^{原定每戶年徵貢馬銀八}分，清末徵至一錢有奇。兼之川藏開釁，軍隊往來，差徭甚繁，民怨沸騰，日思內附，恨不能與唐古特脫離關係，大有斯日曷喪，及汝偕亡之慨。其百長尕恰典打及參旦等詳述暴虐情形時，淚聲隨下，且言漢官如不作主，我輩死難瞑目，嗚呼，何為淵驅魚者之多也。

三十九族東北氣候過寒，盡屬游牧。黑河北岸一帶，氣候頗暖，如貢木，拉什，奔彭，色爾查，川木桑，上下岡魯等族，耕牧相雜，惟所墾不多，僅可供本族之食。鹽皆仰給於玉樹格吉族之阿雲察哈。木料非由拉里江達〔註62〕輸入，不易得也。

三十九族之語言風俗，與玉樹無異，惟男子多不披髮，皆束一辮，上綴松石珊瑚之類，其少年豪富者，以牛尾續其髮辮，作粗〔註63〕長形，滿綴珊瑚松石蜜臘，並繫以銀製之護身佛閣，以為美觀，女則皆梳細辮，亦以珊瑚松石為飾，番酋見官長時，多行請安禮，亦有吐舌鞠躬者。

三十九族之番酋，為減輕負擔起見，多有數族合為一族者，如多主，拉什，奔彭，畢魯，貢木，渣冷六族合併為一，名曰俄雪如。十族合併為一，名曰夥爾郎康錯亥族，此外尚有三五族聯合為一者，因而名目岐異，今昔不同，蓋有為而為之也。統計三十九族人民，約有六千餘戶，其生活程度，與玉樹彷彿，近因藏官腺削過甚，民力耗矣。

三十九族舊有總百戶名才文拉加札喜者，疾惡如仇，名望優美，闔族愛之，後被匪人所忌，串通侍從臺拉暗殺之，邇時其子鎖南尖錯甫生三月，尚在襁褓之中，旋經三十九族之番酋起訴於駐藏大臣〔註64〕，派夷務部郎〔註65〕李某〔註66〕前來查辦，僅誅其凶首臺拉等三人，餘皆逃匿。未幾夷務部郎〔註67〕歸藏，更兼政體改革，此案至今未決。今鎖南尖錯已十四歲矣，天資穎敏，不類群兒，三十九族之百戶等，念才文拉加札喜之德，甚願鎖南尖錯襲父職焉。

初二日，晴，在巴欠休息一日，並換烏拉，晚間與苟筱齋，馬玉山諸友各寄一函，以報近日情形。

〔註62〕原文作江運，今改為江達。
〔註63〕原文作組，今改正。
〔註64〕指末任駐藏大臣聯豫。
〔註65〕原文作即，今改正。
〔註66〕李某指李毓森。
〔註67〕原文作即，今改正。

初三日，晴，烏拉來遲，早十時三十分，始由巴欠起程。向西行不數武，渡索曲^{即索克河}，河寬十餘丈，深約三尺，水清石底。過河，上巴工卻拉，山小而陡〔註68〕峻，下山更險。自此沿山腹而西行，過巴拉，山勢高峻，上下山約十餘里。又過車魯牙墪，仍由山腹而行，登田你墾甫之巔，下山向西南行，一望泉源，彌漫無際，至牙力昂，復由西山之肋〔註69〕上牙力甫嶺，下坡至墾能木昂，入彭他族界。出溝渡邦曲之冰橋^{疑布曲之誤}，河寬八丈餘，夏日水量甚大，故設繩橋，往來旅客得懸渡之，過河至羊池通大灘，四十五里，宿於東楞。今日山路崎嶇，毫無平壤，盤旋而行，冰雪滑甚。山中泉水亂發，細流不遑枚舉，均向南流，注於布曲。

索曲發源於伊克諾莫渾巴什嶺之索雲，繞巴什山，東南流二百餘里，與布喀，察漢兩山流出之四水相會，經俄雪之東，至卻索休多，受布曲水。又東南流，至巴欠之南，受連曲水。東流入喀木境，注於黑河。

布曲發源布克山之陽，名曰布雲，向東南流，二百餘里至卻索休多，注於索曲。

彭他族即《藏志》所謂彭他嘛族，無百戶，有百長一員，屬民八十餘戶。現任百長名卻切吉，以藏官虐民之故，思漢甚切。此間番民間有廬居者，惟不耕耳。

初四日，早八時，換烏拉，由東楞起程，向南行，入溝上東楞木拉，山勢陡峻，層巒迭障，十里餘始達其巔，下坡峻而尤險。出溝奇峰突出，巉巖林立，二小水自西來，會於開再松多，向東北流，注於布曲，自此向西南行，東西兩山夾峙，中間一片冰灘，人顛馬僕，滑澾不堪。出峽向西行，入山谷，盤旋曲折，登麥莫拉力干嶺^{此處彭他族與俄雪分界}，雪峰插天，寒輝射人，狂風一發，牛馬回首。據番人云此處最冷，人畜至此，往往多有凍斃者。下嶺向南行，經拉力干尕奢，至冶力麻大灘，渡光曲^{源出夏力光拉之東南山麓，自此西北流，注於沙曲河}。沿西岸行，過小坡，五十里，宿於麥毛克麻力喀。

麥毛克麻力喀為六族^{多主，拉什，奔彭，畢魯，貢木，渣冷}供差之地，年來川藏多事，烏拉浩繁，供給稍遲，鞭打立至，六族苦之，遂〔註70〕聯合為一，名曰俄雪，共攤出毛牛四百頭，黑帳房十頂，輪流值日，以備差徭。

〔註68〕原文作徙，今改正。
〔註69〕原文作脅，今改肋。
〔註70〕原文作業隊，今改正。

初五日，雪。近日騎馬疲乏，不能前行，昨日逾麥毛拉力干嶺時，一海騮馬被風所阻，遂斃於嶺畔，故於今日休息一日。

初六日，晴。早七時三十分，由俄雪換烏拉，向西行，渡錯卜藏曲之冰橋（源出錯卜藏沮泇之地，向西北流入白洗曲），過甲即通大灘，逾拉跨文保曲水（頗小，向北流入白洗曲），至群明卓拉，過朝火松多（水小，向北流入白洗曲），向西北行，經賽雲，依南山之麓，三十五里，至[註71]白洗曲（發源於白哈滿白哈之麓，向西北流注沙曲之南岸）。格年曲（源出格你拉曲陽德之腦，水量頗大，注白洗曲）自南來，宿於[註72]名曰格年多。今日路途平坦，無高山峻嶺之險，又幸天氣和暖，終日無風，水草牛糞俱備，爲旅行以來最美之日也。

近兩旬來之氣候，華氏寒暖計早晚零[註73]度，午間零上十度或十五度，若遇風雪變化，則降至零下廿餘度或三十餘度矣。

初七日，晴，大風。早七時，由格年多起程，向西南行，過彈卡力大灘，至瓦勒纏木曲（源出瓦勒腦，向西北流，經宗克力麻，入沙曲），東西兩岸甚高，中間河流縱橫，渡冰橋，經康那哈大灘，道路平坦，渡沙曲之冰橋（即沙克河，納克書三十九族與達木蒙古此處分界），河流甚大，設繩橋二條，以濟行人，至此登格達拉，鉅石當途，狀如虎蹲。下坡至沙義昂，又上一山，路頗平坦，爲格達拉之支峰也。下山至若雲，湖泊遍地，泉水亂流。向南行四十里，於落布強松多歇焉。此地若雲曲自北來，札克雲曲自西來，兩水相合爲落布強松多，向西南流入沙曲。

沙曲發源於喀爾占古叉嶺之南，距拉薩東北七百餘里，南流三百餘里，會都回山之諸水。又東南流二百餘里，庫蘭河自西來入之。又東南流，至那什阿正多注入黑河。

初八日，陰，大風。早七時三十分，由落[註74]布強松多換烏拉起程，向西南行，至雜肯昂，地處南北兩山之間，路多平坦，惟鉅石塞途，尤多湖泊，河流縱橫，皆匯於札克雲曲。四十里至札西東拉，山不高而路平。下坡過東拉昂，五十五里至且里寇寇宿焉。且力寇寇多湖泊之地，亂泉匯成一河，名尕里曲，向東南流，注黑河。

初九日，雪，昨夜風雪交加，今朝稍減。早八時，由且力寇寇起程，向西行，至世力果馬，下坡，曠野浩漠，一望無窮。十里餘至且力休馬，番名

〔註71〕原文作於，今更正。
〔註72〕宿於二字據上下文補。
〔註73〕原文作雲，今更正。
〔註74〕原文作若，據上文改。

果馬休馬者，言坡陀之地也。湖泊如鱗，冰灘星羅，風雪大作，刺面欲血。向南行至雜曲松科，三十里，宿於壟俄。

初十日，晴。早七時，由壟俄起程，向西南行，登巴雀，下山陡而多石。十五里至工雲，經巴雀山梁，下坡出工裕溝，兩山對峙，中多沮洳。旋過陶果拉，道路平坦，一小坡耳。自此向西南行，至生業雲，茫茫大灘，草不及寸，夏日有水，多則涸矣。五十里至俄曲卡歇焉。

俄曲卡本達木蒙古唵木多族所屬之地，距黑水尚有十五里之遙，西通拉薩，東通玉樹，南界川邊，北達柴達木，當海藏之要衝，扼西藏之咽喉，往昔準噶爾由此路入藏，亦必爭之地也。西藏設堪布一員，昂鎖一員^{俗呼營官}，管理三十九族之蒙古，徵收稅務，並盤查往來行人。凡有入境之人，不論番漢僧俗，先由堪布查驗護照，請示拉薩，認可後始准渡河。凡羊毛入境時，每牛馱徵銀七錢五分。爐茶入境時，每牛馱徵茶一包^{值藏銀二兩四錢}。旅客不論多寡，每一鍋叉，徵銀三錢。達賴禁止打獵，故於野牲皮不徵云。年來建築房舍頗多，居民一百餘家，商旅往來，暫有繁盛之象，惟差徭過重，民甚怨之。

俄曲卡有夏卜典寺，建築宏麗，寺僧三百餘人，喇嘛已故。達查拉毛山之麓，有覺摩寺一所，內有覺摩四十餘人，即尼姑庵也。俄曲卡之東有鹹湖^{距俄曲百餘里}，番名愛里彭措，周約三十餘里，每歲至冬臘兩月，湖水結冰之後，冰上生礆數寸，自遠觀之，一最大之雪海也^{如遇風雪，礆必融化}，唵木多人取之盛於皮包，販運於拉薩川邊玉樹，以作番人熬茶之需，湟源一帶，呼為藏礆，以之洗垢，其功效與蓬灰同。達木蒙古居騰格里海之東，沙克河之西，角孜拉之北，番名江里得西，即達賴喇嘛所屬下索之地也。本青海固始漢於五輩達賴喇嘛時，帶領蒙古官兵赴藏護衛，留住五百三十八戶在達木地方住牧。康熙五十九年戰平準噶爾之後，又留蒙古兵二千，均歸頗羅鼐郡王管轄。迨頗羅鼐死，其子珠爾墨特襲職謀逆，被駐藏大臣傅清誘斬〔註75〕之，從此蒙古兵均回達木游牧，始歸駐藏大臣管轄。原設佐領八員，驍騎校八員，分為八族，道光以後改為三十九族，今又併為七族矣。自駐戴大臣出境之後，又歸俄曲堪布管轄，統計三十九族之人口，約有二千餘戶，牧多耕少。達木三十九族之蒙古，二百年來，已為番民同化。其語言風俗與納克書族無異，欲得一未忘蒙古語言，蓋亦鮮矣，達木蒙古三十九族之名稱，《藏志》未載，茲錄於後。

〔註75〕原文作靳，今改正。

多馬族，麥馬族，札魯族，蘇和魯族，色多族，雪呼切族，雪呼窮族，尒加族（以上八族，現合併爲一，名曰唵木多族）。壠雪族，棉得洛族，棉洛族，唵周族，昂索洛族，素呼寧族（以上六族今併爲一，名曰洛馬族）。壠雪族，阿陌族，加陌族，打沙族，打冷族，巴冷若族（以上六族合併爲一，名曰江馬族）。哆楞族，色尒康族，工丁寧族，札倉路族，若圖呼族，加馬路族，米賽里麻族，賽里唐昂族（以上八族現併爲一，名曰格力巴族），阿巴族，陀魯族，馬里雲族，賽巴族，索力且族，山巴達子麻族（以上六族合併爲一，名曰桑雲族），尒路欠族，意且族，意群族，布他族，得沙族（以上五族之合併爲一，名曰夥尒巴力他族）。

達木各族，所產羊毛最細，每百斤約值藏銀十兩之譜，每年運銷於印度。達木各族，氣候過寒，寸木不生，建築財料，皆由拉里運來，其價甚昂，長七尺徑四寸之松木，值銀一尒五錢。

年來盜風甚熾，納克書與達木蒙古之賊勾結爲害，各族苦之，民國六年，由俄曲堪布會同堪群章那，派人踋緝，拿獲三十餘人，分別懲辦，有斬決者，有剫手刖足者，有割去膝蓋骨者，有永遠監禁者，有帶小枷腳鐐遊行者。自此盜風頗息。

玉樹娘磋族有百戶名山珍旺加者（一作桑住完加），民國五年因事被寧海巡防軍驅逐出境，逃於納克書之畢魯族住牧（距俄曲百餘里），年來勾結畢魯，札麻尒，夥尒麥三族之匪人，搶劫旅客，竊盜各族之牛馬，我若不設法招撫，恐藏人有所藉口矣。

十一日，晴。今日爲九年元月一日，與俄曲堪布及昂索，並派駐湟源之貢麻尒璠會晤，詳談西藏各事。

十二日，晴。休息一日，湟源商人由藏來者頗多，相見之下，暢談胸懷。

十三日，晴。烏拉未齊，又休息一日。

十四日，晴。早九時三十分，由俄曲卡起程，向西南行。至科里清大灘，渡才曲（源出阿卜周後札麻力，向東流入黑河）十五里至黑河之北岸。岸畔有嘛呢墩及房屋一處。河寬十餘尺，已結冰橋。過河入洛馬界，茫茫大灘，白沙無垠，寸草不生，皆不毛之地也。過尒石太卜拉，路甚平坦。三十里至雀呼里，風寒如刀，寒不能當，遂寄宿於番民黑帳房中。

黑河番名俄曲，蒙古名哈喇爲蘇，皆黑水之謂也。源出前藏騰格里海之北，有鉅澤曰布喀淖尒，在大流沙之東，廣一百餘里。其水東南流，匯於厄尒濟淖尒，廣百餘里。又東南流，匯於吉達淖尒，廣亦百餘里。又東南流，爲哈喇淖爾，廣百廿餘里，其水色黑，即古雍望之嘉湖也。自此向東南流，受公噶巴噶山之哈喇河，裕克山之裕克河。又東折入達木蒙古，繞納克書三十九族境，沙克河合布克河自西北來入之。又東北流，入川邊境，折東南，索克河自西北來會，經索克宗之南境，名衛曲河。自此經洛隆宗之東，入怒夷界，爲怒江。又南流至桑昂之東，鄂宜曲河自東北來注之。又南流，入雲南麗江府界，曰潞江^{潞即怒音
之轉也}。南流經永昌府潞江安撫司境，由緬甸入南海。

　　按蒙古語稱黑爲哈刺，水爲烏蘇，故《清一統志》《衛藏圖志》皆以怒江爲《禹貢》之黑水。明人李元陽著《黑水辨》，云瀾滄潞江皆由吐蕃北來，蓋與雍州相連，水勢並洶湧，皆入南海。然潞江西南趨緬中，內外皆夷，其於梁州之境若不相屬。惟瀾滄由西北向東南，徘徊於雲南郡縣之間，至交趾入海，今水內皆爲漢人，水外皆爲夷緬，則禹之所導於分別梁州界者，惟瀾滄足以當之。

　　而唐樊綽又以麗江爲《禹貢》之黑水。程大昌疑其源流狹小，不足以合雍梁二州境域。又麗江源流在越南境，雖入南海，與雍梁二境無當。至下流並不狹小，大昌所言，蓋其在江發源之地耳。惟張機，黃貞元獨指大金沙江^{即雅魯
藏布江}爲《禹貢》之黑水。張機曰《禹貢》三言黑水，當以導黑水至於三危，入於南海爲正文。《水〔註76〕道提綱》曰雅魯藏布江，即大金沙江，疑即古之跋布川。或指爲《禹貢》黑水，則太遠矣。

　　清聖祖云《禹貢》導黑水至於三危，舊注以三危爲山名，而不知其所在。朕今始考其實。三危者猶中國之三省也。打箭爐之西，拉里城之東，爲喀木地，達賴所屬爲衛地，班禪所屬爲藏地，合三地爲三危耳。夫瀾潞二江，僅涉喀木之境，惟雅魯藏布江發源阿里，遍歷後中前三藏之地五千餘里，折而南下，經緬甸國，又五六千里，注於南海。首尾萬餘里，大小支流匯納數百，水勢浩瀚，無與爲匹，實西南徼外第一鉅流。然則《禹貢》黑水，捨〔註77〕此更無足以當之者。後儒拘於疆域，以去雍梁二州太遠爲疑，不知西北諸湖，迄於流沙，皆統於雍州，西南諸夷，盡於南海，皆統於梁州。是以天文井鬼爲梁州分野，而西羌吐蕃吐谷渾及西南徼外諸國皆占焉。即如清時西藏統於四川，駐藏文武關防悉冠以四川二字，豈得謂川省疆域無此荒遠哉。蓋崑崙山脈爲江河發源之地，崇岡迭巘，路徑不通，人跡罕到，是以諸水原委錯亂，

〔註76〕原文作文，今改正。
〔註77〕原文作舍，今改捨。

首尾混淆，異說紛起，迄無定論。如以導黑水至於三危之文義論，則清聖祖與張機之言，自可確切無疑。惟《禹貢》有岷山導江之文，後之論水，遂誤以岷山爲江源。殊不知岷山實在茂州，即今松潘北徼外，甘肅迭部之南境，其時並不知有金沙江也，又何必窮涉蜀滇青海之境，而尋其源耶。後人欲張〔註78〕大禹績，遂舉羊膊鐵豹之屬，嶔崎起伏，西南走蠻箐者，皆謂岷山，李庸《益州記》《太平寰宇記》皆引其說，猶之積石本在河關，後世嫌其太近，據《段熲〔註79〕傳》自張掖出塞二千餘里爲大積石，轉謂積石移於塞內，並浮於積石之文而不顧，誣之甚也。且禹〔註80〕之治水，欲謀民之安息也，塞外荒遠，人跡罕至，禹〔註81〕何爲而涉其境耶。歷代使探河源，未悉要領，至清聖祖而始得其詳，而謂巴顏哈拉山之南北，皆有舟車輦盾之功，豈理也哉。總之，考古證今，未可拘文牽義，要爲實事求是耳。

十五日，晴。早八時，由雀呼里起程，過麻石灘，逾甘清拉，入桑雲族界，至夥爾特群科，因灘中泉水亂流，故得此名也，又過甘群拉，渡加木曲卡泉，^{發源於本灘之亂}_{向南入桑曲}，四十里至麥多格那歇焉，今日道路平坦，惟無草耳。

十六日，陰，大風。早七時四十分，由麥多格那起程，向南行，渡由曲^{源出西山}_{之亂泉，向西北流入俄曲}，至一最大之灘，番名郭瓦起英，周約百餘里，湖泊星羅，眾水匯於西北低窪之地，聚成一湖，周約廿餘里，名曰消毛錯。旋過貢毛曲裏坎，逾即楞拉，五十里至章茂^{章茂者}_{謂極冷也}，狂風捲地，不能支帳，遂寄宿於番民黑幕之中，今日道路平坦，多屬不毛之地，頑石塞途，殊覺不易行耳。

章茂之西，有一雪山，峻峰插天，數百里外即見之，番名散木田岡桑^{散木田謂}_{最靈之神，岡桑謂華屋也}，積雪皚皚，終年不消，雖炎暑時亦必大雪。章茂爲拉薩大道，處散木田岡桑之麓，四時狂風，氣候嚴寒，俄曲堪布以地居大道，爲往來換鳥拉之所，故勒派各族之民，輪住一年，以供差遣，亦有久居者，謂能邀神靈之祐也。

十七日，晴。早八時，由章茂起程，向南行，源泉混混，匯流成河，爲桑曲發源之所^{向東南流，納東面二山之諸水，}_{折而東北出峽，與熱振曲會}。十五里，住於南官科力。

十八日，晴。早八時二十分，由南官科力起程，向南行，渡那隆章科力

〔註78〕原文作弛，今改正。
〔註79〕原文作段穎，今改正。
〔註80〕原文作萬，今改正。
〔註81〕原文作萬，今改正。

曲，帕文布曲及巴壟曲，三河水量皆大^{均發源於散木田岡}桑，向東南與桑曲會，冰灘縱橫，人顚馬僕。自此沿鄧那哈大黑山之麓，過牙什，麻什二大灘，則鄧那哈拉布喀曲由山峽奔騰而出^{向東南流，與桑曲會}，夏時水量甚大，涉者時有淹斃之患，渡河向西行，入熱正寺界，過夏力岡厄，有小水入桑曲，旋逾角孜拉，坡平路坦，下坡至角孜麻布溝，過麻布曲^{向西北流，與那壟尕力麻曲會}，路旁有塔八座，番名旦木雀力加。五十里下溝，於那壟尕力麻曲歇焉。那壟尕力麻灘中，亂泉密佈，匯為那壟尕力麻曲〔註82〕，向西流，與彭多曲會。

十九日，晴。早八時，由那壟尕力麻起程，向西行，過當毛曲及巴合由力杭曲^{二曲皆發源於南山谷中，向北流注那壟尕力麻曲}，至一大灘，廣漠無垠，多屬沮洳，番名爾俞納，過爾麻可可曲水^{頗小，由南山谷中流出，向北流，入亂謹曲}，廿里至洋安科力清，有嘛呢墩，狀如寺院，自此向南行，入洋列昂山峽，東西峻嶺夾峙，積雪如銀，洋列曲^{源出拉厄拉之陰}由東南蜿蜒而下，北流出峽，與那壟尕力麻曲會，旋至巴合賽力，兩山偪仄，鉅石坎坷。向東行，逾拉厄拉，下坡陡而不長，過小水，五十里，住於卓力宗之山灣。拉你拉一帶，四面皆沙，山紋理縱而斜，殆古時之海底歟。

廿日，晴，早七時三十分，由卓力宗起程，向東南行，過拉你拉枝峰，鉅石杈牙，旁臨深瀾，泉水自巓而下，石際皆冰，馬難立足，峻險〔註83〕異常。下山入江木壟峽，崇山壁立，深蔽日光。江木壟曲^{源出拉你拉之陽，向東南流，與熱正曲會}納南北二山之諸水，縱橫亂流，遍地皆冰，行人屢經其上，滑溚之至。石路嶙峋，窄而有險。出峽口，山開川平，番民有廬居耕田者。道旁有小邱十餘，狀如咸陽一帶之皇陵，詢之番人，亦無知者。廿五里至江木多歇焉。

自拉你拉至江木多一帶，翠柏遍山，柴木成林，江木多之東，為熱正科，入峽東行廿里，有熱正寺，山徑曲折，翠柏參天，金瓦石牆，建築宏麗，寺僧三百六十餘人，為前藏最有名望之古刹也。清咸豐御賜翊贊宗源四字匾額，賜名凝禧寺，以藏曆〔註84〕考之，已千有三十年矣。呼圖克圖示寂之後，迄今十載，尚未轉生。屬民二千餘戶^{分十二族}，現由香錯管理。《衛藏通志》云熱正寺寂無鳥獸，若欲觀之，喇嘛振鐸，山禽麋鹿之儔，畢集於此。不知何所據而云然，真荒誕不經之談也。熱正寺之柏葉，燃之甚香，番人之以作敬神之品，

〔註82〕此處補一曲字。
〔註83〕原文作集，今改正。
〔註84〕原文作歷，今改正。

如運於庫倫各地，一皮包可值二三十金云。

熱正寺於江木多建碉房一處，粗陋不堪，作西藏頭目往來之公寓，支應柴草，不換烏拉，附近耕田之戶不納糧，衹支草焉。

廿一日，晴。早七時，由江木多起程，沿熱正曲之北岸，向西南行，過江木窮灘，頑石塞途，馬蹄顛躓。旋至色旁峽，北依峻嶺，南環大河，道路仄偪，鉅石崚嶒。廿五里過壟列坡，渡彭多曲之冰橋，住彭多宗。

彭多宗處絕巘之麓，爲赴拉薩之大道，居民三十餘戶，廬居而耕，且互市焉。設營官一員，管理各事。藏政府每年按戶徵銀，依民之貧富，每戶自五兩逓減以至一兩爲限，餘如烏拉柴草等差甚繁，民甚苦之。婦女皆撚線織褐，成品頗優，染色亦佳，除供自己服用外，售於旅客者甚多。惟毛價甚昂，每斤約值銀一錢有奇。四山多柴，故男子亦有編筐籃者。

彭多曲^{一作達木河}有東西二源，東爲角孜拉之諸水，匯於那壟尔力麻曲，向西流，與年前唐拉^{西藏最有名之大雪山}之諸水合，入彭多界，向西南流，經窩列隆至彭多宗之東。設鐵索橋^{以鐵索二條穿於兩岸鉅石之中，橫網以皮條，中置木板}，長五丈餘。夏日水量增長時，波與鐵索齊平，又設皮船二隻，以渡貨物，向南流，熱正曲自東來會，水勢洶湧，寬約五六丈，達隆邦曲自西來注之，南流三十餘里，摺貢曲自東南來會，自此折東南流出，至墨竹〔註85〕工與諸水會，向西流，繞噶勒丹之北，至巴米斜卡，向西流，直抵拉薩〔註86〕。灌漑便利，道路平坦，爲米底克藏布江。

年前唐拉爲哈喇崐崘山脈中之著者，連亙〔註87〕重迭，高聳雲霄，白雪皚皚，炎暑不化，橫障於騰格里海之南，高度在散木田岡桑之上，經西人海代印博士考察，與喜馬拉雅山系相近，因名之爲外喜馬拉雅。余嘗見青海蒙番朝夕敬神之際，心合掌，向西禱告曰年前唐拉，以謂最高之山有神靈也。

廿二日，晴，早七時，由彭多宗起程，向西行，入賽列果倉峽，達隆邦曲^{有二源，一出達隆拉之亂泉，一出差列拉之陰}自西南婉蜒而東，注彭多曲，五里許，則賽列果寺掩映於山巔怪石之中，丹甍素壁，狀如洋樓。廿里至差列昂溝，峻嶺入雲，鉅石塞途，溝之西達隆拉宛若屏障，山麓有達隆寺焉，建築宏麗，僧舍比鱗，寺僧三百餘人，喇嘛已故其二，今所存者，宰仲活佛而已。由差列昂向南行，差列曲^{源出差列拉，達隆之陰}，向北流與達隆曲會自南來，鉅石枒杈，遍溝皆冰。上陡坡，逾差列拉，

<hr />

〔註85〕原文作長，今改正。
〔註86〕原文作隆，今改正。
〔註87〕原文作互，今改正。

下山沿差色力曲源出差列拉之陽，南流至倫珠宗，入盤包曲過拉尕松多，夏勒松多，至你力科，經拉毛，盤大二莊，六十里住倫珠宗。

自彭多至倫珠宗一帶，沿途純是鉅石，最不易行，而差列昂與差列拉，險峻異常，為赴拉薩最扼要之區也。

倫珠宗居民一百廿餘戶，駐營官一員，地處低窪，氣候甚暖，土地膏腴，皆為水田，播種小麥莞豆油菜青稞及蘿蔔洋芋之類。冬日遍地灌水，以防來歲之旱，亦為春時易耕也。樹木僅有垂楊及青柳二種，多栽於小園之內，以作夏日遊玩之所，若溝渠之邊，不多見也。

壓油之法，將荣子以手磨直徑尺餘研細，裝於褐包〔註 88〕番名烏他，上覆木板，以石壓之，其法極拙，甚可笑也。

拉薩商上每年按戶徵銀，依其貧富，自一兩至十五兩為限，間年則捐輸一次，其富者有捐至四五十金云。居民完糧時，多寡無定額，依營官徵收之。

廿三日，晴。早八時，由倫珠宗起程，向西南行，過大灘，河流縱橫即盤包曲，不遑枚舉，廿里住浪蕩宗。盤包曲發源於盤包果拉之麓，會差列曲及沙典喀則諸水，向東南流入米底克藏布江。

自倫珠宗赴拉薩之道有二，沿河流至加沖，經加察邦得，二日可達，路途平坦，謂之大道。如由浪蕩宗逾盤包果拉，則一日即到拉薩，惟石路峻險，不易行耳。

廿四日，晴。烏拉未齊，在浪蕩宗休息一日。浪蕩宗處盤包果拉之麓，居民廿七戶，如逢差徭，則與沙典，喀則二宗共支之。有愛里札察寺，形甚狹隘，寺僧四十餘人，無喇嘛。

廿五日，晴。早六時，由浪蕩宗起程，向南行，入山溝，經巴牙及加毛頓二村，居民十餘家，石路坎坷，有水向北流入盤包曲。自此登盤包果拉，山勢險峻，路徑盤旋，廿里始達其巔，番名拉翟，言極高也。下山路愈窄險陡而多石，人不能乘馬，餘步行五里許，至林卜宗。由此沿山峽向南行，過歐巴即鑄幣局，房屋高大，依稀〔註89〕有機器之聲。經多典，細柳成林，有水磨數盤，路側鉅石多縱橫數丈者。出峽口，過木橋，向西南行，經札什灘，六十里抵拉薩大招之南，住於柏林公寓。

〔註88〕原文作色，今改正。
〔註89〕稀字據文意補。

　　考青海大地處溫帶，面積廣漠，水豐草厚，饒礦產之蓄蘊，擅畜牧之利益，徒以居民稀少，長此荒蕪，使各部落酋長，自相統屬，習尚不改蠻荒之舊，人民依然榛狉之風。邊防無事，尚可以羈縻統屬之，任其自生自滅，於國家大局毫無關係，今則川藏交訌，隸也不力，長唐古特之傲氣，遂英吉利之陰謀，川邊青海，大受牽掣，假令玉樹結〔註90〕古一帶，駐有大員，轄以重兵，川藏之戰，足以掊藏兵之背，而扼其咽喉，且派一勁旅，進據察木多要害，藏兵之臨川邊者，腹背受敵，川兵雖弱，亦有所恃而不恐，則以我未先時注意於青海，故使藏氛蔓延於靡止也。查歷代經營青海，初非不毛之地，趙營平之制羌也，周海亭燧相望，繕治道橋，直通鮮水迆西，至王莽敗而青海遂與中原隔絕。隋唐之際，黑齒常之大開屯田，積穀至五千斛，吐蕃盛而唐亦多事，青海遂陷於夷狄。論者每以漢武隋煬敝中國以事夷狄，青海一隅，終古荒涼，動以擅〔註91〕開邊釁為大戒，坐至日蹙百〔註92〕里而不恤，棄珠崖罷輪臺，畏葸者奉為圭臬，豈知蒙古亦不拉以部落一旅之眾，攘青海全土而有之，今以甘肅全力而憚於進取，坐令吐蕃狡焉思啟，何異拱手而開門揖盜乎，總推青海大勢，西北饒魚鹽皮毛之利，為甘新之富源，東南有江河水澤之便，為川藏之門戶。擬設海西，河南兩道尹，各擇便利之地，設置理事，辦有成效，漸改縣治，海西道兼轄廿四旗蒙古暨八大族番酋，駐防兵十餘營，兼事屯墾畜牧之業。河南道兼轄蒙古五旗並三果洛，玉樹，那克書各土司皆隸焉，撥駐防兵十餘營。道尹以富於邊事智識，並優於兵機方略者充之。緣目前理事，既無將兵之權，而武官又不諳撫番理民各政策，故平居無事，尚可逍遙河上，吸取邊民膏血以自養，有事則資糧無所，轉運難繼，客兵孤懸，求援無門，則以但駐防兵，並無安土重遷之民族，根柢不厚，故歷代戍卒易致潰決，職是故也。苟有才識兼備之大員，專閫方面，軍民並重，墾牧兼資，易游牧為城郭，化散渙為集合，明斥堠以通運道，掘礦產以裕財用，翌日有事，進足以控制川藏，退足以固我邊圉，試觀日本之北海道，非荒寒不毛者乎，俄羅斯之西北利亞，非冰疆沍寒之區乎，一經兩國墾闢得人，蝦夷則財用豐饒，漠北則交通便利。即我國日鄰強俄之新疆，若非開為行省，恐已蹈朝鮮越南之故轍，玉門關外遍設俄人卡倫矣。是宜速設道尹，力圖屯墾，積極進行，以為開省之基礎，更有說者，將來藏事解決，非武裝不能和平，川

〔註90〕原文作解，今改結。
〔註91〕原文作較，今改為擅。
〔註92〕原文作白，今改正。

兵懦弱，著名歷史，甘兵強悍，秦所以併吞六國，而混一宇內也，合川甘兩
省之兵力以臨藏，還我河山，仍隸職方，是烏可不藉一戰之功，有心國事者，
盍加之意乎。

跋

清末莠政，致西藏與中朝反目，民國肇興，極力修好，然三尺冰凍非一日可解，入民國以來直至十三世達賴圓寂，中央已無常駐拉薩之官，中央之政令不行於西藏矣。加之英人唆使與地方軍閥之恣意妄行，西藏與四川青海屢兵戈相尋，兄弟鬩墻，實為憾事。

當駐藏清軍被逐，川邊尚保趙爾豐之遺業，據守瀾滄江一線，入藏重鎮昌都尚為邊軍所守。民國五年袁世凱死，中央黎元洪段祺瑞互爭，地方大小軍閥各逞私慾，互訌不已。民國六年邊軍忙於軍閥之內訌，軍備空虛，時二藏兵越界割草，為邊軍擒獲，駐昌都之邊軍統領彭日升遽而屠戮，而此時之西藏因英印軍械之暗濟，軍備已非昔日，邊藏之衝突遽而擴大。軍備空虛之邊軍節節敗退，民國七年四月昌都失守，彭日升率軍降藏，七月藏軍已進抵雅礱江一線，與邊軍對峙。時英人見西藏已占大片土地，出而調停，邊藏簽一年之停戰協定，於民國八年十月三十一日止。以割草細故而釀如此重案，軍閥之債事良可歎也。時英國駐京公使朱爾典借藏軍之優勢，施壓北洋政府重開談判以遂其西姆拉會議未遂之野心，為北京政府婉拒之。

民國八年十月，一年停戰期限將滿，復傳西藏動員兵民以事戰爭之消息，於是北洋政府電甘肅督軍張廣建，命其遣員入藏與達賴接洽以消猜疑，張廣建遣督軍公署諮議李仲蓮，參事朱綉為入藏專員，並遣紅教喇嘛古朗倉，黃教喇嘛拉卜尖同行，此為朱綉入藏之背景也。李朱二人之入藏，為民國建元以來西藏第一次接待內地官方之使團也，李朱二人在藏與西藏並有談判簽約之舉，但非本文之論旨，不續論也。民國九年七月李朱返，具呈出使之報告，並十三世達賴，九世班禪之函件由張廣建轉呈中央，促中央遣員以決藏事，然中央內爭如故，僅予二人以獎敍而已，中國政治之惡劣若斯，復何論國家之統一哉。英印睹李朱二人之使藏，忌中藏關係之向好，急遣錫金退休政務官貝爾（Charles Bell）入藏，貝爾為十三世達賴逃居哲孟雄時負責接待之，與達賴關係甚篤。貝爾入藏續行挑動中藏之敵對，以達英印分裂西藏之陰謀，然貝爾擴軍徵稅之建議有損喇嘛集團之利益，拉薩盛傳三大寺欲置其於死地以洩忿，貝爾亟返印度，英印之謀不得售。

朱綉自西藏回，除著有此篇紀行外，尚有《西藏六十年大事記》一書行世。民國初周希武之《寧海紀行》爲藏學之名著，頗爲學人推崇。朱綉所著之《海藏紀行》其學術價值實不減周氏之作，周氏所行僅止玉樹，而朱綉直抵拉薩。雖朱氏之行爲民國八年，然此時期青藏之交通與清代無異，清季雖於青藏交通程站多所記載，然於程途地名山川民情記載之詳若斯者，惟此篇也，研考青藏交通民族者，此文實具價值。

本文於民國二十二年刊於南京之《新青海》雜誌，青海民族出版社一九九六年出版之《西藏六十年大事記》末附此遊記，並有整理者吳均先生於地名史實之注釋，頗堪參考。然吳之整理於藏語地名水名後輒加漢字，雖於普通讀者多所裨益，然稍失原文之風貌及藏語地名水名之原貌，此次之輯入即據《新青海》而錄之。

本文作者朱綉，青海湟源縣人，通蒙藏二語，於青海教育諸多貢獻，自拉薩回，主持青海蒙番學校及籌邊學校，民國十七年，與周希武爲亂軍同害於青海省樂都縣老鴉峽。

西元二〇一六年冬月謹識

《入藏日記》

楊質夫著　吳均　程頤工整理

　　編者按，楊質夫（一九〇六～一九六一年），先生本名楊文，字質夫，青海省互助縣人。是現代卓有成就的翻譯家和民族語言學家。曾先後在青海省蒙藏師範學校，青海藏文研究社，蘭州大學邊疆語文學系，西寧師範學校等單位任職。協助黎丹編纂《藏漢大辭典》，其編纂的《藏漢小辭典》於一九三三年石印出版，係國內出版的第一部漢藏雙語辭典。發表過《塔爾寺概況》《西藏世族考》《西藏甘丹赤巴列傳》等著述，並翻譯了不少藏文著作。二十世紀五十年代初，他還和其他人員共同創製了藏文新生體，研製國內第一套完整的藏文字模，並提出後綴帶點法，連串字等方法，填補了國內印刷行業空白。

　　楊質夫先生的《入藏日記》係其作為以黎丹為團長的入藏巡禮團團員，於一九三四年四月自青海西寧起程及至一九三五年二月間所記的日記殘卷。僅存二冊。該日記對於青藏道程的探討，山川描述，里程記載，地區墾殖紋述，頗有參考價值。本刊節選的楊質夫先生一九三四年八月二十八日至一九三五年二月三十日間的部份日記，記錄的是其在西藏境內的行程和在拉薩學習生活的情況，是反映二十世紀三十年代西藏社會各方面狀態的第一手資料。

　　文中除按新聞出版的規定改動數字，錯別字外，其餘專有名詞一概保留原貌，未作改動。

　　二十三年〔註1〕八月二十八日，星期二，晴雨無常，晚大雨，住香迪

〔註1〕指民國二十三年，本文下同。

（shangs sde）。

上午將居住哈喇烏蘇一帶納書克等三十九族之族名住地頭目屬民等列一詳表，內包雍正時之原有〔註2〕調查及現在情形，以備分別參考，四小時始畢事。下午六時許黑河堪布喜熱卜丹增及昂索代表來此迎接本團，由尕本代表介紹，與黎師互相慰問後，作如下之談話。一奉西藏政府命令，謂中央有電，言青海省致祭達賴代表將至，故特來接迎。二貴團如攜有中央或青海省府公文，須預先遞藏。三貴團中除巡禮人員外，尚有其他分子否。四青商來藏前後不一，向例須於黑河聚齊後，一齊赴拉薩〔註3〕，且貴團情形須詳細報告，故到黑河後須請住數日。五到黑河後，不必另搭帳篷，因來時已飭人收拾房間，到時可以安歇。六貴團如有應用人夫，駝騎之處，敝處均可照辦，如須用引路之人，敝亦可派遣云云。黎師致感謝之意，一一答覆如下，本團與諸同行係一社會團體，擬赴藏巡禮求法，並非代表青省府而來。二本團純以巡禮求法為目的，並無其他任何任務，故未攜帶公文。三尚有一二人係找黃專使〔註4〕者，均由青海結伴而來。四在黑河無論住多久，均可遵行。五承為預備房舍，實不敢當，至感。六本團與藏商同行，不乏熟悉路線之人，引導可不必〔註5〕派遣，沿途如有須用，當再為請求。談畢即興辭而出。臨別言渠須於明早趕往黑河，請貴團與藏商後來云云。去後大雨極猛，為向來所未見，繼續一小時，褥被大半透濕，後又繼續傾盆大雨，迄午夜未止。

八月二十九日，星期三，雨，香迪─嘉本鄂羅，計程三十里。

八月三十日，星期四，晴陰下雨無常，嘉本鄂羅─囊欠（nang chen），計程二十七里。

八月三十一日，星期五，晴，下午小雨，囊欠─豆隆（dug lung），計程三十里。

九月一日，星期六，上午陰爾，下午稍晴，豆隆─巴魯（pa ru），計程四十里。

九月二日，星期日，雨，巴魯─納曲喀（nag chu kha），計程二十一里。

昨夜大雨數次，迄今晨黎明始住，帳內鋪蓋盡被沾濕，晨六時發巴魯，

〔註2〕此處衍一道字。
〔註3〕原文誤作藏，今改正。
〔註4〕指黃慕松。
〔註5〕原文誤作心，今改正。

南行，旋稍西南偏，四里許過一河，河水寬而大，自東面谷中西流於巴魯灘西南，南折入哈喇烏蘇。據言其河名崔曲，其源即察倉河，由察倉蘇木多東南流，繞錯木喇湖之東，復西南流至至此云，過河稍前行，即上平坡。二里過小山，循山南小平谷南行，三里至一廣灘，即崔曲河谷地也。其水自西北谷中流出，循西山根南流，六里過小河，自東山西流入河，自此南行，納曲卡鎮已在目前。五里許至納曲卡，鎮北有河，自東山流來，名曰塞年河，過河，納曲堪布與昂索各派一人於此接迎，穿鎮至南頭一小院住，其屋據言係阿宗邁官人所有，因其主人住帳，故由曲所權房云。本日計行二十一里。院內止有小房二所，黎師占一所，余與徐歐鄭王張及兩學生共占一所，管家及庫房占一所，厨房占一所，劉趙則住於他處。

自崔曲河渡至納曲喀天雨未止。

到後昂索堪布相繼而來謁黎師，饋酥油糌粑白菜馬料之屬，並爲余等饋以羊肉酥油等物。下午堪布（mkhyen rab bstan vdzin）親將本團騾馬行具等詳細登記後，特許將本團騾馬與噶本所有騾馬受同等待遇^{向例噶本騾馬到納曲喀時，專有一山放牧，其山自春季以來，即禁止民眾放牧，至噶本走後始開禁，本團之騾馬亦特許與噶本一處放牧}，且派五人幫助畜牧。本團僕人除管家及烏金旺欠，焦海星，阿旺嘉木錯及黎師勤務二人外均皆携帳上山。

納曲喀原名哈喇烏蘇，漢人稱爲黑河，其實南距哈喇烏蘇十餘里之遙。其地當崔曲河及塞年河^{小河名，莊東塞年川流來}合流之處，爲西藏與川青貿易要衝，青海西寧，結古兩地商人赴藏貿易者，無不以爲必經之途。川康商人因避大水，故亦繞道至此，故爲商旅聚集之所。且其地當夥爾三十九族門戶，哈拉烏蘇以北之地，均可以此地安置，故在政治上亦屬要地。其地設堪布一人，管理行政，昂索一人，管理刑罰，治安差事，錢量諸事，榷茶局一所，管理糧茶收稅事項^{其稅率爲十一}，莊有寺院二，一在鎮中心，名曰夏卜巓（zhabs rten），僧舍六七十家，僧眾三百餘名。一在崔曲河東西岸，乃尼蛄寺也，有尼姑十餘名，鎮內房子約九十餘所，居民約三百餘戶，多業商，鎮附近牧民黑帳不少。

九月三日，星期一，晴，住。

上午八時黎師先往堪布，昂索二處回拜，余等亦隨往謁。先往堪布處，由其隨侍引見，其室爲禮拜堂，臥室兼客房者也。小門在東門隅，門對面爲堪布高座，以次兩邊均設座位，座前置短腿桌，西牆根設高桌，桌上橱內供佛像經卷之屬，桌上獻各種供品，西北隅擱置零星物品。東面開窗二口，均鑲以玻璃，窗外有小畦，內種白菜之屬，見面時堪佈在座兀坐，披黃衣，余等送以柿子哈達。渠一一讓座於其旁，命僕獻茶，遂作如下之問答。黎委員隨從共有幾人，何處人居多，（共八人，以青海西寧附近人居多。）欲在西藏求法者幾人，欲在藏久住否？（本團同人盡係爲求法而來者，欲在藏多住數年，俟所學稍有所進，再到內地去，擬將內地未譯經典譯爲漢文。）汝等現在能譯否，佛經甚深奧，非經數年積學，不能悉其底蘊，翻譯尤非易事。（吾等現正擬赴藏求學，將來能否翻譯，尚視自己學力如何，總之吾等此次不少有此願心。）現在赴藏求法之人，常見其學習數年，即行返家，其能刻苦自勉以竟全功者甚屬寥寥，汝等將來能學以中等學問已屬難得。（誠如尊言，現時眾生業力太壞，人心距法甚遠，故難免於此，吾人以十二分之熱忱來此，將來擬竭盡心力從事求學，其結果如何，未可必也。）云云。畢即興辭而出，堪布囘贈哈達一條。後往昂索處，甫入門則見皮鞭數條懸於門內，一望知其爲執法者，昂索代表親出迎接，入屋後遞送禮物如前，其居室與堪布居處略同，惟無高座，以其爲俗人故也。捧茶後略致迎接照拂之謝意。渠言敝昂索本人現在拉薩，余不過爲其侍從之一，今晨枉顧，實不敢當。余等將本地情形及昂索性質詢問，據言本地人家約三百戶左右，房舍僅及百院，蓋數家住一院者居多云。又言此地昂索每三年一人，敝昂索已住四年餘。本年因此地人口牲畜死者甚多，報告猶未完畢，完畢後即有新昂索前來接替云。旋即興辭返寓。午間劉壽山參議來訪，談一小時許，言渠等插帳地在塞年川口，青海所來商人，均住彼處。距此僅二三里之遙，渠等牲畜尚未蒙點驗云。旋即辭出，約余等於明日往其插帳處閒談，余等唯唯。

下午與覺猛，允明，輝樓等參觀夏卜巓寺院，歸途爲乞丐所纏，頗現窘狀。

九月初四日，星期二，晴，住。

早飯後往塞年川口訪劉參議。其地當鎮之正東，爲玉樹西康商人西來之大道，距鎮約三里之遙。至地談一小時許，因堪布親在該處點查牲畜，故即辭歸。同去者爲近之，允明，輝樓，曹巽四人，均乘馬來回。

下午赴本鎮各處遊覽參觀商業。本處人雖多業商，然以小販往各處黑帳者居多，本地商店較大者僅一家，名曰霞記匆康，小鋪四家，攤商六七家，貨物多爲印度出品，日本貨亦屬不少，皮疋多係呢絨，食料多屬茶糖，其他日用所需，無不具備，即手電筒電泡之屬，亦能買出。

九月初五日，星斯三，晴陰無常，午間小雨，住。

九月初六日，星期四，上午大雨，午後轉晴，住。

　　下午黎師率余與近之，山琴三人，赴堪布處攝影。至其處，於院中屋內各攝一張，均係黎師與堪布合影。攝畢黎師被邀入內，余等即返。堪布，昂索通知西藏政府命令現尚未奉到，然吾等可於明後日隨便啟行。堪布昂索爲本團拉牛差四十餘頭，經黎師再三辭謝，遂改爲〔註6〕雇用，惟腳價頗廉。自此至彭多，每頭僅藏銀二兩，已於本日下午四時先後出發。本團派僕人加樣，華卜藏同往照料一切，本團同人定後日出發。

　　至此已四五日，除堪布，昂索及同行諸藏商外，少有接洽，蓋恐引起疑惑也。連日求見甚者有二種人焉，一爲附近各寺僧人，多爲募化而來。黎師有求必應，每次數十兩不等，皆幸幸以去。一爲三十九族屬民，多因訴冤而來，每聲言其族原爲加迭^{猶言屬漢族民}，自辛亥以還，屬於西藏，由西藏政府所派夥兒營官統轄，二十年來備受虐待壓迫之苦，今年漢地長官前來於邊地，我加迭民眾如重見天日，喜出望外云云。並示以前清時所頒執照公文等求見委員一訴苦衷，黎師以避嫌故未便接近，多由余婉言安慰，並許渠等到藏後，當竭力相助。詎等雖即退去，然甚表不滿足之情緒，亦無可如何事也。

　　九月初七日，星期五，晴陰卜雨無常，住。

　　商隊定明晨起程西進，本團亦將偕同以去，惟青海回商遲至後日始能啟行。本團有老馬及疲乏騾子二十餘匹，於今日賤價售去，計老馬十三匹，計藏銀一千兩^{合大洋二百五十元}，騾子十匹，計藏銀二千兩^{五二平合大洋六百五十元整}。

　　九月初八日，星期六，上午小雨，餘時晴，納曲卡—噶慶拉山下（dkar chen la vog），計程四十五里。

　　九月初九日，星期日，晴，噶慶拉山下—桑雄屈覺爾（gsang gzhung chos vbyor），計程五十五里。

　　九月初十日，星期一，晴，桑雄屈覺爾—桑雄貢科爾（gsang gzhung gong vkhor），計程五十里。

　　九月十一日，星期二，早陰，午晴，下午雨，桑雄貢科爾—那隆噶爾瑪（nag lung dkar mo），計程□里。

　　九月十二日，星期三，上午陰，午後大雨，那隆噶爾瑪—拉尼（la gnyis），計程四十九里。

　　九月十三日，星期四，晴，拉尼—拉康洞（lha khang kdong），計程□里。

〔註6〕　此處衍一爲字。

遊熱振寺（ra sgreng dgon pa）。

晨六時半發拉尼，自拉尼下山有二道，一自拉尼谷底南山麓直行出谷，谷口陡坡難下。一自北山麓東行，繞瑪戎拉牙豁下坡，較爲平坦。余等循後路行，上坡由北山麓曲折東行，二里許上坡，登一丘，即瑪戎拉也。過丘下陡坡，里許達坡底。北面有深谷，穀水西南流，與拉尼穀水會合。由坡根西南折南，一里拉尼谷口，回顧下坡，極形險峻。穀水由峽潺潺下流，成小瀑布數段，四面石山高峻，灌木叢生，石崖危懸欲墜，天僅一線，風景之佳，爲啓行以來所罕見。自此折南曲曲行，谷地甚狹，鉅石塞途，頗不易行，三里，西南下坡，過穀水二次。復南行二里許，谷地甚陡，流水湍急。一里過西山麓小山崗，下陡坡，二里，西北一谷甚深，有水東南注谷，管家相識某君於此壺酪以迎，余亦被邀飲。過此，坡度稍平。二里許過溪，自西山谷東流注谷，四里許，西山一谷較寬，有水東流注谷，其大與穀水等。前行二里，谷地開展，道路稍平。河東山麓有黑帳十餘戶，河西旱田數段，種有青稞已熟。自夏爾哈以來所創見，欣慰非可言喻。由此循西山麓前行，三里許，道旁屋舍兩院，農民居所也，地名君木尒。前行四里至谷寇，有小村，村南西山根有小廟一所，名曰拉康洞。谷口鉅川自東北西南流，即米底藏布江也，穀水注之。本日本應尙需前行十餘里，因熱振寺〔註7〕距此東北僅十餘里，故於昨晚商同噶爾本代表，特住於此，以便遊寺。驟馬於谷河東，米底藏布北岸之大灘停住，本團同人徑往遊熱振寺，時正午前十點〔註8〕鐘。午後四時許，即返住處。計本日自拉尼至此，共行三十里，均係下坡，道陡多石，極爲難行。

熱振寺在彭多城東北三十餘里處，距拉康洞僅十二三里，爲當今西藏執政熱振呼圖克圖駐錫處也。本團同人於今日十時許抵拉康洞後，即乘騎往遊，惟覺猛因病未往。自拉康洞循米底藏布江北岸，由山根東北行，道旁多灌木刺樹之屬，開花結實，極爲美觀，香氣時時撲鼻，石巖嵸巍，靈秀可愛。前行由一危巖根下坡，鉅石如屋。下坡由河谷前進，田疇縱橫，稞麥已熟。由此上二坡，經二廣灘。道間時見浮圖嗎塘，山間有柏林，山腰小屋兩幢，一爲靜修之所，一則農田管理者所居也。前行道旁一人鵠立，乃寺中小管家前來迎者也，以白哈達獻於黎師，謂曰敝寺聞委員駕臨，特派敝人恭迎，敝

〔註7〕 此處衍一與字。
〔註8〕 此處補一點字。

寺特於江邊設備休息之所，請先至該處少憩，然後再赴寺院參禮云云。畢即乘騎〔註9〕前行，余等即隨之下小坡。但見北山一灣柏林深翳，柳間梵宇寶塔若隱若顯，形勢莊嚴，令人起敬。前行，由寺脚下南折下坡至河邊，有熱振佛所闢別墅，短垣一周，環地數十畝。院北精舍五幢，兩旁廊房十餘間，餘地盡屬園林，院中心搭帳蓬二頂，即余等休息之設備也，帳後有樹木，並蓄猞猁麝香幼熊之屬。墅門東向，門外即米底藏布江也，水色碧綠，其流較江源為大，江心一島上有柏林，江彼岸草山臺立，形如垂傘。入別墅蒙款以茶飯。黎師送布施大洋百元，管家亦以糌粑酥油牛肉馬料見遺，互道謝意。約一小時許即辭出，由其大管家引導赴寺。由柏林中北行，漸次上山，先至寺中佛寓，次赴會堂。其會堂為四方形，坐北向南，前面中間為僧眾集會之所，左右後三面均佛龕也。右為護法廟，後面三楹正中為釋迦像，兩旁乃甘丹派聖哲之遺像也，左面為阿提沙之皈依神，稱為覺窩建拜多吉（jo bo vjam dpal rdo rje），至尊文殊金剛之意也。其上有金瓦，乃其寺最尊依處也。熱振歷世之墳塔及阿提沙專木頓巴之遺像均在其北。寺院建築規模極大，柱長可四五丈，屋內四壁為經書所滿，真所謂汗牛充棟也。余等一一頂禮後，管家邀黎師赴佛寓休息。余等亦復往參各小廟，均普通佛像之類，無甚可說，滿坡柏林蔽天，不乏合抱之木，相傳為專木頓巴頭髮所種而生者，遠道來人祝為聖神，多括樹皮樹〔註10〕枝攜歸，傳謂燒香以薰，可袪百病云云。據管家言其寺建於宋時，為阿提沙弟子專頓巴喇嘛所手創，原屬甘丹派，現已傳為格魯派^{宗喀}巴派，蓋甘丹，格魯二派其宗義無甚差異也。現寺主為熱振呼圖克圖，熱振現為第五世云。惟其寺志及喇嘛傳記無刻本，不能研究，其詳不得悉也。寺僧三百七十五人，均宗格魯派教。畢即循原途返插帳處。

九月十四日，星期五，上午陰，下午晴，傍晚小雨，拉康洞—塞耶棒（sevu speng），計程十一里。

九月十五日，星期六，陰〔註11〕雨無常，塞耶棒—達隆寺（stag lung dgon pa），計程二十八里。

晨六時發塞耶棒，西南行，三里至山根大道。稍偏南行三里，緣山根南折，細雨濛濛，須臾即霧。里許西南下坡，抵達穆曲河谷地，由平灘前行。

〔註9〕 此處據上文補一騎字。
〔註10〕 此處補一樹字。
〔註11〕 原文作前，今改正。

一里至渡口，河水甚大，有鐵索橋及皮船。鐵索橋者以粗環鐵索二根繫於兩岸，穿一鐵棍，壓以鉅石，以牛皮繩攀繫兩索，中間下垂，搭以木板者也。行人至其上，攀索踐板以行，即可渡過，中間雖少搖動，然絕無危險。土人過此，不以手扶，且可負重而過也。牲畜不可渡。皮船藏人呼爲郭哇，縫牛皮爲船形，邊副木棍，長約七八尺，寬約三四尺，深可二尺餘，其大者又過此。小槳劃之，輕便易渡。余等至河口，將行禮由皮船載過，人自鐵索橋濟度，牲畜則由上流繞渡，費時一小時許，始完全渡過。過河即彭多宗也。彭多宗地當達穆曲與達隆河合流之衝，米的克藏布於其東南半里處會達穆曲河，形勢險要，誠拉薩東北重要地也。設宗瑋扼守，村不甚大，南濱達隆河，東濱達木河，房民三四十戶，均業農，亦有營濟度業者。村西有田數十畝，種青稞小麥之屬達穆河出卓子拉南之查里克圖嶺，西流，西南折，百餘里，有拔布隆河東自央噶拉嶺西北，西北流，折而西南，二百餘里，合東南一水來會，又南合西北來一水，折向東流，又東北受北來一水，東南流，過鐵索橋，彭多城東北入米的克藏布江。

九時許發篷多渡口。西南上坡，穿篷多宗西行，入達隆谷，道多石子。前行三里，上坡二里過崗，有水渠一道，里許又過一崗，曲折西南進，三里許谷地窄縮，聳巖壁立，西山石崖高懸，巖下有梵宇一幢，上下二層，戶牖洞啓，旁有僧舍數家，依巖而建，危懸欲墜。隔谷地三四十丈，有水自山頂流下，可供飲料。寺名思里郭倉（si li rgod tshang），西藏佛教先哲郭倉哇（rgod tshang pa）駐錫修道處也，因時促未能參謁，前行上坡至平崗，三里，過溪水。下坡，兩山緊縮成峽。由山麓河谷前行，亂石塞途，頗不易行。四里許，折而西行，達隆寺亦在望，前行一里，有石橋，人畜可過。過橋於一平灘插帳，距達隆寺東僅二里，草不甚好，計本日共行二十八里。

午後隨黎師往參達隆寺。其地位當達隆一小谷口，依山南向而居，有大會堂一。在山麓內有專木頓巴墳塔及庚巴，阿提沙等遺像，居巴扎倉一，內供噶舉巴喇嘛阿旺南木嘉及扎什巴專等遺像。由其寺大管家引導參禮一周，黎師送布施四十元即返，余等遍禮各處，右繞一匝始返。據言其寺僧人爲噶舉派《vdzam gling rgyas bshad》謂係甘丹派，有專木頓巴墳塔可證，後轉爲噶舉巴，亦未可知，尚待攷證，有喇嘛三人，首座寺主爲瑪爾佛，即噶舉派祖師瑪爾巴之化身，寺僧四百餘人，皆奉噶舉派宗義云。會堂及居巴扎倉皆屬金頂，亦甚壯觀，惟對於教義奉行似不甚力，謙學之士實等鳳毛麟角。

夜間大雨二次，管家赴拉薩租房。

九月十六日，星期日，晴雨無常，達隆一夏喇松多（sha ra sun mdo），計程二十八里。

九月十七日，星期一，早間雨，午晴，午後陰，夏喇松多—噶力丹群科爾（dgav ldan chos vkhor），計程四十三里。

昨夜大雨，繼續迄今晨未霽。晨起則四面高山均戴白冠，而細雨猶未止也。俟至早七時二十三分，始起程。循卡拉昂穀水曲折南行，二里過溪，自西山東流注穀水。三里上坡至一崗，崗西小村二十餘戶，清流潺潺，楊柳依依，風景甚佳，即尼科爾莊也。莊東農田數百畝，引村西所出穀水以灌之，作物多係青稞，間有小麥豌豆，然為數極少，莊東山麓有水磨一盤，下坡過溪，自莊西穿莊中，西流為渠水，二里小村四五家，名曰拉卯。前行二里過沙澗，無水，西山麓谷，小村數戶，柳陰白壁，十分美觀，三里道右西山腰有浮畫十餘，其最大者稱為夏爾本巴（shr vbum pa），西藏大善知識夏爾哇之墓塔也。塔對岸東山麓有小寺院一座，即仁慶札寺（rin chen gra dgon pa）也。過此西南折，谷地更闊，農田更廣，麥豆多於青稞，均黃熟待刈。六里河彼岸西山麓崗上，堡壘對峙，下面樹林中村民[註12]二三十戶，乃倫珠宗也。自此經一廣灘附近，僅山麓有田。六里許過小溪，自西山小谷東流注谷。前行里許道西小村十餘戶，依石丘而建，中有石砌樓房三層，詢悉為錯邁林田莊也。三里出谷口，西山至此西谷，東山猶南伸甚長，道右小村十餘家，有碾坊田地甚多。自此遙望南面河以南盤寶安曲，郭拉山腰，樹林密茂，梵宇隱顯，詢悉為盤寶那爛脫寺，乃薩迦派舊寺也。寺僧六七百人，皆宗薩迦派教義。前行過恰拉昂穀水，折而南行，由一廣灘前進，灘無田，多荊棘，東山麓村落相望。前行過小溪二，五里東山麓過小石崗，緣麓前行，東折上坡，過小石山，東南下坡，一里至安曲河谷地。恰拉昂穀水南流注河，谷地極寬，農田較恰拉昂谷為優，自恰拉昂谷口赴拉薩有二道，一由谷口南行，渡盤寶安曲河，南入谷，上坡過郭拉，是為捷徑，一日可達，惟下坡甚陡，載重牲畜，不易行走云。一即余等所經之道，由盤寶川即盤寶安曲流域北山麓東南行，田疇平鋪，村舍散居，一望無際，農人在田從事收穫，其欣慰自然之態，非中原農民所可比擬。三里折而東行，道多瀦水，泥濘難行，二里穿過一大村，居民約五六十戶，村正中有寺廟，名曰噶力丹群科爾，亦稱盤寶群科爾林寺，僧二百人，均奉格魯巴派即宗喀巴[註13]派教義，亦當地大寺也。過莊南行，三里至一水草

〔註12〕原文作合，今改民。
〔註13〕此處補一巴字。

灘，名曰加噶納仁，水草極好，計行四十三里。灘山腰有小寺，據言係噶力丹群科爾寺某喇嘛之居所云。本日所行，純係農民之地，田地寬廣，屋舍整齊，為湟源以來所未見，自此漸入佳境，快樂非可言喻也。此間已不見氂牛〔註14〕，多黃牛山羊綿羊，有馬驢，均較小，雞豬家畜均備，鴿鵲烏鴉均有。

九月十八日，星期二，噶力丹群科爾一奔對林拉（vbum mdo gling pa），計程六十一里。

九月二十日，星期四，晴，奔對林拉一拉薩，計程□里。

晨六時四十分，發奔對林拉。緣山麓渠流曲折西南行，道左水田極廣。五里奔朵莊，居民三四十戶，樹木成林，有小寺一座，自此折而西行，道旁小村不少，均屬奔朵，大道坦闊，逾於往日，途間行人亦復不少。四里許循山麓西南折，道左水潭甚大，遙望江南岸，小山上築有堡壘，附近小村不少，詢悉為德慶宗，乃由藏赴川之要道也，前行三里，西南繞一山角，西行道右山麓居民三四戶，江水至此折而北流，循北岸前行二里，西南繞一山角，復折西行，二里許經一小村，多樹林。前行過小沙崗，西南折，繞一山角而西，而西南。四里過小溪，前行東南而南折，繞一山角，西南上石坡，由崖頂西行，下坡里許，復由谷地前進。二里許西南繞山角，過渠上石橋二道，上坡過石邱，北行，漸次西北而西折，曲曲前行，自此迤東十餘里，山多鉅石，闊地山麓，輒堆石累累，道間石塊不少。四里西南上坡，經一村，民居近十戶，附近北山腰有小廟一所。過村曲折前行，下坡三里經一村，約五六戶，村北小谷中亦有小寺。前行過平沙崗，五里南折，過一山角，繞大石橋二，谷地較前開展，樹林村舍較多而整齊。前望數里外金色輝煌，層樓高峙，即布達拉宮也。本團管家於此接迎，言住處已收拾就緒云。由此前行，田疇縱橫，樹林密茂，村舍相望，行人不絕，拉薩城漸現眼簾，快愉之情非可言喻也。五六里許，致祭達賴專使行署參議陳敬修蔣致余，副官高長柱等乘騎來迎，諸人與黎師及余等悉熟識，他鄉相逢，均表歡愉，下騎談數十分鐘，乃復乘騎前行。三里入拉薩，於城南百靈樓下榻，黎師與來迎諸人徑往行署。至寓稍事收拾，與本團同志同往行署，謁見專使及各隨員，暢談途次情形。午晚均在行署就餐，八十餘日之外生活，於此暫告終結。

九月二十一日，星期五，晴。

與輝樓赴市購應用物品數次，拉薩街市以大昭周街一帶為最繁華，稱為

〔註14〕此處補一牛字。

巴郭爾。外商以尼泊爾人，喀什米爾人爲最多^{藏人稱尼人爲巴勒布，克人爲卡契}，印度人次之，大商業泰半操於此三種人手。本地人經商者亦復不少，惟大商不多見耳。衣料多氆氌與哈拉絨及棉白布，食料以茶爲大宗，其次爲糖類，其他日用必需之品泰半俱全，或開設店鋪，或就市陳列，亦甚整齊。其貨物氆氌爲土產，絨布多來自英倫及印度，日用品多來自日本，茶多來自四川，其他來自緬甸暹羅者亦甚多。中國內地來者以綢緞瓷器爲大宗，間有日用化妝品之屬，惟不如日貨之充斥市場耳，日人之善於經營可見一斑。外商多僑居拉薩，娶本地婦人爲妻，婦女裝束一如藏式，初無絲毫分別。外商多男女共營經理，本地商權多操自婦女云。

下午有僑居此地陝西商某君來寓，言其祖先來此四世，並謂內地人僑居此間者約三百餘戶，以川滇人爲較多，民國反正以後備受藏政府苛待，不甚自由，生活均甚困難，以經營小生意者居多，惟十（之）几吸食鴉片，不知振拔云。

九月二十二日，星期六，晴，傍晚雨。

昨日，黎師擬就致南京南昌青海電六通。今晨命余送往專使行署拍發，本團各同人亦均有電致家及各方。同行商人來看黎師及本團全人者極多，均蒙惠饋食物馬料等，極爲可感。

色拉寺八德喀木參派人來寓，承饋食物數事。據言該寺八德喀木參爲漢人部份，已往漢人之來寺者〔註15〕，均住該部。本團到寺一切須與八德喀木參接洽，如欲長住該寺時，該寺亦有現成房屋可供居住，請先通知云。

昔德扎倉及各商人先後來寓送禮。

九月二十三日（中秋），星期日，晴。

早九時本團全體全人隨黎師攜帶酥汁哈達，往朝大小二招。先往大招，大招土人稱爲爵旡（jo khang），在拉薩城中心，四周爲商業中心，稱爲巴果爾（bar bskor）。招門西向，門前立有石碑兩面，字跡不甚顯了，疑即長慶碑也。大門二道，頭門有額曰□□□□。門內爲走廊，圖以各種壁畫，四周皆空地，內牆周圍置法輪數百，乃繞匝之所也。二門額曰□□□□，稍小，內即大招正廟。其廟宇皆三層，東南西北面正殿頂層皆覆金瓦，建築偉大莊嚴，令人起敬。肅入門，即見正中萬燈齊明，香煙繚繞，僧眾數十人端坐誦經，即大

〔註15〕原文作地，今改者。

會堂也，三層四周，皆爲佛龕，佛像之多不可數記。正殿爲釋迦佛像，其大謂爲佛十二歲時之身量。相傳爲昔文成公主攜至西藏者，爲大招之主尊，像前金燈數十盞，大者高尺許。其他著名者爲千手千眼觀自在菩薩像，文殊像，燃燈佛像，宗喀巴像等。西藏三法王^{即松贊甘布，赤松提贊，惹巴建}及其屬臣遺像亦在焉，松贊甘布像與文成公主及拜薩像均在一處。余等一一頂禮，添油並獻哈達之屬。既畢登屋頂四望，拉薩全境在望，布達拉雄峙西北，層樓數十級，紅白相間，極爲壯觀。色拉寺亦在北面指顧間。下樓出招後往小招，小招在大招西北，布達拉之東，招門北向，僅爲一殿，內供不動金剛，招南有小廟，文殊菩薩像在焉。頂禮繞匝畢即返寓。

黃專使於本日上午八時在布達拉冊封第十三世達賴喇嘛。

九月二十四日，星期一，晴，傍晚大雨。

於一居住哲邦寺貴德僧人處聞家鄉祐寧寺貢蒙堪布現在拉薩市中，其寓距團住處極近云。堪布俗家與余同莊，二十餘年前即被邀赴蒙，終未返家，與余從未謀面。其祖若父與余父祖亦爲交好，各頗詳家世，故不能不圖一見，連訪兩次，詢悉其往哲邦寺未返，約今晚或明日即回，故未相見。

三大寺各喀木參來訪，本團同人者不少，噶爾丹寺江仔扎倉薩木羅喀木參派人訪余，承饋食物，並謂至該寺時一切須與該處接洽云。

下午與輝樓訪同鄉魏小春於雲南街寓次，暢談頗久。魏君湟源人，弱冠即出外經商，在平津庫倫及西伯利亞經營多年，十九年曾來藏一次，去年由柴達木到此，被人拐騙，致不能攜資返里，遂客居於此。魏君諳醫理，此間人就其診醫者頗不少，生活亦頗不艱，居住拉薩兩年，情形甚爲熟悉。據言此間疾病以花柳病肺病咳嗽水腫爲最多，花柳幾無人無之，據其調查，西藏政府職員四百餘人中，三百數十人曾得是病，其原因多由性交太濫，肺病咳嗽多由嗜食生鹼^{用以和茶}所致，亦甚普遍。水腫之疾，男女均患之，男子多由虛勞而來，女子多由產後不知將養所致云，其他雜症亦復不少云。

又言西藏家族制度女性爲中心，故西藏政府一切差役均由女戶充當，男子多數爲僧，所餘者均出外營生，故一切家務均由女子操持，外人之僑居拉薩者可娶藏女，惟女性之服飾不准更改，且不准攜之出外，生男則無論多少均可攜去，生女則不准帶走，故外人在此成家者多，終身不離是地云云。又言拉薩人口向無調查，僅當差女戶已有四萬餘口，男子均不在內，外商僑居於此者，連漢，印，尼泊爾，喀什米爾人，共二千四百餘口云。

晚五時後劉林請本團仝人於無線電臺晚餐，去時路逢大雨，至臺則該臺張臺長及職員潘趙二君亦在座，飯菜有魚翅海生豆花之屬，且有泡菜，頗具四川風味，甚屬難得，大嚼二小時許，始盡歡而散，歸途天陰夜黑，道途泥濘，頗不易行。

九月二十五日，星期二，晴。

上午八時許，隨黎師往藏王熱振呼圖克圖於昔扎倉，備禮品五事^{騾子錦緞桌面及及椅墊柿子棗子醋}，乘騎前往，隨侍五六人。至扎倉由熟識藏商格敦端主（dge vdun don grub），虔熱布（mkhyen rab）招待少息^{二人均係該扎倉赴寧商人，與黎師感情極好}，將禮品裝於盤內，遂往熱正喇卜張晉謁，至該處於別室稍候片刻，即於其住室相見。其人面貌清瘦文秀，態度誠懇，性情和藹，令人起敬。余等至室跪拜，渠即起立，讓黎師先坐。余及侍從一一遞以哈達，蒙其摩頂，遂就座，黎師告以巡禮團來藏宗旨及本人志願，熱止極表歡愉，謂一切方面均可相助，深望巡禮團在藏努力求學，將來將佛法宏揚內地，使內地西藏感情融洽如昔中國，全國永世和平，不勝切盼云云，言次誠摯之情畢露，若喜不自勝者。黎師請問，謂本團欲在色，哲，噶三大寺中擇一而住，以便學習，究以何者善。渠言三大寺均可居住，究以何者為善，須待在佛前問卜。待余問卜得決定後，再以書面告知云。談約一小時許，始辭行。臨行渠謂以後無論何時可隨便來談，不必拘藏中舊規云。辭出後往訪札薩克喇嘛，饋禮物數色，談約半小時辭出。後蒙昔得扎倉邀往休息，數十分鐘始歸寓。

下午與黎師往訪藏政府漢藏文繙譯員馬永泰君，在其寓遇湖北和尚佛慈，據言係陳智博之師，十餘日前由緬甸至此云，談一小時許即返寓。下午與輝樓往訪貢蒙堪布於其寓次，相談甚歡。據言渠係華勒大善知識熱卜塞（dpav ris rab gsal）之弟子，與張輝樓之師為同學，七歲時來藏，十五歲時返寺，民國二年，被請前往北平蒙古一帶，至今天未能返里，現年已五十八歲云。並詢家鄉近況及余之夙志。余均以實相告，深為喜慰。相談約二小時始辭歸。渠於去年三月來藏，係為建幢祈禱國事和平，佛法宏揚而來者，現法事將畢，擬十月下旬起啟，由海道赴蒙云。

哲邦寺果莽扎倉之薩木格喀參之貢隆米參派人視余，並承饋以肉食，謂將來余至哲邦，必須住該米參云，貢蒙堪布亦贈羊肉等物。

九月二十六日，星期三，晴。

上午黎師往見司倫〔藏政府之政治大臣也〕。余與近之，劉林往訪劉參議不遇，歸寓則黎師已先歸，據言司倫態度尚好云。

哲邦寺漢木敦喀爾參派人來謁黎師，謂黎師籍貫屬漢木敦喀木參云。

此間三大寺中哲邦有扎倉四，色拉有扎倉三，噶力丹有扎倉二。扎倉下有喀木參，喀木參下有米參，依照地域分為數十部，某處人必須入某部，必有一定，不准混亂，部份或錯，必致興訟，甚或纏訟不休。向例生人至此，無論入寺朝方或經商，寺中人必來找訪，如遇本部之人，必饋食物哈達，並言明若到寺院，必住其部。遊人至寺，亦必向所屬部份送禮或布施。該部必負引導指示之責。如欲居住寺院學經，亦須居住所屬部份，不得錯亂，該部亦負監護之責云。

去年，自京啓程之日，格桑月喜曾致函其師〔哲邦格喜多奔〕，託余帶藏。到此後因事忙未克往訪寄語。其人今日下午有僧人名尼葉瑪建贊者來，謂係多奔弟子，多奔名阿旺曲主，為哲邦高僧之一，現住哲邦丹馬康參，深望與余一面云。

九月二十七日，星期四，晴，初更微雨。

本團近二三日常患失竊，本日又失去手槍一支，稽查終日，毫無端緒。此間外人來者極少，必為內賊所取無疑，然不甚究屬何人，甚屬可惡。

在寧借本團款項藏商來寓還賬者甚多，其貨幣為紙票與銅幣二種，紙票有五十詹嘎，二十五詹嘎，十詹嘎，五詹嘎五種，銅幣有二分半，五分，七分半，一錢四種。計算時則以平為單位〔五十兩為一平〕，銅元一錢五分為一詹嘎，銅元四兩合大洋一元，輾轉計算極為麻煩，且舊票與銅元居多，故計數終日，所收不過三千餘元，而箱篋皮袋中已纍纍可觀矣。

九月二十八日，星期五，晴。

本團所帶騾馬等泰半賣完，僕人無多事可做，特於今日將僕人五名開銷，管家副管家及所餘僕人共七八人尚留住，以便幫助一切。

偕輝樓赴市購黃緞子數疋，以備送噶廈四噶布倫及三譯倉總堪布之用，聞黃專使將於明日致祭達賴，黎師謂俟黃專使祭畢後，本團始往朝布達拉云。

黎師接蔣委員長〔註16〕，戴院長〔註17〕覆電。蔣電僅至慰二字，戴電長而懇切，並謂捐贈青海圖書館及蒙藏學校書籍已派人送去云云，閱之不勝喜

〔註16〕指蔣介石。
〔註17〕指戴季陶。

慰。

傍晚往訪貢蒙堪布，詢以達賴十三世墓塔是否均在布達拉宮內，據言達賴四世以前墓塔均在哲邦寺，五世以後均在布達拉宮內云。

九月二十九日，星期六，晴。

黃專使自本月二十三日在布達拉冊封護國宏化普慈圓覺大師達賴喇嘛後，本定二十六日致祭，嗣因他故改至今日，詎今日又未能如期實行，且又改至無定期，聞其大原因爲國旗問題。蓋專使之意，致祭時祭臺上須懸掛黨國旗，以重國旗，事前與藏政府往返磋商，詎藏政府以布達拉以前未曾懸掛任何旗幟爲辭，表示拒絕。黃專使不得已電請中央核示，迄今猶未得覆，故有不得不改期之勢。又聞前此冊封時印包上插有小黨國旗，並未遭藏方反對，若然則此次藉辭不能成立。此次表示拒絕，或有其他問題，亦未可知也。吾人深望此次致祭結果能十分圓滿，勿使因小節而害大體，致中央西藏感情復隔膜，洵非國家之福也。

黎師於本日上午往見噶廈四噶布倫，歸言四噶布倫對本團來藏求法極爲贊同，並言當幫助一切云。

十月一日，星期一，晴。

黃專使於本日上午八時致祭達賴於布達拉，約一小時許，即回。事前請黎師參觀觀禮，黎以未朝布達拉，故辭未參加。聞奉中央命令，許可不掛國旗云。

上午與輝樓繼續赴市購書籍信張數事，其中以《米拉歌集》及《瑪爾巴傳》兩部板本較爲清楚。下午翻閱諸部，頗有興趣。

卻讓戴琫來謁黎師，謂言譯倉三大秘書定明日上午十一時會見，總堪布定十二時會面，其住處均在布達拉云，本團全體定明晨九時往朝布達拉宮，已陳明熱振呼圖克圖派人引導，黎師擬於朝宮後往謁譯倉及總堪布。晚間雷雨大作。

十月二日，星期二，晴。

早起準備酥汁哈達騎馬之屬，九時本團全體隨黎師往朝布達拉宮，事先由熱振佛派其管家羅桑仁欠引導，按時出發，由住處西行出市，過琉璃橋，橋以石塊砌成，橫架小河上，長約四五丈，橋上豎壁，建築覆以琉璃，土人稱爲玉妥三巴（g‧yu thog zam pa），意爲琉璃橋，形勢極爲美觀。聞昔宗喀巴童時至此，見來往遊人甚多，而不見鄉人，不禁動思鄉之念，遂咏一美妙歌，至今藏人傳誦不忘，其歌曰。

綠頂的琉璃橋上，

旅客在成百成千的走着。

家鄉方面的旅客啊，

比寶貴的金子還少。

過橋西進，一路弓背馬路，十分平坦，樹林稠密，人家斷續。三里許抵布達拉山南麓，山下屋舍數間〔註18〕，圍以垣墻，東西各有小門，南面開大門，乃布達拉之正門也。門外有二碑洞，有漢文石碑，時促未及詳視，碑洞前石柱孤立，徑約二尺餘，長約四五丈，鐫有藏文不甚顯瞭，余等經山西繞山北，由山後乘騎上坡，里許至紅宮後門，由引導領入，脫帽入門，上樓十餘層，往各佛堂一一頂禮，計有時輪廟（dus vkhor lha khang），持明廟（rig vdzin lha khang）及觀音殿等，並歷世達賴墓塔，類皆莊嚴美妙，富麗堂皇。而最著者爲五世達賴羅卜藏嘉穆錯之墓塔，其塔高約三丈餘，底每邊約一丈，純以黃金製成，並鑲以無數貴重寶石。據藏人言其值可當贍部洲財富之半，亦未免言之過甚，然亦可謂偉大莊嚴矣。其次爲有蓮花生與宗喀巴二大師石上足跡，甚爲稀有，其他如法王松贊甘布修法洞之屬，不可勝紀。一一瞻禮後登紅宮最高頂，極目四望，拉薩及附近四鄉如在袵席。山四面盡係窪地及沼池，土人就地建置園林，寺廟，別墅之屬，別具風景，四山嵯峨，山廟幾無處無之，大寺中惟色拉可觀全貌也。宮西南有石山，較布達拉稍小，名曰嘉布日（lcags po ri），上置梵宇數幢，塗以黃色，據言爲一醫學院，稱爲嘉日百都日雅曼巴扎倉，即琉魂光醫學校也。最後欲朝最近圓寂之第十三世達賴墓塔，未蒙許可，蓋向例須於前三日告知譯倉，然後始得許可，尊靈遺體之意也。余等亦未便固請。畢後黎師往謁三譯倉及係總堪布。余等候於廊下，見宮中出入少年子弟甚多，長袍束帶，並繫有荷包之屬，甚屬闊綽。據言係貴族子弟在宮中讀書者。宮中有學校，名曰仔拉卜札（rtse bslab gra），係貴族第子學習公文，書算之所云。二小時許，黎師辭出，余等下樓，出後門，由山背右繞山東，山前回顧層樓高聳，直插雲霄，宮有好白二所，白宮翼附兩旁，計十一層，相傳爲唐初松贊干布所建，紅宮居中間，計十三層，較白宮稍高，乾隆時第巴桑結嘉木錯所建成也。旋循原道返寓。

下午黃專使蒞寓，與黎師促談二小時。司倫與噶布倫赤邁（vphrul med）

〔註18〕此處補一間字。

均遣人送禮於黎師。據司倫使者言司倫係達達賴親姪，其伯叔行已皆過世，本身娣弟五人，上有四娣，司倫其季也。司倫名恭噶旺確，現年三十一歲，每日蒞布達拉辦公。居常九時入宮，下午三四時返寓。其寓在拉薩城南林內，有妻室，迄今猶無子息云。

十月三日，星期三，晴。

上午噶布倫喇嘛^{噶布倫三俗一僧，僧人稱爲噶布倫喇嘛}遣人爲黎師送禮。管家安嘉陽欲於今冬返青經商，已得黎師許可，並允酌借資本若干，余終日除閱書外無別事。

十月四日，星期四，晴。

上午十時隨黎師往布達拉朝十三世達賴遺靈，本團同人惟近之，覺猛，山琴未去。乘騎循昨日原道抵紅宮後門，登樓三層，由大中譯某君派人引導至紅宮最東之黃殿，入門則金像六七，即新塑之十三世達賴，結跏趺坐，形體畢肖^{余曾見照片}。入內室，室中置一黃輴，輴四面糊以白紗，中置遺體，不可目視。兩喇嘛坐誦經，余等到一一頂禮，即辭出。聞將來墓塔在紅宮之西，現正建修，落成尚等待時日，將來落成後其高大將與五世達賴墓塔相等云。

十月五日，星期五，晴。

近數日，哲邦，色拉兩寺喀木參，米參屢次來邀余與廷璋，輝樓等。余等視有不可不先去之勢，特於昨晚向黎師乞假一日，決定今晨余與輝樓往哲邦，廷璋往色拉，應用禮物均於昨晚備就。今日清晨即興收拾馬匹。早餐後與輝樓率王秉璉策馬出城西，循大路經布達拉之前而西，馬路隆起，十分整齊，乃由布達拉赴諾卜林迦之路，向爲達賴汽車所經也，道兩旁皆係水潭，密植白楊，黑柳之屬，水清蔭濃，遊魚往來，極自由活潑之致。道間行人不少，以鄉人赴市販賣柴者居多。西行北折，由小巷經功德林廟後，復西行，過石橋，循一渠堤西進，道左草地甚廣，綠草如茵。前行數里，兩旁皆小湖，湖水展轉灌注，潺潺有聲，遠望北山下，小寺甚多。前行不時過小橋。數里至一谷口，有石疊鄂博。過鄂博北折，則哲邦全景在望。其寺則谷中山腰，距谷口尚二里許，依山建築，層樓直豎，宛如洋房，金頂白壁，互相映輝，誠大觀也。由此前行，上坡里許，道〔註 19〕右柳林茂密，其中金殿輝煌，詢悉爲奈君廟意〔註 20〕^{爲福德祠也}。前行有村舍數椽，乃屠戶所住，以供給寺僧肉食。

〔註 19〕此處衍一理字。

〔註 20〕此處衍一見字。

西藏喇嘛不禁肉食，坐使殺生之徒居住寺廟附近，實行屠宰，違犯禁殺之戒，亦一大缺陷也。過此不遠，抵寺門，寺中派人來迎，遂偕入。輝樓往龍本喀木參，余往貢隆米參。至米參，米參老師親出接迎。入而遞一禮品數事，即詢以寺中詳情。據言寺中有顯教扎倉三，曰果莽扎倉，內分喀木參十，新疆青海蒙古內地北方一帶及一部份西藏人所居。曰羅塞林扎倉，西康四川一帶及一部份西藏人所居，內有喀木參。曰德樣扎倉，西藏本部人所居，有喀木參。現時果莽以學問著，羅塞林以人數著。德樣則人數極少，亦無出色學者，故不甚著名。此外又有密咒扎倉一，純爲習密咒者所居，初不以地域而分也云，並言哲邦在昔有七扎倉，自第五世達賴以後改爲四扎倉云。談約一小時，偕米參老師往訪貢隆米參諸同鄉，便道往大會堂瞻禮。堂面積甚寬，可容六七千人，木柱嫌小，不甚壯觀也。據言寺眾在公共大會堂聚會者每日不過一次，其餘扎倉有扎倉會堂，喀木參有喀木參之會堂，米參有米參之會堂，不必在大會堂也云。抵貢隆米參，頂禮畢由同鄉管事人殷勤招待，詢以米參情形。據言貢隆米參爲祐寧寺上下一帶僧人住處，轄寺四十有九，自樂都東之蓮花臺寺起，至西北之仙米寺止，均屬所管，惟曲布藏寺則貢隆與贊布二米參抽幾分之云。余送以布施藏銀七十五兩，言明九月二十五爲米參大眾熬茶，遂辭出。旋復偕老師往謁大善知識喜熱（shes rab）。大善知識爲家鄉循化人，十餘歲即入藏學經，中間赴家一次，對明處及內典頗有研究，曾任達賴記室，爲之校大藏經，在藏幾無人不知。余呈以禮品數事，頂禮謁見，蒙其賜座。其人性情溫和，態度懇摯，頗能感知其學問之宏博，於其〔註21〕言辭之間可見一般。暢談二小時許，即辭出。復與輝樓同往貢隆米參及龍本喀木參，均蒙敬以茶飯，旋即興辭。循原途而歸，抵寓已下午六時矣。

　　黎師定明日宴同來各藏商，地點在市西南，藏布江邊仔仲林迦之柳林，一切設備均託管家收拾就緒矣。

　　十月九日，星期二，晴。

　　早間劉壽山參議引一後藏人來見黎師，據謂渠後藏札什倫布人，曩日曾隨侍班禪經師。師圓寂後蒙班禪佛派往俗家幫忙，自班禪出走後俗家備受藏政府苛待，於民國十八年間擬搬家，由海道赴內地投班禪。事爲政府探悉，渠與班禪親姪及姪母均〔註22〕被捕下獄，拘於諾布林迦者凡五年。本年春間

〔註21〕此處衍一其字。
〔註22〕原文作患，今改正。

始恢復自由，然尙不准遠行云。又謂班禪俗家其老母與親兄早已逝世，現存者惟其親嫂與親姪云。最後懇請黎師設法使其能搬班禪俗家入內地謁班禪。黎師謂班禪不久可入藏，請其靜候，不必躁急。渠謂班禪現尙無來藏可能，即來亦無好處云。黎師許轉達黃專使，若黃使欲謀一面，則當遣人通知，否則無法可施云。其人名旺確嘉布（vbrel dbang phyug rgyal po），現住此間諾章康塞（nor grangs khng gsar）云。

色拉寺哈木洞喀木參派人來謁黎師，言黎師抵色拉時須與該處接治云，日前該寺八德喀木參曾來接洽，究不知以何者爲是。

午間赴藏商洛桑建贊宴，同來各藏商大半在座，遊戲吃飯直至晚七時許始散。普通藏人之請客習慣於今日完全明瞭矣。按藏人請客，一般普通習慣在吃飯與遊玩並重，或在柳林，或在其家，除酒食外，天九骨牌爲不可少之設備。被邀者經前一日約定後，必於次日上午九時至十二時到席。入席茶點後即開始牌戰，其後每間一小時半或二小時一食，茶酒則隨時頻頻斟飲，直至夜闌燈明，始能辭散，非至時不可辭也。本日前後凡食□次，第一次爲茶點^{酥茶一碗，糌粑一}，第二次爲炒米飯^{酥油糖}，第三次爲湯麵，最後爲米飯。

十月十日，星期二，晴。

是日爲國慶日，專使行署約於上午十時在行署開會慶祝。下午在柳林聚會，本團全體於早九時半赴行署參加慶祝。準時開會如儀後，首由黃專使報告，略謂今日爲中華民國二十三年之國慶，同人等在極西之拉薩開會慶祝，實屬難得，吾人在慶祝之中，應體念先總理及諸先烈締造民國之艱難，應學艱苦卓絕之大無畏精神，應盡後死者之責，尤其在此地應格外努力云云。次由黎師講演，略謂民國成立已二十三年，吾人今日在此開第一次慶祝會已嫌太遲，然吾人在二十三年中無日不希望國旗飄於蒙藏，國慶普遍於蒙藏各地，今日竟能在此實地參加慶祝，可謂有志竟成矣。自今日始，可謂中央與西藏聯合之始，吾人應從此努力，漸次喚醒蒙古西〔註23〕藏民眾，促進西藏自治，以圖達先總理民族主義，國內民族一律平等之目的，然起與扶植之工作，頗不易進行，甚或引起反感，故須（一）委曲求全，（二）誠懇相待，（三）謹愼從事云云。畢即散會。下午同人復往恰作林迦黃專使共宴座談。時許主客齊集，共攝影以誌紀念，並攝活動影片。畢即赴宴，同人皆暢飲，余因高長

〔註23〕此處補一西字。

柱副官，王良昆秘書等殷勤勸〔註24〕進，飲酒過多，酒過四五巡，已大醉不省人事。二鼓醒起，已在鋪中，同人猶未寢。據言余於酒後大聲拇故，不顧一切辭謝，後在院歌曲跳舞，旁若無人，甚且與王秘書良昆大事親吻，不禁令人失笑，歸途未恃扶持，歸後嘔吐狼藉，惟尙未噪鬧云，余一概不覺也。惟聽閱之下，不禁顏汗。醒後飲茶極多，旋飲旋吐，無法阻止，惟心中猶不覺難受也。夜間展轉不寐，回憶出門時慈母伯兄均以戒酒諄告，且飲酒之害，孩時已熟知之，奈何縱之而不知戒耶，歎根性之難改甚矣哉。

十月十一日，星期四，晴。

昨日醉酒，今晨手足痺麻，四體疲軟，不思動作，偃息數小時。下午偕近之，山琴及曹李二生赴米的的藏布江洗澡，柳林深鬱，江水澄清，陽光溫暖，輕風拂面，精神爲之一爽，經二小時許，徐步返寓。晚間與輝樓往看貢隆堪布。

十月十二日，星期五，晴。

農間，三大秘書遣人爲黎師送禮，三大秘書姓名如下。

一 mkhan drung sku bgres sring mkhar。

二 mkhan drung sku vbring mkhyen rab dbang phyug。

三 mkhan drung rams thub bstan gun mkhyen。

聞西寧噶本覆西德扎倉兩電，到拉靜候兩日，未見送來。晚間與輝樓赴黃專使行署探訪，先至總參議室訪劉總參議樸忱，蔣參議致余，談一小時許，繼訪王秘書，高副官，一見大笑，因前日大家酒醉失態，故也。據高言電報確到，惟因不知投處，送往康福安處云。歸寓後聞黎師與覺猛因趙易明問題又起爭執云。

十月十四日，星期日，晴，下午有雲。

早間命曾巽，李有棠二君將管家所有賬項分類謄〔註25〕出，讓公私勿混，收付清晰。余繼續早寫帳項，大致竣事。午飯後與廷璋，輝樓往色拉寺禮佛。乘騎由大召門前北行西折，由小召門前北折，由大路北行，色拉寺已顯然在望，兩旁盡係農田，間有農人入場打麥，統用連枷，不用牲畜，機器更無論矣。十餘人竚立工作，連枷齊下，歌聲婉轉，亦農家樂事也。前行過水灘，甚廣平，一天然飛機場。又前有長堤三道，由色拉折東直通布達拉之

<hr/>

〔註24〕原文作勉，今改正。

〔註25〕原文作譽，今改正。

東北，用以阻穀水者。堤東端有一大堡，周可二三里，據言爲清時中央住藏兵營，自清軍撤去後藏人利用其地爲製造場，凡貨幣器械之屬，均在其內製造云。現其場長爲察戎，昔曾充藏軍總司令及噶卜倫等職，後以事革斥。達賴圓寂後西藏庶眾推爲斯職云。登堤攝影，東北行，約一里至寺門。自拉薩至此，計程約八九里。寺院依山，面容十分整齊，拉薩俗諺有色拉山麓，哲邦山腰，甘丹山巔之語，洵不誣也，入寺南小門，至喀底米參，其處爲青海民和縣三川，西寧西納川一帶人所居。由管家某君招待，承敬茶食，休息片刻。據言色拉寺有扎倉三，曰結扎倉，曰邁扎倉，曰納巴扎倉。每扎倉有喀木參，米參不等。又言各地僧人入哲邦者，不准入色拉，入色拉者不准入哲邦，甘丹則色，哲兩寺僧人均可自由入之云。嗣後由管家引道，經寺院右繞參禮，由邁扎倉會堂而納巴會堂，而大眾會堂，而結扎倉會堂，一一頂禮。建築均極偉大，大眾會堂有達賴及熱振座位，禮畢由寺後山麓返米參，山麓鉅石極多，有大石數丈者，多就石刻以佛像之屬，返寓茶畢，即興辭而出。在門遇三洛堪參管家丹增曲達爾，即共和三川人，堅邀至米參小坐，詢以色拉情形，據言色拉結扎倉有喀木參十一，曰哈木東，曰三木洛，曰結察，曰哲五，曰八德，曰加拉，曰白斗，曰羅巴，曰博，口郭的，曰達爾瑪。各喀木參各有米參，此外有獨立米參七，曰仔塘，曰打賽，曰藏巴，曰葉爾巴，曰咦哇，曰建結，曰結巴云。約一小時許即興辭，循原道返寓。歸途天空有雲，廷瑋謂到藏二十餘天，雲未多見，今日有捲雲，當爲天變之先兆云。抵家已五時許矣。

黎師定明晨往甘丹寺朝佛，隨行者爲近之，允明，劉林，趙易明及管家等，往返約五六日。余將禮品及布施千餘兩備好，交管家帶去。並修函致甘丹寺三洛喀木參老師，謂此次因事不能到寺，定明年二月間前來。

十月十五日，星期一，陰。

晨起準備馬匹駄轎鍋帳食料之類，裝束駄載二小時許始畢事。行者爲原定十人，各整行裝，九時出發，黎師乘駄轎，餘均騎馬，房主因識途，故亦同行，藉作嚮導。余等送出門後即返寓，瀕〔註26〕行，黎師囑余等謹守寓所，不可忽略，五六日即返拉云。上午看《三大事〔註27〕紀略》數頁，下午赴玉盛永京貨莊與張邊三朱宗良談天約一小時許。三時劉參議壽山請吃晚餐，余

〔註26〕原文作頯，今改正。
〔註27〕事疑爲寺之誤。

與覺猛，輝樓同去，廷璋因事未去。五時後返寓，小雨數點。

王廷璋自今日起開始非公開觀測，每時一次，極忙碌。

專使行署三四日來在各寺院布施，拉薩各廟及色，哲二寺均已散畢，今日有赴甘丹寺訊。聞布施每僧川幣二元，合藏銀三兩，大洋八角云。

十月十六日，星期二，早陰，十時稍晴旋陰，午後雨。

晨起與龍猛準備赴哲邦寺，承王廷璋君借給快馬二匹。八時出發，出西門後覺猛因忘記帶物復返寓。余先行，至布達拉腳下，繫馬於樹，往看山前二碑，始知一爲《雍正平定西藏記》，一爲《乾隆十全武功記》，均爲漢滿蒙藏四體，道南長碑純係藏文，因石係一色，不辨爲何。一時覺猛至，並騎過布達拉西，循功德林北小道前行，由前日大道西進，北折約二小時至寺。在寺前攝全景後入寺，寺院僧舍牆壁粉白如雪，煥然一新。蓋西藏向例，每至陰曆九月上旬，各寺院放假十日至半月，專門粉刷屋壁，至九月中旬須一律完畢云。吉舉米參在門候迎覺猛，覺猛徑赴米參，余先至貢隆曲稱老師處，談一時許，承告以學經次第及宗喀巴事略〔註 28〕等等，旋辭出。至吉舉米參，茶後偕覺猛往各扎倉及大眾會堂禮佛，由舉居米參老師鄉導，由德揚而〔註 29〕洛塞林，而阿巴，而果莽，而大眾會堂。扎倉會堂以洛塞林，果莽二者爲最大，德揚次之，阿巴最小。大眾會堂中有達賴一二三四諸世墓塔，宗喀巴及達賴十三世塑像及吉祥天母等，阿巴會堂中主要神祇爲怖畏金剛。據言哲邦在昔有扎倉七，曰洛賽林，曰果莽，曰德揚，曰廈果爾，曰推三林或嘉哇，戒律扎倉曰阿巴扎倉，自五世達賴時，改爲四個，即現有四扎倉也，四扎倉中阿巴專攻密乘，其他均屬顯教，洛塞與果莽最好，處對等地位，在西藏各寺中有相當聲譽，德揚面則瞠乎其後，大有望塵莫及之勢云。禮畢覺猛與吉舉老師徑返米參。余德貢噶喇哇，訪阿倉格喜。渠因明年冬季將參加格喜考試，獨居讀書，十分精進。詢以格桑兄弟夫婦情形極詳，並示以格桑等照片，勸多學因明云云，余唯唯。並謂渠身忙，不克作書，囑余修函詳告格桑兄弟云。余欲往訪其師格西多奔，多奔爲其屋名，其名爲阿旺曲住。據言因監考新格喜赴拉薩，約三四日即返寺云。旋即辭出，約六七日再來。旋返吉舉米參，蒙饗以油餅乳茶，食後即辭歸。歸時細雨甫住，空氣新鮮，精神甚爽。

〔註 28〕此處衍一畢字。
〔註 29〕原文誤作面，今改正。

連遊哲邦二次，色拉一次，覺一〔註30〕切均善，惟樹木不免嫌少，然哲，色二寺各扎倉，講經院，大眾講經院多綠柳濃蔭，空氣鮮潔，風景佳美，頗足令人流連忘返，亦可謂缺中之美。

十月十七日，星期三，陰，下午三時後雨。

早間余等均晏起。近午偕輝樓往俱巴邁，訪格喜多奔。至其地，有僧數十人在院席地看經，年俱三十五至五十上下，泰半喜形於色。據言係新取格喜，明年陰曆正月將參加拉薩法會大考者，現已受各寺大會考試，現在此地會考，約數日始可完畢云，按格喜漢意為善知識，西藏僧人之已受學位者，統稱格喜，其等次則有拉然巴，礎仁巴等。拉然巴其最高者也。拉然巴之考取，每年有定，由各寺扎倉分配，保薦學問最好之學僧十八人，其人於參與拉薩大會考之前一年選定，在本寺扎倉及大會受各種考試，至陰曆九月中旬，在舉巴邁會考，其後達賴招往諾布林迦，親加試驗後，新格喜即為本寺大眾舉行熬茶，於是格喜之名始定。次年正月拉薩大法會二十一日中，對眾舉行大考，屆時三大寺及諸小寺僧大半與會，會期二十一日，每日舉行考驗會。畢後由監考堪布將成績分門呈於達賴，由達賴評定名次，以各門均長者列前茅，擅長一二門者殿其後，發給證書，授以學位，然後考試手續始畢。聞明年正月考試，將由熱振呼圖克圖評定云。余等詢明〔註31〕住處登樓往謁，其居處為一斗室。余等遞以哈達禮品，蒙其讓座。其人和平真誠，道貌岸然，一望而知其為有德有學者，詢悉為玉樹戎模族人，現年五十一歲，住藏二十餘年，曾經考得格喜拉然巴第一，現在哲邦寺丹麻喀木參為老師云。承詢內地近況，格桑兄弟近況及余等志願極詳，並謂大勇徒弟某某等在哲邦學經者三五人，其中有一人較好，現已去世。現在哲邦寺者尚且有數人，均在洛塞林扎倉。又謂內地人在藏學經，應先去其先入為主之見，不然因薰習過深，必懷偏見，馴致西藏各宗精華不能採取，徒與藏人枉起爭執，於己毫無進益云。談約二小時辭出。歸途聞爆竹鐃鈸噪雜之聲，詢悉為尼泊爾人過年，午間觀者如堵，余與輝樓往一熟識之尼入商店，詢悉為尼泊爾第一千零五十五新年，自陰曆九月初一日起扮演社夥，極熱鬧，直至今日始畢。今日為送鬼日，尤為熱鬧，然新年至十月初日始起算，九月底各尼商均須結帳云。復引往內院，參觀送鬼。是日尼人均須在家供養神祇，必穿華服，額上點以米穀

〔註30〕此處原文作切，今改為一切。
〔註31〕原文作名，今改正。

汁及黃丹色。其送鬼儀則雇乞丐四人，扮以鬼像，一人持大蘿蔔，一上塗米色，一人持一盤，內盛白茶穀之屬，咆哮騰躍於前，其後有扮男女者三人，獅子一人^{一人持獅頭式}，六人扮道士，二人持龍旗相隨於後，上下繞屋三旋，即下底層院中，院中石灰畫十字壇形。繞壇三匝，即置蘿蔔於壇，道士持刀斬之，斬後將一切收於盤內，念一禱詞，即派扮鬼者攜之遠送。其後所扮男女道士之流均出而遊行於市，至尼泊爾軍官及各藏官處鬧戲，其儀遂終。據尼人某言扮演諸鬼為最凶之物，送去可致吉利云。

十月十八日，星期四，晴，多雲。

黎師等一行於上午十時許由噶丹寺乘皮船回，管家等乘騎於下午始到。據言噶丹寺外表較布達拉尤為好看，宗喀巴墓前遺物極多，參謁者頗不頂禮，噶丹池巴現不在寺云。晚間與黎師談及居住問題，余因堅持住寺受訓。

十月十九日，星期五，晴，有雲。

黎師謂住寺有種種困難，不如住拉薩，請一兼通藏漢文語者教藏語及潛近文字。一通內典者教內典，最好找一較好住處居住，以便工作云。劉壽山參議及西寧回商定明日往朝漢志。

十月二十二日，星期一，晴（望）。

晨起偕輝褸往大召朝佛，在諸佛菩薩前懺悔發願，默祝心願成就，下午有書肆買得布頓所著《佛教史》一本，內言印度及西藏佛教情形極詳，末後對西藏所譯經論言之尤詳，於吾人讀書有莫大便利，翻閱之下，興趣橫生。黎師定明日赴哲邦寺。

十月二十三日，星期二，晴。

晨起準備馬匹，布施，早飯後起程往哲邦，時正上午八時一行十三四行人魚貫前進，九時四十分抵寺，往濟舉米參，茶後由貢卻丹增引導朝佛，由得央而洛塞林，而大會堂而納巴，而果莽扎倉，畢又返濟舉，由黎師布施濟舉米參茶藏銀五百兩，漢東喀木參藏銀四百兩。飯後即回，時已下午三時矣。

十月二十四日，星期三，晴。

連日覓屋不獲，日前聞總堪布處房屋甚多，今日奉黎師命，特赴布達拉訪總堪布。事前遣僕往覓其副官。八時許副官來，余持哈達禮錢步行偕往。途間曾至其家小坐，九時辭出。西行由前山拾級而上，入白宮東門，至總堪布室，坐侯時許，即遞禮相見，告以來由。據言敝處雖有房屋，然均借於人。現時多令將屆，不便使之遷移，容向他處找覓，若竟不得當，將君等現住房屋加以補修，請回陳黎先生云。余唯唯，遂即辭出，由副官派一小孩往山下印書處參觀。該處房屋爲十三世達賴所新建，內塑彌勒佛像，四面架中滿架印板，係西藏《大藏經·甘珠爾》全部，爲十三世達賴所監刻。其板新而顯瞭，爲西藏諸板冠。其內數十人正事印刷，皆市間書販。由一人引余參觀一周，即辭。還市寓以情告黎師，師決定住原處，決不另找住處。下午與近之，覺猛赴江邊洗澡，並於林中坐談數小時始返。

日來早間有薄冰及霜，空氣較爲冷酷。

十月二十七日，星期六，晴。

早茶後偕輝樓，嘉陽出市買氆氌數匹，以爲寄家之用。歸後奉黎師命將駄轎二乘騾四匹馬一匹送往專使行署。因高副官不在，無法處置，遂退回。據王醫官言高副官來後當通知云云，然終日未見回音。

貢隆格喜曲稱老師來，與余等談正月大法會考試情形極詳，並言龍本格喜之因校對《甘珠爾》之獲罪，也僅爲一句讀符號，即符號亦非格喜之誤，實爲進讒者所蒙蔽也。蓋經中有一句號（I）爲前刻諸本所無，格喜認爲必要而不可缺，校而增之，進讒者誣爲篡改經典，遂獲罪云，余請以此間學經次第，渠謂有三種書不可不看云，其名如下。

一《sa lam rnam bzhag》

二《grub mtha rin chen phreng pa》

三《mkhyen gsung dpag bsam vkhri shing》

旋興辭，余與輝樓隨往貢蒙堪布處談閒，渠言此間有熟識相館云。余遂邀同往館接洽洗像問題，頗圓滿。余請其明後日來拉薩，以便與堪布共同攝影，以誌紀念。王廷璋張輝樓明日擬往哲邦，余亦奉黎師命同去覓書。

十月二十八日，星期日，晴。

晨準備馬匹。早茶後偕輝樓，廷璋赴哲邦寺。一路竝騎而行，約一小時半而到，廷璋赴贊保米參，余與輝樓將騎乘寄放龍本堪參，同往貢隆米參訪曲稱老師，蒙相談一小時許，余告以本團需要藏文《華嚴十地品》一卷，請其幫忙找借，再漢文《阿毗達磨大毗婆娑論》是否爲藏文《bye brag bshad mtsho chen mo》，亦須一對，一併請其代覓，渠言貢隆米參僅有《大藏經·甘珠爾部》，而無《丹珠爾部》，故《十地經》可找借，《bye brag bshad mtsho chen mo》則須向漢洞堪參託借云。茶後蒙派一僧往米參公所取《十經品》，一覓即得。遂返寓，旋與輝樓赴漢洞借書，因該處《丹珠爾》目錄遺失，無法找尋，遂致無果而返，復蒙曲稱老師款以麥飯，食後辭出。復往龍本，則喜饒格喜赴拉薩市，迄今未回，派人往詢，廷璋則先已先回，遂與輝樓興辭亟返。歸途於布達拉底遇格喜喜饒。渠詢赴寺之由，余等以實告，渠深歎回寺之晚。抵寓後將《十地品》呈黎師，甚喜。

十月二十九日，星期一，晴。

上午寫藏文信數封，分致青海羅桑更登老師，土觀佛，沙爾佛，歐旺群丕秘書等，預備請嘉陽帶去。午飯後偕輝樓往西德扎倉找借《bye brag bshad mtsho chen mo》，由熟識僧人更敦端主引導往取，檢驗目錄，知版屬德格，此書猶未列入，遂偌得《俱舍本釋》二函，《入菩薩行經》一函而返，晚飯後市間散步，適值貢隆堪布往大召朝佛，遂隨同前往，則召內人山人海，魚貫列隊，不敢混亂，余等因堪布關係，盡先以次巡禮，越一小時而畢，爲時已初更矣。

本日爲農曆九月廿二日，相傳爲釋迦如來從天宮下降人間之日，乃西藏九月間大慶也。

是日拉市全體市民無不參加朝禮。街間紅男綠女整齊衣冠，持燈香之類熙來攘往，摩肩接踵。各廟喇嘛集會誦經，市鄉人民巡遊頂禮，各廟香火較平日驟增數倍，雖內地端午中秋不過是也。

十月三十日，星期二，晴。

午後赴市添買氆氌二匹。歸後裝成一包，託嘉陽寄家。計物品數目目如下。

二等紫色氆氌二疋，尋常花氆氌七疋_{紫四紅二綠一}，格子花氆氌二疋，藏紅花一匣，藏簪十二把。以上各物計價藏銀四百二十餘兩，擬詳函家中。

據聞昨晚色拉寺僧人有欲包圍專使行署劫掠電臺之傳訊，專使行署嚴加戒備，並將手提機關新槍，子彈等發給兵士，以便備不預云，幸昨晚平安無事。

晚與劉林計算路上費用未完。

十一月十六日，星期五。

早九時繞市南赴哲邦寺，時許抵谷口，徑往寺南小村找覓，移時而得知其處爲暇索戴琫之花園，格喜於其處教授數僧，蓋爲避寺中紛擾也，入內時格喜正在講授，見余即停講，賜余以茶飯，與余講二小時許，午後偕群宰 vod zer phul byung 往寺，先往貢隆米參看曹李二生居處，覺差強人意。次往隆本康參謁見格喜昔惹，談一小時許。渠詢內地情形甚詳，余擬請教數事，以時促未果。次復與群宰回村。晚飯後諸學僧開辯論會，格喜親爲指導，燈下格西招諸學僧歌《發願詞》及《宗喀巴哀詞》，歌聲婉轉，甚爲動聽，《宗喀巴哀詞》其音哀遠，令人百感叢生。畢後眾讀一小時許始就寢。余本定於下午返拉薩，因格喜及諸僧強留，始宿焉，諸學生姓名如下。

群宰圖卜丹才仁，拉薩人，暇素戴瑺之子。

群宰羅卜桑丹增，哲孟雄人，哲主某大臣之子。

群宰鄂塞爾普群，拉薩人。

鄂塞爾扎巴，甘肅夏河人。

格敦陳烈，青海西寧人。

薩木丹，青海互助人。

鄂塞爾群郡。

十一月十七日，星期六。

早起趁日未出時爲格喜曲稱及全體照相，余因有自動機，故團體相中亦得參加。早飯後即告辭。途間遠攝丹巴小村及哲邦寺奈郡諸像。行至布達拉之前，途遇哲邦吉犖僧人頁卻丹增等二人牽近之，覺猛，允明諸兄往諾卜林迦訪達賴之堅塞，余亦被邀同往。由布達拉循汽車路西南行，道旁白楊兩行，夾路成蔭，直至林迦門口，林迦門西向，入門往東北小院訪堅塞。其人正做早課誦經，先由其弟子胡明春君招待。胡君浙江人，四月底抵藏，兩月前拜堅塞爲師云。移時法事畢，余等往謁，見渠高據上位不動，余等於其下排列而坐。寒暄之際，知彼爲甘肅蘭州人，光緒末達賴自北京西返，見其人聰明伶俐，遂攜而至藏，其時渠方十五歲，抵藏已二十餘載，現漢語已盡忘。據某君言年前其父來視，父子竟不通言語云，可謂已純粹之藏人。其人藏文亦好，謂係由達賴親自傳授云。後由二僧接洽入哲邦寺學經事。據言凡漢人入哲邦寺者必須得其許可云，經渠一番講讀考試後，謂入寺學經甚善，惟必須出家云。覺猛承認爲僧，遂擇定十七日受戒。著覺猛明日即移往寺中，準備一切。旋復教以寺中應注意之事，直至十二時許始辭出，同人等本擬往園中各處遊玩，請其引導，據謂現值冬令，園內百花凋謝，無甚可看，最好俟明年春夏間請來一遊較爲好看云。

十一月十八日，星期日。

早飯後偕覺猛，輝樓赴市，購得櫥櫃一對，極新，其價亦甚公道。攜歸後黎師見之甚喜。當即布置妥帖，將日前所購佛像懸掛，室內爲之一新。下午覺猛搬所有行李赴寺，本團同人大半有惻然之意。王廷璋君特乘騎往送，黎師毫無阻止，余甚覺詫異。赴寺學經在覺猛個人可謂難得機會，在本團本社失此健將，甚爲可惜。且覺猛之毅然入寺，純爲對付趙易明，趙之來歷迄今猶莫能明，自其行動方面觀之，實大可疑，雖經同人猛烈攻擊，尚厚顏不知自退，黎師猶認爲大忍，可怪孰甚。余深恐將來秘密泄漏，黎師將受無窮之禍也，思至此，不禁爲本團一哭。

十一月二十日，星期一，晴，晚多雲。

拉薩大召中有一吉祥天女像，藏語稱爲拜拉卯（bpal lha mo），相傳最先其像在一石上自然生出，藏人見之，請入大召，甚著靈顯云。藏曆十月十五日爲天女誕辰，屆時將請出巡遊市間，藏人視此爲一大節。自十月初一日至十五日之半月中，凡工匠僕人孩童乞丐等見人必伸手要錢，稱爲拜拉卯多嘉，尤以初十以後爲甚。故今日早起，循例與木匠及各僕役等多嘉若干，外面來乞者亦皆應之。

下午與近之赴貢隆堪布處，請其往大召攝影。相談一時即偕行往大召，登屋頂攝取堪布所立建贊及鹿輪數幀。次往大召正院，見召內上下數層人山人海，僧眾數百人列坐誦經，拜拉卯已請至院中，樂器，幢幡之屬均已備齊，蓋準備明日出召也。觀者擁擠不能下梯，遂站看。時許即畢，隨眾下樓，與堪布作別。與近之同赴像館，見所攝照片已洗大半，顯瞭，不勝自喜。

本日寫 mngon brjod 三頁，時表已修好，預備自明日起定時工作。

十一月二十一日，星期三，晴。

本日爲藏曆十月十五，拜拉卯之誕辰也，爲西藏大節之一，是日尼藏各商店均閉門休業，各界均休假一日。清早一起，即自四方寺廟鐃鈸喇叭之聲不絕市門，紅男綠女連袂往來者不絕於途。余等於早飯後赴大召禮佛。近午拜拉卯舉行出署，其儀仗則最先者爲大小喇叭數對排列先導，其後由一僧官引僧人二十餘，服披風戴高帽魚貫隨行，其後爲十餘童僧穿華衣，執幢幡旗幟之類，其後數入戴面具飾牛首神之類，最後爲拜拉卯，其像內部空虛，由一人頂之前進，旁則有人扶，每行數十步，即行一停，以便接者頂禮及遞哈達，尚有施食等物相隨。由大召出後直往南郊藏布江濱，將施食送入江內，然後返市繞大招四周諸市一周，仍回大召。當出府之時觀者如堵如雲，摩肩接踵，擁擠異常，余就大召門西攝影數張，以爲紀念。是日下午藏人家家飯酒唱歌，以暢樂興。晚間市中酒醉者甚多。余等工作如常。

十一月二十二日至十二月五日。

兩周以來，因身體不適，心思紛亂，致將日記久廢，心有未安。茲將數日重要事項擇要分記於下。

二十二日

聞覺猛在寺決定於明日改裝受戒，本團張輝樓王廷璋二君於今晨赴寺勸阻，下午返寓，謂因老僧貢卻丹增作祟，勸阻無效云。傍晚歐陽秋帆老伯致電黎師，謂覺猛家國之責未盡，不可為僧等語，黎師無計可施，余自承持電往哲寺勸阻，黎師頗喜。飯後余率一僕乘騎即行，時已黃昏，出市策馬疾行，道經功德林之北，塘中野鴨驚飛，馬驚幾墜。前行途間無人，夜黑莫辨〔註32〕途徑，誤入邪道者二三次。初更許抵寺口，因寺中不能拴牲，遂先至坦布莊之夏素花園，謁曲稱老師，告明來由，將騎乘託夏素群宰派人照料，率僕步行往寺，蒙曲師派三丹陪往，比至寺時已二鼓，徑往七舉米參，訪覺猛及其師官卻丹增，將電轉致。官卻無術可施，謂余曰彼之欲出家為僧，純出自己主張，吾不能攔阻，現其父既有電報，一切應聽其自裁，吾不便做主云云。覺猛持電沉吟良久，謂曰家中既有電報，吾應明日一往拉薩，與黎老一面也，雖然，須吾細思一宵，再作定奪。余觀其有悔意，遂返貢隆米參，約其明日來余處，以便同歸，渠唯唯。歸米參與曹李二生談一時即就寢。

十一月二十三日。

早起專候覺猛消息，直至日上三竿，猶不見來。遣李生友棠往請，移時來，則已易緇矣，道貌岸然，前後猶如兩人，余觀其意志堅不可屈，遂表示隨喜。談一時又偕往貢卻丹增處。丹增極力申明僧衣為其自己所易，吾亦不能相強云。余謂彼意既堅決，吾人祇有隨喜也云。渠意稍釋，俄而辭出，後往丹布莊以情告曲稱師，渠亦〔註33〕甚喜，蒙款以茶飯，始辭出，時已過午。歸告黎師，師初以不聽父命為大錯，繼思其意志堅決，亦頗贊成。同人咸有不豫之色，趙易明則反有得意之態。

十一月二十四日。

黎師往晤黃專使，報告覺猛不聽父命，毅然出家情形。專使大加贊許，

〔註32〕原文作辯，今更正。
〔註33〕原文作已，今更正。

謂巡禮團來藏求法，應有數人出家為是，此人不顧一切，毅然出家，不但在貴團生色，即國家亦有厚望，吾意擬回京後設法覓一批有志青年來出家云。黎師極喜，歸寓後語諸全人，頗高興。

十一月二十七日。

哲邦寺貢隆米參派格桑群丕，三丹二人來拉，為專使送行，余往引見。傍晚覺猛率蒙僧二人代表吉舉米參為專使送行，亦由余引去。時黎師亦在專署，專使對歐陽面加讚賞，並加以勉勵，晚間覺猛住〔註34〕余處，謂寺上人均勸其做群宰，承諾布林迦堅塞助銀百餘兩，有不能不做之勢，已定農曆二十四日受位云。

專使定明晨八時啟程，黎師將遠送，余等擬送至布達拉底，因乘騎不足故也。

十一月二十八日。

專使定今晨啟行。早餐後黎師乘騎先行，余偕近之，覺猛，允明，輝樓於八時出門，循市南徐行往布達拉前，以為必不能準時出發也。既至離目的地百餘碼處，見騎乘不時西行，知已出發，遂疾行前往，則轎子已到，專使未下，未能召呼，遂隨拍照數張，市民往觀，如臨大會，余等見轎子西去，即行至西德門前返寓。

十二月一日。

本日為宗喀巴大師入藏之日，拉薩諸大寺冬季最大集會之時也，哲邦寺僧人於午夜集大會堂一次。清晨各喀參，米參泰半有會，余被邀至米參公所早茶。十時許寺公所有布施在大會堂前之香地散放。適覺猛與曹李二生來，即偕之同往大會堂頂樓參觀。覺猛則與會，至則輝樓亦由龍本來，其時全〔註35〕寺僧人陸續入會，由協俄維持秩序，使之排班席地而坐。會堂殿前置滿油餅，大約徑尺。兩邊路口置以黑糖酥油甚多。俄而僧侶齊集，每排百人上下，約九十餘排，人數約八千餘。老者上坐，新沙彌多居諸排尾。一人坐石前階臺上，為引導〔註36〕誦經者，一面誦經，一面施放。初散胡桃，由四人分兩邊散給。先由排頭起散，每人一碗或二碗，及至排中排尾，則以碗潑撒。但見核桃一去，眾首下縮，所得蓋無幾也。此後散油餅糖酥，油餅

〔註34〕原文作罔，今改正。
〔註35〕原文作會，今改正。
〔註36〕原文作道，今改正。

〔註37〕由協鄂指定僧人起立，排隊魚貫至兩邊發散處，旋送〔註38〕旋散，
每人油餅一大塊，黑糖一大塊^{糖以印度蔗糖和油酥煮製而成，為三角或}四角形，厚約半寸，每人均平約七八寸，酥油一方塊
^{約半}_斤。比畢費時約二小時許。余於聚會時攝影一幀，即催張，曹李往米參公
所。少息即辭出。後往龍本喀木參與格西昔惹談一時許，並爲格西及其弟子
格桑，格敦二人攝影。後又往吉舉訪覺猛，未見，即辭出。歸寓時已太晚。
晚間市中屋舍，家家屋頂燈火齊明，蓋供養往生兜率之宗喀巴，余亦燃燈供
養。回憶去歲今日，余在宗氏出生地之塔爾寺，今年由寧至其行化之地。人
事無常，類多如是，此殆與宗氏之教有緣之兆矣。

十二月四日。

此間北京商店四家，一爲解文會先生，二爲玉盛永，三爲興記號，四爲
德茂永，四家中以解資格爲最老，居此三十餘年，居諸號監督地位。其餘三
家均其新人，而以玉盛永爲最活動。原先四家均居果莽康灑，地位較僻，且
在三樓，多爲批發，不甚注目。月前德茂永於樓下設門市以爲零售之所，玉
盛永爲爭竟起見，亦於大街之南覓屋修飾，現亦搬遷就緒，本團因與該號有
交往，故於前日送幛以送賀意。今日該號請客，午晚兩餐均在該號就食。同
席有專署劉總參議樸忱，蔣參議致余，及本團同人等，飯後並作遊戲，以助
餘興。油漆作於今晚畢事。

十二月五日。

早飯後往魏莜春處看病，診斷後據謂係空氣乾燥所致，無甚要緊云，余
爲之攝影一幀。午後寫上支內學院歐陽大師，呂大師及蔣唯心函各一，晚間
赴專署爲陳敏修，巫明遠，高石輔，李國霖，劉山琴及電臺諸人送行，並將
前所修函託高石輔帶出付郵。渠等定明日啓程。

黎師擬於明日籍赴哲邦寺送行之便，擬便道赴哲邦寺看格喜昔若^{喜饒}_{嘉措}，認
師，並回看格喜曲稱。命余準備禮品，哈達。均已備就。

十二月六日，星期四，陰。

早起奉黎師命往專署交信，歸寓早餐。八時隨黎師於哲邦溝口送行。一
小時許至丹布莊，拉市漢人稍有名者均已先到，並有僕人，漢人學生八九入，
座設復蘇花圈。到後稍時覺猛亦來。余爲諸學生及馬代表馬翻譯各攝影一幀。

〔註37〕此處補一餅字。
〔註38〕原文作頌，今改送。

坐候至十一時許始報到來，遂全體出外歡迎，余爲攝影數張。入園小坐，送者享以茶酒果品，不久即辭頻行，在園內由余共攝一影以作紀念。遂又出門，行者與送者握手，互道珍重，即乘騎西邁矣。其後各送者仍入園。余隨黎師及覺猛赴哲寺，至則各扎倉，米參，喀木參均鎖門，蓋今日爲廢曆十月三十日十三世達賴圓寂之一週年，均集會誦經故也，聞察絨今日在寺施粥。今日爲一大紀念，聞藏人對專署諸人之行曾經勸阻，不聽，今日之行藏人多不贊成，故無一人送行者。

晚間市間屋頂亦燃燈供養十三世達賴，然無二十五日之多，黎師命昨日買小燈數十盞，今晚燃供屋頂，頗壯觀瞻，同院人極贊稱。

晚間洗剩餘膠片，泰半極好。

十二月七日，興起五，晴。

黎師近日研究《中觀》，欲覓青目及月稱《釋論》各一部而不可得，余亦以事忙，未克往借，今日午飯後偕輝樓往昔德扎倉書庫借取，至倉，由友人更敦端主引往扎倉書庫去取，查看目錄多時得中觀部之（ts-2）二幀及因明 ce 部，中有龍樹六種本頭及注，及提要，青目，佛護，月稱等注釋。因明部中則陳那之《積量》大部，本釋及回諍等諸小部，法稱之因明《七部論本注》均在焉。《中觀》爲黎師所用，《因明》則余應用者也。版本極顯瞭，攜歸呈諸黎師，頗喜。

晚間試洗印燈光紙於洋燭下曝曬，因經驗缺乏，未臻佳境，止十六張而止，大半尚可。讀《蒙古逸史》半本。

十二月八日，星期六，晴。

余在途次及拉薩所攝相片均已沖洗完竣，兩周來沖洗相片耽擱時間不少，讀書工作均置不顧，甚屬可惜。故於今日竟終日之力，將稍好之片加以曝曬，印洗迄晚，止成二十頁張，尚有數張難已印就，因藥完未能洗出。

讀《蒙古逸史》完，其書爲蒙人所著，由陳籙口譯之，自成吉思汗以迄清嘉道之間蒙事之牽帶大者均載入，尤以滿清歷世皇帝對付蒙古政策爲獨詳，間有爲使乘西未載者，詳讀之下，蒙古喀爾喀準噶爾諸部及歷世哲布尊丹巴事蹟可知梗概也。

十二月九日，星期日，陰。

上午偕輝樓赴市買物，並往書商處看《宗喀巴師弟三人全集》，此書共三十八帙，版本極好。日前以價昂未置，近忽表示賤價出售也，以藏銀四百五十兩說定，並將全部點檢後，囑其下午送來。午後寫 mngon brjod 三頁。《宗喀巴師弟全集》送來，黎師閱之大喜。晚間檢查《因明釋集》品目，並讀宗義（grub mthav）二頁，其要義由列表筆記之。

本日竟日天陰，傍晚頗有雪意。

十二月十日，星期一，雪，陰。

昨晚天甚陰，午夜後天即降雪，至晨積雪寸許。拉市及附近山川一白無際，空氣反較曖。市中大戶人家多掃屋頂積雪，直接向街巷傾倒，不顧其他，眞所謂各掃門前也。或謂此間對公共利益毫不顧及，即便溺亦隨處行之，遑論其他哉。上午又降雪少許，終日未出門，迄晚寫 mngon brjod 三四頁，並曬相片十餘張。聞趙易明接洽在色拉寺爲僧已成，擬製備袈裟，不日赴寺云。

十二月十一日，星期二，晴。

上午寫 mngon brjod 二頁，午間赴書商處付《宗喀巴師弟全集》書價，並於其處借《釋迦傳記》一本而還。下午們仔仔遣人來言，謂黎師曾託其介紹謁見卸任噶勒丹赤巴，已言定今午見面，請即來電臺，以便同往云云。黎師命余同往，充當繙譯，乘騎往電臺，約其同去，其地在木魯扎倉之背，即們仲之比鄰也，由們仲引見黎師，遞以哈達，禮物，並詣座頂禮。其人年過八十，頗現衰老，披氅正坐，態度極謙恭，屋內設備極爲樸素簡單，一望知博學有識之士，其名曰□□□□，爲西康□□□□人，在藏□□年，曾充噶丹赤巴十四年^{兩任}，前年始告老云。與黎師互相問安後，詢黎師年紀家鄉志願等等，黎師一一答之，渠甚表喜慰，最後渠還黎師與余哈達各一護帶各一，並祝黎師志願成功，永遠康健云云，遂即辭出，後往們仲寓所小坐片時。們仲係西藏政府僧官之一，十六年前曾留英倫四年，英語頗純熟，此次專使行署一切招待事宜均歸其辦理云。

十二月十二日，星期三，晴。

本日爲藏曆十一月十六日，藏俗十一月初六初七初八三日爲九種衰敗具足之日，謂之 nyam dgu vdzoms，此數日中西藏政府之各種公事，會議及寺院念經等事均行停止，人等均在家休息，飯食較他日爲優，其往各廟燒香燃燈者亦復不鮮，惟商家尙未停業。

竟日寫 mngon brjod 三四頁，晚間讀《宗義之印度外道諸派》之宗義，欲列表未成，蓋亦疲乏故也。

十二月十三日，星期四，晴。

　　日間寫 mngon brjod 三頁，晚間續讀《宗文異說之印度外道六派》，即一勝論二明論三數論四伺者五裸體六棄世。六派中惟棄世爲斷見，餘五爲常見，其學說各有不同，惟勝論與明論二派大致相似。

　　十二月十四日，星期五，晴。

　　本日天氣較寒。上午寫 mngon brjod 數頁，午飯時曹李二生自寺回，請余講解《文法三十頌本論》，余爲之講二小時而完，其舉例去歲已講讀，故尙不甚難。趙易明明日將赴色拉寺爲僧，以步覺猛後塵，而欲與之相抗。黎師詩以送別，並親將手寫詩稿示余，並詳講解，其言蓋有諷焉。趙之爲人及行動本團同人無不詳悉，其形跡至今猶爲疑案，黎師不察反以爲道德高尙，志趣宏遠，余實大惑不解。再黎師最近教人不以直言教誨，多用旁敲側擊之法，甚且加以譏激。余以謂非對十數年相隨者之態度也。至以趙之厚顏，勸人修忍，未免言之過甚，假令使吾人步趨於趙易明之後，亦不過爲一諂上傲下，性情孤僻，不喜合群之人而已，復何足取乎。余恐危害本團者必此人也，思之不勝寒心，晚間心思泉湧，精神散亂，未做事。黎師贈趙詩抄錄於下。

　　易明先生。

　　將有色拉寺學佛之行詩以贈，劉。

　　黑白何須爭眾口，是非端在愼吾身。

　　明眸已繪千程路，大腹能容數輩人。

　　業劫塵中都是幻，六波羅裏斷無嗔。

　　鵬飛看汝培風厚，好自修持席上珍。

　　無我居士甫稿。

　　十二月十五日，星期六，晴。

　　下午戴用和胡明春二君來寓。戴言本地人學習文字講求文法者甚少，故無論公文私字，訛字所在多有，如格喜昔熱者誠如鳳毛麟角云。胡言據在諾布林迦飯食甚粗，兼因非時而食，故甚感困難，日來得腹疾，待來拉薩休養云。

　　十二月十六日，星期日，晴。

　　早飯後黎師往看貢隆堪布及解文會先生，余亦同往，在兩處相談約二小時，即回寓。黎師極讚堪布人謙下，無自大氣。午前功德林群宰來寓。謂詎欲發一電於西寧，出其藏文電稿，由余譯成漢文呈黎師。黎師蓋章後由余送發，並與群宰約往功德林參禮。午飯後與輝樓同往功德林，先往布達拉山下群宰俗家，約群宰同往，坐一小時即往參禮。及會堂佛堂以及呼圖克圖住屋臥室，均一一參看，房屋極華麗，內地物品亦不少，藏經之多爲拉薩各扎倉所罕見，即《丹珠》《甘珠》兩大藏亦有六七份之多，絢爲壯觀。據言其寺爲道光年間所建，漢名衛藏永安寺，功德林則義譯也，其寺與漢人關係最切，寺後之關帝廟亦歸其管云。其寺寺主爲達查（stag sthag）呼圖克圖，此輩年僅八齡，在哲邦學經，寺中僧額原定一百一十二名，不可隨意增減云，又言其寺僧多重諷誦施食儀軌等事，密教少有研究，顯乘則非其所學云。

十二月二十日，星期四。

繼續抄賬至本年九月底，並加以計算，本年五月底以前已完工。下午覺猛隨其師貢覺丹津來寓，並爲黎師攜來藏文《解深密經》一部，余之《因明入正理論》亦帶來。師弟在黎師處談甚久，黎師極〔註39〕喜。晚間覺猛住寓，與同人相談頗久，宿余處。

十二月二十一日，暑期五，晴，晚間風。

早起桑雄川總管巴窩占都爾來寓，其人前途次於曲納干會晤，約謂異日若到拉薩當來會晤云，渠於前日到拉後，即訪問來寓，可謂言而有信，並贈余以酥油，奶渣等物，尤屬可感，渠並引一人來，謂係黑河北岸□□族之官人，其名謂□□□□，其祖先謂蒙古人，清乾隆時因從征準噶爾有功，蒙皇帝賞給職品甚大云云。言次取懷中手卷示余，展視之，其卷爲五色紙所製，上寫滿蒙藏三體文字，惟無漢文，審視藏文大意謂。

朕夙以天地爲心，恩慈爲懷，凡遐邇庶民，邊防諸族無不平等對待，給以恩施。乃準噶爾策妄喇布坦妄生事端，率領賊兵進佔拉薩，毀滅聖教。該郃克吐（chog thu）原爲達賴〔註40〕喇嘛之人，且係沙拉果勒臺吉。此次賊兵到藏，策淩敦多部率兵搶劫財物，殺百姓，並將汝子額勒濟克殺害，該郃克吐毫不爲動，並於將軍額倫特〔註41〕過境時供應一切，誠屬可嘉〔註42〕。茲據大將軍〔註43〕報告前情，合亟晉封汝爲一等臺吉，世襲罔替，無論何人不得欺凌。該臺吉亦須永久恭順，忠誠不渝，以爲臣子應盡之責，而念朕恩永矢弗諼，乾隆〔註44〕六十年云云。

〔註39〕原文作及，今改正。
〔註40〕此處補一賴字。
〔註41〕原文作額，今改爲特。
〔註42〕原文作喜，今改爲嘉。
〔註43〕指清聖祖第十四子撫遠大將軍王允禵。
〔註44〕此處時間疑誤，所述史實皆康熙六十年事。

或札爾鼎之後歟，此人謂此物在此時已等廢紙，而藏政府無日不欲沒收也。可否幫忙使其發生效力，言下不禁唏啞。渠等欲會黎師，余亦引見，渠等請黎師幫忙，師謂汝等來何遲耶。現黃使已返京，何能為力，他日如有大員到藏，當為一臂之助，至於個人則為拜佛求法之人，不便管此，亦無權管此也云云。渠等遂請辭，渠等於舊二月間始返家云，余允為拍照。

覺猛於下午〔註45〕三時隨其師返寺，由沙占元備馬送往。賬目已整理清楚，本年九月以前已算就，其餘尚俟諸明日也。晚間大風，為已往所無。

十二月二十二日，星期六，晴，冬至。

聞安欽呼圖克圖於昨日到拉。專署劉參議等均往接迎，西藏政府無一人往迎。到拉後下榻丹吉林後某人私寓，同來者有中譯堪布及隨從等，行李極多云。午後與輝樓往西德扎倉訪鄂舉拉等。黎師定明日往哲邦寺訪格喜昔熱，命余隨去。晚間將各項物品準備妥帖，準備明日早飯即發。

十二月二十三日，星期日，晴，暖。

早飯後隨黎師赴哲邦寺訪旺慶，隨往，約十時半達寺，徑往龍本堪參，登樓往謁時格喜正忙於著述，見余等即捨筆。邀入室內，黎師遞以禮品，先述欽仰及今日特來謁師之意。渠亦問候慕詳。其後各言抱負及已往略歷，極為相得。格喜謂渠於十年前即欲返家鄉一行，因十三世達賴堅留在此，卒致不果。現達賴已圓寂，而返家之初意未改，欲於一二年內達此夙願。若此意在最近實現，則於最近數月中可互相討論。如意不能實現，在一切均可隨時研究也云。並言《印藏諸派宗義》慕詳。午一時黎師欲興辭，格喜言今日初來，當在此一飯，以種善因，請勿〔註46〕遽歸。黎師謂尚需看格喜曲稱。格喜又謂可先到彼處，然後復來此午餐。黎師即辭出，往看格喜曲稱，談約一小時許，由格喜曲稱送至龍本，曲稱旋即辭出。嗣後官卻丹增與覺猛來訪，欲邀黎師往吉舉米參，黎師婉謝之，官卻旋又辭出，談約二小時許，晚飯飯畢，余與黎師，覺猛均興辭而出，策馬速返。比至寓已晚五時矣，黎師今日甚感滿足，頗有喜色。

十二月二十四，星期一，下午天陰，有風。

早飯後黎師命余往訪安欽與王羅皆，余御新服以去，幾經找問始得其所。其地在丹吉林之西，至其處候片時，謁見者頗多，安欽因忙於見客，先

〔註45〕此處補一午字。
〔註46〕原文作無，今改勿。

訪王羅皆，談一小時許。據謂渠等於廢曆〔註47〕八月二十九日由滬起身，在香港加爾各答及迦倫本均有耽擱。專使於江孜西南遇到，隨員則於江孜會面，班禪此刻想已離寧夏，即或未至西寧，亦當為期不久云，並詢黎師及本團情形極詳。余謂黎師近日事多，未便相看，改日當來晤談。渠謂渠等初到此間，一切極忙，即大召亦未參謁，此間政府諸人更無論。一〔註48〕俟較暇即當來見，請寄語黎，不必勞至云云。約一小時許，復見安欽，問候畢長談約一時許。渠詢本團工作情形極詳，其餘於王所談略同。畢即興辭，渠託帶哈達一條為黎師問安。歸寓已午飯時矣。

哲邦寺貢隆米參格桑群丕來邀黎師與余，謂貢隆堪布不久即將離藏，米參定後日公餞，請黎師與余作陪云云。黎師已允其請。斯晚與拜瑪拉初次同榻。

十二月三十日，星期日，晴而雲。

早飯後黎師往看安欽呼圖克圖及王秘書長羅皆，命余隨往繙譯。步行至其寓，則王已出外，安欽猶在。遂投刺相見，互致使問候後，談途間情形及各人志願，意見及志願極詳。安欽頗能漢語，故多未繙譯。俄而司倫派人來請安欽，余等即辭歸。

元旦在即，本團亦預備過年，特於下午買蔬菜數事，有海參魷魚之屬，由敬之泡製，擬於明日午間大嚼。晚間沖洗相片一打。

十二月三十一日，星期一，晴。

明日元旦，本團至今日起開始休假。午間增菜甚豐，特請米先生與朱宗良張連山二人。午餐後由徐近之鄭允明合奏口琴胡琴，極樂。晚間與輝樓〔註49〕總結二十三年度所有賬目，竣事後呈閱黎師，並請求免於管賬及往哲邦寺學經之意。黎師不悅，對辭賬及往哲邦寺事不甚贊同，以身邊無人故也。最後謂藏人對余等懷疑猶未釋，不可輕舉妄動。明年正月大會以後，余亦將往哲邦小住，屆時可同去，不必操急也云云。余唯唯，預備在此找一〔註50〕經師，暫學暫看。

二十四年（一九三五年）

一月一日，星期二，晴。

〔註47〕此處補一曆字。

〔註48〕原文作己，今改一。

〔註49〕原文作數，據上文改。

〔註50〕原文作以，今更正。

今日元旦，余等晨起著新衣，詣黎師賀年，並共攝一影，以爲紀念。九時赴行署。先爲行署同人賀年，十時行團拜禮，計本團與行署共十六七人，開會如儀，由劉總參議樸忱報告國曆元旦紀念及中華民國成立紀念之意義，由黎師講演，應用國利之便利，及吾人應循之路徑極詳，約一小時會畢。後往電臺賀年。下午行署年筵，本團同人均往，同席計有安欽呼圖克圖，王羅皆，嘛福安，卻讓戴本，們仲仔仲及專署同人等，直至四時許始散。

一月四日，星期五，晴而風。

日間寫 mngon brjod 數頁。下午與輝樓謁樓頂乍丫喇嘛，懇其爲余等授文法等，蒙其慨允。其人學行甚高，性情和平，早有所聞。祇因乞人介紹，雖近在咫尺而從未接談，蓋恐唐突也。近聞喇嘛於最近一兩月間將離拉返康，遂不能不乘機從速謁見，且因購買騾馬，余曾一度幫忙，由此因緣，得不用介紹。相見後談約一小時許，渠言渠將於廢曆正月下旬啓程，未走以前可爲盡力，又言渠之一切傢俱，均有出讓於余等云。

下午買覺猛託購物件數事，遣沙占元送往哲寺，黃昏歸，覺猛以褐衫借余。今日下午有風，較昨日稍小。

一月五日，星期六，晴。

晨間早起盥洗畢偕輝樓往大召拜佛，因今日係藏曆十一月晦日也，藏俗除特別大節季及紀念日外，每月上弦望晦三日必朝佛。自早迄晚接踵不絕。至召時喇嘛齊集誦經，朝禮者數百人魚貫而進，依次由底而頂，禮畢下樓繞內匣一圈而返，費時二點。午前貢隆堪布來寓，與黎師談極久，余因陪坐，未能往樓上聽講，極憾。輝樓獨去聽二小時之久始歸，並借到《革薩爾演義》一部，余於晚間翻閱數十頁，興趣頗覺濃厚，惟係寫本無印板，篇幅四百餘張，頗不易抄，余擬與喇嘛及黎師商量辦法。

貢隆堪布擬爲余介紹下密教學院之堪布爲師，其人聞赴甘丹寺，不知回否。渠擬今日打探消息，如已回，則明後日當爲介紹，約余明日早餐往其寓，以作定奪。

一月六日，星期日，陰，風。

早茶畢偕輝樓往訪貢蒙堪布。據言渠已於昨晚見喇嘛端則翁，則已允教誨吾等，並言今日星曜不吉，俟明日下午當同去也云云。

一月七日，星期一，晴。

午時覺猛偕曹李二生來寓，晚間住寓，午後偕輝樓往謁貢隆堪布，請其引余等謁師。坐片時即由堪布引往其地，名葩拉，乃一貴族邸也，至師寓，師因事他適，坐候一小時許始遇，叩首謁見，蒙其摩頂。堪布告以來意。渠即慨允教誨，並命明日開始。余等喜不自勝，談一小時許即辭出。回寓後復往行署召呼，黎師命余往池蘇喇嘛處索求舍利，以供喪事之用，喇嘛謂目下尚不在手，俟找出後當交門仲云。一日謁池蘇喇嘛二次，並謁良師傅，可謂幸運之日也。

晚間覺猛與黎師談明春住寺情形，黎師不但應，且有找房之意，聞之不勝喜慰。與覺猛相談至中夜。

一月八日，星期二，晴而云。

早飯後持所有《詩鑒本論》及各注釋，偕輝樓往師處受教。頂禮後師謂可以本論及五世達賴之注本作課本，其餘作參考云。又言《詩鑒本論》係由梵文譯出，印度詩分東南二派，東派主張明瞭淺近。南派則主張艱深，此書其一章係講東南二派之主張，第二則為東南二派相共之舉例，較為普通，故須先從第二章講起云。繼由第二章起講，除卷頭序事及立宗外，並講義嚴十六句，即注自性之四嚴也。詮自性之四嚴者，一種類自性嚴。二作為自性嚴。三功德自性嚴。四物自性嚴。講本論後並將各本注釋，舉例詳為講述，十分明瞭。以前不解字句均得其詳，喜慰之至，自此日就月將當能有少許進步也。

晚與輝樓赴貢隆堪布處道謝，談時許歸寓，溫習今日所講課程至深夜。

一月九日，晴，星期三。

早飯後偕輝樓往師處受課，承講解《喻嚴》三十二種之初四喻，一曰法喻，二曰事喻，三曰倒瑜，四曰輾轉喻。將一一定義筆記之，並參考各種舉例極詳，直至十二時始歸。晚作練習八頌，即昨今兩日所講之舉例也，余完全用贊詞做成。

下午隨黎師往果莽康曬謝先生處訪諾布林迦之堅塞，與黎師一見如故，關切之心實屬可感。頻勸黎師先學宗喀巴之《大道次第》，後學密乘，黎師唯唯。黎師託其在哲邦寺吉舉米參覓一僧舍，預備三月間往住。渠慨允代找，余聞黎師住寺學經，正合夙願，喜極欲狂。

一月十四日，星期一。

傍晚格喜昔熱來拉，住大召西鄰某家。偕輝樓造訪，果在。寒暄後約於晚間聽播音。六時許同往電臺，蒙臺長招待備至，音樂新聞極多，格喜因係初見，歎為稀有。今日報告多為各處紀念團情形，可紀者數事。

一新任立法委員於今晨十時在國府宣誓就職。

二考選委員會本年考試實行計劃高考，部份前該會已詳商，現爲普遍起見，擬分區舉行，並聞將分爲四區，每區應在何處，該會現正籌商中。普考部份因有見於各地，已實行地方雖多，然未行者亦屬不少，擬通令各省縣已行者固應繼續舉行，未行各地亦應迅速辦理，以迄普遍云。

三薩爾消息，薩爾區投票已於十三日舉行，其投票之多實堪驚人，投票團體人數最多者達百分之九十九，至少者亦百分之九十七，安然渡過，未生事端云。

一月十六日，星期二，上午晴，下午陰。

晚飯後貢隆堪布來謁黎師，蒙指示宗喀巴遺教中最精要數書，並謂班禪回，第一須不帶兵，第二須按照向例行事，第三即班氏稍有吃虧之處，亦係將來之福，如中央能將此意明令西藏安民，西藏方面無不接受，且可免除一切爭執云。黎師深表感佩之意，渠以銀質淨水碗等贈黎師，黎師深謝。

一月二十八日，星期一，晴。

早飯後約本團諸同人赴行署習禮節，至在，時尚稍早，電台臺長張威白君猶〔註51〕未來，蓋渠亦爲典禮組之一人。祭幢較前增多，蓋藏政府，藏王，司倫，四噶布倫等均送也，字十分之九五係黎師所書，眞可謂黎個人書法展覽會也。余於前此欲抄各噶布倫之姓名而不可得，今偶於祭幢見之，特錄以資參考。

一司倫貢噶旺卻（gun dgav dbang phyug）

二池門噶布倫諾布旺結（khri smon bkav blon nor bu dbang phyug）

三羌青喇嘛噶布倫圖坦廈迦（bla ma bkav blon thub bstan shva kya）

四昂瓊噶布倫拜瑪敦主（gan byung bkav blon pad ma don grub）

五彭許噶布倫策丹多吉（phun shod b〔註52〕kav blon tshe bstan rdo rje）

六擦戎札薩克達桑占對（tsha rong dza sag da mdav bzang dgr vdul）

七總堪布洛桑格勒（blo bzang dge legs）

十時許張威白仍不來，余與鄭王等赴電臺分配工作。決定余與張威白示典儀，鄭，張司贊引，王等司帛爵等，念祝則另覓他人。午間西藏各方代表均來齊，舉行致祭，各人均獻哈達行最敬禮，然後由行署招待吃飯，余亦被

〔註51〕原文作尤，今改正。
〔註52〕原文作 dkav 據上文改。

邀陪客，同席者爲擦絨札薩克，王羅皆秘書長，康福安孟仲等諸人，席上談話均由余翻譯，擦絨對余極表好感，約下午〔註53〕三時始散。

下午四時蔣致余致祭，余與張威白贊禮，輝樓與廷璋引導，行三獻禮。藏人觀者亦甚不少，均談爲未見。

一月二十九日，星期二，晴。

晚間覺甚疲，與同人談多時，未讀書，提早就寢，以資休息。本日一切覺甚熱鬧，拉薩漢人原以政府無人住此，不敢御漢裝，今日穿漢裝者達數百人，知漢人在此者猶不少，踊躍相助，樂御漢裝，其內向之心於此可見也。

二月二日，星期六，不甚晴明，下午風。

早間曹巽來，謂正月祈禱大會將屆，寺僧將於正月初三日全體離寺來拉，寺中無人住宿，故渠等擬於今日牽馬二匹往寺搬取行李云。移時即牽馬而去。近午余與輝樓奉黎師之命，往龍本格喜處送禮。格喜道謝，賜余等飯食，並約余等於初二日到其家午餐，俟初三過後，將爲余等開講《因明》云。下午遵黎師囑赴市買物送往各處，又與輝樓往官師處送年禮，師適出未歸，傍晚又去。師甚悅，並命余等少坐飲茶。余等請問密教學院情形，據言拉薩現有密院二所，即下密院上密院是也。最初止有下密院，後有某僧於院眾不合，特離院獨處，因其弟子極多，於他處傳法，其地初在小招附近，後因人數漸多，遂創修今之上密院。自是密院上下對峙，分爲二院，現上下密院人數幾將相等，修學次第及組織亦大致相仿。又言密教學院之僧大多數係在三大寺考格喜_{無論拉然巴，錯然巴，尕然巴，噶卜舉均可}後始可升入，亦有未得格喜而入院，則純系念經時倒茶端飯之人。彼等不甚研究教義，祗會口誦應讀諸經而已。至已考取三大寺格喜之人入院後，依次修學，每年九月間考試一次，取錄二人_{每院}爲密教格喜，稱爲 sngags rams。考取後以年限之久暫，年齡之高下及學問之優劣以次升任密院之僧官後，由僧官而上座，而院長_{堪布}。其後遇有噶丹寺之夏仔或江仔出缺時即由密院堪布升任_{下密院升江仔，上密院升夏仔云}。夏仔或江仔者噶爾丹池巴之後補員也云。余復謂拉薩既有密教學院二處，而色，哲兩寺又有哦阿巴扎倉_{即密咒學院}，兩種性質究否相同。據言意義上實無不同，惟拉薩密院爲各寺顯教學院畢業之格喜升學之所，故多博學之士〔註54〕。色，哲二寺之密院則爲專習密乘者，與各

〔註53〕此處補一午字。
〔註54〕原文作寺，今改士。

顯教學院分立，其中泰半爲自幼學密者，故瞭解教義者較少云。談畢即辭出。回寓則曹李二生已到寓。晚飯後踐龍本格喜之約，赴其寓所，意欲同赴電臺聽播音，適值外出不遇，侯一刻而返，燈下與輝樓及二生作天九牌戲直至二鼓以後。

今日爲廢曆廿九日，布達拉頂普勝學院（rnam rgyal grwa tshang）及拉薩默魯寺均有跳神戲，因事忙未克前往參觀，至慊。藏人各家中下午煮什錦米粥^{有蕨麻酥油等等}，謂之恭瑪古脫（skun ma dgu thug）。晚間各家爇麥稈草爲火把，薰家中各處。薰後送至門外市間，蓋亦年終送鬼之意也，亦有打槍，放爆竹〔註55〕者。

二月三日，星期日，晴而稍寒。

是日爲藏曆^{即廢曆}除日，余於早飯後隨黎師赴大招朝佛，同行者止曹李二生及僕役三人。幸招內朝佛者尚少，而僧人復優待，余等盡先朝禮，故未逾時而全體朝畢歸寓。黎師謂明日係新正初一，招內必擁擠，故不擬再來，俟至初八或上元再來一朝云。十時許余以《中華國恥地圖》一張送往龍本格喜處。適鐵武格喜群宰在寓，格喜外出未歸。坐候片時格喜回。余以地圖呈閱，渠與群宰垂詢圖中疆域，各省位置及東北四省喪失情形極詳，午後始辭出。

下午偕輝樓往建樣廈訪鐵武格喜群宰，其人和藹可親，稍與寒暄，蒙垂教修學方法多端，約一小時許辭出。昨今兩日此間漢藏相識送黎師及余等年禮者甚多，黎師命一一還禮，買物遞送，毫無暇晷，直黃昏時始畢事。

（以下佚失）

〔註55〕原文作升，今改正。

跋

按清季青海入藏之官道為用兵之大道，亦為蒙藏二民族交通之要道，若三輩達賴青海之會俺答，四世達賴之入西藏，清聖祖康熙五十七年額倫特、色楞出兵西藏而全軍敗沒，康熙五十九年清聖祖統一西藏平逆將軍延信護送七世達賴喇嘛入藏，雍正六年清廷半阿爾布巴之亂查郎阿率軍入藏，乾隆五十七年福康安及索倫騎兵入藏擊廓爾喀（今尼泊爾）皆取道青海也。五世達賴六世班禪入覲清帝，六世達賴被解送內地，十三世達賴出逃外蒙亦取道於斯，青海入藏程道之重要，於此可見一斑。

清季青海入藏之道路實有數道，若以方向計，乃有三途，最西者為自甘肅敦煌越阿爾金山或新疆越噶斯口合而直線南行入藏者，此路所行者均為新疆外蒙之蒙人，故稱蒙古道。最東者即周希武朱綉所行經今玉樹藏族自治州入藏者。中間有一道稱之為大道，亦稱之官道，此道行至木魯烏蘇（即金沙江上游）因過渡地之不同，亦歧為數道，若巴哈庫庫賽渡口，伊開庫庫賽渡口，七渡口等，清軍數次入藏因所取之渡口不同而稍有不同，然此三渡口相距不遠，過渡後亦可復合。其餘之渡口尚多，學界於此之研究至今闕略尚多，此處難盡述也。

此一官道載之於《西寧府新志》，《欽定大清會典事例》（嘉慶）所載自皇華驛由西寧一路至西藏之路程即取材於是書，其餘《西藏志》《西藏志考》《衛藏通志》《衛藏圖識》諸書所載青海至藏之道路，或與此道有些微之差別，實一途也。大陸政府人士於所謂唐蕃古道頗多關注，亦組織考察隊以從事之，而於距今尚近之清季青海入藏官道尚未注意及此，學界之研究亦復不盡人意。日人佐藤長於此努力奮進之，著《西藏歷史地理研究》一書，以蒙藏二族之語言入手，所考頗多見地，然亦有顯見之錯誤，佐氏將庫庫賽渡口誤為七渡口，致木魯烏蘇前後之道程必誤。佐氏之錯誤乃將此一官道簡單認為僅一道也，實此道中間歧為數途，故佐氏將二渡口牽混為一也。

而於此進行研究最大之困難莫過於文獻之闕略與夫古今地名之變遷耳。一則此道雖為官道然非驛道，有清一代入藏驛站乃為四川入藏之道，青海入藏之道多因進兵而設或因喇嘛入覲而設，事畢即撤，文人雅士鮮行此途，故文獻闕略之。二則清季此一道之程站地名皆得之蒙人，今蒙人勢力已於青海退卻，地名復爲藏漢語，地名變遷頗多。職此二因，此道青海境內之程站地名攷證綦難。而大陸於民族語文之教育素甚薄弱，通蒙藏二族語文之學者甚少，故至今令人滿意之研究尚難一睹。

　　民國二十二年十三世達賴圓寂，國民政府有遣參謀本部次長黃慕松率團入藏致祭及追冊崇號之舉，然黃之入藏乃取川藏之道，黃氏且著有《使藏紀程》一書，頗具價值，此次因篇幅過鉅而未錄之。民國二十三年國民政府監察院監察委員黎丹所率入藏巡禮團則以學術團體之名義入藏致祭十三世達賴喇嘛，所行則取青海入藏之官道，同行之團員楊質夫著有《入藏日記》，近年刊行於《中國藏學》雜誌（二〇〇八年第三期）。心竊喜之，此道終有可資之文也，然閱之，則僅爲節選入藏後之日記，青海途中之記載闕略之，頗爲憾也。然就所節選之內容，亦頗多可用也，若《西藏志》《西藏志考》載此道一程站名甘定壘科爾，百思不解其意，而《入藏日記》則記此站名噶力丹群科爾，一喇嘛寺也，且詳記此寺之地點，於此道攷證頗有裨益也。其餘所記諸多朝佛及學經之日常活動，近於瑣屑，然西藏政教實爲一體，由此亦可一窺西藏日常之態也，今據《中國藏學》雜誌錄之。

　　作者楊質夫，亦近代青海活躍之才俊也，早年入黎丹組織之西寧藏文研究社，《入藏日記》前有整理者吳均（與楊質夫同爲西寧藏文研究社之成員）於其學術活動之簡介，《西寧文史資料》亦載有吳均之文章，簡介其於國民政府之政治活動及中共建政後身陷囹圄之情況，可資參看。

西元二〇一六年冬月謹識

《周福生赴藏行程摘記》

周福生著　戴新三節鈔

　　余近編繪康藏地圖集，搜求旅行康藏之者忠實日記及地圖，各方資料頗備。惟二十九族區內，記載缺乏。承戴新三先生以在藏時所鈔周福生君入藏日記相示，彌補此憾。

　　周君於三十二年〔註1〕赴藏轉印，係從德格卡松渡過江，穿納奪高原與三十九族地界入藏，閱時四月，騎行凡八十二日始達拉薩。中間所經，自絨壩岔以後，全屬草原商路，去官道甚遠，從來絕無漢文記載。周君喬裝藏人，四次穿過藏軍盤查線，種種驚險，及沿途地形溫度，均經翔實記入，至可珍貴。謹先將戴君摘鈔全文發表，藉當介紹。全文仍盼周君正式發表以饗我人。三十七年六月二十任乃強誌。

　　再記中所誌各地高度，係以中尺計算，未識何據。疑是採英人所記之英尺補入，中間或有錯誤也。任乃強再誌。

　　福生銜康藏貿易公司命赴印度加爾各答主持康藏分公司貿易事宜，於民國三十二年七月二十五日，即西曆一千九百四十三年由康定出發，同行者有本公司常務董事兼西藏拉薩分公司經理鄧珠朗傑^{漢名鄧德傑}，駐印噶倫堡辦事處主任敖武及內人羅德貞等共三十二人，隨帶步槍十八枝，各式手槍二十一枝，騾馬一百一十九頭。謹將沿途見聞所及為記，以誌不忘。

　　第一日（七月二十五日）。息折多塘，行程三十五里，氣溫華氏六十八度，其地有溫泉可沐可浴，四周環山，風景絕佳。有住民六戶，房屋大都頹圮。

〔註1〕　此處指中華民國三十二年，本文下同。

第二日，二十六，息長壩村，行程八十里，氣溫七十度。是日所經盡山道崎嶇不平，沿途人煙稀少，僅有少數牛羊帳篷點綴其間。其地有藏式大院二所，居民十餘人。

第三日，二十七，息色雪雄，行程五十里。氣溫七十四度，頗炎熱。其地為大草原，碧草如茵，景物宜人，東為世界第二高峰貢噶雪山，西為亞拉山，高插雲霄，積雪終年，遠望若銀屏，悅目可愛。是日所經多草原，地極平坦。沿途人煙絕跡，荒涼之至。

第四日，二十八，息街以恰_{按即高日卡，
在泰寧界}鄧董事山莊。本公司運輸轉口站在焉。行程五十里，氣溫七十六度，其地為山澗平原地，中有河流，可資灌溉，阡陌縱橫，極類江南風景。種植以青稞大麥豌豆為大宗，過去產金甚旺，用土法開掘，至今千洞百孔猶歷歷可數。左近有喇嘛寺名街以恰共巴，建築簡陋，有寺僧約四十餘人，居民八九戶。是日所經盡山道崎嶇不平。尤以越扎俠拉山，高出海面可一萬一千尺，空氣稀薄，呼吸窒礙，經過森林，一路為最難走，此帶山地甚多，涉經河流八道，深處幾及馬腹。沿途人煙絕跡，圮塌房屋甚多，聞過去多匪患，故居人星散。

第五日，二十九，在鄧氏山莊休息，氣溫七十七度。

第六日，七月三十，息松林口，行程六十里，氣溫六十一度，其地古木參天，風景絕佳，長可二十二里，需時兩點十分，方克通過，昔為盜藪，今則康莊矣。途遇大雨，頗為所苦。是日多山道，大致還平坦。

第七日，七月三十一，息道孚縣。行程七十里，氣溫六十六度。其地有喇嘛寺，頗宏大，有寺僧約六七百人，另有縣校及郵電局各一所。居民約八九十戶。是日所經多石子路，尚平坦。沿途村落甚多，約百二十戶，墾地至廣。種植以青稞大麥豌豆蕎麥棉花蘿蔔大蔥洋芋花生萵筍四季豆為大宗，途遇大幫旄牛約四百餘頭，係由甘孜馱運羊毛牛皮酥油向康定發售者。

第八日，八月一日，息加切拉陀，行程七十里，氣溫六十六度。其地為大草原，接近東俄洛野番部落，行旅時遭搶劫，頗以為苦，近來此風稍戢，可慰也。是日所經多山坡，道路崎嶇，沿途不斷都有村落，種植以青稞，大麥，豌豆為大宗。途遇大幫旄牛約八百餘頭，聞由鄧柯馱運羊毛，牛皮，酥油向康定發售者。

第九日，八月二日。息拉蒙□，行程六十里，氣溫六十二度。其地為大草原，四周環山，風景很好，離爐霍縣治約四里許。是日翻過小山六座，多石子路，頗難行走。涉經河流九道，深處過馬腹。經恰拉圖，看居民約三十餘戶，漢藏雜〔註2〕處。有天主堂一所，聞建於遜清光緒年間。有橋名恰拉圖，新建木製，頗堅固，長逾十丈，騾馬經過須出相當代價，多少不計，有土著駐守收費。沿途人煙稀少，種地亦不多。

第十日，八月三日，息共阿戈，行程七十里，氣候七十二度。其地為山坡高原地，扯帳其上，頗有稱雄一時之慨。詎至午夜，狂風大起，繼以傾盆大雨，帳篷為所拔，衣被為所濕，狼狽不堪。是日所經多山澗，路狹不平，沿途人煙稀少，荒地頗多，金穴甚多，現已停止開掘。爐霍縣治設在山坡上，有縣立小學及郵電局各一所，喇嘛寺頗宏大，有寺僧三千餘人，武器完備。

第十一日，八月四日，息陀松卡^{按即羅鍋梁子}，行程五十里，氣溫六十度。其地為大草原，極遼闊。是日翻過山坡五座，多石子路，經過山澗三道，崎嶇不平，陝隘處僅容單騎，下為深澗，極為險要。沿途村落不多，種植以青稞大麥為大宗，間種荣蔬，途經極羅喇嘛寺，建築堅美，四周圍牆為城垣，有碉堡六座，藉資防守，有寺僧約六百餘人。有村名卡巴，居民十一戶。

第十二日，八月五日，息甘孜縣，行程五十里，氣溫七十一度。是日翻過山坡五座，越過小山四座，餘盡平原。沿途人煙稀少，多荒地，種植以青稞大麥荣蔬為大宗。其地有駐軍一團，縣校及郵電局各一所，居民約百餘戶。大喇嘛寺一座，小喇嘛寺各十一座，又小廟四座。其中最大之喇嘛寺，為甘孜共巴，有寺僧二千餘人。

第十三日，八月六日，息白里河邊，行程三十里，氣溫六十七度。左近有喇嘛寺三座，居民數十戶。是日所經多山道，盡石子路，很難走，沿途村落很多，種植以青稞大麥豌豆油菜為大宗。因原有木橋被水冲斷，改用牛皮筏子把渡，物多筏少^{僅二隻}，當天不能畢渡〔註3〕，故棲遲也。

第十四日，八月七日，下午一時三十分，抵絨巴岔鄧董事私邸，行程三十里，氣溫七十二度。其地為山坡平原地，環山風景很好，高出海面可一萬一千一百八十尺，空氣稀薄，呼吸時感窒礙，莊稼亦很多，種植以青稞大麥蕎麥豌豆油菜為大宗，左近有溫泉，石灰質，長寬可十丈，水清可見底，深處幾過胸部，惜溫度太低平。居民約七八十戶，郵政代辦所，區公署及小學各一所。是日所經多平原，地極平坦。

〔註2〕　原文作難，今改正。
〔註3〕　原文作疲，今改正。

八月八日至九月一日，共二十五日，均在絨巴岔休息。

第十五日，九月二日，早八時三十分由絨巴岔出發。同行者除本公司鄧董事眷屬外，有赴藏朝佛之喇嘛及尼姑等，總和人數六十一人，騾馬二二四頭。十一時三寸分抵娘貝切拉加，行程三十里，氣溫六十度。其地為大平原，極平坦，無異天然飛機場，周圍可二十餘里，環山風景頗佳，扯帳篷十二座，蔚然大觀。是日所經，除少數為石子狹隘道外，大致平坦，翻過小山一座，涉經河流五道，沿途人煙稀少，多荒地。

第十六日。九月三日，宿靈桑加，行程六十五里，氣溫七十度。其地為大草原，極遼調，南北有山為屏，東西為進口，林木參天，異常密茂，有河名裕隆，激湍清流，風景幽雅。是日所經半為石子路，半為草原地，涉經河流六道，翻過山坡四座，沿途森林很多，除牛毛帳篷二十餘座外，人煙稀少，大都以游牧為生，絕少耕種地。途遇由藏禮佛歸來香客十餘人，聞步行已達三月〔註4〕之久，背負行囊，手執矛槍，一種堅忍不拔之精神，實在令人欽佩。

第十七日，九月四日，宿雪向達，行程二十里，氣溫七十二度。其地為山谷平原地。昨夜騾馬放山齧草，走失三頭，今日旅人分頭往尋，故不能多走。是日所經盡草原地，極平坦，稍加修葺，即可行駛汽車，翻過山坡四座，涉經河流四道，附近有木橋二座，建築簡陋，一長二丈，以山岩為基，架木為梁。一長八丈，砌石為基，三孔，架木其上，高可四丈。下為急流，水勢汹涌，騾馬行經簸動欲墮。左近喇嘛寺名曬加共巴。

第十八日，九月五日，天雨，氣溫七十六度，行程十五里。其地為大平原，極遼闊，因鄧夫人至曬加喇嘛寺進香，稍有耽擱，約在此地等候，故棲遲也。是日翻過山坡兩座，涉經河流四道，盡草原地，極平坦，沿途除牛毛帳篷兩座外，異常荒涼。

第十九日，九月六日，息聶陀，行程四十五里，其地為山溝地，極狹隘，前後有山為屏，很險峻。是日越過大山一座，名草祿，高出海面可一萬二千五百尺，翻過山坡四座，涉經河流四道，盡山道石子路，頗難走，尤以草祿□一路崎嶇曲折，為最難行。沿途除極少數牛毛帳篷外，荒涼之至。昨夜風雨交併，繼以大雪紛飛，今日氣候驟冷，為華氏四十五度。

第二十日，九月七日，宿共真，行程五十五里。其地為大草原，環山周圍可四十餘里，為往青海玉樹縣及西藏邊境卡松渡^{即金沙江}之岔道。是日所經除由竹慶寺^{紅教}至共眞一路，計長十二里較爲平坦外，餘盡山道及山澗路，崎嶇不平，相當難走。翻過山坡八座，涉經大小河流十四道，其中以竹慶寺附近之當鎮河爲最寬，約十八丈，有橋已毀，須涉水而過，水深可二尺。沿途牛毛帳五六座及竹慶寺左近有土房二十餘座外，人煙稀少，多荒地。

第二十一日，九月八日，宿龍珂，行程六十五里。其地爲山谷平原地，森林密茂，風景很好，上午氣溫四十六度，下午六十度。是日越過大山一座，名茱拉，高出海面可一萬三千一百尺，上山爲二十二里，勉強可乘騎，下山爲四里，壁陡須步行。下有溝名哈露寇^{藏語意義即產金之謂}，巉岩懸壁，形勢巍峨，森林之茂，望無涯際，大都以松柏爲多。其地產金，有大批漢人在此開掘，金穴之多，不可數計。有土房九所，大都爲金伕藉避風雨之用，間有娶〔註5〕藏婦，生有子女幫同工作者，誠怡怡如也。金分瓜子金及沙金兩種，成色以前者爲優，價值無一定標準，平均每兩約合國幣五千元。溝長達二十五里，陜隘處僅容單騎通過。途遇黑熊一頭，碩大無比〔註6〕，高據山腰，虎視眈眈，土人供爲山神，不許傷害。溝之西端，爲拉羅松多，即往德格及卡松渡之岔道，其地有土房三座，牛毛帳篷九座，森林很茂。

第二十二日，九月九日，天雨，宿羅里陀，其地爲山谷平原地，環山高插雲霄，不可畢視，有牛毛帳篷三座，土房兩所，行程八十里，上午氣溫三十八度，下午五十度。是日涉經河流九道，翻過山坡兩座，越過大山一座，名阿中拉，高出海面可一萬四千五百尺，空氣稀薄，呼吸時感不繼，上山爲七里，下山爲十三里，陡而且峻，多亂石路，非常難走，須步行，稍一不愼，即有墮山之虞。下爲山溝，地名扎哥儂，石壁削立，高不可仰，森林之密，陽光爲蔽，行經其間，寒氣逼人。松之大者可三人合抱，沿途被風吹倒者多至不可數計。溝之出口處有地名哈庫倫，產金頗旺，有漢人多名在此開掘。中經村落一處，名俄來充，有人煙五戶^{土房}，種植以青稞，油菜，蘿蔔爲大宗。再進則爲羅里扎光，其地盡大塊亂石，兩旁高山拱壁爲衛，乍睹之下，前面有石壁擋住，一若已無路跡可循。細跡之，有清流一股，由石壁間溢出，溯之，有石衙在焉，寬僅五尺左右，石壁削立，高不可仰。壁爲淡白色，皎潔如銀，其細膩處尤勝大理石，遍刊藏經，莊嚴肅穆。並刻有觀音佛像一尊，高逾尋丈，塗以朱色，維肖維妙，極近代之藝術化。重門疊戶，宛若城垣。曲徑通幽，別有天地。人馬魚貫而進，均現驚訝之感，此景此情非筆墨所能形容盡致者。人謂劍閣天險易守難攻，若以此水擬之則有大巫與小巫之別矣。

　　第二十三日（十月九日），上午八時半出發，七時卅分抵卡松渡金沙江東岸。本公司運輸轉口站在焉，行程二十里。其地有土房七所，喇嘛寺一座，名坎陀。江寬可三十餘丈，水流很急，西康德格縣政府，派有稅吏設卡收稅，稅官為當地土司，頗具勢力。江西為西藏地界，藏方亦設有稅卡，雙方互相往來，聲息相通。喬裝漢人到此，每效金人緘口，以少說話為妙，萬一經識破，就要擋駕不容通過。是日所經盡山溝地，懸岩陡壁，險森異常。中經木橋三座，長可尋丈，其地產野果甚多，果果枝間，鮮紅欲滴，採而食之，味甘可口。沿途有土房二十餘座，種植以青稞蘿蔔為大宗。此溝長可十五里，需時一點三十分，方克通過。惜溝之名稱無人知之，為遺憾耳。為避免藏方疑竇起見，余改名為周扎喜，內人為周扎麻。過江唯一工具為牛皮筏子，共計六隻，每隻可載重六百斤，每渡需時六分鐘。當日下午三時到達西岸，其地有土房十一所，喇嘛寺一座，名刀利，規模最小，及藏方駐軍十名。當余等到達彼岸時，行裝雖然改換，面目多少有點不像，對方深茲疑竇，時來帳前窺視竊聽，蓋同行中有拉薩公司會計主任姚君友達，浙之紹興人，及厨役白雲暉，川人，形態矮小，最易識破。旋經本公司前甘孜縣辦事處主任任欽康人一再聲明，余等係西康巴塘人，因受漢官統治日久，所以有點漢化，雖言之諄諄，終未釋然。藏兵仍目炯炯頻頻注視。是夜同人磋商結果，決計次晨余與姚君敖君內人羅德貞，及厨役白雲暉隨帶馬夫四名，步槍及手提機槍各一枝，又手槍數枝，騾馬十五頭，先期出發，約在離卡松渡八九十里地方等候取齊，以免藏兵時來麻煩。至走後果有事件發生，則由鄧董事留後與交涉。事後，上自官長下至土兵，各有贈送，第一道難關方得通過。是日氣溫上午四十五，下午四十七度。

　　第二十四，九月十一日，宿恩洪，行程九十里。其地為大高原，高出海面可一萬六千二百公尺，空氣稀薄，呼吸困難，人煙絕跡，洪荒之至。氣溫二十度，寒冷侵骨，滴水成冰。是夜騾馬驚叫，起視有黑熊數頭前往窺視，開槍擊之未中，逸去。此日經過山溝一條，名加波弄，盡亂石路，長可十八里，非常難走。中有土房十餘所，間種青稞。沿途森林甚密，麻鴉成群，絕不畏人。又村落一處名根儂，有居民六戶，均土房。越過大森山一座，名加波拉，上山為二十二里，下山為十里，陡而且峻，曲折難走，須步行，高出海面可一萬五千七百尺。又大石山六座，坡度均異常高峻。其中最著名者一座為俄拉，上有海子名俄拉錯，水漆黑，淵深不可測。途遇風雪交迫，大為所窘，人困馬乏，苦不堪言。

第二十五日，九月十二，宿強軍那，行程二十里。其地為山穀草原地，極平坦，有牛毛帳篷八座，牛羊成群，多至不可勝數。有河名尼曲。當地土著送來牛糞數袋，燃料問題遂告解決。以針線數事，鼓舞以去。其地多狼患，當余等到達後，一小時，忽見饑狼數頭追逐群羊，其中一頭忽為齧噬，舉槍擊之未中，捨羊而逸，土著稱謝不已。是日所經盡山道，大致尚平坦，氣溫三十二度。

第二十六日，九月十三，氣溫四十四度，鄧董事自卡松渡趕到，隨即一同出發。下午二時七五分抵茶娃塘，行程二十里。其地為山谷平原地，頗遼闊，途遇冰雹，大如豌豆，騾馬驚跳。是日所經半為亂石路，半為草原地，大致平坦。

第二十七日，九月十四，氣溫二十六度，雖御裘裝猶覺不勝其寒。宿拉朗閣，行程五十五里，其地為山穀草原地，頗平坦。是日所經，多草原地，尚平坦，翻過山坡三座，坡度相當高峻。涉經河流五道，又山溝一條，多亂石路，很難行走，旁有石洞極深邃，內有隱士二人，在此潛修。夜大雪。

第廿八日，九月十五，宿俄掰生陀，行程六十里。其地為大草原，碧草如茵，若錦面鋪地，長可二四里，寬約六里，環山積雪，皎白如銀。有牛毛帳篷七座，牛羊成群，不可勝數。是日所經有山溝高原地及草原地，大致平坦，翻過山坡兩座，高山一座，名尼馬拉，上山為五里，下山為四里，高出海面可一萬七千尺，幸尚不陡，可乘騎而行。下有白教喇嘛寺，名夏吉共巴，建築宏大，計三層房，旁有石壘土房二十五所，最小如穴居，破敗不堪，大都為寺中之佃戶，牧畜牛羊者，鳩形鵠面，類極貧寒。沿途除牛毛帳篷二十二座外，頗是荒涼之象。

第二十九日，九月十六，宿幫皮朗通，行程五十里，其地為山溝斜坡地，頗狹隘，極荒涼，氣溫四十度。是日所經盡草原地，很平坦，涉經河流四道，因走錯路線，多繞道五里。是夜騾馬放山齧草，發現馬賊二人前來行竊，被執，次晨經附近喇嘛寺擔保開釋。

第三十日，九月十七日，宿波拉加，行程五十里，其地為山溝高原地，頗狹隘，氣溫三十度。是日所經盡山溝石子路，相當難走，涉經河流五道，越過大山一座，名波拉，上山爲六里，下山爲五里，壁陡非常難走，須步行，高出海面可一萬七千四百尺，空氣稀薄，呼吸困難。沿途除波浪及息息塘兩處共有牛毛帳篷二十四座外，異常荒涼，草原亦極枯瘠，一路所見山羊極多，疾走如飛，擊之不中。

第三十一日，九月十八，宿益喜加倭農，行程六十里，其地爲山谷平原地，有毛牛帳篷十座，石壘土房十二所，最小如穴居。有河名益喜加倭曲。是日經過山邊斜坡道一條，多山巖亂石路，地勢狹隘，下爲山澗，道長可十二里，非常難走，又山溝一道，長逾十三里，兩旁高山聳立，高插雲霄，森林之茂，望無涯際，行經其間，飄飄欲仙，誠美景也，惜同行諸人，均不識此溝何名稱。越過小山三座，其中較陡者一座名梯梯卡，上山爲四里，下山爲三里，須步行，其餘盡爲草原地，極遼闊，尚平坦。據傳說其昔爲滄海，今則高原矣。沿途人煙絕跡，荒涼之至，中途遇毛牛四百餘頭，駄運藏鹽向西康各地發售。

第卅二日，九月十九，宿察修隆，行程六十五里，其地爲山溝地，現山頗狹隘，有小如穴居土房四所，小廟四座。種植以青稞圓根爲大宗。氣溫三十二度。是日所經計有山溝路一條，名龍謙陀，上山爲五里，下山爲七里，很陡，須步行。一名瑞拉，上山爲四里，尚平坦，可乘騎。下山爲五里，盡亂石路，須步行。下爲山溝地，森林密茂，景物宜人。多亂石路，相當難走，長計八里，涉經河流三道，又大草原一方，長可十里，名頂龍雄。

第三十三日，九月二十，宿東桑卡，行程卅里，本公司轉口站在焉。其地有喇嘛寺名來寧共巴，有寺僧百餘人。駐藏軍一連。又村落一處，名訂通，有居民二十餘戶。旁有江名雜曲，即瀾滄江上游。渡口離藏軍駐在地約五里許。當余等經過時，藏兵夾道相望，舉目而視，心悸爲之不寧。江面很狹隘，實約十五丈，水綠色，相當□淵，水流不如卡松渡汹涌，下午七時三十分，全體同人達登彼岸。過江唯一運具爲木排，以長可三丈，圓徑尺許之木頭十四根爲骨基，每木之兩端各鑽一孔，貫以木楔，上面前後兩端各束木棍四根，成狹豎狀，可載重二千〔註7〕斤。每渡需時四分鐘。過江時稅官及藏軍均來監視，始則聲□洶洶，須逐一開箱檢查，嗣經饋送若干禮品，方獲豁免。至斯第二道難關又算混過。江西有村名達娃重，有居民十戶，均土房，大都種

〔註7〕原文作十，今改千。

植以青稞圓根爲業。是日有我機一架，飛越上空，向青海玉樹進發，國徽清晰可見，興奮之至。上午氣溫二十八度，下午七十八度，頗炎熱。沿途所經盡山道，多亂石路，相當難走。

第三十四日（九月二十一），循瀾滄江邊進發，多山道，尚平坦。沿途森林很茂，村落很多，種植青稞圓根爲大宗。過小山一座，名約拉，上山爲二里，壁陡且險，非常難走，須步行，下山爲三里，尚平坦，可乘騎而下，有邨名額湯重，有居民八戶，漫英重十五戶，又家甲色魯十二戶。經過山溝一條，名雲達，長約十一里，有居民十八戶。左右盡崇山峻嶺，高插雲霄，不可畢視。有清流一道，水聲潺潺，即著名之強曲河在焉，景物宜人，無以復加。下午二時抵那加通，行程五十里。其地爲山谷平原地，四周環山，松柏蔥翠，風景絕佳，氣溫上午爲三十七度，下午爲七十八度。由此西上買賣交易，概以藏銀爲主，藏洋_{川造}則不很受歡迎矣。

第三十五日（二十二），宿扎馬隔，行程五十里，其地爲大草原，極遼闊，有牛毛帳篷五座，氣溫六十二度。是日所經多山道，盡亂石路，相當難走，涉經河流三道，越過大山一座，名察拉，上山爲十八里，下山爲十五里，高山海可一萬八千五百尺。非常陡峻，須步行，吃力萬分，空氣稀薄異常，呼吸時感困難。下有村名重就，有居民七戶，種植以青稞圓根爲大宗，沿途人煙稀少，多荒地。

第三十六日（二十三），宿拾拉生陀，行程五十里，其地爲山谷平原地，森林很茂，有佛塔十一座，佛堂兩座，附近有村名健湯重，有居民十餘戶，即藏軍營部駐在地在焉。藏軍編制以營爲單位，兵額多寡不一，有四百，五百，八百爲一營者。附近各山頭，均有士兵守望，以防青軍來襲，蓋其地接近青海之囊謙縣。過去不久，雙方曾一度發生衝突，故在此佈防，以備萬一。是日越過小山一座，名那隔拉，上山爲八里，很陡，路極狹，須步行，下山可十里，較平坦，可乘騎，涉經河流兩道，多山澗。上坡路大致還平坦，經過藏軍連部駐在地一處，名湯客重，有居民九戶，士兵均出來注視。其時鄧董事隨帶禮品曾往拜謁，適值該軍營長因視察防地亦在連部，晤談甚歡。當經營長告稱，謂現在事事非常時期，絕對不許漢人混進西藏界域。鄧唯唯含糊以應。比由連部回來，告以經過情形，並言營長有私信一封，親來面交，帶往拉薩，順便察看帳篷，計點人數，也未可知，最好行動特加注意，以策萬全。遄聽之餘，當即略進飲食，深藏在附近大森林內，險況欲絕，既懼野獸來襲，無謂喪失生命，又不敢越雷池一步，爲藏軍撞見，致功虧一簣。拘謹狼狽，一言難盡，此種滋味，可謂生平第一遭。

第三十七日（二十四），氣溫上午三十八度，下午七十度，晨七時卅分出發，行經藏軍營部門前時，士兵鵠立以視，並邀鄧董事進營，營長果有私信一封託帶往拉薩，心始釋然。至斯第三道難關又獲通過。下午一時宿強拉，行程五十五里，其地盡松柏大森林，密可蔽日，樹之大者，可數人合抱，風景幽雅，一若世外桃源。是日所經大都以山道爲多，雖有石子崎嶇路，大致還勉〔註8〕強可行。越過小山兩座，平均上山爲三里，下山爲二里。又大山一座，名修拉，上山爲十七里，下山爲五里，幸不陡，可乘騎。又山溝一條，名波力雄，長可六里，中有村名波力重，有居民五戶。總計全程，要以離拾拉生陀十里遙之切拉龍把嚴路一段，艱而且險，爲最難走，長可十一里，起伏曲折，危險萬狀，有幾處無路可尋者，完全用木架修成棧道，狹隘處僅祇二尺。數十丈下，有河名丈曲，水流甚急，寬可三十丈，須步行。有橋名商拉商把，木製三孔，長可三十餘丈，寬約一丈二尺，高河十丈，用亂石爲基，外欄木板。當初建築時，工程相當浩大，因年久失修，已呈頹圮狀態，騾馬行經，簸動異常。橋西有村名切拉重把，有居民四戶。由此西上，多森林地帶，風景之雅，猶若繪圖，沿途墾地至廣，種植以青稞圓根爲大宗，村落甚夥。

第三十八日（二十五），宿曲工陀，行程二十五里，其地爲山谷原地，頗遼闊，有居民五戶，種植青稞圓根。氣溫上午爲四十度，下午爲六十八度。有溫泉，石灰質，溫度尚高，一爲露天，三處有小屋掩蔽。左近有村落名波而重，有居民八戶，是日所經多山道，尚平坦，森林很茂，人煙稀少，多荒地。昨夜牲口放山齧草，走失馬八頭，據一般推測，一頭已果獸腹，蓋其地素多猛獸故也。

第三十九日（二十六），宿拾多雄，行程四十五里。上午氣溫四十四度，下午六十八度，其地爲大草原，環山盡石質，燃料頓成問題，蓋無森林故也。是日所經盡山道，頗平坦。經過村落一處名拉及洛，有牛毛帳篷兩座，土房三所。在此補充酥油若干，貨主不要藏洋，須以茶易。越過小山一座，名莫以拉，上山爲五里，下山爲三里，不陡可乘騎。是夜風雨交任，帳篷幾爲所拔。

〔註8〕原文作免，今改正。

　　第四十日（二十七），宿直桑卡，本公司運輸轉口站在焉，其地為大草原，環山極遼闊，有三層樓房一棟，規模宏大，牛毛帳篷三座，佛塔兩座，種植以青稞圓根為大宗。有河名孜曲，水勢洶湧，聞發源於青海囊謙縣山谷。附近有木橋長可二十丈，已是頹圮狀，橋之東岸有駐軍五十名，稽查來往行旅，當余等經過時，土兵咸集橋頭注視，心忪忪不安，唯恐有失，可謂難關重重，步步荊棘。至斯第四道難關，又算混過。是日所經多草地，間有山溝石子路，大致還平坦。沿途除呂呂卡有牛毛帳篷六座外，人煙稀少，多荒地，涉經河流三道。聞明日有藏軍五百名，經此開往青海囊謙邊境佈防。

　　第四十一日（二十八），循孜曲河邊進發，多草原地，極平坦，其中最大之草原為沙陀陀，長可十五里，寬約七里，聞春夏兩季，水漲時，此道阻隔不能通過，須越過綿亙長達數十里之艾拉大山，是日氣溫五十四度上午，下午八十度。上山為五里，下山為三里，非常陡峻，路極陝隘，極難走，須步行。沿途除喇嘛寺一座外，人煙絕跡，荒涼異常。午後十二時二十分宿沙應儂，行程五十里，其地為山谷平原地，有石壘土房四所，種圓根少許。

　　第四十二日（二十九），天雨。上午氣溫四十四度，下午四十八度，宿卜陀卡，行程四十五里。其地為天高原，高出海面可一萬六千一百尺，空氣稀薄，呼吸困難，有因心臟孱弱口鼻流血而作嘔吐者，慘不忍睹。是日所經盡山道，多石子路，相當難走，越過小山兩座，一名沙拉，上山為五里，尚平坦，可乘騎，下山為二里，壁陡須步行。一名國拉，上山為四里，下山為一里。沿途人煙絕跡，洪荒之至。途遇雹，頗為所窘，是夜大雪，遍地皆素。

　　第四十三日（九月三十），大雪，氣溫上午三十八度，下午四十二度，早七時卅分出發，下午一時卅分抵象不通雄，行程六十里，其地為大平原，東西望無涯際，南北寬可十五里，有牛毛帳篷十二座，屬類烏齊卅九族境界。是日所經除翻過大小山坡八座，稍形難走外，其餘均為大高原地，尚平坦，涉經河流十道，沿途僅有少數牛毛帳篷，異常荒涼。中途又遇冰雹擊面，痛不可忍，繼而大氣噎，呼吸幾窒，一路所見麋鹿山羊很多。

　　第四十四日（十月一日），天雪，氣溫上午四十二度，下午四十六度，宿共堆扎極。行程六十五里，其地為山穀草原地，水草很好。是日翻山坡九座，小山三座，其中較大者一座，為抗拉，上山為三里，下山為五里，多亂石路，且泥濘不堪，很難走，幸不陡，可乘騎。經過海子兩處，大者名胖通，周圍可四十里，小名錯窘，水黑色，相當深淵。又山溝路一條，長可八里，盡亂石，非常難走。其餘均為高原地，尚平坦，沿途人煙絕跡，荒涼萬分。

第四十五日（二日），宿隆思，行程十二里。其地為山穀草原地，風景頗佳，有河名隆恩曲，經過山溝一條，名雜拉生陀，多亂石斜坡路，相當難走，長可十里。是日氣溫上午四十度，下午六十八度。

第四十六日（三日），因騾馬困乏過甚，決在此休息一天。復因給養告罄，派人至附近部落採［註9］買，是日氣候上午四十度，下午六十八度。

第四十七日（四日），早九時出發，十一時抵隔拉通，行程二十里，其地為山谷平原地，有河名共曲，水流很急。上午氣候三十四度，下午六十八度。是日所經盡山溝斜坡道，多亂石，相當難走，翻過山坡三座，涉經河流五道，途遇冰雹，每以為苦。

第四十八日（五日），氣候上午為三十六度，下午為六十四度，因採辦給養事未竣，未克前進。

第四十九日（六日），氣候上午為三十六度，下午為六十八度。復因採辦給養事未竣，未克起程。

第五十日（七日），氣候上午四十二度，下午六十六度，因採辦給養，未克前進。今日遇本公司押運員珠珠由拉薩押運貨物經此赴康。

第五十一日（八日），早八時十分出發，午後二時四十分抵少烏通，行程四十五里。其地為大平原，極遼闊，有居民十餘戶，種植青稞。有喇嘛寺名林窘根，黑教，最小。有河名熱曲，河面很寬，水流很急。是日經過山溝一道，名抵農生陀，長可九里，多崎嶇路，涉經河流四道，山坡三座，又大村落一處名色察，本公司運輸轉口站在焉。其地為大平原，有喇嘛寺名扎西林，黑教，規模極宏大，居民六十餘戶，均土房，頗整齊，墾地至廣，種植以青稞大麥為大宗，間種圓根，有藏軍五百人新近由拉薩開抵此間。沿途村落很多，盡莊稼地。氣候上午為四十三度，下午六十七度。

第五十二日（九日），宿升日桑壩，行程四十里。有橋木製三孔，長可十余丈，已呈頹圯狀，行經其上，相當危險，其地為山谷平原地，頗狹隘，有居民七戶，種植以青稞為大宗。有河名街曲，水流很急，與熱曲河匯流為怒江上游。附近有喇嘛寺，名大金千共巴，黑教，建築近歐美化，頗宏大，遍植林木，蔥翠可愛。是日所經盡山邊坡道，大致還平坦，翻過山坡三座，涉經河流五道，沿途村落很多，莊稼地亦夥，惟草原枯瘠，騾馬食料頗成問題。

［註9］ 原文作探，今改正。

第五十三日（十月十日），天雪，宿拉桑（山名，此山共有四座，總名馬拉，此即第三座馬拉山也），行程六十里，草原很好，山頂積雪甚厚，荒涼之至。是日翻過大山坡一座，上坡爲四里，下坡爲一里，經過山溝一條，長可十七里，多亂石路，相當難走。越山三座，總名馬拉，第一座上山爲八里，尙平坦，下山爲四里，很陡須步行。第二座上山爲五里，頗陡，下山爲七里，尙平坦。第三座上山爲六里，下山爲二里，不陡，可乘騎。餘盡山坡道斜坡路，大致還平坦。沿途人煙極稀，無一片耕種地，途遇毛牛百餘，馱運印度商品向康定進發。中途拾得無主棗溜馬一匹。

第五十四（十一日），上午氣溫六十三度，相當寒冷，下午五十三度，下雪子很大。早八時出發，下午一時抵日巴，行程五十五里，其地爲山谷平原地，有居民兩戶，是日越山一座，名馬拉齊（藏文意義即第四座馬拉山），上山爲六里，尙平坦，下山爲七里，多亂石路，很陡，須步行，下爲山溝路，頗崎嶇，長可十七里。涉經河流五道，經過大草原一處，名巴達松，其地有官一員，官銜孜仲（等於內地縣長），士兵數名，有土房一所，帳篷十餘座。又翻過大小山坡兩座，坡度相當高峻，沿途人煙稀少，多荒地。

第五十五日（十二日），宿耳君達，行程五十五里，其地爲山谷平原地，有居民三戶，上午氣候三十四度，下午五十八度。是日經過山溝一條，長可十二里，尙平坦，越過大山一座，名街拉，上山十四里，不陡可乘騎，下山十里，很陡須步行。又大草原一處，名熟曲陀，爲行旅棲宿必經站口，有人煙十餘戶，涉經河流四道，山坡三座，其餘盡爲平原地，沿途人煙很稀，極荒涼。

第五十六日（十三日），宿衝衝學，行五十四里。其地爲大草原，極遼闊，有居民四盧，上午氣候三十二度，下午五十度，是日所經過，有山溝地，山坡地，山巖地及草原地，其中以山巖地，高而且陡，爲最難走，崎嶇多石巖，百丈以下爲山澗，很危險，須步行。涉經河流七道。中途因走錯路線，誤越石山一座，壁陡，上山爲五里，下山爲三里，須步行，吃力之至，又草原一處，名約翰陀，旁有河名扎曲，有牛毛帳篷七座，設有兵站，備來往軍隊棲息之用，沿途除土房數所外，荒涼異常，一路風很大，呼吸幾爲窒息。聞附近有村長某人（即頭人）爲富不仁，時唆動村民行竊偷盜經過行旅騾馬，坐地分肥，歷來已久，茫未破獲。不料過去三日，有西康理化縣火竹香根佛爺駐錫是地，夜失良馬二匹，次晨派四十騎，四處偵察，至一村落，見所失馬匹俱拴在村門口，當即前去詰問，因言語發生衝突，雙方開火，佛爺方面重傷一人，又被擊斃騎馬一頭，諺云前車之失，後事之師，坐是我們深引戒心。是夜戒備很嚴，以防意外。

　　第五十七日（十四日），宿那雄，行程六十里，其地為山谷大草原，極遼闊，上午氣溫三十度，下午四十八度，有河名國建曲。是日所經過多山坡高原地，尚平坦，越過小山一座，上山為五里，下山為二里，不陡可乘騎，涉經河流七道，又村落一處，名北陀囊達，有居民二十餘戶，旁有山名倭鶴拉，火竹香根佛爺因失馬傷人事，駐錫其地，與負責人嚴重交涉，結果由村長賠償藏洋三千元，藏銀一千五百兩，毛牛三十頭，又良馬一匹，一場風波至斯告一段落_{火竹香根係本公司常務董事之一}。

　　第五十八日（十五日），宿懷乏塘，行程五十五里，上午氣候二十六度，下午四十八度。其地為大草原地，極遼闊，惜草原枯瘠，騾馬不得飽饜。有土房一所，毛牛帳篷三座。是日所經多上坡高原道，尚平坦，涉經河流五道，沿途除裕太階地方有喇嘛（廟）一座_{名裕太共巴，黑教}及左近房屋數座外，荒涼異常。該寺建築頗宏大，計三層，外塗白石灰，遠望若天主堂，頗美觀。旁有山溝一條，聞係通青海玉樹縣大道，藏方在此設卡收稅，稽徵來往商品。

　　第五十九日（十六日），宿所孜登格，行程五十五里，本公司運輸轉口站在焉，上午氣候二十七度，下午四十八度。其地因喇嘛寺著名，有居民七十餘戶，均土房，頗整齊。有鐵索橋，名所覺桑格，長八丈寬六尺高四尺，以山岩為基，懸索其上，鋪板焉，人馬行經，顛動異常，載重有所限制，每次僅准一騎通過，以防意外，惟須出相當代價，兩端有人駐此收費。有因騾馬過多不願出資者，則繞道從淺處過河亦可。是日所經多草原地，極平坦，翻過山坡五座，越過小山一座，上山為二里，頗陡，下山為三里，涉經河流五道，沿途人煙稀少，呈荒涼之象。昨夜遺失騎馬三匹，想係為馬賊所竊。

　　第六十日（十七日），宿扎炯陀，行程四十五里，其地為山谷平原地，上午氣候二十八度，下午五十度。是日經過山溝一條。越過大山一座，名所唷拉，上山為十八里，頗陡竣，多亂石，曲折難行，中有土房三所，下山為七里，壁陡，上下須步行。又翻過大山坡三座，餘盡山道，尚平坦，沿途人煙絕跡，荒涼異常。

　　第六十一日（十八日），宿所呀衣，行程五十五里，上午氣候二十三度，下午三十八度，頗爲嚴寒，其地爲大平原，環山多馬熊，金黃色，碩大無比〔註10〕，倘不加以傷害，不爲人患。是日越過小山九座，平均上山爲二里，下山爲二里半，山溝九條，藏人名其地爲所拉格隆格^{即九山九溝意}。又翻過山坡五座，大致還平坦，途遇狂風大起，灰砂蔽天，擊面疼痛異常，風力之大，騾馬都打倒轉，人幾乎由馬背墜下，此等現象實屬創見，可怖之至。沿途人煙絕跡，荒涼異常。

第六十二日（十九日），上午氣溫二十度，下午三十四度，早七時卅分出發，下午三十分抵阿尼卡，行程六十里，其地爲大草原。是日越過小山四座，涉經河流六道，餘盡草原地，極平坦，沿途除牛毛帳篷兩座外，荒涼滿目，一路青草，都發枯黃，其寒冷可知。下午又起大風，惟不及昨日之烈。途遇甘孜喇嘛寺呼圖克圖由拉薩禮佛返康。

第六十三日（二十日），大雪，上午二十三度，下午二十六度。宿娘溝通隔囊，行程六十里，其地爲大草原，環山產野馬甚多。是日所經多草原地，遼闊至幾無涯際，平坦之至。翻過山坡十座，涉經河流六道，沿途除極少牛毛帳篷外，洪荒異常。一路雪風載道，苦不堪言。途遇大幫騾馬馱運印度商品〔註11〕，向西康進發。是夜牲口放山齧草，發現馬賊數名前來行竊，當即鳴炮三發，逃去。

第六十四日（二十一），大雪，積至尺許，路跡亦全被掩蓋。上午二十二度，下午二十四度。早八時出發，下午一時卅分抵相剋雄，行程六十五里，其地爲大草原，環山多馬賊，行旅時爲所擾，最近不久聞因竊馬事，雙方開火，賊被擊斃一名。是日所經多草原地，極平坦，翻過山坡八座，涉經河流十道，其中較大者名夏曲，寬可十五丈，深度二尺許。越過小山兩座，總名格達拉尼，一較陡，上山爲四里，下山爲三里，一頗平，上山爲三里，下山爲六里。風極大，呼吸幾窒息，加以雪子刮面痛不可忍。途中除牛毛帳篷外盡荒地。

第六十五日（二十二），宿街拉雄，行程八十里，其地爲大草原，極遼闊，上午二十一度，下午二十二度，冷寒之至。是日所經多山道頗崎嶇，相當難走，翻過山坡五座，涉經河流八道，沿途人煙絕跡，洪荒極矣。

第六十六日（二十三），宿扎西那拉，行程三十八里，上午二十度，下午

〔註10〕原文作朋，今改正。
〔註11〕原文作品商，今改正。

二十七度，相當寒冷，是日所經盡大草原地，遼闊之處，天地相接，一望無際。翻過山坡兩座，涉經河流八道，沿途人煙絕跡，除少數牛毛帳篷外，盡荒地。

第六十七日（二十七），上午十八度，下午二十五度，非常寒酷，宿歌雄，行程五十里，其地山谷平原地。是日所經，有草原高原及山道，大致還平坦。翻過山坡四座，小山一座，上山爲□里，較陡，下山爲三里，頗平坦。涉經河流兩道。沿途極少數牛毛帳篷外，荒涼之至。一路風大氣噎，深以爲苦。

第六十八日（二十五），上午二十度，下午二十三度，宿那曲卡，行程二十五里，本公司運輸轉口站在焉。其地爲大平原，又名黑水，極遼闊，周圍可五十餘里，環山，爲西藏東部之最大商埠。過去承平□代，青海西康及雲南漢商均不遠千里來此趕集。現在尚有漢商多家，以北平人居多數，經售調緞布疋及印度運來之舶來品。均平房，外刷白石灰，極整齊。每座房子隔離很遠，猶重慶市之大巷然，內裝玻璃及鐵紗窗，明潔美觀。其地尚有扯帳篷，類內地攤販者，數亦至夥。陳列各種舶來品，如熱水瓶電池小洋刀及其他瑣碎商品，應有盡有，無一不備。有喇嘛寺名嗡登共巴，黃教，金碧輝煌，極富麗堂皇，計三層，外刷紅粉，莊嚴宏大，聞專爲拉薩達賴喇嘛念經祈〔註12〕福而建者。尼姑庵一所，名阿尼。稅卡一所，稽徵往來商品。又地方官一員，官銜至中〔註13〕，管理民政軍事。是日所經盡平原，地極好走，沿途人煙稀少，風很大，騾馬因長途跋涉，均疲憊不堪。蓋行程至此已達三千一百二十四華里，宜其疲矣。查由卡松渡起至那曲卡，共有四個稅卡，卡卡都要上稅，異常繁重。

第六十九日（二十六），宿萬胎隆，行程三十五里，上午二十二度，下午二十八度，其地爲大平原。是日過山坡三座，涉經河一道，名那曲，多平原地，極好走。沿途除轉經臺可千地方有極少數人煙外，盡荒蕪地，風很大，呼吸幾窒息，深以爲苦。

第七十日（二十七日），上午十七度，下午二十四度，寒極，地都凍裂。宿街下重，行程五十八里，其地爲大平原，極遼闊，有牛毛帳篷十餘座，居民貧乏異常，均來帳前乞討，最迫切需要者爲茶葉。並聲訴苦況，謂大軍過

〔註12〕原文闕略，據文意補祈字。
〔註13〕通常作孜仲。

境，一掃而光，現下生活，頓成問題，言下不勝悽愴。查藏軍薪餉微薄，每月僅發藏銀一兩，約合國幣拾元，故每逢差遣，凡有所需，欲其不擾民者烏可得乎。今日據本公司駐那曲卡運輸轉口站站員報告，謂有硼砂二四九馱已經發往康定　為渝工礦局簽訂，尚有二二〇馱至遲藏曆十月初一可以起運。

第七十一日（二十八），宿水曲卡，行程六十里，上午十七度，寒極。下午二十四度，其地為大平原，極遼闊，是日翻過山坡八座，涉經河流兩道，餘盡平原地，極平坦。沿途所見，野馬甚多，荒涼之至，風大，深以為苦。

第七十二日（二十九），上午十八度，下午二十五度，寒極，八時出發，下午一時抵所工察客，行程五十里，其地為大平原，整平如鏡，遼闊之處，無異蒙古大沙漠地，行馳汽車絕無問題。有溫泉，硫〔註14〕黃質，名察客，熱氣騰騰直冒地面，高達數丈餘，溫度很高，寬可丈五，長三丈，深二尺，沐浴其間，神清氣爽。旁有雪山名所德共日，據傳說有神頗靈驗，積雪甚厚，雖至萬年不化。反之，果真要是溶化，則西藏佛教也隨著要消逝，決無存在的可能。是日所經盡平原地，極遼闊，涉經河流六道，翻過山坡兩座，沿途所見野馬甚多，千百成群，絕不畏人，蓋信仰佛教區域，咸戒殺生命故也。人煙寥寥，盡係荒地。

第七十三日（三十日），宿杜囊卡，行程六十三里，其地為大平原，遼闊之至，上午二十度，下午二十六度，是日所經盡平原地，很好走，涉經河流五道，沿途人煙稀少，荒涼之至。

第七十四日（三十一），宿雅馬通，行程五十八里，上午二十六度，下午三十八度，其地為大長原，猶若天然飛機場，有牛毛帳篷五座，土房三所，轉經臺一座，名承拉可千，又著名大雪山兩座，總名米千湯拉。是日所經，除少數山邊斜坡道，稍形難走外，盡為大平原地，非常好走。翻過山坡六座，涉經河流五道，沿途人裀極稀，多荒地，居民因受軍隊過境騷擾之影響，盡瀕〔註15〕破產境地，以乞討為生。

第七十五日（十一月一日），上午二十八度，下午四十度，早八時四十分出發，下午三時二十分，抵甲吾陀，行程六十七里，其地為山溝平原地，有莊稼廿餘戶，種植以青稞為大宗，氣候相溫和，矮樹叢生。是日所經多山道，頗崎嶇，其中以拉陀一段為最難走，盡下坡亂石路，陡而曲折，須步行。

〔註14〕原文作流，今改正。
〔註15〕原文作頻，今改正。

下有溝名居隆，多石子路，相當難走，長可十七里，涉經河流七道，沿途除牛毛帳篷十餘座外，多荒地。

第七十六日（二日），宿水洋重，行二十里，上午二十九度，下午四十八度，其地爲大平原，極遼闊，有河名熱振曲，寬可十餘丈，水流很急，有居民十餘戶。是日所經有山道有平原地，大致還平坦，中經村落一處，名江陀，有人煙二十餘戶，附近有喇嘛寺名熱振共巴，上書漢文凝禧寺區額一方，字體遒勁，不知出何人手筆，規模宏大，備極莊〔註16〕嚴。民國二十五年，蔣委員長曾捐助國幣十萬元。主持其間者爲熱振活佛。自十三輩達賴圓寂後，曾爲西藏攝政達五年之久，嗣因十四輩達賴坐床後，乃告退休，現年僅三十三歲。寺旁有私宅一所，計二層，建築近歐化，豢養亞拉伯種良馬十二頭，聞向印度跑馬場用重價購來者，每日下午用黃緞披頸，必牽之繞屋數周，名爲轉經。又有雙峰駱駝十八匹，極駿偉。

第七十七日（三日），上午三十度，下午五十度，相當和暖，是日赴熱振喇嘛寺參觀，休息一天。

第七十八日（四日），晨八時出發，十一時卅分抵式烈，行程三十五里。上午二十九度，下午五十度。其地爲山谷平原地，有河名大隆曲，頗遼闊，水聲轟轟，振耳欲聾，左近有喇嘛寺，名式烈共巴，規模最小。是日所經，除少數平原地外，盡山道及坡道，多亂石，很崎嶇，相當難走，中途經過村落一處，名旁多，有居民約三十餘戶，均石疊土房，種植以青稞爲大宗，有河名旁多曲，寬可二十丈，深約二尺許。有鋏索橋名旁多甲上，上鋪片斷之木板，非常難走，馬須涉河而過。

第七十九日（五日），宿恰拉松陀，行程四十五里，是日所經，有山溝地，有山坡道，頗陝隘，多石子路，相當難走。經過喇嘛寺一座，名達〔註17〕隆共巴，有人煙數十戶，房屋極整齊。越過小山一座，名恰拉，上山爲二十五里，可乘騎，下山爲十里，盡亂石路，非常難走，須步行。

第八十日（六日），宿街登歌那拉，行程六十五里，上午三十一度，下午五十二度，其地爲大平原，遼闊之至，四周房屋星羅棋〔註18〕布，異常整齊，有村名街登歌青，人煙稠密，遍植林木，頗美觀，大都爲貴族顯官之別墅，

〔註16〕莊字據上下文補。
〔註17〕原文此處不可辨識，達字據上下文補。
〔註18〕原文作其，今改正。

蓋藏族規矩，平民住宅向不准種植林木，否則須抽重稅，以示警惕。階級之分，由此可見一斑〔註 19〕，深爲浩歎。是日所經有山道，山澗道，山坡道，大平原道，間有石子路，大致還平坦，沿途村落很多，墾地至廣，溝渠縱橫，藉資灌漑，種植以青稞麥子爲大宗。中途在拉松曲點地方遇鄧董事之胞弟，現考取哲蚌寺格西，及妻弟桑德倉設座歡迎，進茶點並牛肉燒洋芋。

第八十一日（七日），宿麻德，行程七十里，上午三十四度，下午五十度，頗和暖，其地爲大平原，極遼闊，有石橋名拉桑巴，即鹽曲河及雅甲河之匯流處，河面頗寬，水流很急，有牛皮筏子可直達拉薩河，又名藏江，即後藏雅魯藏布江之支流克曲，產魚極多且鉅，出沒遊戲，仰人施食，相傳此爲水怪窟宅，經松贊干布收伏後，每歲有喇嘛做法祀之。是日所經有大平原地，山坡道及山邊道，多沙漠路，大致還平坦，沿途人煙稠密，盡莊稼地，產白鶴鴻雁野鴨成千成萬，不可勝數，毫不畏人，蓋當地喇嘛寺嚴禁獵取故。

第八十二日（十一月八日），晨七時出發。下午一時卅分抵西藏首邑拉薩，行程六十五里。上午三十四度，下午五十二度，是日除翻過一座大山坡一座外，盡爲山邊道，頗崎嶇，沿途不斷都有村落，多莊稼地。計由康定出發口起到達第一目的地拉薩止，全程旅行三八〇五華里，歷時八十二日，翻越大小山嶽一八三座，涉經河流一九二條。稽考拉薩地質，古時似爲湖沼地帶，其後海水外泄，始成平原，高出海面可三五〇〇公尺，爲西藏最平坦溫暖之河谷。

三十〔註 20〕二年十二月五日鈔完。

〔註 19〕原文作班，今改正。
〔註 20〕十字據上下文補。

跋

　　清季入藏之驛站乃自四川而設，然四川入藏之道非僅驛站一道也，南道即驛道，此路雖驛道，然實崎嶇逼仄，且有甚為高峻險阻之二雪山，即瓦合山與魯工拉大雪山也，此二雪山綿長高陡險阻為途中最，行人斃命於此者甚夥，即今日川藏公路亦繞越之。險仄而難行，清季乃擇此道為驛道者，何也，乃因沿途人戶較多，便於徵調烏拉，更替柴草，故設驛於此道耳。

　　另有一道曰北路或曰草地道，此道自打箭爐即與入藏之驛道分，穿行章谷，朱窩，甘孜，德格諸土司地而至察木多，自察木多後又與驛道分，經類烏齊，三十九族，拉里以至於藏，此道始自何時不得其詳，就清季而論，康熙五十八年四川備進兵西藏時四川總督年羹堯即已遣人探知，及至清廷統一西藏，諸書若《西藏志》《西藏志考》《衛藏通志》《衛藏圖識》即已備載之。就交通條件而言之，此路之交通實勝於驛道，此道穿行於三十九族之草原，無高大雪山之阻隔，且水草皆便，馱牛馬匹無水草缺乏之虞，故有清一代此道實為貿易之道，西藏赴川之貿易商隊皆取道於此，四川運藏之茶亦經此道入藏，清末黃德潤赴藏調查交通，亦言之若自川修築鐵道至藏，此道實可取之路線也。而此道之缺點即地處高寒，均為牧區，牧民遷徙無定，設站不易也，故有清一代擇險仄難行之南道為驛道而非此道也。此道雖常為商道，亦有用兵之歷史也，清季末年，駐藏大臣聯豫與十三世達賴交惡，奏調川軍入藏，入藏之川軍慮驛道為藏軍攔阻，故取斯道入藏也。

　　此道之另一特點即靠近青藏邊界，越唐古拉山諸山口即可至青海，自拉里西北行亦可直至藏北重鎮哈喇烏蘇（今那曲），此文之作者至拉里後即行至此地而後達拉薩，而非沿《西藏志》《西藏志考》所載拉里直至拉薩也，故此文亦使吾人知此一支線也，此亦此文之價值也。

　　此道既非驛道，則行涉其間者鮮有文人雅士，故有清一代，此道之遊記絕少，吳豐培先生輯《川藏遊踪彙編》一書，此道之遊記亦未之見。偶見中國藏學出版社出版之《西藏地方志資料集成》第三冊載有斯文，乃戴新三摘鈔，於此道之記載頗具價值，亟錄之。作者周福生，據文中所述，乃赴印度主持康藏貿易公司加爾各答分公司之事務而有此行，當周君之行，正值清末以來中藏關係隔閡之際，藏方於自內地人士入藏多方阻撓，周君因有同行之藏人爲伴，衝阻冒險，始克成行也，此亦中藏關係隔閡時期之寫眞也。

西元二〇一六年冬月謹識

《後藏環遊記》

戴新三著

　　藏俗於拉薩傳昭之後，一般善男信女，大多裹糧結隊，不憚跋涉，前往後藏朝佛。行經路線亦有一定，例由拉薩啓程東行，至德慶折而南，越郭卡拉山至澤當，轉向西行，繞羊錯湖之南岸，至江孜，循年楚河至日喀則，遍遊札什倫布各寺。然後整裝言旋，沿雅魯藏布江東行，至仁布，復溯絨楚河至白地，再繞羊錯湖之北岸，折而北，越剛巴拉山至曲水，溯拉薩河東北行而回拉薩。凡朝佛路線附近之寺廟或聖蹟，均必逐一朝覽，以增功德。其由蒙古各部及青康一帶來藏朝佛者，尤以能循此路線前往後藏朝佛，爲最榮幸。余駐拉薩時，累欲前往一遊，以觀究竟，均以事阻，未獲如願。旋以國民政府主席蔣〔註1〕就職之際，前後藏僧俗官民曾爲誦經慶祝，主席嘉其擁戴之熱忱，特頒國帑，於布施三大寺上下密院之外，並及後藏之札什倫布寺。因得予三十三年春奉派前往辦理布施，藉遂環遊後藏之願。惟以遷就烏拉之支應，所行路線未盡合乎理想，頗以爲憾。但以在藏旅行之不易，故於行經各地，均曾悉心考察，逐日記載其情況，以誌不忘。茲特刪繁就簡，錄述於後，以供未至其地者臥遊之助。

一　業當石佛

　　四月二十三日，午前九時二十分余率公役二人，乘馬自拉薩出發。西行十五里至哲蚌寺^{拉薩三大寺之一}山前之淡巴村，有居民二十餘戶。沿途平衍，細草如茵，可墾之荒地甚多，現有農林佔地不及十分之二，係官有牧地，不容自由

〔註1〕　指蔣介石。

墾植。由此遙望蚌寺，全景如畫，歷歷在目。寺內金瓦白壁，光耀奪目。谷中翠柳紅桃，掩映成趣，莊嚴妙勝，如臨梵境。又行七里許，至凍噶宗，即一般人所稱之新東卡，有居民五十餘戶。自淡巴至此，均係傍山而行，南臨拉薩之旁流，北憑廈拉日蘇山，形勢險要，爲拉薩西郊策一關隘。山巓有古代碉堡遺跡，可供憑弔。過凍噶宗，轉向西南行，十里至曲桑橋。沿途河谷寬展，村落相望，田疇密接，水渠縱橫，地沃民富，不殊內地農村。曲桑橋跨圖濱河^{即 Tobny Chu，乃拉薩河之支流}上，係十餘年前擦絨任噶倫時監工督造而成，爲西藏境內唯一現代之橋樑，長三十五公尺，寬二公尺，有水泥橋墩二座，橋身全係鐵條架成，漆以土紅色，橋面全鋪木板，極爲堅牢耐用。余等乘馬過橋後，在橋旁草地上休息二十餘分鐘，始又繼續前進。南行六里，至一村落，其名曰楨，有居民十餘戶。沿途荒地較多，人煙漸稀。再南行四里，人煙愈稀。至一山嘴，入於峽谷地帶，寬僅五里許，拉薩河雜錯駢流其間，涉經流水數道，行於河壩之中。如遇洪水季節，則須繞道山麓迂迴而行。遠望對面山巖，道路盡頭之處，彷彿如有一鉅門，待行抵其處，始知乃一鉅型佛像，係就巖壁雕刻彩繪而成，高約三丈許，其外砌石架木，可蔽風雨，故遠望之如鉅門焉。此即藏人艷稱之業當大佛是也。由前述之山嘴涉水至此計程五里。石佛峭巖之東，另有一孤山峙立，巖石堅硬，呈黑褐色。大道即在此孤山夾峙之硤中，寬僅十餘公尺。孤山之東雖有寬約二三里之沙壩，但河流縱橫，不便行旅。如於此處設兵駐守，雖千軍萬馬，亦不易過也。又前進五里至羅布岡，有居民十餘戶^{或稱上業當，過石佛後即已入業當境矣}，沿途礫石遍地，人煙絕跡。由羅布岡前行五里至扎什岡，居民三十餘戶，有廟一座，頗爲宏敞，乃密宗院喇嘛夏季學法之所。再南行三里許，即抵業當，有居民十餘戶，財近有觀音庵一所。業當全境均係達賴喇嘛辰噶^{侍衛}之采邑，未設宗本^{如內地之縣長}。由羅布岡至業當，人煙漸稠，麥田相連。一般農民正忙於犁地，以備播種。犁地係以牛一頭，置橫木於牛角上，架長木於中，引於牛後，連於犁上。犁係木製，尖端包鐵皮。一人執犁柄驅牛緩行，犁頭入土尺許，土即鬆勻，但亦有以雙犁或三犁同時犁地者，故數畝之地，頃刻即畢。聞彼等例於藏曆三月十五起開始播植青稞及小麥蠶豆豌豆各農作物，而於藏曆七月十五開始收穫，大約至八月半即可收割完竣。余抵業當，已係午後四時，投宿於應差之民房，展褥設榻，取火炊飯，作過夜之計。由拉薩至業當，共計六十華里，沿途道路甚爲平整。除石佛附近礫石遍地，較難行走外，餘均舒適易行。

二 曲水形勢

四月二十四日午前六時四十分自業當啓程，南行八里，河谷幅面又狹，寬僅四五里，入峽以後，即傍西面山麓蜿蜒而行，山勢陡峭，道路曲折，河流盤繞路側，形勢險要，沿途無人戶農地，備極荒涼，往昔嘗〔註2〕有匪徒出沒，殺人越貨，時有所聞。此峽共長十四里，其中有數里依山傍水，路極崎嶇，近年經擦絨監工築成新路，鑿山塡水，遂為坦途，路面寬約三公尺，恍如公路，出峽谷，有天然之山石峭立，儼如石門，其外谷面開闊，寬達十餘里。有村落一處，傍巖而建，單名曰朗，有居民五六戶。其附近山谷中，尚有散居之農家十餘戶，麥田柳林，錯落其間，固儼然一世外桃源也。又行五里至一山坡，余下馬休息二十分鐘後，又復繼續前進，登繞山巖，又入平地，路旁未墾荒地甚多。折向西南行八里至堯堆，有居民十餘戶，農地甚多。又行五里至堯默，有居民五十餘戶，農田雖已廣闊，但未墾荒地仍多。聞此兩村均係政府官地，所有耕作勞力，向係徵自民間。堯默村旁有石崖一處，下臨水塘，其旁有古柳六七株，偃臥地上，狀如虬龍，幽趣天成，足供行人遊憩。出堯默村一里許，繞行一崖，峭壁矗立，突出平地二十餘丈，石上刻有佛像多幀，雄奇壯偉，難有其匹。過此續向前進即入於荒原，遍地礫石，無農地人戶，長約六里。再前進又至一山嘴，怪石嵯峨，高出地面約四十餘丈，如在內地，必能吸引遊人，成為名勝之區。策馬循山麓繞行，計歷四里許始出谷口，又進入一大沙壩，由此可遙望曲水郊外之納雅及雙峰竝峙之喀拉雪山。沙壩縱橫約十餘里，黃沙漫漫，一望無垠，人行其中，燠熱異常，儼如旅行沙漠地帶。細查此沙壩造成之原因，實由於四周山嶺砂巖風化，經長時期風雨沖刷逐漸移入平原所致。現附近砂山環拱，而平地僅有細沙數寸，其下仍為細膩之土壤，如能於此處大量植樹，必可化沙漠為沃土也。續向西南行七里許至卡巴蕩，有居民四十餘戶，屬曲水宗，有農田草地，風景極佳。余在村外草地上休息半小時後始又繼續向前進。行四里過扎什鎭，有居民十餘戶，略有農地，未墾荒地甚多。村旁有孤山一座，聳立平原之中，其上有殘垣數段，係古時碉堡之遺跡。又行十四里至平原終點之納雅，有居民二十餘戶。其附近數里外山邊有寺廟一所，名曰降九林，有喇嘛一百餘人。沿途荒地甚多，未經墾植。行三里許抵曲水宗，投宿於差房，時正午後三時二十

〔註2〕原文作當，今改正。

分,由業當至曲水計程七十九里。曲水有居民五十餘戶,民房疏落,建於扇形平原之上,無商業街市,一般貿易即在住戶內為之。距拉藏河與雅魯藏布江會流處約四里許。其西一山屹立,即曲水山,上有殘垣廢碉甚多,相傳原係宗署所在地,清初毀於拉薩汗東侵之役,即未重建。現在宗署設於平地之上,規模亦甚狹小。其南雅魯藏布江對岸,有山突起如屏,正對拉薩河谷,形勢雄偉,即嘉桑楚山,乃西藏神山之一,傳係自印度飛來,上有水泉一百零八處。其西山麓之嘉桑寺,為竹多佛駐錫之所,有喇嘛五十餘人,凡朝札什倫布及則日絨古_{即俗稱之野人山,每間十二年始得朝拜一次}者,歸途必朝是山,功德方稱圓滿。其東南雅魯藏布江之彼岸,遙見山邊有房屋之遠景,即貢噶宗也。貢噶宗之東即澤當宗。再東去即至有名之桑鳶古寺,皆係西藏富庶之區。曲水宗境內有著名之寺廟三座,其一即東北五里許之降九林,有喇嘛百餘人。其一系西北五里許山谷中之他巴林,有喇嘛一百二十餘人。其一乃西行十五里許之春科堰,有喇嘛二百餘人。

三　嘉桑渡船

四月二十五日晨五時半起床,候烏拉至十時廿五分,始獲啟行。自拉薩首途至此,尚係首次更換烏拉。出發後繞曲水山西行,傍巖沿流,道路極為曲折,行四里許轉向西南行,入於河灣平原,農地人戶甚密。再前行六里即可望見嘉桑寺,在雅魯藏布江之對岸。再折向西南穿行河壩,約五里許至嘉桑卡渡口。為爭取先渡,公役宋國治幾與大金寺商人演成械鬥,經余制止,始未發生事故。此處渡船係用厚木板製成,寬約八尺,長四丈許,船頭置馬首,有舵一槳四^{前二後二},一男人掌舵,三女人搖一槳,全船須船夫十三人,過渡一次即須以銅勺舀〔註3〕去積水。船板無論上下均係用厚約四寸之木條聯成,其外釘以鐵皮,極為粗笨難看,船高僅二尺許,而吃水則不及一尺,過渡一次可同時載馬十五匹及十五人。河面寬約一百公尺,至少須費時十分鐘,而搖槳船夫已汗出如豆,誠最苦之差役也。夏季水漲時,河流甚急,則不能用此木船過渡,乃移渡口於上游十餘里外之孫馬康穹地方,改用皮船過渡。民國三十年余自印度入藏時,即係乘用皮船過渡。往昔嘉桑寺前曾建有鐵索橋

〔註3〕原文作搖,今改正。

一座，毋須木船過渡，來往行人均須繳納過橋費，爲嘉桑寺最重要之收入。清末十三輩達賴出亡印度，曾因追兵追至，於過橋之後立將鐵索撤毀，以後即未重建，至今河中尚有殘餘之橋墩一座，聯有鐵索二段至嘉桑寺下，可供憑弔。嘉桑寺距現在之渡口不及二里，依山傍水而建，地位幽雅，屋宇整潔，誠不愧爲名勝之寺，余原擬抽暇前往遊覽，以啓行較遲，恐誤宿站，故祇有待諸異日。過渡時余與僕從及行李係分兩批過河，俟全部渡竣，繼續前進，時已十二時三十分。自渡口西行，繞山巖沙丘，溯江迂迴而前，行約五里，遙見南面山麓，有村落一處，似有居民二十餘戶，北岸山麓有寺廟一處，即春科堰也。再西行五里過剛巴降湯，有居民十餘戶，又行五里過聖馬，有居民十餘戶。沿途農田連接，地盡高腴，但亦有未經墾植之荒地。過此則係傍山而行，河流逼近路旁，即間有隙地，亦磽确不毛，故人戶絕跡。但對岸河原，人煙極稠。再行七里過剛巴卓木，有大廈一座，係拉薩某世家之別墅，二十九年吳委員長禮卿〔註4〕先生入藏時，曾借宿於此。其下河灘中有人就江水支流築壩堵水，開渠導流引往聖馬村，灌溉田畝，頗有成效，可爲西藏農田水利之模範。由此折而南行，循谷道逐步上坡，約五里即抵剛巴八則，投宿差房，時正午後三時十分。由曲水至此，共計四十二里，沿途道路尚屬平坦易行。道旁山巖，多斷層葉巖，與昨前兩日所經之山，由花崗巖及沙巖構成者已迥不相同。剛巴八則位於剛巴拉山之腹原上，有居民三十餘戶，當前後藏交通之要衝，行旅多喜住宿於此，以其適在剛巴拉山口及嘉桑渡口之間也。附近農地係依勢壘石爲岸，使成梯田，憑藉谷中溪水以資灌溉。田中雜石子甚多，爲他處所罕見，余怪而問之。據土大云土中夾以石子，可助麥苗之生長，故爾不去，其實不過係藉石塊以儲水分，且防大風將土壤括去耳。

四　剛巴拉遠眺

四月二十六日晨五時起床，遠望西北一帶山嶺即〔註5〕羌塘高原之邊緣遍佈白雪，乃係昨夜所降，幸剛巴拉山上未有雪跡，於吾人翻山行程尚無所礙。早飯後六時三十分由剛巴八則啓程，南向溪谷上行，谷面寬約五十公尺至一百公尺，坡度舒徐，如行平地。遙見山旁臺地上有破屋數椽，其牆壁上有白土所畫之山

〔註4〕指吳忠信。
〔註5〕原文作旣，今改正。

字符號甚多。據云該處原有人家，故植有桃柳數林，近年該戶絕滅，遂無人居，村民以其地凶煞，恐有防礙，故特畫此符號，以為吉祥。溪谷兩岸山巖有灌田水澗三條，余初見其壘石成壁，疑其上係人行道路，行數里見澗中有水流出，始知此乃八則村中賴以灌田之水澗。此稱人工水澗，時在半山，時在谷底，水源遠在十數里外，以碎石砌成澗壁，頗似山地公路之路基，平截山腰，不崩不漏，藏人砌石技術之精妙，令人驚歎。

行八里許，溪谷驟狹，寬僅十餘公尺，自此始進入崎嶇之山路，坡度陡急，道路曲折，盤旋繞登，馬亦喘息不停。行約里許，望見東側高臺地上有農地一片，居民五六戶，度其地勢，當在海拔四千公尺以上，誠西藏境內最高之肥沃農田也。再前行五里許地勢愈高，道旁有荒田及殘垣，往昔當曾有人在此墾植，想係因高寒乏水而廢棄。再續上行即耐寒之刺棘灌木亦不生長，僅一片枯黃之草原而已。余為試驗在高山上步行之情況，特下馬步行，計每行百餘公尺即必須停步休息片刻，調勻呼吸，始能繼續前進，較之初入藏登尼牙所拉山時，僅能步行數武即為喘氣所迫而停步者，已有進步，但視隨行之烏拉娃，終日徒步馬後，毫無勞苦之狀，則又瞠乎遠矣。

十時四十分抵剛巴拉山口，其上有嗎呢堆一座，即前後藏之分界處，上插經幡以祀山神。藏人過此每就地取石子數粒，投諸堆上，以能投留頂端者為最吉利，故嗎呢堆上石子，日積月累，頗有逐漸增多之勢。余自剛巴八則至此，計費時三小時又零十分鐘，抵此後乃席地略事休息，藉以觀覽四周之景象。東西兩面山嶺連綿，不能遠望。北面可遙見雅魯藏布江北岸各山嶺，峰巒起伏，白雪皚皚，彌望無際。俯瞰雅魯藏布江，水色碧澄，縈繞於河谷之中，勢如長蛇。南望羊錯湖，為一環形長湖，平靜如鏡，水色蔚藍，深不可測。湖面較江面為高，一清一濁，一淡一濃，各有妙趣，蓋亦地勢使然也。山麓湖濱有村落一處，名曰占巴隆，有居民二十餘戶，南來旅客多喜投宿於此，以便翌日有充足之時間翻越剛巴拉山口，且可趕赴嘉桑過渡。余於休息十餘分鐘後，以下坡路陡不宜騎馬，遂順山路步行南下，至山麓計僅費時四十五分鐘，途中毫未休息，亦不覺勞苦，較諸上山時之難易，實有天淵之別。下山後復乘馬傍山沿湖蜿蜒西行，沿途人煙絕跡，未見樹木。道旁間又破屋斷垣及荒廢之農地，似已久無人居，度其地勢，應屬可耕之區，竟爾荒棄，殊為可惜。行約二十五里至西洛，始見居民七八戶，農地數片，錯列谷中。余由印度入藏時因係夏秋之交，藏江水旺之時，即係由此分路北行，登越尼所拉山口而至孫馬康穹過渡，則不必經過岡巴八則，亦可至曲水也。

　　再西南行二里許道旁山谷中有居民五六戶，農地一片，此處湖水對岸，亦有民數戶，農地一片，漸破荒涼之象。又行五里道旁有農地一片，但無人戶。又五里抵白地宗，投宿於差房，時係午後二時三十分。由岡巴八則至此計程約七十三里。白地宗依山濱湖，地面褊狹，有居民三十餘戶，人口二百餘人，耕牧竝重，農地散在附近〔註6〕十里內之山谷中。東南有土角伸入湖中，其上建有碉房一座，即舊日之宗署，現已傾圮，其形勢極為雄偉，數十里外即可遙見，實為白地唯一有藝術價值之建築物。

　　白地係布達拉車資列孔之采邑，宗本例由該機關直接委任，五年一換，充此〔註7〕職者多係該列孔之覺拉，蓋以此為調劑之缺也。由曲水支用之烏拉應在白地更換。據支差頭人稱，由白地支烏拉至仁布宗，按例應作三站計算，但行程改為兩日，亦可到達，惟烏拉費須以三站付給，由仁布宗至日喀則亦係如此。余當告以仍須按站前行，不必趕路，蓋意在得以從容詳察沿途情形也。

五　絨楚河探源

　　四月廿七日午前七時四十五分自白地啓程，依山傍湖西南行，可清晰遙見西南方有大雪山一座_{在將到白地之途中赤可望見}，綿延甚廣，無數雪峰羅列其間。有主峰一座，為白色金字塔，高插天際，儼似鶴立雞群，雄偉無比，藏人稱為乃青康薩，意即仙人之居。藏戲中且有一劇，專述此仙人之故事，膾炙人口，蓋亦西藏有名之神山也。

　　行二里許路北谷中有農地一片，無人戶，但見廢碉數座。又行四里路北谷中，又有農地一片，廢碉數座，亦無人戶。蓋均係白地人民經營之農地。再行四里，南望朗噶子宗，隱約可見，羊錯湖自此分為二支，一向朗噶子南伸，一向西伸，湖面愈闊，平靜透明，水天一色，心神為之怡然，又行二里至一懸巖，鑿山通道，濱湖而行，湖中水草雜生，遊魚可數，見人亦不驚避，蓋以藏人信佛，不食水族，魚類遂可優游自得，而不以行人為可怖。由此南望，遊目所及，可遙見廈亞拉向固雪山，宛為銀屏，巍然屹立，計其途程，

〔註6〕原文不可辨識，據文意補近字。
〔註7〕原文作之，今改此。

已遠在數百里外，此即西藏與不丹之界山也。

行過此巖，轉向西行，仍傍湖濱蜿蜒而前，四里許至格桑橋，係就湖水淺處築長堤爲路，中留涵洞數眼，以通水流。由此過橋向東轉南行，即係至朗噶子之大道，余由此逕向西行，前進未遠，即盡羊錯湖之西端，續在闊約五六里之谷中前進，又六里至堯喜，有居民廿餘戶，已闢農地尚多。再行二里有居民四戶，農地與堯喜村相連。附近有湖名隆桑楚頗，湖面寬二里，長五里許，有水道與羊錯湖通。余在此下馬休息十餘分鐘後，始又繼續前進，地勢漸高。行約六里，道北山麓臺地上有村落一處，名曰隆桑，有居民十餘戶。村之西有溪流一條，村民即就溪流引水灌田，故農地大半均在溪流兩旁。此溪係自喀拉雪山北來，至此折而東，流入隆桑湖。又行五里至遮首湖，寬可半里，長約二里許，有水道與隆桑湖通。遮首村即在湖之南岸臺地上，有居民五六戶，農地係就山麓斜坡開墾，面積不大。過此路旁有一小山嘴伸出，其上壘有石子一堆，此即朗噶子宗與仁布宗分界處，自此以東屬於羊錯湖盆地，包括數宗之地，藏人統稱之爲羊錯，自此以西入於絨楚河流域，即藏人所稱之絨也。

過此續向西行，兩旁山嶺緊逼，谷面甚狹，寬僅一二里，前行不遠，即有溪流一道，自南面山隙中流出，入谷後，折而西流，寬僅丈許，深不及尺，谷底土壤呈黑黝色，水中雜有黑泥，顯係自乃青康薩雪山冲刷而下之物，此即絨楚河之上源也。入絨境後，沿途荒涼，人煙絕跡。行十里至夾湯，始見住戶五家，農地一片，又行二里至咱黨，僅有住戶七家。余因決心按站而行，故特在此留宿，時正十二時卅五分鐘，天氣驟寒，細雪飄飄，勢亦不宜繼續前進。由白地至咱黨計程共四十七里，道路平坦，尚易行走。午後閑暇無事，取酒自酌，並與居停談天。據云咱黨與夾湯共屬一村，有支差之富戶五家，貧戶七家不負支差責任。余之居停乃此間最大之一家，家主男女大小共十四人，傭工六人，全家共計二十人。其餘四家富戶各有主人八九人，傭工三四人。貧戶每家亦各有大小丁口八九人。則是全村共約有一百三十人之譜。村中農產品祇有青稞及蘿蔔兩種，其他均不出產。居停所有之農地，每年播種青稞二百克，可收穫四百克，畜羊四百餘隻，犛牛四隻，奶牛二隻，騾馬八匹，驢子十餘匹，生活尚稱小康。其餘四家富戶每年各可收穫青稞二百克，並各畜羊一百餘隻。貧戶均無農地，僅各畜有羊十餘隻，乃至三四十隻，平時係請託富戶傭工順帶放牧山間，遇農忙時及其他特殊事件，貧戶丁壯恒充富戶之臨時傭工，但須按日付給工資。故村中貧富頗能相安，互助爲生。

六　楚撐溫泉

　　四月廿八日午前七時廿分，自咱黨啓程，沿絨楚河西行，約四里有溪流自南來會，再三里又有溪流自北來會，谷中有廢碉一座，再行三里又有溪流自南來會，谷中有廢碉一座，破屋兩所及大佛塔一座。過此谷面驟狹，寬僅二十餘公尺，遍地亂石，水流其上，怒吼不已，道路曲折，坎坷難行，兩旁山勢嵯峨，峭壁嶙峋，高出谷面可三四百公尺。又行五里，有溪流自南來會。再行五里至滋松，又有溪流自南來會，谷面略闊。滋松在山巖上，有居民十餘戶，農地均在山坡上，甚至高出谷面一百餘公尺之處亦有農地，由此可以推知谷旁山坡可供耕種之地尚多，附近有水磨一所，利用水力，磨製糌粑，爲藏人日用必須之主要食糧。

　　過滋松，策騎登山向西北行，谷面愈狹，寬僅十餘公尺，兩岸山勢陡峭，至不能在谷底開闢道路，須在山腰鑿石爲路，崎嶇坎坷，下臨深谷，行者無不懼其危墜。此段山路計長三里許，又復下至河谷，向北前進，行五里至打拉，有溪流自東來會，水流甚急，吼聲益烈。打拉在道右懸巖上，形勢險要，約有居民十餘戶，農地散在附近山巖上，谷中發現樹木數株，自越剛巴拉至此，尚屬創見。余在河邊下馬休息十餘分鐘後，又復繼續前進。由打拉溪水會流處折而西行。山勢險惡，道路崎嶇，行約十里至讓巴，即拉薩讓巴大喇嘛之鄉邑。有居民十餘戶，村在道右臺地上，農地散在附近山坡，有林園兩處，轉經堂一所，係讓巴大喇嘛自建。其西北山巓且有喇嘛寺一座。村外有溪水一道，自北流來，匯入絨楚。過此谷面漸闊，絨楚河納流已眾，漸成鉅浸。

　　續向西行五里許，有溪流自南來會，道左山坡上有村落一處，名曰麻惹。農地散於山坡各處，居民亦隨之而散於各處，總計共約二十餘戶。村中有稀疏之樹林數處，且有一高坡住戶前，亦有樹木，可見如在山坡上培植人工林，亦必毫無困難。再前行十里許，高峰逼峙，谷面又狹，水流急湍，吼聲震耳，時值雪花飛舞，寒風襲人，仰視天空，僅留一線，地勢險要，實無倫比。又西行五里，山勢略低，谷面漸闊，一時卅分抵楚撐，宿於差房。自咱黨至此共計五十五里。楚撐濱臨絨楚河，有居民十餘戶，農地散在山坡上，河邊雜生野樹，而無農地，土人以絨楚河床太低，不能引以灌田，因有稱之爲名楚者，意即無用之河也。

楚撐以溫泉得名，泉在村中一院內，泉自一石穴中汩汩湧出，流入於石砌之方池中。池寬八尺，長丈許，深可二尺，溫度爲華氏七十八度，以手探之，溫暖宜人。院周建有敞房數間，可供休憩。凡羊錯及日喀則一帶之人，多有專程來此沐浴者，無須付費，即可入浴，惟住此日久者，始略給茶資少許，可謂廉價之至。余原擬入池試浴，旋爲隨從勸阻，以旅途疲勞，未經休息，即行入浴，易罹疾病，遂寢其意。村內尚另有一泉，在一民房戶外湧出，砌有陰溝，以導水流，溝上留有小洞一處，係供人洗面之用，深才數寸，熱氣蒸騰，儼如沸水。此二泉導出之水，均流入絨楚河中。

楚撐負有支差義務之戶共計十家，其最富之一戶，每年播種青稞二十克，豐年可收七八十克，荒年有時甚至欲收回種子亦不可能，全村共約下種一百克，但每年無論豐欠，均須向仁布宗繳納青稞二十克。又最富之一戶經常畜羊一百餘頭，其餘各戶則畜二三十頭乃至五六十頭不等，全村總計不過五百餘頭。至於所畜之奶牛及犛牛，少者二三頭，多者五六頭，共計亦僅有奶牛及犛牛各四十頭而已，但每年以牛羊奶製成之酥油，例須向宗署繳納四十克。此外每戶每年並須向宗署繳納全羊一隻，白紙五百張^{本村雖不產紙，亦須以現金自他處購繳}。以上各物均須於藏曆十冬兩月以內繳齊，不得短少，至烏拉之支應，則無一定限度，長途烏拉，奉令即應照辦，短程烏拉則每日均須預爲準備，以便隨時支應。又村中尚特產一種助染礦石，產於村南山間，共有三種礦石，一系染紅色用者，一系染黃色用者，一系染黑色用者。余曾囑居停將三種礦石標本取閱，均呈灰褐色，狀極相似，無法分辨，而彼則諄諄言其不同。此種染色礦石，本身並無顏色，乃係助染材料，爲彈染氆氌及其他毛織品必須之物。凡染氆氌等物時必先浸入此種礦石之溶液中，然後取以投入染料中，則染成之後，有經久不變及入水不脫之功效。此種特產，除運銷拉薩外，每年例須以三百馱供應藏政府在山南所設之染廠。政府臨時如有徵用，亦應隨時支應，即札什倫布方面如有需要，亦必按例支應。礦石本身雖無成本可言，但採掘運送頗費人力，村民每年收爲支應此項差務咸感疲於奔命。以故西藏地方人民，恒不願有特產物品出現，蓋懼差務頻繁，耗費人力，匪特於地方無益，且受無窮之禍累也。

楚撐北山之北麓，有戎亞底地方濱雅魯藏布江，出產以荣油青稞豌豆爲大宗，爲藏中富庶之區，村落毗接，共有人戶二百餘家，係拉薩貴族拉魯之莊田。可由咱黨及讓巴兩地抄山谷小路前往。由戎亞底放皮船至曲水一日可達，極為便捷，如遇貨物太多，仍多以駄運往咱黨或讓巴兩地，繞越剛巴拉山口而至曲水。如由曲水溯江陸行而西，亦可經戎亞底再至日喀則，惟山路險窄，僅有單人步行之小道，難容騎駄，險阻天成，遂使前後藏交通要道不能不繞經剛巴拉山口矣。

七　降青巨佛

　　四月廿九日，午前七時自楚撐起身，谷面略闊，河流深陷谷底，道路在河南之高岸上。兩岸均有農地，斷續相接，沿途廢碉破屋甚多，但無人戶，傳係毀於固始汗征藏之役。西行九里許有溪水自南來，流入絨楚河。再行三里至稽米，村落在對岸平地上，有農地樹林，住民六七戶_{在白地時余曾詢支差頭人連日住宿地名，據稱第一日宿滋松，第二日宿稽米，第三日宿仁布宗，余為就事實之便利，故未全依其言投宿}。又行三里至格許，有居民十餘戶，其附近山坡上有數戶聚居，地名格丁，另一山坡上又有數戶，地名噶得，均屬格許村。又前行五里至降巴康薩，有溪流自南來會，散居於山谷中之住民共約十餘戶，係拉薩某貴族之莊田。自此而西谷面較闊，寬約一二里，地勢平坦，田土肥沃，極目四望，村落毗接，頗有拉薩河谷之景象。再進一里許至拍都，有居民十餘戶。又行四里至充沙，亦有居民十餘戶。其北岸山谷中有村名約那，傳係群讓代本之莊田，已因犯罪充軍而被政府沒收，現已撥給某貴族管業，散居谷中之居民共約二十戶。又行四里遙見絨扎，在對岸山麓平地上，附近散居之住民約有二十餘戶，連同拍都充沙之居民，共約五十戶，均係拉薩貴族絨扎巴_{現任代本之職}之百姓。

　　再前行五里至俄米，居民五戶，有卓瑪拉康廟_{即綠度母廟}一座。余下馬入廟朝佛，廟內分為東西兩殿，西殿有銅製釋迦牟尼佛像一尊，高三尺許，造像藝術甚佳。又有泥塑度母像一尊，亦尚可觀。佛龕上陳列巨石一塊，其上有陷窩二處，傳係薩迦祖師曾以此石為枕，以故留有跡印。現全石已塗成紅色，陷窩處則貼以黃金，充分顯示其珍貴及神秘之性質焉。東殿有蓮花祖師像一尊，殿旁木架上存儲佛經甚多，均無木板夾護，據云係因蒙古王之亂，寺被焚毀，夾經木板亦被焚，佛經則未著火而獲獨存。蓋此廟原係薩迦派所建，明末清初之際，為擁護黃教之固始汗所佔領，僧家或被驅殺，而佛像與佛經則仍被保存至今。現此廟屬降青共巴管轄，廟內僅有一老喇嘛看守，年已七十八歲。由渠導余朝佛，口中誦經，喃喃不絕，旋向余化緣，余以藏票一張付之，彼即欣然而去。余朝佛畢，休息片刻，又復上馬西行，遙見對岸山坡間有村落二處，各有居民數戶，但不知其地名為何。前行五里又有較大之溪流一道自南來會。由此可遙見對岸山麓有村落二處，一約十餘戶，一僅數戶。又行五里至第及林，有居民十餘戶，散居道左山谷中，原係拉薩貴族第及林之莊田，因妻死悲憤出家，現已獻與藏〔註8〕王打扎。

　　由此改向西北行三里至丈米，有居民數戶，又二里至康打，亦有居民數戶。再行五里至降青共巴_{佛寺}^{意即大}，附近有居民十餘戶。廟宇依山而建，規模宏大，有喇嘛四百餘人，原係薩迦派之叢林，現屬哲蚌寺羅色林扎倉，為仁布宗境內著名之古寺，凡來後藏朝佛者，無不以能入寺頂禮引為無上幸運。余至寺前當即下馬入寺朝佛，有嚮導喇嘛為余啓門入殿，殿中布置與拉薩各寺無異。寺內有著名之巨型密勒佛像一尊，係以鍍金銅皮製成，高五丈許，其手指較吾人之手臂猶粗，盤膝上可橫臥一二人。殿周圍有高樓，以便朝佛者登臨瞻仰。殿旁置有青年喇嘛像一尊，即發願建造此巨佛者之塑像，此係薩迦派興盛時期所建造，故距今至少已有六百餘年之歷史矣。朝佛完畢後即出寺上馬，繞寺後之山西北行，下坡至谷底，沿河前進，兩旁土巖壁立，高約四十公尺。前行六里，始又登至高岸，復睹平衍之原野，可遙望仁布宗。道旁有村名稽中，有居民數戶，農地直與仁布宗相連。對岸山麓有村落兩處，各有居民十餘戶，農田連綿未斷，足證其地之富庶。再向西北行五里抵仁布宗，時正午後三時卅分，計自楚撑至此共計六十五里。

　　沿途道路平坦，極易行走。就其地勢而論，實為一沖積性之長形河谷平原。惟在太古時期，絨楚河似為羊錯湖之出口，水位甚高，故能鑄成寬闊之河谷，嗣以水量減少，羊錯已不能經此外泄，遂成為無口之湖。而乃青雪山之水，則仍繼續下瀉，重就沖積平原之上，再度浸蝕，以致現有絨楚河床，深陷谷底，而形成屹立兩旁之高岸式之平原焉。自楚撑以下，氣候溫暖，土質良佳，然為地形所限，灌溉不便，未能盡其地利。

八　仁布宗的工巧

　　仁布宗濱絨楚河，有降噶隆楚河自南來會。宗署即在二流相會之土角上，

〔註8〕原文不可辨識，據文意補藏字。

巍然高聳，形勢雄壯，為古時仁布王之宮殿。民房則建於山〔註9〕腰之上，較高岸為低，因受地形限制，房屋極為稠密，有街道數條，均甚狹隘，僅有居民五十餘戶，但連同附近二三里以內之村落合計，則有一百餘戶。氣候和煦，頗似曲水，桃紅柳綠，風景優勝。沿河一帶，水磨密接，為碾製麵粉糌粑之所。由此沿降噶隆楚河南行二日可至江孜。居民文雅，擅長工藝，其北岸山中，出產細石，色多暗綠，間有潔白如漢玉者。有玉工二三人取以製成石杯石碗等物，極為美觀，余以藏銀二十兩購得茶杯一隻，與平商運來之玉杯相較，亦不稍遜，足見其手藝之精巧。此項工藝僅有三年之歷史，他處尚不知有此特產。工人取石係趁月明之夜，潛赴山中竊掘，因恐為藏政府所知，責以差務，疲於供應，故不得不如此。又有鐵工數人，能以鐵皮製成燈臺，高一尺許乃至三尺，利用螺旋斗笋，折散軸盞，悉裝於圓形之座內。驟視之為一徑大數寸之圓盒，極便旅行攜帶。可見藏人工藝之巧，亦不遜於內地，惜當局不特不為之提倡獎勵，且從而予以苛擾，妨〔註10〕害其自由發展，殊可歎也。

九　沙漠狂風

四月三十日黎明即起，候換烏拉，因係遠自數十里外催來，且非一處，故遲至午後三時始行到齊。當以為時向晚，易生狂風，啟行不遠，即必投宿，故決在仁布宗再宿一宵。

五月一日午前七時二十分自仁布宗啟程，沿絨楚河西北行四里至北林，有居民十餘戶，大廈一所，係拉薩貴族打康之莊田〔去歲國民大會，西藏選派首席代表即係打康〕。又行二里至彭姜，有居民數戶，噶許巴〔現任噶倫〕之弟即住於此。又行二里至郎豫，有居民十餘戶。又行二里至可布夏巴，有居民數戶。以上均係農地密接之區。自此折而西行，其東北數里外，即絨楚河與雅魯藏布江會流之處，可遙見北岸山麓之扎西林〔屬寧木宗〕，有居民二十餘戶。由該村單人步行前往拉薩，四日即達，設能鑿山通道，誠前後藏最捷之路徑。又行二里過向巴，有居民十餘戶，其附近山谷中，有散居之農戶甚多。其西有溪流自南來流入藏江。又行三里〔註11〕，

〔註9〕　原文作土，今改為山。
〔註10〕　原文作防，今改正。
〔註11〕　原文作里三，今改為三里。

至廈拉仲薩，濱臨藏江，有居民數戶，由日喀則放皮船，在此登岸，僅需時一二日。自此以下則不通航運，因過扎西林，即有險灘故也。沿江前行，可遙見西南山上信奉紅教之策地林寺，有喇嘛卅餘人，常住寺內。續向西北行五里，即須登山傍巖而行，山勢陡峻，河谷狹至二里許，江流深陷，河面寬僅五十公尺。沿途無農田人戶，僅對岸高臺地上，間有農家。計行十里至枯隆朗喜，有居民三十餘戶，農地多在山坳之中。余所支用之烏拉馬，須在此更換一匹。下馬休息十餘分鐘，始獲前進。

繼續沿江西北行，十五里至討，有居民十餘戶。過此又登山路，崎嶇難行，可望見對岸山坡上有村落四五處。旋即轉向西行，又五里遙見對岸山麓有村落一處，名雅拉，約有居民二十餘戶。其附近有黑教喇嘛寺一座，名雍珠林，有喇嘛二百餘人，仍著紅色袈裟，與黃教喇嘛無大差異，惟其所研誦之經典，及轉經時係由右向左反轉，則不相同。其旁另有黃教喇嘛寺一座，名共巴廈，有喇嘛十餘人。二寺因教派不同，雖同住一地，老死不相往來，亦云奇矣。村西有無尤楚河，自北來流入藏江，溯無尤楚河北行，有大道通嶺噶宗^{俗稱無尤宗}。其地有德母寺一座，屬札什倫布，喇嘛二百餘人，藏北之大寺也。由該宗越無尤拉出口，即至楊八井，乃後藏通藏北之大道，二十九年冬班禪靈櫬回藏，即係經此，由卓噶瑪渡口過江而至札什倫布。

又西行四里至打珠卡渡口，有居民十餘戶，為札什倫布寺屬之昔噶。經常有皮船往來南北兩岸，藏北一帶出產之羊毛，多由此過江運往江孜。由此沿江西行，兩岸山勢漸趨平斜，河谷闊展至一里許，道路入於沙漠地區。沙丘起伏，寸草不生，馬行其中，頗為吃力。時值狂風大作，沙土撲面，呼吸為窒，雖戴風鏡，猶不能睜目直視。回視烏拉娃^{馬夫}，不戴眼鏡，不畏風沙，闊步前進，若無其事。相形之下，吾人適應環境之能力，固遠不如彼等也。計行四里，始出沙漠地區。再前行，可遙見南面山谷中有村落一處，名卓瓦。有居民數戶。北岸山邊，亦有村落二處，名卓章，約有居民十餘戶。續向西行十里，道南有谷道名憨。其外有村名斯新卡，居民十餘戶。連同谷中居民，共約一百餘戶，係札什倫布之昔噶，乃九輩班禪降生之地。谷中建有別墅一座，以產青稞著名，班禪所食之糌粑，即係取給於此。由此可南通江孜，快馬一日可達。村西三里外，有憨楚河流入藏江，河床寬可二里，現已乾涸，但在夏秋之交，則成鉅流。再西行七里至澤雄，河谷開展至十餘里，有居民十餘戶。沿途農地密接，已漸變荒涼之景象。又行三里至娘穹，有居民數戶。

又行四里登一山巖，藏江即在山腳，深不可測。時風勢勁急，沙粒擊面如刺，苦痛萬分。在山巖行二里後，可望見江邊之嘉薩渡口，泊有皮船二隻，靜候渡客。旋即下山，入於平原，行經荒地五里，始見農地。再行五里，即抵年木胡達^{簡稱爲}_{年　木}，下馬投宿，正午後五時。

由仁布宗至年木，共計九十四里。自出發以來，以今日之路程爲最長，而又遭遇狂風，倍感疲憊。晚飯後，稍事休息，即行就寢。不意又爲臭蟲所擾，遷榻數次，亦未獲一刻之安眠。年木乃仁布宗之西境，過此即入日喀則宗界。有居民十餘戶，中有支差之富戶四家，每家約有十二三人，餘均貧戶，每家各有五六人。附近有唐浪廟一座，內住尼姑十七人。出產以青稞荣籽爲大宗，又產蕎麥甚多，但不產豆子。居民除務農外，均以牧羊養雞織普魯牟子等爲副業。年木平原較拉薩平原尤爲開闊，四圍山勢舒緩，最闊之處寬約二十餘里，惟以人口稀少，荒地未盡墾植，爲可惜耳。

十　遙禮恩棍寺

五月二日午前七時十分自羊木出發，在平原中向西前進，三里至喀爾噶布，有農民四戶，散居其南山谷中者，尚約有十餘戶，均屬年木胡達範圍。續向前行五里，有孤山一座，突立平原之中，其旁有居民二戶，地名姐麼雄，屬仁布宗管轄，過此以西即係日喀則地界。策騎續向前行，但見沙丘起伏，礫石累累，其中雖有可耕之地，亦無人經營，荒涼景象，出人意想以外。計行十四里始至一孤山，山頂有紅教喇嘛寺一座及尼姑庵一所，有喇嘛及尼姑各二十餘人，寺名類烏齊，因其名與西康境內之類烏齊同名，故通常多稱爲藏類烏齊，以示區別。自此可望見北面山谷中有村落二處，南面山谷中亦有人戶，已漸變荒涼之景象矣。策騎繞行孤山而西，至衝巴卡，有居民五六戶，散見稀疏之農地，由仁布宗支來之短程烏拉，須在此換馬。再向西行，沿途荒涼，十五里至隴銳，始見農地，有居民四五戶。余在此下馬休息十餘分鐘後，始又前進。西行五里至喀爾，有居民二三戶，再行五里，愈覺荒涼，沿江傍山前進，忽見有皮船五隻，聯爲一筏，順流而下，不用漿帆，駛行極速，蓋係今晨自日喀則載貨下駛之皮船也。再行四里又至平地，折向西南行，五里至呂詭，農地尚多，有居民十餘戶。其南山坳中，有著名之恩棍寺，係班禪發祥之地，距札什倫布寺僅六十里，有喇嘛二百餘人，第二輩班禪索朗卻朗，及第三輩班禪恩薩巴之靈塔，均在寺中。曾遊內地名噪一時之安欽呼圖克圖，近年即常在該寺坐靜。余原擬前往巡禮，但以恐礙行程，未獲如願，殊爲遺憾。

過此復折而西行，約四里，又登繞山巖，江流其下，可遙見對岸有村落四處。時正午後二時，狂風又作，惟所夾沙塵，較昨日爲少，故感覺亦不甚苦。在山巖上繞行三里後，復入平地，再行七里至卓噶木渡口，有木船二艘，分泊南北岸，船夫則閒坐沙上，等候渡客。由此再傍山麓西行，十二里至邊湯，投宿差房。當就村中雇一人爲專差，持函於當日送往日喀則，交漢商麻延齡，因渠前曾函詢行期，以便邀集該地漢商屆時歡迎，故特告以抵達日期也。

今日由年木胡達至邊湯，計共行八十七里。邊湯與其附近之邊雄，又可共稱爲邊，土地肥沃，田疇密接，縱橫十數里，平衍廣闊，實爲後藏物產富庶之區。但邊湯僅有居民二十餘戶，邊雄則僅數戶，共計亦不過三十戶，以此區區之人口，而占此廣大之平原，殊覺人力不充，地利未盡，未免與經濟原則大相逕庭。據當地農民聲稱，每年播種青稞一克，半年可收九克，即普通年例亦可收六七克，足證土氣之宜於農植也。

十一　行抵日喀則

昨夜因室中臭蟲甚多，夜未安眠。余初以爲後藏地勢較拉薩爲高，其溫度自應較拉薩爲低，不意兩夜投宿，均爲臭蟲所苦，及細查兩日來所記之溫度，平均俱在六十八度左右，較拉薩五月份平均溫度之在六十五度者，尤高數度，此乃雅魯藏布江導入之暖氣有以致之也。

五月三日午前七時三十分，自邊湯啓程西行，二里許，南面山谷中有札什倫布之屬寺一座，名曰僧多健，有喇嘛一百餘人，居民數戶。行二里至覺瓦，有居民數戶，其西北數里外，江邊有領及稽興兩村，各約有居民十餘戶。再西有村名甲梗甘補，約有居民三十餘戶。係札什倫布寺之屬地，其居民僅供寺中之差務，不再負宗署之支應。再西行十一里，至一隘道，兩旁山崗突起，中爲平坦之大道，實天然之關卡，可爲軍防之要地。過此江流分爲數道，泛濫於平原之中，將大好平原劃爲無數沙壩，以致百餘方里之內竟充農耕隙地，余策騎濱水傍山偏□而行，十里至勒昌，約有居民十戶。再行十里又至一隘道，地名折拉納，兩旁山崗突起，中爲坦道，寬約三十公尺，儼如城門，乃日喀則近郊之軍事要地。其西數里外，即年楚河與雅魯藏布江會流之處也。

行過隘道，徐徐折而南行，即可望見日喀則，於快愉中，策騎馳進。四里至曲峽，有居民約數戶。扎薩喇嘛代表仔仲羅桑崇嘉<small>漢名羅崇嘉，曾隨安欽佛在平京各地居住十餘年</small>及漢商麻延齡韓修君曹慶有等均在道旁草場上駐馬歡迎。余當下馬與彼等握手寒暄<small>草場上有土臺數座，形似方桌，蓋係過去迎接轉世班禪設座頂禮之處，將來新班禪如轉世〔註12〕來寺，後藏僧俗官民自亦必須循例在此設座歡迎</small>。余於接受扎薩喇嘛代表哈達之後，賡即上馬，羅崇嘉騎馬前導，其餘諸人均隨余騎而前，南向饒堅則山西行，忽有甲康代表喇嘛二人，疾馳至余騎前，下馬獻哈達，以表歡迎，余頷首接受，彼等即欣然而去。旋至年楚河濱過尙巴廈橋<small>尙巴者橋也，廈者東也</small>，蓋此橋適在日喀則之東郊故名<small>在日喀則東郊，係班禪夏居之所，如拉薩羅布領</small>，至功結林寺<small>岡之爲達賴夏季行宮，清高宗嘗賜名爲廣祐寺</small>，下馬入至客廳休息。爲余設有極高之座位，除同來諸人外，尙另有一仔仲及翻譯王明慶<small>係在日喀則生長之漢人，曾隨安欽佛到過內地，現任後藏五品俗官</small>均在彼處迎候。視時計已十一時三十分。坐憩有頃，各進茶點少許，諸人復送余至市區中預設之行館，始各散去。今日由邊湯至日喀則，共計四十里。

十二　待救漢民

余所下揭之行館，在日喀則街市之東角，房名寸布廈瑪，爲一藏式之三層樓房，其客堂在第三層樓上，新建落成未久，油漆彩畫尤新，明窗淨榻，布置雅致。居停主人原係班禪之製衣頭目，爲後藏之六品俗官，年約五十餘歲，爲班禪屬下之忠實份子，傾誠中央。聞余係中央派來辦理布施之人，故志願以其新屋供作招待，所需茶食等物，均由其子女親手奉獻，敬意之誠，令人深感。

午後，扎薩喇嘛，札什倫布拉章，甲康村等均各派有代表來館，掛哈達送禮<small>此係西藏習慣如此</small>以示敬意。又有居住日喀則之漢民代表十餘人來掛哈達送禮，其中有牛樹聲穆國賓李應魁三人係前清駐防後藏制營兵丁，尙能漢語，其餘雖係漢人後裔，但已不能說漢語矣。據稱現時日喀則祇有漢民三十六家，共有一百五十餘人，組織有聚義會社團，屬拉薩農務局，均賴小本經商及製粉條種菜蔬爲生，除二三家外生活均甚艱苦，亟待救濟。余當告以中國國際地位業已提高，抗戰即可勝利，勉以稍事忍耐，將來中央必有救濟之法也。彼等遂

〔註12〕此處補一世字。

於感動中歡然辭去。旋囑乃興巴持哈達往見扎薩喇嘛，約於明日午前十時晤談，藉商布施事宜。

十三　訪晤扎薩喇嘛

五月四日午前九時許，翻譯王明慶及乃興巴羅桑崇嘉，到蛙鄧珠先後來館。十時餘偕彼等乘馬往札什倫布拉章拜訪扎薩喇嘛。扎薩喇嘛至室外相迎，握手為禮。入室又互換哈達。就坐後稍事寒暄，余當將攜來之公文二件面交，並告以蔣主席頒發布施費派余代表布施經過，及在拉薩三大寺上下密院辦理布施詳細情形，希在札什倫布亦能照拉薩之例辦理。並請其決定布施日期以便進行。渠謂藏曆本月十五日為最吉祥，似可定於是日布施。余當表示同意^{此日係藏曆三月十二日，中閏十三日，即國曆五月八日也}。余旋又請其指派專員負責，俾便會商辦理。渠即席指派仲譯青波^{秘書長}巴岡會同辦理。並決定於明日午前十時來館會談。扎薩並囑將前藏布施賑目清單底本交渠一閱。余當允午後交乃興巴送來。余又談及昨日有甲康村代表前來歡迎並掛哈達，其他康村均無此種表示，推其用意，或係意欲引頭轉香^{西藏習慣，凡入寺布施者，均必由其屬籍康村，為之引頭轉香。而該康村則享有領雙份布施之特權。如蒙古人則須由蒙古人之康村辦理，西康人則由西康人之康村辦理。甲康村原係漢人之康村，現在其康村全係藏人，已無漢僧，而康村執事則以此係有利之事，故仍力爭維持舊例。}但中央或蔣主席之布施，與普通人民不同，乃係超越地位，不應劃屬於任何特定之康村。在拉薩捫朗青波^{即大招}及三大寺中已有先例，未由任何康村領頭轉香。現在札什倫布究應知何辦理，應請注意及之。扎薩允於查卷後答覆。余將應予商洽之事談畢後，又於閒談中詢以札什倫布所轄宗署及獨立莊子數目。據云札什倫布計轄四宗，（一）彭錯嶺宗，在札什倫布西二日程，（二）拉孜宗，在札什倫布西四日程，（三）敖忍宗，在札什倫布西六日程，（四）干壩宗，在藏南與錫金交界處。各宗宗本係由扎薩喇嘛保請前藏噶廈核委。此外尚有獨立莊子二十餘處，稱為昔噶，散佈於江孜以西札什倫布以東一帶地方，每處均由拉章派昔業一員管理一切。

今日會見扎薩喇嘛，除隨余同往之乃興巴及翻譯王明欽三人外，尚有仲譯清波詹東，巴岡二人作陪。扎薩坐主位，余坐客位，余之坐墊與扎薩同高，詹東，巴岡則坐下位相陪，坐墊亦較低。至王明欽等三人則在旁另設一席，其坐墊又較低，蓋西藏習俗係以坐墊高低表示官階地位。雖非典禮場〔註13〕

〔註13〕原文作楊，今改正。

中，亦異常重視，足見其階級觀念之深入人心也。坐定有頃，即進酥油茶及酥油飯^{藏俗作客者，對此必須略食少許，否則亦須以手抓數粒向空拋撒，以爲吉祥。內地人對酥油茶尚能勉飲一二碗，惟對酥油飯，則感其油臭刺鼻，欲嘔不能下咽，}次進糖果，又次進午餐，有荣數肴，食麵條，又次進甜茶及酥油茶。飲食雖屬簡約，而招待則甚周到。午後一時三刻余乃告辭，扎薩起身送至室門外，握手而別。詹東，巴岡則送至樓梯口，亦握手而別。余回館後，當將拉嘉列孔^{拉薩財政局}所繕三大寺布施帳單底稿，王樂階^{後藏公推駐拉薩代表}所開札什倫布布施預算帳單，及下密院祝文經單，共四件，交乃興巴轉送扎薩參考。

扎薩喇嘛名羅桑仁青，現年七十一歲，鬚髮皓白，齒已全落，精神尚健，駐後藏任扎薩已二十年，爲人和平穩重，頗得人民愛戴。年前曾以年老爲理由，稟請達賴〔註14〕准予退休，卒以繼任人選難覓，未獲允准，清時對後藏扎薩賜有阿摹倫棍之封號。至今一般人民則猶稱之爲節運青波。班禪在位時，則秉承意旨綜理後藏政教事務。班禪缺位時，則攝行班禪職權，總攬後藏政教大權。其地位之隆崇，固不亞於前藏之藏王也。

午後，余上拉薩駐藏辦事處孔處長〔註15〕簽呈一件，文曰竊職於上月二十三日自拉薩啓程，二十四日宿曲水，廿六日宿白地，廿九日宿仁布，候烏拉耽擱一日，五月一日自仁布前進，三日抵日喀則。扎薩喇嘛派五品仔仲二人爲乃興巴，郊迎於十里外，抵行館，又派管家掛哈達，並有厨役治膳招待，今日午前十時職偕翻譯王明欽及乃興巴往見扎薩。扎薩迎於室外，互換哈達，共進午餐，有二仲譯青波作陪。職當面致鈞座問候之意，並詳述拉薩三大寺等處布施經過情形，請即派員協同辦理，當經指定仲譯青波巴岡爲會辦。並商定於國曆五月八日^{即藏曆三月十五日}爲布施日期，一切尚稱順利，惟札什倫布寺甲康村，要求領香及每僧領取三份之權。職已將中央及蔣主席布施與普通人民不同，應超越康村之理由及三大寺亦無此例等語，面告扎薩，請其考慮。扎薩已允查案再商，職擬相機以合理方式處理，諒不致因此發生若何阻礙。所有經過情形，理合先行報聞。

十四　接見各方來賓

五月五日午前九時許，後藏貴族羅友仁來訪。渠係中央委員羅桑堅贊之

〔註14〕指十三世達賴喇嘛。
〔註15〕指孔慶宗。

姪，曾任立法委員，在內地居住多年，漢語極為流利，年前始行返藏，現任後藏仁細之職官[四品]。余當詢以對於班禪轉世之意見。據云班禪行轅回藏人員，一致希望西寧尋獲之靈童當選。但如中央遴派大員入藏抽籤，彼等亦極歡迎。渠料最近西寧靈童舉行慶祝大會之原因，係恐前藏政府認定黑河之靈童，〔註16〕影響後藏之權益。因前經誦經驗卦，已明示班禪轉世應在青康地方，而不在藏境，故後藏人民亦均擁戴西寧之靈童也。羅友仁辭去後，又有某藏人來訪。據云班禪舊部，高級者多獻媚前藏以保祿位，中級考則緘默取容，以圖苟安，惟下級份子，始終未變，對現狀深表不滿，對於班禪轉世問題，後藏僧俗官民均一致希望中央作公正之處理。

十時許，麻延齡王明欽羅崇嘉相偕來館，坐談未久，巴岡亦偕德穹娃[官名，即前藏之拉讓]羌[椎]，奪顛巴同來。巴岡當謂關於甲康村要求領香二事，業與扎薩商妥，以此次既係主席布施，可不照彼等要求辦理。但可念該康村曾經派代表前往歡迎，可否即就布施餘款中，提出一部份在該康村單獨布施一次，當允即照此辦法辦理。因拉薩三大寺布施餘款，亦曾在布達拉朗節扎倉單獨布施一次。巴岡旋將帶來之覺拉二人呼入，以西藏算術計算布施費用，直至三時許始行完畢。

午後四時許，班禪之大卓尼來訪，渠曾隨班禪至內地，於廿九年始護送班禪靈骨回藏。據渠云札什倫布之喇嘛較前藏三大寺喇嘛之生活尤為優越，因後藏物價較低，而寺內發給之口糧又甚豐富，平均每僧每月均可得青稞三克，惟入寺規制較嚴，非先行背誦若干經卷，不能入寺。現寺內計分為四個扎倉，（一）妥桑林扎倉，（二）夏資扎倉，（三）紀岡扎倉，（四）阿巴扎倉。除阿巴扎倉專習密宗外，其餘各扎倉均係顯密竝重。

六日，晨起，接麻延齡來函，諫勿先往見日喀則基宗，須俟彼等先來，然後再往回拜。余亦早有此意，但恐基宗不來，故昨日曾囑乃興巴前往通知欲往會晤之意，冀以引起彼之來訪耳，故麻君有此誤會。不意今日乃興巴回報，謂基宗今日有事他去，不能即回宗署。彼既有謝絕之意，余亦不擬與之見面矣[因去年處內曾派員來此祭塔，隨行工役為藏兵砍傷，曾與宗署發生齟齬也]。午後平商天聚成派人來邀余至其號中便飯。當於午後一時許乘馬前往。該號房屋係前年新建，位於市廛繁盛之區，規模極大，為後藏第一家。聞係仗其藏籍股東劉霞之力，始能租此廣大地皮，

〔註16〕此處衍一不字。

以建商號。惟號內存物不多,交易亦不旺盛。其門市部亦未經常開門。因近年後藏貴族大多窮困,一般人民之購買力亦極薄弱,致有此不景之現象。又聞日喀則地方秩序甚爲混亂,宗署人員及駐防兵丁,常有估買估賣之事發生,夜間搶劫之事,猶爲素見不鮮,較之拉薩實爲遜色多矣。

七日,午前,乃興巴,王明欽麻延齡韓修君及白不喜姜古鶴等,均先後來館閒談。據乃興巴告余,昨日囑渠往宗署接洽將馬牌改爲經由江孜遶返一節。據宗署負責人稱,自去年以來,烏拉馬牌均統由噶廈發給,經過路線亦係載明其內,宗署實無權變更,請予原諒等語。余以由日喀則至江孜一段路程尙未走過,擬布施完畢後,再行交涉改道,如萬一不能辦到,即請扎薩代爲雇腳至白地,再照牌支用烏拉,亦必達到遊歷此段地帶之目的也。

十五　布施僧衆

余與扎薩商定布施之日期,爲藏曆三月十五口(即國曆五月八日),依照西藏宗教上之習慣,以每月初八及十五兩日舉行布施,功德最大。但余初未料及,札什倫布每年例行之時輪金剛法會,即係以三月十五日爲正期,余適於期前到達,故扎薩提議定是日布施,偶然巧遇,咸慶吉祥。^{考藏人供奉之金剛,計有三尊,一爲下密院供奉}之大威德金剛,一爲上密院供奉之鄧卻金剛,皆係修建密法之主佛,往年第九輩班禪在北平杭州等地躬親主持之祈禱和平大會,即時輪金剛法會也。

是日午前七時許,余偕乃興,翻譯及隨從等十餘騎赴寺主持布施。馬隊馳過市區,四蹄翻盞,飛砂揚塵,僅十餘分鐘,即抵寺門。協俄喇嘛^{即鐵棒}早已候佇門外,見余至,趨前致敬後,立即喝道前導,余等徒步隨行,至磋青大殿,登樓就坐於預設之座位上。每人一席,而以余座爲最高,一字排開,列於樓廊,可以俯瞰金殿。少頃仲譯青波巴岡等藏官亦來就坐。大卓尼當代表扎薩來獻哈達致賀,余亦回贈哈達一條,以表謝意。旋藉殿中喇嘛誦經休息之際,余即率衆入站香,並往朝磋青附近各佛殿。殿中布置與拉薩三大寺大略相似,惟以建築古老,黑暗異常,即白晝行走其中亦須燈光前導。大殿側有鍍金銅皮之密勒佛像二尊及四輩班禪像一尊,高二丈餘。四輩班禪之靈塔即在其旁,高約四丈,其式樣與拉薩布達拉之達賴靈塔相似,惟係銀底金花,與達賴靈塔之全以金皮敷成者不同,係受體制之限,而不能全用黃金歟。又另一殿,內供〔註 17〕純佛塔一座,高約一丈,中貯密宗法像。另有金塔一座,高不及

〔註17〕此處衍一尊字。

丈，精巧玲瓏，典雅素樸，蓋即第一輩達賴更敦珠巴之靈塔也。

九時許開始散錢，余派宋國治隨巴剛羅運等前往殿中分散錢包。此間散錢之法，與三大寺之習慣略有不同，例係以一百份應領之藏錢預先封爲一袋，喇嘛自行分爲若干組。每組一百人，推一人爲代表，領取錢袋，然後齊集殿外廣場，分組轉散。故錢袋一經分發之後，殿外廣場上，即有成團之喇嘛擁擠其中，以分取其應得之數。余爲欲一睹彼等分錢之狀，當囑乃興巴飭役捲起大殿前樓之布幕，移座憑欄以觀。瞥見場中喇嘛，皆披杏黃色大氅^{藏名大綱}，與三大寺喇嘛之披紅色大氅者不同。余怪而詢之左右，均不知其來歷。比時場週四圍崖頂，及走道上，麇集男女民眾約千餘人，余憑欄俯視，遂爲視線之集中點。又見人群中有數人，著黑氆氌衣，外披紅呢氅衫，頗似拉薩俗官所著之披衫，肩上斜掛紅色布帶一條，頭戴黃絨圓帽，較拉薩俗官所戴者爲大，衣色髒舊，精神萎靡，毫無貴族氣概。余初以爲係藏政府中之差役，旋經詢明始知此輩即係地道〔註 18〕之後藏五六品俗官，後藏官員所遭遇之窮困，由此可見一斑。廣場中擾攘約一小時之久，錢始分散完畢。如與三大寺散錢所需之時間相較，實亦未見節約，且以先後數錢之次數而論，則反覺增加若干麻煩矣。旋巴岡偕宋國治回來，據稱適自阿巴扎倉分送錢袋轉來。因該扎倉係後藏之密宗院，今日係在扎倉就地誦經，未來磋青，故須專程送往也。今日共計預備錢袋四十一袋，現僅發出三十九袋，故實到喇嘛即約有三千九百人。

布施完畢後，余正欲起身前往參觀寺內保存之古物。乃興巴忽奉哈達至座前，聲稱後藏全體僧俗官員聞余明日將往德金頗章及功節林遊玩，特設席功給林歡迎，余當表接受。另一乃興巴又繼起晉奉哈達，謂拉章執事聞余後日將往班禪宮中參加仲嘉典禮，上曼遮之供，特爲設席拉章，邀請親臨，余亦欣然接受。旋即率眾前往參觀寶物，平時係封藏庫中，置有專官負保管之責，非遇特殊大典，絕不輕易示人。今日爲歡迎起見，保管人員早將全部庫藏寶物，陳列一室，並爲余等設座其側。余等入室就座，並有二十餘藏人乘機入室，席地坐於室隅，態度嚴肅，以求一飽眼福，余之行館房東，亦在其中。保管寶物之僧數人，逐一捧獻余前，余每取一物，必照西藏習慣觸額示敬，然後觀覽，詳詢其來歷，覽畢交還。僧官又以之觸巴岡及眾人之頭，以爲無上幸運。該項寶物共計四十餘件，均係西藏宗教上之古董。其中以第四

〔註18〕原文作道地，今改地道。

輩班禪之遺物為最多。他如元代大司徒鐵印，薩迦祖師之頭蓋骨，宗喀巴之手印，均屬數首年前之古物，極為名貴。

　　參觀寶物之後，復率眾人往朝歷輩班禪靈塔，除第四輩班禪靈塔業已朝過外，其餘第五第六第七第八各輩班禪之靈塔，均與四輩之塔相似。余至每一塔前，均親持哈達拋掛，並巡行二周始去。旋至九輩班禪創建之密勒殿，銅佛高約六丈有餘，較仁布宗所見之銅密勒猶偉，原係九輩班禪未入內地時所建。相傳建築落成以後，班禪即赴內地，而此偉壯之銅佛，亦竟流淚數日，以惜其別，可謂靈異之至矣。最後往朝九輩班禪靈塔，塔係新近建築，規模較以前各輩靈塔均為宏壯。塔周建有樓廊，極便登臨瞻仰。拉章為余設座正面樓廊，以備午膳，廊上有阿巴扎倉之喇嘛三十人跌坐誦經，因今日布施在此設有千燈千供也 辦理此次布施之前，曾於一月二十五日在拉薩與後藏代表王樂階恩久佛商定布施辦法，在札什倫布熬茶煮粥供養全寺僧眾一日，每僧散給藏銀三兩七錢五分，並在九輩班禪塔前，九輩以外各輩塔前，及磋青大殿三處各上千燈千供，如有餘款即捐作建塔之用，塔高五丈，塔面係以純銀錘板敷成，外鑲赤金，飾綴以寶石，富麗堂皇，極為美觀。塔之正面，班禪法像之上嵌有鑽石一顆，大如姆指，光彩四射，璀燦奪目，乃係班禪生前於民國二十四年親在上海以四十萬元購得，平時係鑲帽花佩戴，現以此物嵌於塔上，實為靈塔增色不少。現佛塔及殿宇大體業已完成，惟屋頂金瓦尚未鋪設齊全，每日尚有泥木彩繪各項工人一百二十人分頭工作，不久即可全部竣工。余為激勵起見，特賞給該工人每人藏銀一兩。塔係東南向，靈臺上置有銅獸金輪。登臺遠眺，日喀則即在眼底，山環水繞，平曠無垠。俯瞰全寺殿宇，金瓦赭壁，樓閣櫛比，莊嚴神聖，氣象雄偉。

　　余在塔上午膳後，又復率眾前往妥桑林，霞資，紀岡，阿巴四扎倉殿朝佛。於各主要座前拋獻哈達之後，即行離去，無甚可紀。惟霞資扎倉殿中，有鉅石一塊，狀如海螺，適在殿之中央，傳係自然生成，故扎倉視為神物，平時恒以毛毯蓋護，有朝佛者至，始揭毯頂禮。各扎倉殿宇建築與布置與三大寺之佛殿無異，惟均較黑暗，而護法殿尤甚，豈因建築時代較早之故歟。

　　最後，又被迎至甲康村布施。前因甲康村爭求領頭轉香，希冀領取三倍之布施，余以不合公平原則，且屬違反體制，恐開惡例，未予允許。曾將鄙意面告扎薩，嗣經巴岡轉致扎薩之意，請以甲康村曾派代表歡迎為理由，要求酌留餘款，略為布施了事。余當以此處理布施餘款之方法，尚與體制無礙，為求布施圓滿起見，立即同意辦理，並決定祇熬茶一次，每僧散給藏銀一兩五錢。故於大布施事畢之後，即被迎至甲康村再作一次小規模之布施也。甲康村現爲本寺最大之康村，預算布施時，係似三百名計算，而實到人數亦已達二百八十餘人。凡理化，巴安，木雅，德格，昌都，乍丫等處前來學經之喇嘛，依例均須投入該康村。人數既眾，基金亦富，故經堂布置亦較他康村爲富麗雅潔。在甲康村布施完畢之後，余即偕乃興巴等乘馬回館，時已午後三時矣。王明慶聞余善圍棋，特親往借來棋子一付，與余對弈三局，渠均敗北。余在拉薩時，亦曾與酷愛此道貴族比賽，均非余之敵手。惟有一卡契人^{即喀什米爾之纏回}名塔青者，棋藝甚高，曾爲所敗，詢其身世，係一居留拉薩多年之小商人。彼之棋藝，並無師傳，亦未研究棋譜，僅於平居閑暇之際，喜用心思，遂得熟練，亦爲奇矣。

十六　遊覽行宮

　　班禪在後藏，統馭僧俗官員，轄領土地人民，以宗救主而兼爲政治首領，一如前藏之達賴，雖其地位稍遜，然一切儀制，仍與前藏相去不遠。其駐錫之處，均有殿廷，以便朝賀。除在札什倫布寺，內建〔註 19〕有正宮外，並於寺之附近，建有行宮二所，即德金頗章與功結林是也。德金頗章漢名大樂宮，在寺南五里許。功結林漢名廣祐寺，在寺東五里許。班禪在位時，每於藏曆二月至五月，駐錫德金頗章，六月至九月，駐錫功結林，十月至正月則回札什倫布正宮，以渡新歲，習爲常例。余於布施完畢之後，特定於五月九日，抽暇往遊行宮，以圖一窺究竟。

　　是日午前十時許，余偕乃興巴等，自行館乘馬前往德金頗章，馬行快步十五分鐘即到。宮前平曠無垠，與札什倫布遙遙相對，宮後淺山起伏，綿延不斷，有如波浪，門內樹林密佈，景色宜人，門外懸有金字匾額一方，上書春生十地四字，筆力秀勁，不知何人題贈。正殿上供有長壽佛一尊，設有班禪寶座，其雲蒸^{傳經師}之座位，久無人居，積塵甚厚。余旋被導入一客室中休息，見壁間懸有照片一張，乃九輩班禪在印度晤見英皇儲告別時之留影。時值英皇儲親送班禪下一高峻之石階，衛隊遙列其旁，階下有班禪之肩輿及隨從，均著藏式服裝，生動已極，令人憧憬當時之情形，不由感慨繫之^{此即光緒三十一年閏九月，九輩班禪在英人臥克納威迫之下，前赴加爾各答時所攝。}爲一富有〔註 20〕歷史價值之照片也。客室窗外，有一秀麗之小山在望，山麓樹林

〔註 19〕原文作建內，今改爲內建。
〔註 20〕原文做法，今改正。

修美，草場平坦，蓋即往昔班禪御用馬匹牧息之地。其旁有規模甚大之馬廄一所，曠寂已久，令人想起駿馬噪群集其中，俯仰起臥，自必別有一番風趣。

十二時許，余等又自德金頗章馳赴功結林，仍須經過札什倫布及日喀則市區。遙望扎倫布正面，一覽無餘，全部殿宇〔註21〕依山而建，六座偉壯之班禪靈塔，雄峙其中，莊嚴之氣象，雖拉薩三大寺不及也。

抵功結林後，先至班禪湯沐院休息。佛堂中設有班禪之座位。佛龕上懸有戴院長季陶先生著長袍馬掛佩勳章之玉照一張。院中植有垂絲海棠花樹一株，為他處所未見。班禪浴池，係以花崗石砌成，方廣約一丈，有鐵管自年楚河中導水入池，現管已壞，池亦乾涸，當係多年無人使用之故。旋至正殿朝佛，仲譯青波巴岡迎於門外，謂係奉扎薩之命，前來代表招待。余於表示謝忱之後，隨即緩步偕入林。功結林〔註22〕大門上置有乾隆御筆漢滿蒙藏四體文字合壁之廣祐寺立匾一方，莊嚴典雅，令人肅然起敬。殿內懸有咸豐御筆之福壽二字墨寶一幅，完整無缺，可供書家之鑒賞。殿中未供佛像，僅在止中設有班禪之寶座，上蓋布幕，積塵甚厚。溯自班禪離藏，即已虛設未用，但一般朝佛者至此，仍認為頂禮之對象焉。寶座之旁尚另有二高大之座位，傳係班禪雲燕傳經師之座位，覆幕塵封，一如前座。殿側精舍甚多，或為見客之廳，或為誦經之堂，或為進膳之所，或為寢息之室，門壁彩繪，均極精美，惟以主人遠去，不免闃靜寂然。

余於遊遍各室之後，復偕眾至安欽別墅，即在正殿之旁。門上置有道光御筆好善急公四字匾額一方。室內設座，分為二桌，即今日札什倫布僧俗官員聯合宴余之處，亦即日前初抵此間迎余休息之所。窗明几淨，室小而雅。余座設於正中，有缺本堪布，大卓尼，仲譯青波巴岡，仁細羅友仁作陪，另一桌則坐羅運，卓尼及四扎倉代表。共計十餘人，就座後扎薩復派員持哈達來謝昨日之布施。余與眾閒談有頃，復與巴岡，王明慶等圍棋數局，以資消遣。迨晚餐之際，缺本堪布及卓尼忽先後發言，要求余轉請中央從速辦理班禪轉世事宜，並希望中央所指認者，必須係班禪真正之化身，俾彼等年事老邁之舊日臣僕，復得親睹班禪之轉世再臨，則沾恩感德無窮矣。忠誠懇切之態，溢於言表，令人異常感動。余當告以中央對班禪轉世之事，向極關懷，並決能以公正態度，辦理轉世事宜，諸位所提意見，余回拉薩，立即轉報中

〔註21〕原文作字，今改正。
〔註22〕此處補一林字。

央，以備辦理之考察。六時半席散，余當率眾回館。途中巴岡復邀余於明日朝班禪後，至其私邸弈棋，余當面允前往。

十七　參加仲嘉

所謂仲嘉，乃係西藏法王臨朝聽政，及接貴賓之集會。後藏自班禪離寺，仲嘉即未常設，然遇重要事故，每特爲召集，存其儀制。余於布施竣事後，同意扎薩之邀請，於五月十日前往正宮，參加仲嘉，敬謁班禪佛座，上曼遮之供，蓋亦奉使後藏應有之禮節也。

是日午前九時卅分，余偕王明慶乃興巴乘馬赴札什倫布之班禪正宮。宮門外懸乾隆御筆之寶地祥輪四字匾額一方，雕刻精美，色彩鮮豔，益增聖地之莊嚴。余甫被導入客廳之外廊，即見扎薩起迎於室外，笑顏逐開，握手互致敬意。入室又互遞哈達爲禮，然後就坐。余與扎薩依窗相對而坐，各據高榻，頗有分庭抗禮之勢。今日扎護著團龍花黃緞袍，外披紅色袈裟，光頭未戴帽，精神矍爍，道貌岸然。其右側設有極低之座墊二列，坐有仲譯青波^{官名}詹東，巴剛，仁細^{官名}德勒饒顚，德蛙夏，羅友仁等五人。余之左側，亦設有座席，僅坐有王明慶一人，任翻譯之責。其餘五品以下僧俗官員尚有二十餘人，以客室狹小，不能容納，均坐於室外廊下。坐定以後，初進酥油茶飯^{西藏習慣}，次進清茶^{內地習慣}，又次進甜茶蛋糕^{印度習慣}，紛然雜陳。余與扎薩互問安好後，閒談良久。扎薩告余，現因宮內正殿設有時輪金剛壇場，不便舉行典禮，故今日朝見班禪之禮節，係在便殿中舉行。又謂時輪金剛法會，前輩班禪修習甚精，每年除在宮內設立壇場外，並另在阿巴扎倉創設壇場一座，成爲定例，故於此間法事完畢後，尚須在彼處舉行，因時輪金剛法會，係在祈禱世界之和平安樂，多多舉行，於世間極有利益云。扎薩並請余前往參觀，且謂可以消災免難，於個人亦極有益。余以密宗壇場，尚未看過，亦思一窺究竟，當即偕乃興巴等前往參觀。登樓至班禪之寶殿，建築形式與達賴之寶殿極爲相似，惟面積較小耳。時輪金剛壇場即設於寶殿之中央，係一徑大一丈五尺許之圓形圖案，全部用五色細沙做成，鮮明美麗，儼如一最精良之栽絨地毯。據云，壇場中央即係時輪金剛本尊佛座，其周設四門，有四大天王守護，門外更有弱水烈火屍林拱衛，警備森嚴，邪魔絕難侵入，蓋所謂壇場，乃係密宗修法之象徵。聞係得其眞傳，修煉有素者，主持法事，則此種有形之壇場，即可化爲無形之壇場，驅邪禦魔，拒敵於千萬里之外，凡法力所及之境，均享和平安樂，毫無侵擾之處。其神秘玄妙，頗難想像。壇場圖案之上，製有木架保護，架上蓋有布幔。來此參觀者，可啓以內窺，殿中有喇嘛數十人，誦經做法，喃喃不休。余注視良久，復從〔註23〕左至右繞行一周，並在班禪寶座及護法神前，各掛哈達一條，隨即仍回客室原座。

十一時許，余經乃興巴導往便殿供獻曼遮。殿內一隅，班禪座上置有其平日所披袈裟一襲，代表班禪在座。余當至座前行三鞠躬禮，_{如係藏人則須磕長頭}並獻哈達一條，此時僕從即將帶來之禮物搬入，置於座前，_{今日致送之禮物，計爲黃色緞料一件，彰緞馬褂一幅，及}以藏銀五兩，在拉章_{租用之竹巴米一包}。扎薩坐於佛座之左側，余之座位則設於佛座之對面，王明慶立於余之身旁，擔任翻譯，闕本堪布頻以酥油茶飯進獻，含衣俯首，儼如班禪在座。扎薩告余，班禪在世時，接見最尊貴親密之客，即在此室，餘人均不許入內。余見班禪佛座對面尚有一高大之座位，當詢扎薩是否亦係班禪之座位。據答班禪於更換新扎薩喇嘛時曾坐此位，平時均未坐過。旋有隨侍僧官，捧來犒賞_{油炸麻花}七盤，羊腔一隻，乾果四盤，陳列於余座前，蓋即班禪回贈之禮物也。少頃余即向扎薩拱手告別，退出室外，仍回客室休息。坐甫定扎薩亦至，又進酥油茶飯及清茶。未幾即進午餐，余與扎薩各據一席，其餘各高級僧俗官員同坐一桌。係一寬約一尺六寸見方之木盤盛菜，置座前小桌上。盤中先有八小碟涼菜_{將牛肉炒芹菜，炒牛腰，醋萵笋，紅蘿蔔絲之類}，繼上熟菜四肴_{羊肉韭〔註24〕菜，燴魚翅，火爆牛肚，木耳燴肉元，香菌燴海參等四樣}，食肉絲細麵。餐後不久，又進油餅一盤，繼又進煮羊肉一盤，油炸麻花一盤，酥油點心一盤_{藏名性剛，此物係後藏最名貴之食品，普通人頗不易得食，今日亦祇余與扎薩備有一盤，其餘各員均未得食。但}余以其酥油味太重，僅取少許食之，_{未覺有何美味，當飭僕從携歸分食}旋又進甜茶及蛋糕一盤，余僅取食少許。數分鐘後，又進牛肉包子一盤，並有涼菜四碟，祇得勉取一枚食之。今日所食食物之繁多，爲余入藏所僅見。扎薩亦云，今日所敬各食物，均係依照舊例辦理。想係前輩身體特壯，故能食此多量之食物歟。余地以爲酥油茶飯及各種點心，因係西藏舊習宴客之食品，其餘如參翅菜肴及麵點清茶，則係清初自內地輸入，至甜茶麵糕帶有西洋風味之食品，必係清末以來，因英人入藏而增加。新食品雖逐漸加入，而舊有食品又復仍舊保存，藏人保守性重，故有此現象，非古人果能食此多量之食物也。余旋就閒談之際，詢扎薩以本寺僧

〔註23〕原文作出，今改爲從。
〔註24〕原文作菲，今改韭。

眾上殿時披用黃色大氅，而三大寺之僧眾則披用紅色大氅之原因安在，據答此係習慣如此耳。余又曰曩昔宗喀巴傳法時，傳曾改用黃衣黃冠，以與舊時之紅教區別，號稱黃教。不知札什倫布是否首先採用，遂成習慣。嗣後黃教勢力雖遠布拉薩，但因前藏僧眾原係服用紅色大氅，為遷就事實及及節約計，未即改用，而一仍舊貫之故歟，據答或係如此，亦未可知。二時許扎薩將此次布施開支正副帳單交余，並在正單上蓋印。又面交轉呈蔣主席吳委員長孔處長之謝函各一件，及哈達銅佛各一匣，均係用火漆固封。並贈余銅佛二尊，泥佛三尊，經文一卷，藏香一捆，氈氆一捆，黑羔皮一捆，共計六樣。余當表致謝之意，扎薩又面約余明日十時在其官邸相見，謂尚有數語面談，余當允諾。旋即握手告辭，扎薩仍送至室外乃別。

巴剛隨余出，邀余至其私邸晚飯。二乃興巴友王明慶均同往。其私邸即在寺區以內，穿行小巷數條即到。坐甫定，詹東亦至。巴剛出銅佛三尊，囑余鑒賞，並謂將以一尊贈余。其中有文殊佛像三尊，座上刻有大明永樂年施數字，塑造精美，確係明代流傳之物。余當囑渠妥為保存，並請打銷饋贈之意。圍棋數局，渠均敗北。晚飯後，天色已黑，當即告辭回館。

十八　再晤扎薩

五月十一日晨起，有斜魯寺之喇嘛來館化緣。余當捐贈藏銀三十兩。據稱該寺係屬前藏管轄，距日喀則僅二十餘里，有喇嘛三百三十人云。又有甲康村之喇嘛為刻經來館募捐。余當捐助藏銀三十兩。又有青海回教楊德祥親送自製點心一盤來館贈余，據云，彼係往年抬班禪靈櫬自青海來藏，因病未及隨其同伴回鄉，現在此間以釘馬掌為生，尚可糊口，茲聞中央官員來此，特意前來致敬。余感其誠意，當將點心取食一枚，其餘囑其攜回，並溫語慰之。

十時許，余偕二乃興巴及王明慶乘馬赴扎薩官邸，訪晤扎薩，仍有二仲譯青波作陪，互問安好，並閒談良久。二乃興辭出後，扎薩始謂昨日見面，因人多，未及表示私衷，故特邀今日再見。關於班禪轉世之事，向承中央關注。甚盼中央能按照舊例辦理，不可偏向一方，以致影響人民信仰。現寺中正擬先在班禪佛塔及護法神前誦經打卦，並在德金頗章降神求示，俾獲就九靈童中決定真正之班禪化身。然後由後藏僧俗官員及民眾聯名公稟藏王，身求核示。敬希能將此意轉達中央，促成班禪佛爺早日轉世，亦無量之功德也。

余當答以此次奉派來後藏，原以辦理布施事宜爲任務，關於班禪轉世問題，事前未奉上峰指示，惟據個人意見，中央對班禪轉世之事，其注意之殷切，與數年前對達賴轉世，可謂同等關懷。且預料中央將來必以最公正最合理之方式辦理，決不致偏向任何一方，致使後藏官民失望，數年前辦理達賴轉世系由中央主持，實爲將來辦理班禪轉世之良好前例。余回拉薩後，決將扎薩意見轉報中央參考，但仍盼扎薩盡力協助。促使轉世之事，圓滿完成，亦屬無量功德也。扎薩當對余願將其意轉達中夾一層，表示感謝，余旋面請扎薩，就寺轄範圍，代雇經江孜至白地之馬匹。扎薩初謂寺差馬均在距距此四日程之拉孜地方，來回須費時八九日，恐不能等待。附近實無馬匹支應，請予見諒。余當聲明，此次請爲代雇，並非支差性質，一切均照民價給與，務請在附近設法代雇。扎薩見余堅請，始允查詢後，再爲答覆，今日午餐係食麵，有涼菜八碟，熱菜肴四樣。餐後曾與詹東，巴岡等圍棋數局。晚餐係食飯，有涼菜十碟，熱菜八小碗，湯一小碗，肉包子一盤，較拉薩貴族宴客簡樸多矣。

十九　洽雇馬匹

五月十二日午前十一時，乃興巴銜扎薩之命來館，詢余究需馬匹若干。余當召宋國治商定要馬七匹，想係代雇馬匹已無問題。午後一時許，乘馬赴寺，回拜羅友仁及大卓尼，曾於彼等談及轉世問題^{內容從略}，並詢得班禪轉世依照舊例祈求神示之所，計有五處，（一）前輩班禪靈塔，（二）你得拉姆（吉祥天母）殿，（三）向青槓熱寺（供有綠度母），（四）寧棍寺第三輩班禪像前，（五）在德金頗章請熊丹護法降神^{此神在拉薩有專廟供奉，此間降神殿係數年前頗章喀活佛所新建}。原尚擬往訪丁傑活佛^{渠曾隨九輩班禪至內地居住多年，年前與羅友仁等同時回藏}，因晨間派人往探，據稱已閉關坐靜，爲免驚擾起見，故未前往。午後四時許乘馬回館。丁傑佛復派其管家來掛哈達，送粉條一盤，並表不能晤敘之歉意。

十三日午前十時許，扎薩派人來館送禮，計栽絨床褥一幅，生羔皮五十張。余當表領謝。旋乃並巴二人及王明慶麻延齡韓修君曹慶有等先後來館陪余消遣，並攜來留音機助興。

十四日午前九時，余飭宋國治前往巴岡寓所送禮，計公司緞料一件，漳絨馬褲一幅，謝其協辦布施之勞。又往王明慶寓所送禮，計米一包，蛋百枚，粉一盤，麵一盤，謝其翻話之勞。十一時〔註 25〕許余應韓修君之邀，偕房東烏青波房東之房屋名霞瑪，其官職名烏青波，人名汪嘉，聯稱則爲霞瑪烏青波汪嘉，簡稱則曰烏青波同往天聚成。當以爲時尙早，決定步行，先遊日喀則街市。日喀則宗署建署龍頭山上，巍然高聳，形勢雄壯。其西有淺小之山脈聯於札什倫布之後山尼舍拉，街市即圍繞於宗之北東南三面，形式狹長，南北各有佛塔二座峙立，儼若關卡。余爲一窺市區全貌，乃先由郊野繞至此塔，步入市區。由北塔南行，街道寬闊，屋宇比櫛，但無商鋪，僅有佛塔數座點綴其間。市區之南有市場一處，各種日用雜貨及茱蔬食物，均在此設攤出售，如拉薩之汪堆新康。坐攤商人多係婦女，日中市盛之際，熱鬧異常。天聚成商號即在市場之北，爲漢人在日喀則設有門市之唯一之商號，房屋新建未久，但以生意蕭條，門市部並未經常營業。余巡視市場一周，即被迎入號中休息。今日除余外，尙有羅友仁，羅崇嘉，王明慶及白布喜夫婦在陪。傍晚興辭回館。據宋國洽報稱，今日往巴岡寓所送禮，適渠正欲來訪，聞余已往天聚成，乃約於明日午前來館相會。

十五日午前八時許，巴岡來館掛哈達，送余栽絨馬褥一幅，土駝絨一束。據云扎薩已飭拉章派官馬送余至白地，一二日內當可啓行。言談之中渠對余極表欽佩之誠意，並謂如得派爲西藏駐京代表，長相聚晤，尤所願也。王明慶亦來，謝余昨日之饋贈，旋與巴岡偕去，因彼等今日須往寺朝時輪金剛壇場也。十二時許王明慶復與羅崇嘉偕來，余當將此次布施帳單囑渠譯出，核對數字，尙無訛誤。一時許曹慶有又來邀余至天聚成便飯，當偕王羅二人同往。三時許乃興巴學梭亦來，謂係奉扎薩之命前來致意，刻以所需馬匹業已配備齊全，因係拉章公有馬匹，毋須付給腳價，如遇回程草料不足，可略予補助。至於啓程日期，無論定於何日，均隨余意決定。余當囑渠代爲轉告扎薩，余決於明日啓程，並請先致謝忱。晚間七時許余與眾人握別後，始回館就寢。

二十　回程第一站

五月十六日余以布施任條早經完成，扎薩並允派馬送行，歸途取道江孜之願望已無阻礙，屈指派次日喀則，瞬屆半月，幸與後藏官民相處甚爲融洽，但以公務羈身，不容流連忘返，故不能不決於指日啓程言旋也。

〔註 25〕此處補一時字。

　　晨六時許飭役整頓行裝，並派宋國治持哈達往扎薩官邸辭行，對其連日招待及派馬送行，敬致謝枕。扎薩除照例回贈哈達一條外，又另贈哈達一條，希望有緣再度獲晤，以示惜別。八時許各方送行人員齊集行館，頗極一時之盛。據王明慶告余，後藏僧俗各方對余待人接物，均極衷心欽佩，並有多數人員希望余能有機緣再來後藏，尤爲彼等真誠之願望云。余自問別無所長，惟待人接物，始終以忠信篤敬之精神貫徹之耳，乃竟要此美譽，殊非始料所及也。九時許乃興巴學棱，羅崇嘉同來，余當與彼二人各掛哈達一條，並贈彼等瑪瑙鼻煙壺各一個_{係昨日在天聚成購得}，以謝彼等連日招待之勞。學棱除向余致謝外，並稱頃奉扎薩面諭代表致意，對於此次布施圓滿完成，敬謹鳴謝，並祝沿途清吉平安。至拉章所派馬匹，應需草料用費均已預付，惟抵達白地後，請嚴飭隨行馬夫速回，並盼將到達日期，及賞錢數目，於賜函中一一注明，以免馬夫耽延時日，且謊報用費也，余當允照辦。

　　十時許余率役自行館啓程。學棱，羅崇嘉，王明慶，烏青波，麻延齡，韓修君，曹慶有，又復乘馬送行，連同僕役共計二十餘騎，浩浩蕩蕩，馳出南郊。途中又遇甲康村之代表二騎，前來送行。向南行約五里至扎嘉盡張_{日喀則南郊之公園，有密茂之樹林，幽靜之軒舍，送行人赴江孜者，每在此分袂}，余下馬被導入預設之座。坐定之後拉章執事晉獻酥油茶飯，學棱並代表扎薩遞獻哈達一條，余於領收之後，賡即回贈哈達一條_{來往哈達均係折疊成長方形，不拆開}。甲康村代表亦設酥油茶飯及哈達_{係將哈達扯開雙手捧}，余於接收後，當以原哈達回掛其頸上_{此即上對下回贈哈達之例}。旋學棱，羅崇嘉，烏青波等亦均以哈達晉獻，余均一一如前回掛。其餘如王明慶等諸人則未照西藏習慣獻哈達。休息半小時許，余即起身步出園外，與眾人握手捨別。於此可以望見日喀則市區及札什倫布寺全境，巍然高聳之宗署及金光燦爛之班禪靈塔，尤爲惹人矚目。余當遙向班禪靈塔鞠躬致敬後，即攬轡上馬，與送行諸人分道揚鑣。

　　續向南行五里至一山麓，即日喀則平原之南端，折而東南行，越過沙溝四道，計約二十里至格拉，有居民十餘戶。再行九里，午後二時半抵蔥堆，投宿於昔業家中。房舍小巧而精緻。室內有泥塑四輩班禪坐像一尊，外著僧裝，與生人體態無異。余即設榻其旁，中夜覺醒，幾疑有人伴坐其間。

　　今日計共僅行三十九里。沿途土地平衍，河渠縱橫，村莊棋布，農田廣闊，繁庶不讓拉薩附近，但亦間有荒地，設能講求水利，農地當可再予擴充，蔥堆乃札什倫布所屬昔噶之一，共轄居民三十餘戶。其西南山谷中有斜魯寺一座，常住喇嘛三百餘人，日前來行館募捐者，即該寺之喇嘛也。此次余赴江孜行經之路線，爲藏人冬季往來日江必經之路線，但入夏季雨水較多之時，此路多被水淹，行旅則改由日喀則過東橋，傍山沿年楚河東南行，經噶東寺^{後藏著名大寺之一}及白拉宗而至江孜，亦僅三站即達，惟山路崎嶇，不及道路之平坦耳。茲因未至雨季，雖有水潦，行旅尚便，且以拉章要求，由此道至蔥堆住宿，行經寺屬地區，俾可無須花費，即能取得馬匹之草料也。

午後三時半，天際陰雲四合，雷聲隆隆，降雨未久，依然晴空萬里。余登屋頂遠眺，遙見日喀則宗署，歷歷在目，札什倫布則爲樹林所蔽，不能望見。

二十一　白拉與獨穹

五月十七日，午前七時二十五分，自蔥堆啓程，東行七里至絨達，有居民十餘戶。沿途農田尚多，惟人戶漸稀，荒棄未墾之地逐漸增多。再前行三里，道旁山谷中，有村莊一處，地名瓊錐，約有居民二十餘戶，原係瓊讓代本之莊田，現已沒收充公^{瓊讓原係拉薩之貴族，因與熱振攝政之政見不合，被判處抄家充軍，莊田即被沒收。}此間對岸山麓有村名喀仔，乃係札什倫布之昔噶。又行三里，有村落一處，地名姜，居民數戶，係札什倫布之莊子。又行七里至比喜，有散居之農戶甚多，共約三十餘戶。其中有整潔之院落兩座，想係貴族之莊房。田土肥美，人口繁庶，不亞日喀則附近。低地灌溉便利之處麥苗已青，高地灌溉較難之處，尚未耕犁播種。同一地區而懸殊如此，可知水利與農業關係之密切矣。

再前行二里至白拉對，分爲上下二村，共有居民十餘戶，已入白拉宗境。再行五里過一沙河，即至巴渣仲則，有散佈田野中之農戶六七處，共約有居民八十餘戶。道旁有新建之轉經塔壁，極爲美觀。由此可望見噶東寺，在遙遠之東北方山麓，該寺係建於一小丘上，外觀壯偉，有喇嘛三百餘人，白拉宗內之唯一大寺也。再東行四里至敬噶，有居民十餘戶。余在此下馬休息十餘分鐘後，又復前進，行五里至彭當，有居民十餘戶。過此即轉向東南行，可遙見對岸小山峰上之白拉宗署高聳其間，宗署下有噶岡一所，乃籌辦軍糧之機關，其整齊之屋宇，亦清晰可見。附近約有居民三十餘戶，及領噶^{森林公園}數處，人口稀疏，殊不能與內地之縣治相較也。

東南行五里至白拉扎昌，有居民二十餘戶。見有十一對犛牛，同時在一田中犁土，男女農夫二十餘人，且作且歌，怡然自得。再前行六里至降伯，有居民十餘戶。過此前進未遠，地較荒漠，河谷頓狹，闊僅五六里，惟對岸山麓農戶尚多，蓋年楚河逼流路旁，地盡沙礫，而沃土已移於彼岸也。再行九里至覺若，有居民二十餘戶，係一古扎即貴族之莊田。又行七里至隆補充堆，有居民二十餘戶，隆補寺依山而建，有喇嘛數十人。過此河谷又寬，而西南方延伸尤長，遙望平原中有小山矗立，其上建有屋宇，隱約可見，蓋即獨穹宗署也。續向東南行八里，至綠雅妥瑪，有居民數戶，附近荒地甚多。再前進三里至尼米，有居民十餘戶。係噶蘇〔註26〕退休之噶倫，稱爲噶蘇 癡捫之莊子。又行七里至尼補，有居民數戶，但附近散居之農戶甚多，計約三十餘戶，農田廣闊，殊爲繁富。再行九里，午後四時四十五分抵乃沙投宿。

今日由蔥堆至乃沙計共行九十里。乃沙有居民十餘戶，合計約有八十餘戶。半係噶倫彭許之莊戶，屬白拉宗管轄，半係德朱拉章之莊戶，屬江孜宗管轄，蓋此地即白拉宗與江孜宗之分界處也。此地又有甲噶曲登寺一座，係薩迦派之古寺，現已衰落，僅有喇嘛十餘人，擔任看守寺宇之責而已。

二十二　孜經尚巴

五月十八日，午前七時十五分，自乃沙啓程，向東略偏南行，沿途谷面不闊，農田人戶較稀。十六里至仲則，有居民二十餘戶，原係帕拉之莊田，現屬薩巴堯喜即十四輩達賴之父管業，上下十數里之地均其範圍，附近有沃壤一大片，荒棄未墾，雜草叢生，當係留作牧場之用。仲則民房係傍山而建，山上有卻登寺一座，殿宇僧舍迤邐至山麓，形式偉壯，係黃教寺廟，有喇嘛一百餘人。又東南行十七里至扞巴降經，有居民十餘戶，傍山巖而居，有古札大廈一座，已破敝不堪。過此有可墾之荒地甚多。再行五里至恰意卡，有居民十餘戶。又行三里至壩，有居民六七戶，並有水磨一所，建築尚新，渠水澄潔，遊魚可數，柳樹夾岸，綠草如茵，風景佳勝不殊內地。過此有可墾荒地一大片，縱橫數里，引水灌溉亦極便利，遍地野生一種草花，葉與花均略似蘭草，花作淺藍色，嗅之有幽香。

又行五里至孜經尚巴橋，其南二里許，有孜經共巴一座，喇嘛二百餘人，

〔註26〕原文衍一蘇字。

廟宇僧舍依山勢建築，甚爲壯觀。至此平原驟闊，寬約三十餘里，江孜宗署及邦姑曲登寺之背面，已可清晰望見。余在橋畔下馬休息十餘分鐘後，即過橋繼續前進。橋長三十公尺，橫跨年楚河上，有橋墩六座，現僅有兩橋眼有水，寬約十公尺許。如由日喀則過東橋取道白拉宗，至此則無須過此橋。東行六里至麻壨，有居民十餘戶。再進一里至英吉，有居民二十餘戶，又行二里，繞一山巖，即抵江孜。

余原擬往宿札什倫布所屬之莊房，據隨行騾夫稱，莊房距江孜僅數里，故行抵江孜後，又復續向東行五六里，遙望目的地尚在十數里外。因思明日來江孜接電話及購物，均感不便，遂又改變計劃，仍回江孜投宿。遣騾夫將馬匹送往莊房喂草，於啓程時再行牽來，以期兩便，而免往返奔走也。

今日計共行五十五里，至午後二時許始獲休息。由日喀則至江孜共計一百八十四里，一般商旅通常係分爲兩日行程，但支應烏拉，照例係以三站計算。余爲欲詳查沿途情形，不急於趕路，故仍係分爲三日行進。

二十三　江孜一瞥

五月十九日，住江孜休息。晨七時許派人往西藏電信局請拉薩孔處長接電話。旋據回報以該局今晨曾發電話未通，必須俟至明晨始能再行接線云^{自拉薩至江}孜之郵政及電信，係由藏人自辦，但自江孜起以達印度之郵電權則早入英人手中，故江孜除有藏人自設之郵政局及電信局外，同時英人在其租界內亦設有管理郵電之機構，以便接遞往來藏印間之公私郵電，此實爲英人控制西藏重要手段之一。八時許隨行騾夫來館，余囑彼明晨將馬匹牽來，以便繼續前進。又據該騾夫云昨日擬宿之昔噶，地名萊軌，共轄人民九十餘戶，土地膏腴，出產豐富，現有昔業一員管理昔噶事務。前係撥歸前藏所派大卓尼管領，有其管家常駐村中徵收稅糧，刻該大卓尼雖已撤回拉薩，但所派徵收稅糧之管家，尚仍駐昔噶如故，頗爲後藏人士所不滿。

十時許余率從往遊江孜市區及邦姑曲登寺。江孜市區位於平原之西北端，南臨年楚河，扼藏境交通之要衝，宗署建於高出平地五百尺之峭巖上，矗立如筍，險峻天鑿。街市即圍繞於宗署山麓之四周，長約三里，共有居民一千餘戶，貧富各半，另有尼泊爾不丹商民十餘戶，內地商人尚無在此常住者。英國派駐江孜商務委員公署在市南五里許樹林內，該處建有營房醫院班格廬^{館驛}郵政局電信局及運動場等，並當川駐有英兵數十人。市區之西宗署與邦姑曲登寺之間有夾道一處，商販雲集，撑方形布傘於兩旁，設攤售貨，舉凡日用各物，應有盡有，熱鬧異常。但正式開設商店者，祇有尼商數家，餘均藉攤市貿易。邦姑曲登寺位於市西之小山上，與宗署遙遙相對，惟地勢較低。殿宇順傾斜之山坡而建，整潔如畫，極爲美觀。寺中有著名之工補佛塔一座^{即百萬佛塔}，高達十三丈，內分十一層，可拾級而上，下方上圓，外形與一般所見之藏式佛塔相似，惟面積廣大，佛殿重疊，不似普通佛塔專爲貯藏寶物之實體築物耳。余隨喇嘛引導入塔，遍歷各層，其下數層，每層之東西南北四面，均有獨立之佛殿。中層圓形部份之殿宇最爲偉壯，其南面殿內之佛稱爲夏賈圖巴，西面殿中之佛稱爲降巴楚哥麻，北面殿中之佛稱爲桑節東克容青摩，東面殿中之佛稱爲朗巴郎則。塔頂置金光燦爛之鉅型金頂，其下設有專殿以供甲哇奪節羌，即本塔之主佛。此塔創建於元初薩迦派極盛之時，距今有七百餘年之歷史。至其形式之優美，建築之堅固，不獨可供憑弔，且具藝術之價值。

余在塔頂少時休息，隨即下塔，至各大殿朝佛。據引導喇嘛云，邦姑曲登寺共分爲十六個扎倉，以下設康村密村等組織。其中有九個扎倉係屬於格魯派^{即黃教，爲現在西藏佛教之正宗}，轄僧五百餘人。有三個扎倉係屬於白魯派，轄僧二百餘人。另有四個扎倉屬於薩迦派，轄僧二百餘人，共計一千餘人。三種不同教派之喇嘛，同住一寺，極爲和睦，平時各習經典，各不相犯，惟每年藏曆五月，在磋青大殿舉行法會，三派喇嘛均須齊集殿中，依照黃教例規念誦經識。工補佛塔爲之主藏所共有，下層各佛殿由薩迦派管理，上層佛殿由白魯派管理，導余遊塔之喇嘛乃白魯派之喇嘛也。此種三種教派同住一寺，而能和衷共濟，維時甚久，實爲他處所罕見。

余旋離寺，繞行街市一周。至市東街上，見有過街門樓一座，屋宇已敝不堪，前面匾上刻有玉皇殿三字，後面匾上刻有眞武宮三字，年久失修，塵封厚，惟其字跡則顯然可見，想係清季駐防官員所建。

二十四　谷喜谷風

五月二十日，午前七時卅分，發往拉薩之電話業已接通，余當赴西藏電報局與孔處長通話。九時行裝整頓就緒，余等乃自江孜啓程前進。向東偏南行，八里見甘丹春科寺，在道左山麓。該寺住有喇嘛二十餘人，屬札什倫布。附近有民房數處，均係萊軌昔噶之屬戶。前日擬往投宿之萊軌村，尚在此地東南十餘里外。再東南行九里,過一隘道,地名額阿,僅有居民一戶。由此有小山脈一條,伸入平原,地形頗爲險惡,道旁有殘垣數段,想係古時駐兵之所。再行六里至策仁信姜,有大廈一所,居民十餘戶,係拉嘉策仁之莊勇策仁即錫金王之後裔,附近散於田野之居民,尚有數十戶,均其轄民。

　　過此河谷漸狹,人戶減稀,河流深陷,地形複雜,已無沃野氣象。道路移傍山陰,轉向東行。十三里至古洞,有居民四五戶。谷原愈狹,寬僅二三里。道路依山傍水,亂石遍地,頗難行走。附近有石橋一道,可過河,對岸有村莊三四處,農地尚多。又行七里至澤汪,有村莊二處,共約十戶。有大廈廢垣一座,傳係邦姑曲登寺之舊址。

　　再前進五里至格熱,有居民二戶,附近田野中尚有五六戶。由此轉向東北行,道路蜿蜒崎嶇,時登高岸,時下深谷,時履巉巖,時行斜坡,谷面寬僅里許,水流急湍,怒吼不已。又行三里,過一石橋長五公尺,登高岸東行,可望見彼岸有喇嘛寺一座,居民十餘戶,地名夾雅。過此谷面愈狹,最狹處寬僅五十公尺,兩岸山巖夾峙,除河流外,幾無隙地,道路崎嶇險要,人戶絕跡。又東行六里,始見狹長農地一片,居民數戶。又行三里,時正午後三鐘,即抵谷喜投宿。

　　今日自江孜至谷喜,計共行六十里。谷喜有居民九戶,其中三戶負有支差之責,餘則均係貧民,無力應差。據居民自稱,此間下種青稞一克豐年可收七克,平常僅能收足四克。谷喜位於熱隆楚河與年楚河匯流之處,谷面逼狹,地形複雜,兼以接近雪山,氣流受其影響,故多谷風,終日不息。由此沿熱隆楚河東行,即至熱隆,如溯年楚河南行,可至桑馬打,爲赴印之捷徑,但因道路崎嶇,且有匪患,以故行旅苦之,咸願繞過江孜前往也。

二十五　喀烏紅教

　　五月二十一日,午前七時由谷喜出發。道路極爲曲折,啓行未遠即越過一長約四公尺之石砌木梁橋。沿熱隆楚河,順山勢東行。僅二里,又復越〔註27〕過一長約三公尺之石砌木梁橋。傍山溯河東行,谷面狹處寬僅十餘公尺,兩旁山形險惡,怪石嶙峋,道路曲折崎嶇,極難行走。三里至喀烏,

---

〔註27〕原文作超,今改正。

谷面寬約百餘公尺。此地有紅教寺廟一所，居民十餘戶，男子著喇嘛衣裳，女子著尼姑衣裳，各有配偶家庭，遇有法會則齊集寺中誦經，附近農地均係自操耕種，以維生計，蓋實為一宗教化之農村也。

又直行六里至谷孜，有農地一片，居民四五戶。再行五里，道旁有扎康^{郵差站房}一所，沿途時有農地，均已耕種，但未見人戶。又行二里，有農地一片，居民二三戶。又二里又有農地一片，居民一戶。再東行三里至歇堆，農地甚多，居民七八戶。其東有溪流一條自北來會，刻畫河谷成為畸零之地形，有石砌長約三公尺之橋樑一道。過橋東行四里至洛馬，農地甚多，居民二十餘戶。由此轉向東南行八里，有扎康一所，沿途極為荒涼，間有農地，未見一戶。又行三里，見對岸有農地，居民三四戶。又轉向東南行五里，有農地，居民四五戶。再行二里，對岸有農地甚多，居民七八戶。再行六里，時正十二時零五分，抵熱隆投宿。

由谷喜至熱隆共計五十一里。熱隆屬江孜宗，位於熱隆楚河東北源會流之處，有居民二十戶，負支差之責者僅得七戶，餘則均係貧民。由此有間道通桑馬打，二日即達，惟路小崎嶇，不易行走。

二十六　乍拉雪峰

五月廿二日，晨六時自熱隆啟程，出村過橋沿熱隆楚河北源北行，谷寬百餘公尺，荒涼無人戶，九里道旁有農地一小片，已耕種，足證自此至熱隆一帶荒地，均可墾植，惟惜無人經營耳。由此順谷轉向東北行，乃青康薩之雪峰清晰在望，寒氣逼人，手足僵凍。谷面寬闊，南北廣袤十數里，惜地勢過高，荒塞不毛，僅有牧民五六戶，散居於荒原之中。十一里，道旁有扎康一所。由此橋向東行，進入狹谷地帶，寬僅五十公尺，或二十公尺不等。仍沿熱隆楚河徐徐上行。谷口有牧民三戶，似極窮苦。谷中有未消之殘雪甚多，水面積有冰塊，寒風凜冽，氣溫極低。又曲折向東行十五里，道北有大雪巖，巋然屹立，宛如銀屏^{係乃青康薩雪峰之二}，巖上積雪甚厚，終年不化，巖下冰川環繞，涓涓外流，蓋即熱隆楚北源之發源處也。

再東行，上坡三里即至乍拉山口，道旁有瑪呢堆及扎康一所，此即江孜宗與朗噶仔宗分界處。山口位於山峽之中，有一天然石梁，橫亙峽中，使兩旁巍峨雪山之水，分瀉東西，地位雖高，但無險峻之態，自山口向東徐徐下行，行未遠即見有河流自南來折而東流，此即喀拉隆楚河之上源也。道路曲折向東沿河下行，十四里至乍拉，休息打尖。此處有居民三戶，均以牧畜爲生，係數年前藏政府派住此間，防護道路，以杜盜匪，故特許彼等免支差務。休息半小時後，又復續向東行，五里有溪流來會，過橋，仍沿喀拉隆楚河東行，十三里孫納，有扎康一所，谷面闊約里許，河寬五六公尺，由此轉向東北行，十二里，可遙見西面山麓，有農地一片，居民七八戶，地名梧古。再行十三里即抵朗噶仔，時正午後三時三刻。自熱隆至此共計九十五里。

朗噶仔宗濱羊錯湖^{又譯作羊卓雍湖}，宗署建於平原一石巖上，民房即緣石巖而建，共計四十餘戶。宗署前有藏政府新建之館驛一所，三年前始行落成，有廣大之房屋數十間，可供旅客住宿，宏敞壯麗，清潔整齊，爲藏境他處所未見。其實通印通康大道各站，均應照此建築，以利行旅，宗署之西南約二里許，有取底寺一座，喇嘛五十餘人，係薩迦派之屬寺。宗署之東北約五里許，有章取寺一座，建於郭噶納松山麓，喇嘛五十餘人。再東北五里許郭噶納松^{又稱乃爾郭噶納松，蓋係尊其爲仙山也}之半山上，又有桑底寺一座，內供豬神，喇嘛百餘人。寺中住有活佛，稱爲桑底奪吉八母，依例一世轉男身，一世轉女身，現住寺中係男身活佛。此兩寺均係白魯派之屬寺，爲前來後藏朝佛者必經之聖地。

羊錯平原，廣袤百數十里，爲一最標準之湖濱盆地，細草平鋪，一望無垠，大部均屬肥腴可墾之地。且引水灌溉亦極便利，現已開闢之農地，不過十分之一，餘均聽其自然，僅供牧畜乏用，若自經濟觀點言之不免可惜。惟以山環水繞，羊群粥粥，湖碧草青，鷗飛續續，又有仙山聖寺，輝耀其間，美景天成，故爲藏人所艷稱。

今日余抵朗噶仔時，見道旁堆集滿盛青稞之糧袋甚多，頭人^{藏名棍波，如內之保甲長}正忙於點收。據稱此項青稞，係自江孜倉庫中運來，該倉已有二十年未經啓用。今年藏政府令江孜仁布兩宗，各繳九千克，兩處共計一萬八千克，如以每馱十克計算，則九千克即須九百馱，由江孜派人運交朗噶仔，再運占巴隆，轉運曲水，再轉拉薩，分段負責，不得短少。傳藏政府宣稱將以此項青稞充作土木及印刷工人之口糧。該頭人歎謂，今年烏拉較之往年爲特繁重，除承運此項青稞外，尚須準備大批烏拉，轉運行將由印度購來之槍械子彈，共計三千馱之多。人民受此苛擾，實已苦不堪言云^{自修築中印公路之交涉中變後，藏人在外力誘煽之下，對康青邊境之軍事布置，即已積極進行，自不能不忙於運糧運械，以應急需也。}

二十七　重回白地

五月廿三日，午前七時自朗噶仔啓程，環羊錯湖西北行，五里至闞麼，農地尙多，有居民二十餘戶。再循湖岸曲折西北行，五里至言巴息母，有農地一片，富戶一家，除農牧外，兼營運輸業務。滇商鑄記往來印藏貨物，即係託其戶代爲轉運。由此轉向東北行，道路曲折，無農地人戶，途中僅有扎康一所。五里折而北行，湖底涸露，現出一片平地，中僅一線水流溝通南北二湖，土壤肥沃，多未開墾^{此段長約八里，寬約五里}，再前行三里至道隆，有農地一壩，居民十餘戶。其東有橋名稽噶尙巴，跨於溝通南北二湖之水流上，可由此過橋繞登郭噶納松山^{郭噶納松山爲羊錯湖水所圍繞，僅有二道與陸地相通，一在朗噶仔東北，一即此道}。又行五里，農地一片，居民數戶。至此又見汪洋之湖水。再前行四里傍湖繞山巖轉向西北行，即可遙見白地。此處乃沿途所見羊錯湖最闊最深之處，波瀾壯闊，澄碧如玉。近岸淺水之中，遊魚成群，數以千計，長約五六寸，如以之製成罐頭，必爲最佳之食品無疑。再行二里，有扎康一所，屋旁有樹木數株，足證羊錯盆地亦宜植林，惜無人爲之宣導耳。又行五里過格桑橋，與由絨至白地之路合。折而東北行，十六里抵白地投宿。時正午前十二鐘。由朗噶仔至此，共計五十里。

午後書致扎薩喇嘛一函，大章如次，此次奉派辦理布施，既蒙協助完成，復叨逾格優待，寸衷感荷，莫可言宣。告別後之第三日抵江孜，僅逗留一日，即續前進，今午已安抵白地，明晨即換烏拉向拉薩進發矣。尊處所派馬匹，已囑馬夫剋日遄返，並賞給茶資卅兩，草料費七十五兩，共計一百零五兩，區區之數，不過略示慰勞之意耳。當以此函交隨行二馬夫攜回轉陳，並將賞銀付給，彼等即歡謝而去。

由白地至拉薩一段路程，前已經歷，沿途情形，自無重行查記必要，兼以出差將及一月，歸心似箭，亟欲馳返，故決於明日趕往曲水，以期減少一日之行程。

二十八　歸途遇雹

五月二十四日，午前五時卅分，由白地啓程，時天氣陰霾，密雲欲雨。九時行至剛巴拉山麓，忽降雪雹，大如赤豆，幸不甚密，尙無大礙，故仍驅馬上山。十時至山口，雹霽雲散，遙見雅魯藏布江河谷，雲霧彌漫，似正降雨。余等行過剛巴拉山口，未下馬休息，即繼續下山，十一時卅分行完陡峻之山路，至溪谷斜坡地段。十二時至剛巴八則，入民房休息，食雞蛋二枚，飲水一盂。僅休息半小時，即繼續前進，未敢多事耽擱，蓋恐不能過渡，誤及行程。

行至剛巴八則附近，即驟感燠熱，林木綠蔭滿枝，麥苗青蔥遍野，山間刺棘已開藍黃色小花^{藏名奢爾}，散佈於巖壑之間，引人矚目，與一月前過此所見之景色，已大相懸殊。荒涼之八則驟變為令人留戀之鄉，而返觀剛巴拉以南各地，則因地勢較高，且無雅魯藏布江河谷暖氣貫流，仍現荒寒之象。雖僅一山之隔，而氣候之差如此，春光亦為之遲到一月矣。

午後三時抵嘉桑卡，渡船正瀕江以待^{該渡船雖係官渡，但過渡者每人須付供藏銀一錢五分，每馬一匹付給藏銀三錢，多付亦不拒收}。過渡後沿江前行，途遇暴風，揚塵蔽日，如余等稍遲，則不能立即過渡，必須佇立江岸以待風息，其令人焦慮之情況，當不堪設想也。四時十五分抵曲水，細雨一陣之後，仍覺熱燠異常，當將皮袍脫去換穿駝絨長袍^{昨日午後在白地之氣溫為華氏五十八度，今日在曲水則為七十二度}。

由曲水東行可至桑野，有著名之古寺，為朝佛必經之地，洪水時節乘皮船前往一日即達，平時則需二日始能到達。如騎馬前往，須先渡江至南岸，經貢噶宗東行，將抵桑野，再行過渡至北岸，騎馬行二十里即達。余原擬雇馬前往一遊，但因在曲水雇船或雇馬，均有困難，且抵達桑野後，如非此烏拉送往，覓屋居住，亦頗不易，蓋以地處偏僻，漢人前往須先得藏政府同意，始有便利及保障也。

二十九　返抵拉薩

五月二十五日，午前八時二十分，自曲水出發，十時四十分至恰巴蕩，下馬在道旁柳林中休息，旁有水塘，遍生野草，水鳥飛翔其間，怡然自得。余坐息樹下，涼風徐來，旅途勞苦頓覺消失，柳林地方係沙質，但所生樹木亦極茂盛，可見附近地帶荒涼之沙地，亦可人工植林，以改變其景象也。

午後五時起狀，密雨淋漓，至七時始止，乃西藏氣候轉入雨季之象徵，余於七時二十分始啟行前進。十時許過區桑橋，途中有小孩多起，持青稞苗攔馬求賞，蓋沿途農田麥苗秀長，為本年豐收之預兆，故持苗求賞，以示祥瑞。至秋季麥熟時，亦有捧麥穗求賞之習慣，其意義當在慶豐收也。十二時抵拉薩，余逕驅馬至寓所，時內子正被友人邀往領噶^樹林玩牌，當囑僕人前往喚回。蓋照拉薩習慣，此時已進入遊園^{俗稱耍}_{柳林子}之季節矣。

余返抵拉薩後，除將前赴後藏辦理布施經過情形，向當軸報告外，並曾將後藏各方對於班禪轉世問題之意見，擬具長達一千五百字之書面報告，轉陳中樞，但以時局□擾，意見龐錯，致後藏官民鵠盼早日解決之迫切問題，則始終懸而不決，使一般志切籌邊之士，不禁爲之三歎也。

三十七年五月完稿於成都。

附著名藏學家任乃強先生為作者戴新三所作補注介紹戴新三先生

戴新三先生，四川成都人，由高等考試及格，歷任蒙藏委員會編譯室主任，調查室主任，主編《蒙藏月刊》有年。二十九年奉派入藏，任駐藏辦事處政務科長，居藏四載，遍歷前後藏各大名城，詳究其政教制度與社會情況，刻苦蒐討，勤勞備至，故所獲資料，豐贍翔實，與走馬觀花者不同，三十四年返川。一般讀者批評謂過去入藏國人，未通藏文，而記述能迴翔精覈深究根源如此者，實未曾有。任乃強。

跋

有清一代，西藏之政治中心實有二，一駐藏大臣及達賴喇嘛所居之拉薩，一則爲札什倫佈寺，班禪與達賴政治地位亦等，此說或令人詫異，然實情即此也。班禪系統宗教地位之隆與達賴等，自有其宗教之原因，而其政治地位之尊崇若斯，乃有其歷史之因也。當明末清初，中國內地朝代更替之時，西藏亦政治動盪，藏巴汗之政權爲信奉黃教之和碩特蒙古固始汗與黃教聯合勢力所取代。西元一千六百四十一年，固始汗密應黃教之邀，自青海揮兵入藏，溺斃藏巴汗，據有藏地，因四世達賴蒙人之故，固始汗自願獻藏地十三萬戶於五世達賴。然斯時五世達賴年僅二十餘歲，而四世班禪政治宗教之閱歷非斯時之五世達賴可比，舉如此重大之事件者，四世班禪之作用甚鉅也。五世達賴之入京朝覲清世祖，四世班禪亦被邀，祇四世班禪以年老爲詞辭而未赴也。及至五世達賴圓寂，西藏則陷混亂之局面矣，先是第巴桑結加措匿五世達賴之喪，假達賴之名而行之，並獲清廷圖伯特國王之封號以與固始汗世系之汗位相抗衡。五世達賴之匿喪既爲清廷識破，第巴桑結加措則立倉洋加措爲六世達賴。後與措拉藏汗不睦，康熙四十四年，第巴桑結加措欲鴆拉藏汗未果，繼而欲逐之出藏地至青海，反爲拉藏汗殺，拉藏汗廢桑結加措所立之倉洋加措而獻之於清廷。拉藏另立喇嘛伊喜嘉錯爲六世達賴，然此達賴喇嘛不爲藏人及青海和碩特蒙古所信奉，青海和碩特蒙古且另擁一靈童羅桑格桑嘉措爲達賴喇嘛，眞假達賴之爭，於西藏之穩定及清廷滿蒙同盟之策甚爲不利。而眞假達賴之判非清帝可決，祇可決之於班禪，故清聖祖遣使問之於五世班禪而後定，遷延數年康熙四十八年乃冊封伊喜嘉錯爲六世達賴喇嘛。五世班禪亦爲清聖祖屢邀之朝覲，爲第巴桑結加措所尼未果。拉藏所立之伊喜嘉錯既不爲藏人信服，拉藏之統治亦復不穩，康熙五十二年清聖祖乃冊封五世班禪以班禪額爾德尼之封號，以爲西藏穩定之基，至此班禪之世系爲清廷所冊封也，亦爲其政治地位日隆之所致也。準噶爾既殺拉藏所，據藏地，囚伊喜加措，五世班禪亦居藏地，清與準噶爾黃教之爭遂陷被動矣。幸五世班禪不爲準部所用，然亦未若康濟鼐出而與準部爲敵也，獨居札什倫布不出，而其與清廷之往還亦復中斷。額倫特，色楞兵敗，五世班禪收被俘之清軍以養，皆其政治智慧之所在也。及清軍入藏，五世班禪禍福難料，然清聖祖宏謀遠慮，使隨兵至溫語慰勞以安其心，尊爲七世達賴之師，班禪之心不克外向準部而藏地復安矣。乾隆五十七年清廷擊廓爾喀（今尼泊爾）之侵藏後，屬行改革，欽定章程第一條即定駐藏大臣督辦藏內事務，與達賴喇嘛，班禪額爾德尼平等，載之於《欽定理藩部則例》，故清季班禪與達賴之政治地位等，非虛語也。

清末十三世達賴與清廷反目，與九世班禪亦反目，及至藏臣聯豫與駐藏清軍被逐，九世班禪內渡，西藏十三世達賴獨大。民國以降中央政府極力修好，直至十三世達賴圓寂，國民政府遣黃慕松為專使入藏致祭並追冊達賴以崇號，中央與西藏之關係冰雪稍融，黃之離藏，留隨行之總參議劉樸忱，參議蔣致餘駐藏並留電臺一座，是為國民政府駐藏之始。留駐拉薩之駐藏辦事處，奉行中央之政策，極力修好，多有熬茶布施之舉，此文即作者赴後藏布施之所作。

清季札什倫布既為西藏政教二中心之一，札什倫布亦為黃教四大寺之一，有清一代，操筆墨之文官至後藏者寥寥無幾，文獻多為程站之簡略記載，故其地之遊記絕少，僅見者乃為反擊廓爾喀侵藏時至其地之官員若孫士毅楊揆及駐藏大臣松筠，文干等巡邊之詩文若干而已，於後藏之風土民情殊甚闕略，此文乃極罕見之後藏遊記也，載之於《西藏地方志資料集成》第三冊。而作者之行，去途取道仁布宗，此非官道，遊記之類絕少，歸途乃循清季江孜之官道。且宗教為西藏政治生活之中心，熬茶布施之詳情，記載亦少，本文之遊記，更具價值也。

作者戴新三，其於駐藏之時亦有日記存世，曰《拉薩日記》，近年節錄刊於《西華師範大學學報（哲學社會科學版）》，其餘之簡歷藏學家任乃強先生於本文後有其之簡介，茲不贅述。

西元二〇一六年冬月謹識

《新疆至阿里進軍路線圖》

安志明著　林田鈔

于闐，行一百二十里至努爾買賣提蘭干，五月六日十八時負五度（爲℃，下同），水豐，有糧站，有維民三家。

行一百二十里，中經普魯山卡子，海拔二千八百五十米，過開外來克大坂，三千七百零七米，至普魯。

行七十里至蘇巴什，三千六百零七米，五月十日二十時負五度。水豐，西山有煤，未開採。

行一百二十里，途中過喀喇崑崙，五千一百米，過阿克大坂，四千八百米，至阿克蘇，五月十一日二十二時負五點五度，水苦氣坏。

行五十八里，中經庫克雅大坂，五千五百零七米，至阿坦帕卡，五千一百米，五月十三日二十時負四度，二十四時負七度，有水氣劣。

行六十里至亂海子，又名烏拉因伯克，五月十四日十九時負十度，有水無柴草，人感頭暈，五千六百米。

行七十里至埋衣山，五千一百三十米，十五日十八時負八度，有草無水，人馬吃雪。

行三十里至野馬灘，五千一百二十米，十六日二十時負八度，有柴草無水，人馬吃雪，夏季野馬成群。

行四十里至獨石海，有水草，泥濘陷馬。

行三十里至野牛過夏，五千一百八十米，十七日二十時負八點五度，有水草，野牛糞，氣候較好，由此向南進入西藏。

行六十五里至賽力普塘，五千一百四十五米，十九日二十時負一度，二十日六時負四度，水柴草均有。

　　行三十里至失當古，四千九百三十五米，二十日十二時五度，有水草柴，氣候好。

　　行七十里至塔斯浪，四千八百七十米，二十一日二十時負一度，水味苦，有草。

　　行五十里至兩水泉，四千八百六十米，二十二日十六時十三度，二十三日六時負四度，有二泉，水草皆好。

　　行四十里至杜蒙，四千九百一十七米，二十三日十九時二十九度，二十四日五時負四度，十一時三十分三十一度，水草均好。

　　行一百二十里，中經十里大坂，五千二百五十米，至金溝泉，四千九百二十五米，二十七日二十時一度，二十八日五時負五度，水草皆好，因由金礦溝流出一股水，故起名金溝泉。

　　行一百里至哈和堡，四千八百三十五米，二十八日十七時二十八度，二十九日五時負六度，水柴都有。

　　行七十里至扎瑪忙布，四千五百一十七米，二十九日十五時三十七度，二十時三度，三十日六時負四度，三里外有草，水少味苦，飲水脹肚，地名多柴，實際很少，在此停七天。

　　由此行七十里至色勒，四千七百三十七米，六月八日十二時三十二度，水柴草均缺。

　　行八十里至上下東干，四千五百一十七米，六月九日十二時三十五度，二十時七度，水草皆好，無柴。

　　行一百二十里，中經賈古拉山，四千八百七十六米，又經呂占擦卡，擦卡即鹽湖，至魯馬臥梁，四千四百二十三米，十日十二時三十一度，十一日五時二度，水味苦鹹，湖中產鹽甚多，牧人挖取後運至邊境印方換糧，此地柴草均缺。

　　行四十里至南列克，四千八百三十七米，十一日十四時二十八度，水好草少，五里外有柴，從崑崙山至此經十數小湖。

　　行七十里至查格，四千五百四十三米，十二日十二時三十二度，二十二時一度，水柴草均豐。

　　行五〔註1〕里至下馬鍾，十三日十二時二十八度，二十時五度，十四日四時負三度，藏民四家，牧牛羊於西岸，水草均好，有柴。

〔註1〕原文作五，疑為五十。

　　行一百五十里至向索巴，四千七百四十七米，十四日十九時十度，十五日五時負四度，水草好，缺柴。

　　行五十里至滿巴，四千八百一十八米，十六日十九時九度，十七日五時負六度，有草缺水。

　　行四十里至拉底，五千零一十四米，十七日十二時二十八度，二十時四度，十八日六時負四度，有一泉，草少，有牛糞。

　　行四十里至角加，五千八百八十米，十八日十二時二十一度，十九日五時負七度，草不好，有牛糞。

　　行一百里，中經東君拉，七千六百二十五米，爲進軍途中海拔最高之山，通過時人馬呼吸困難，至君蒼，五千八百零五米，十九日十二時十一度，二十日五時負三度，水草好，有牛糞。

　　行一百二十里至拿麻角角，五千六百一十二米，二十二日十二時二十八度，周環雪山，濱湖，恐夜裏凍壞人馬，故連夜通過。

　　行一百里，中經崗底斯山主峰之東，過邦登山口，六千八百二十五米，路多石難行，馬蹄踏石發火星，漫長山谷，兩邊皆陡壁雪山，夜奇寒，人馬臥下爬不起，馬凍死餓死不少，經三天三夜艱苦行軍，始出山谷，進入開闊地，部隊異常高興。至拉魯路，四千四百九十四米，有水有草，中午地面五十度。

　　行六十里至至馬法木錯（神湖）北岸多汝拉，四千四百一十二米，六月二十七日十二時四十二度，二十時四度，水草柴皆多，下午起大風。

　　行五十里，中經馬法木錯之西和拉喀斯湖之東，至芒則，四千一百三十三米，二十八日十二時三十九度，二十時三度，柴水豐。

　　行五十里至普蘭宗，六月二十九日十五時四十二度，二十時十二度，三十日六時十三度，十二時四十五度，七月一日十二時四十七度，普蘭宗位於喜馬拉雅山北麓，河水三面環繞，一面依山，爲阿里最好的農業區，產青稞豌豆還產少量白菜蘿蔔等蔬菜。手工業有織氆氌毛毯等。全宗分六區，居民二百多戶，宗內顯白寺爲拉薩哲蚌寺下屬寺院，有喇嘛一百六十多人，西南兩面山上有山口四處，爲通印度尼泊爾之交通要道，每年五六月間印、尼商人來此貿易，盛時有帳篷一百多頂，爲阿里六大市場之一。我部隊一個連駐此，支隊領導機關在此停二十四天，然後向北返回至噶爾昆沙。

　　由普蘭經芒則至巴噶，拉喀斯湖北岸，七月二十四日二十時五度，二十五日五時六度，十二時三十八度，此處有藏民三十餘戶，夏秋有印商數家。

西北行八十里至夏拉。

北行四十里至朱化下。

再北行至朱化奴。

又北行四十里至門寺，七月二十九日五時零度，十二時二十五度，有驛站及居民數家，土房五六座。

行四十五里至尼熱，七月三十一日五時二度，十二時三十度，此處山溝，由門寺至此途中有居民二十多家。

行四十里至楚普塔。

又行二十里至帕爾。

行五十里至那庫，有驛站，專爲噶本，即阿里專員設置。

行二十里至噶爾雅沙，八月三日五時三度，十二時十八度，二十時四度，此地爲專員夏居地，有土房十餘座，帳篷十餘頂，周圍居民三十多戶，有一小喇嘛寺，喇嘛五人，印商帳篷十來頂，夏季五六十頂，爲阿里六大市場之一，四周環山，中爲一大平壩，水草皆豐，遠處有柴，阿居藏布河從壩中流過，魚甚多，每年八月舉行賽馬，藏民來者甚眾。

行七十里至那布羅，八月十三日二十時十三度，十四日五時八度，有土房數座，帳篷十來頂，居民十多戶，出青稞蘿蔔。

行七十里至噶爾昆沙，八月十四日十二時四十度，二十時十一度，此地爲一三十里寬，百里長平川，小鎮在阿居藏布西岸，附近有土房十多座，帳篷二三十頂，爲阿里專員多居地，我部在此西北十五里處築營。

跋

自中國方向入藏之途有四，曰川，曰青海，曰雲南，曰新疆。有清一代，自新疆入藏之記載絕少，吳豐培先生所輯之《川藏遊踪彙編》亦僅輯入潤藩撰之《藏遊日記》一篇，爲法國退役海軍軍官呂推所聘中國一嚮導所撰，此君所記亦簡，既食人祿，爲其主多隱諱之。呂推後爲西寧辦事大臣屬四十族藏民槍殺，投金沙江飼魚，《藏遊日記》僅記藏民之暴行，實非也。呂推既爲退役之軍官，扈勢橫行，草地旅行，縱馬牧於野，丟失馬匹在在常有，周希武所著之《寧海紀行》，朱綉所著之《海藏紀行》即爲明驗。呂推既失馬匹，則強搶藏民之馬，藏民交涉再四，隱忍多日，索之勿還，其携贓物強行離去之時始被殺也，此乃被殺之眞相也，此與本篇無涉，既已及之，概略言之，免爲其愚也。

新疆入藏之路線記載雖少，然自新疆入阿里，或自新疆入藏屬部落拉達克之道路實甚興盛，此條路線《漢書》即已提及，及至唐代西去天竺求法之僧絡繹於途，此道見諸漢文史書者漸多，宋明二朝懦弱不堪，疆域既不及此，安知此之交通哉。及至清代，統一西藏新疆，軍事行動在在常有，即就準噶爾殺拉藏汗，占據藏地之進軍路線即爲翻越于闐南之大山而至藏地，策淩敦多布之退軍路線亦循此道，即《西藏志》《西藏志考》所載之克里野大山也。所謂克里野即今新疆之克里雅河也，此道乃循克里雅河越崑崙山而至西藏，故《西藏志》《西藏志考》稱克里野大山。此僅爲新疆至阿里再至前藏之程途，亦存自新疆直至拉達克，再至克什米爾之路線，道光年間拉達克捹解自新疆逃至其地之張格爾餘黨即爲明驗。此條路線當清季之末，英國既據印度，兼併拉達克後，常以拉達克爲基地，四出遊歷窺伺新疆之時，記載實多，陸水林先生於其論文《新疆經喀拉崑崙山口至列城道初探》所引甚夥，可資參看。抗日戰爭時期，此路線亦曾自印度運輸軍用物資至新疆，此皆爲此條交通路線興盛之明證也。

及至中共統一西藏之時，曾有一極冒險之軍事行動，一九五〇年秋，中共新疆軍區組織一進藏先遣連自新疆入藏，領隊爲河北省無極縣中共軍隊幹部李狄三，全連共一百三十五人。時西藏政府堅拒中共軍隊入藏，藏軍與中共軍隊於昌都已成對峙之勢，此一先遣連此時進入藏北，以新疆土著民之知識，必不能於冬季大雪封山之前返回，給養亦必中斷，不爲藏兵攻擊，亦難存於冬季之藏北。然此連隊終冒險進入藏北，後給養通信果斷，以獵獸充饑，雖未被藏兵攻擊，然死亡過半，李狄三亦病亡。第二年春新疆軍區續派部隊循原道找尋之，及至一九五一年五月二十八日，始尋獲。此《新疆至阿里進軍路線圖》即爲找尋先遣連之後續部隊領隊安志明所記之行軍路線圖，寫於一粗糙之藏紙，安離阿里時留之中共部隊，後中共新華社記者林田於阿里採訪時得之一參謀林在鑫，載於其之著作《藏行紀實》，中國藏學出版社出版，此本據而錄之。此實爲自新疆入藏路線之珍貴史料也，文中所記行軍路線之海拔有高至七千六百米者，眞駭人聽聞，必誤也。

西元二〇一六年冬月謹識